丝绸之路经济带沿线国家民法总则

邓社民 等 译

本丛书得到新疆大学2022年双一流项目和部区合建项目—中亚国家法律文本翻译与研究项目与新疆大学2023年双一流项目和部区合建项目—西北边疆治理与文献研究中心项目（23XB04）以及2023年新疆维吾尔自治区武汉大学小组团援疆项目的大力资助

GENERAL PROVISIONS OF CIVIL LAW

法律出版社 LAW PRESS·CHINA
北京

图书在版编目（CIP）数据

丝绸之路经济带沿线国家民法总则 / 邓社民等译. 北京：法律出版社，2025. -- （丝绸之路经济带沿线国家法律译丛）. -- ISBN 978 - 7 - 5197 - 9364 - 7

I. D913.104

中国国家版本馆 CIP 数据核字第 2024H0U830 号

丝绸之路经济带沿线国家法律译丛	丝绸之路经济带沿线国家民法总则 SICHOU ZHI LU JINGJIDAI YANXIAN GUOJIA MINFA ZONGZE	邓社民 等 译	策划编辑 田　浩 责任编辑 田　浩 装帧设计 汪奇峰

出版发行	法律出版社	开本	710 毫米 × 1000 毫米　1/16
编辑统筹	法商出版分社	印张 29　字数 492 千	
责任校对	裴　黎　李慧艳	版本	2025 年 8 月第 1 版
责任印制	胡晓雅	印次	2025 年 8 月第 1 次印刷
经　　销	新华书店	印刷	中煤（北京）印务有限公司

地址：北京市丰台区莲花池西里 7 号（100073）
网址：www.lawpress.com.cn　　　　　　　　销售电话：010 - 83938349
投稿邮箱：info@lawpress.com.cn　　　　　　客服电话：010 - 83938350
举报盗版邮箱：jbwq@lawpress.com.cn　　　　咨询电话：010 - 63939796
版权所有·侵权必究

书号：ISBN 978 - 7 - 5197 - 9364 - 7　　　　　　定价：118.00 元
凡购买本社图书，如有印装错误，我社负责退换。电话：010 - 83938349

丝绸之路经济带沿线国家法律译丛
编 委 会

主 编
邓社民（负责整套译丛的翻译和校对工作）

参与翻译的人员

周盛杰	舒雅洁	刁同文	李　艳	刘　鹤
王　静	张雯婕	李世杰	武文杰	石浩东
李越一	刘卿宇	魏　芳	王语嫣	张源洁
王妮可	王　欣	王　嘉	李　露	陆梦媛

目录
Contents

第一部分　哈萨克斯坦共和国民法典总则 ………………………………… (1)
 第一编　总则 ……………………………………………………………… (2)
  第一章　民事关系的调整 ………………………………………………… (2)
  第二章　民事权利主体 …………………………………………………… (8)
  第三章　民事权利客体 …………………………………………………… (46)
  第四章　法律行为 ………………………………………………………… (56)
  第五章　代理和委托书 …………………………………………………… (62)
  第六章　期限的计算 ……………………………………………………… (65)
  第七章　诉讼时效 ………………………………………………………… (66)

第二部分　吉尔吉斯共和国民法典总则 ………………………………… (70)
 第一编　总则 ……………………………………………………………… (71)
  第一章　民事法律关系的调整 …………………………………………… (71)
  第二章　民事权利和义务的产生，民事权利的行使和保护 ………… (73)
  第三章　民事权利的客体 ………………………………………………… (77)
  第四章　公民（自然人） ………………………………………………… (84)
  第四章之一　农民（农场）经营户 ……………………………………… (94)
  第五章　法人 ……………………………………………………………… (94)
  第六章　国家参与民事法律所调整的关系 ……………………………… (124)
  第七章　法律行为 ………………………………………………………… (125)
  第八章　代理、委托 ……………………………………………………… (132)

第九章　期间、诉讼时效 …………………………………………（135）

第三部分　塔吉克斯坦共和国民法典总则 …………………（139）
第一编　总则 ……………………………………………………（140）
第一分编　基本规定 …………………………………………（140）
第一章　民法 ……………………………………………………（140）
第二章　民事权利和义务产生的根据，民事权利保护的实现……（142）
第二分编　民事主体 …………………………………………（145）
第三章　塔吉克斯坦共和国公民和其他自然人 ………………（145）
第四章　法人 ……………………………………………………（155）
第五章　塔吉克斯坦共和国和行政区划单位参与民法
　　　　所调整的法律关系 ……………………………………（187）
第六章　民事权利的客体 ………………………………………（188）
第三分编　法律行为代理 ……………………………………（197）
第七章　法律行为 ………………………………………………（197）
第八章　代理与委托 ……………………………………………（204）
第四分编　期间、期间的计算，诉讼时效 …………………（207）
第九章　期间的概念、种类和计算 ……………………………（207）
第十章　诉讼时效 ………………………………………………（208）

第四部分　土库曼斯坦共和国民法典总则 …………………（212）
第一编　总则 ……………………………………………………（213）
第一分编　基本规定 …………………………………………（213）
第一章　民法 ……………………………………………………（213）
第二章　民事权利和义务的产生，民事权利的行使和保护 ……（215）
第二分编　民事主体 …………………………………………（218）
第一章　自然人 …………………………………………………（218）
第二章　法人 ……………………………………………………（226）
第三分编　法律行为和代理 …………………………………（233）
第一章　一般规定 ………………………………………………（233）

第二章　作为法律行为有效条件的行为能力…………………………(235)
　　第三章　法律行为的形式……………………………………………(236)
　　第四章　可撤销的法律行为…………………………………………(236)
　　第五章　附条件的法律行为…………………………………………(238)
　　第六章　法律行为中的同意…………………………………………(240)
　　第七章　代理和委托…………………………………………………(240)
  第四分编　期间…………………………………………………………(242)
　　第一章　期间的计算…………………………………………………(242)
　　第二章　诉讼时效期间………………………………………………(243)

第五部分　乌兹别克斯坦共和国民法典总则…………………(247)
第一编　总则……………………………………………………………(248)
  第一分编　基本规定……………………………………………………(248)
　　第一章　民法…………………………………………………………(248)
　　第二章　民事权利和义务的产生，民事权利的实现与保护………(250)
  第二分编　民事主体……………………………………………………(252)
　　第三章　公民（自然人）……………………………………………(252)
　　第四章　法人…………………………………………………………(259)
　　第五章　国家作为民事法律关系的参加者…………………………(273)
  第三分编　客体…………………………………………………………(274)
　　第六章　一般规定……………………………………………………(274)
　　第七章　物质利益……………………………………………………(274)
　　第八章　非物质利益…………………………………………………(277)
  第四分编　法律行为和代理……………………………………………(278)
　　第九章　法律行为……………………………………………………(278)
　　第十章　代理和委托…………………………………………………(284)
  第五分编　期间和诉讼时效……………………………………………(287)
　　第十一章　期间的计算………………………………………………(287)
　　第十二章　诉讼时效…………………………………………………(288)

第六部分　乌克兰共和国民法典总则 ……………………………… (291)
第一部分　总则 ………………………………………………………… (293)
第一编　基本规定 …………………………………………………… (293)
第一章　乌克兰民法 ………………………………………… (293)
第二章　民事权利和义务产生的根据，民事权利的行使和民事义务的履行 ………………………………………………… (295)
第三章　民事权利和利益的保护 …………………………… (296)
第二编　人 …………………………………………………………… (299)
第一分编　自然人 …………………………………………… (299)
第四章　自然人的一般规定 ……………………………… (299)
第五章　自然人经营者 …………………………………… (306)
第六章　监护和托管 ……………………………………… (307)
第二分编　法人 ……………………………………………… (312)
第七章　法人的基本规定 ………………………………… (312)
第八章　企业公司 ………………………………………… (322)
第三分编　国家、克里米亚自治共和国、社区参加民事关系 …… (340)
第九章　国家、克里米亚自治共和国、社区参加民事关系的法律形式 ……………………………………………… (340)
第十章　国家、克里米亚自治共和国、地方社区通过机关和代表参与民事关系 ……………………………………… (341)
第十一章　国家、克里米亚自治共和国、社区的债务责任 ……… (341)
第三编　民事权利客体 ……………………………………………… (342)
第十二章　民事权利客体的基本规定 ……………………… (342)
第十三章　物和财产 ………………………………………… (342)
第十四章　有价证券 ………………………………………… (344)
第十五章　非物质利益 ……………………………………… (346)
第四编　法律行为和代理 …………………………………………… (346)
第十六章　法律行为 ………………………………………… (346)
第十七章　代理 ……………………………………………… (355)
第五编　期间与诉讼时效 …………………………………………… (359)

第十八章　期间的确定和计算 (359)
　　第十九章　诉讼时效 (360)

第二部分　自然人的人身权 (363)
　　第二十章　自然人人身权的基本规定 (363)
　　第二十一章　保障自然人生存的人身权 (365)
　　第二十二章　保障自然人社会生活的人身权 (368)

第七部分　白俄罗斯共和国民法典总则 (375)
第一编　总则 (376)
第一分编　一般规定 (376)
　　第一章　民法 (376)
　　第二章　民事权利和义务的产生，民事权利的行使和保护 (381)
第二分编　人 (384)
　　第三章　公民（自然人） (384)
　　第四章　法人 (392)
　　第五章　白俄罗斯共和国和地方自治组织参与民法所调整的关系 (432)
第三分编　民事权利的客体 (433)
　　第六章　一般规定 (433)
　　第七章　有价证券 (437)
　　第八章　非物质利益及其保护 (439)
第四分编　法律行为和代理 (440)
　　第九章　法律行为 (440)
　　第十章　代理和委托书 (447)
第五分编　期间和诉讼时效 (451)
　　第十一章　期间的计算 (451)
　　第十二章　诉讼时效 (452)

第一部分 哈萨克斯坦共和国民法典总则

(李 艳 译 邓社民 周盛杰 校对)

哈萨克斯坦共和国民法典总则部分1994年12月27日经哈萨克斯坦共和国最高委员会（269－Ⅻ）通过，1995年3月23日生效，2011年至2016年先后修改了6次。此文本是根据2016年4月21日修改的文本翻译而成。

目 录

第一编 总则
 第一章 民事关系的调整
 第二章 民事权利主体
  第一分章 哈萨克斯坦共和国公民和其他自然人
  第二分章 法人
   第一节 基本规定
   第二节 商业公司
    第一分节 一般规定
    第二分节 无限公司
    第三分节 两合公司
    第四分节 有限责任公司
    第五分节 补充责任公司
   第三节 股份公司
   第四节 子公司和附属股份公司
   第五节 生产合作社
   第六节 国有企业
   第七节 非商业组织

　　　　第三分章　国家和行政区划单位参与民法所调整的关系
　第三章　民事权利客体
　　　　第一分章　一般规定
　　　　第二分章　有价证券
　　　　第三分章　人格权
　第四章　法律行为
　第五章　代理和委托书
　第六章　期限的计算
　第七章　诉讼时效

第一编　总　　则

第一章　民事关系的调整

第一条　民法调整的关系

1. 民法调整基于平等民事主体之间的商品——货币和其他财产关系，以及与财产关系有关的人身关系。民事关系的主体是公民、法人、国家以及行政区划单位。

2. 民法调整与财产关系无关的人身关系，但法律另有规定或与人身关系的本质不同的除外。

3. 如果家庭、劳动和自然资源管理以及环境保护中符合本条第1款所述特征的关系没有分别受到"家事法"、"劳动关系法"及"自然资源和环境保护法"的约束，则适用本法。

4. 基于一方对另一方的行政或其他权力从属关系的财产关系，包括税收和其他财政关系，不受本法调整，但法律另有规定的除外。

第二条　民法的基本原则

1. 民法的基本原则确认民法所调整的关系参加者一律平等、财产不受侵犯、合同自由、不允许任何人随意干涉私人事务、畅通无阻地行使民事权利，保障恢复被侵犯的权利及司法救济。

2. 除法律另有规定，公民和法人根据自己的自由意愿和自身利益获得、行使其权利以及放弃其权利。他们在达成协议的基础上自由确定不违反法律的权利和义务。

3. 商品、服务和资金可以在哈萨克斯坦共和国全境自由流通。如果为了保障安全、托管人们的生命和健康、保护自然环境和文化珍品，可根据法律规定实施对商品、服务流通的限制。

第三条　哈萨克斯坦共和国民法

1. 哈萨克斯坦共和国的民法以宪法为基础，由哈萨克斯坦共和国宪法、根据本法通过的其他法律，具有法律效力的哈萨克斯坦共和国总统令、议会决议（立法法案）、参议院以及哈萨克斯坦共和国总统令、哈萨克斯坦共和国政府调整本法第1条第1款和第2款所述关系的决定组成。

2. 在哈萨克斯坦共和国民法中所载的民法规则存在矛盾的情况下，除本法第1条第3款规定的情况外，应适用于本法的规定。哈萨克斯坦共和国法律中所载的民法规则违反本法的，在对本法进行相关修订后才能适用。

哈萨克斯坦共和国的民法，不得违背哈萨克斯坦共和国的民法的基本原则。

3. 企业的创建、重组，银行、企业破产清算，银行活动监测、审计、控制企业活动，许可证发放等相关的某些类型的银行业务，重组银行，权证业务企业关系，在不与规范银行活动和权证业务企业的法律相抵触的情况下，适用本法。

银行与其客户之间的关系，以及客户通过银行与客户之间的关系，应根据本条第2款规定的程序由民法加以规范。

4. 如果民事关系不与哈萨克斯坦共和国境内现行的民法相抵触，民事关系可由风俗习惯包括贸易惯例进行调整。

5. 各部和其他中央执行机关、地方代表和执行机关可以颁布含有民法规定的文件，但以本法和其他法律另有规定的情况和范围为限。

6. 本法和哈萨克斯坦共和国其他法律规定的公民和法人的权利不得受到国家行政机关和地方代表机关及执行机关的条例限制。这类条例自其通过之时起即为无效，不得适用。

7. 外国自然人和法人以及无国籍人有权获得哈萨克斯坦共和国公民和法人相同的民事权利，并受同样义务的约束，法律另有规定的除外。

8. 如果哈萨克斯坦共和国批准的国际条约规定了与哈萨克斯坦共和国民法所载规则不同的规则，则应适用该条约的规则。哈萨克斯坦共和国批准的国际条约直接适用于民事关系，除非从一项国际条约中可以看出，该条约的适用需要颁布法律。

第四条　民法的时间效力

1. 民法不溯及既往，仅适用于在其生效之后产生的关系。在明文规定的情况下，民法对生效前产生的关系具有法律效力。

2. 对于民法生效前产生的关系，民法仅适用于在其生效之后产生的权利和义务。在民法生效之前订立的合同中的当事人之间的关系，依照本法第383条进行调整。

第五条　民法的类推适用

1. 如果本法第1条第1款和第2款规定的关系没有法律或当事人协议的明文规定，并且不存在适用于民事关系的习惯，在不与其实质相抵触的情况下，对这样的关系适用类似关系的民法规范（法律类推）。

2. 如果在这种情况下不能适用法律类推，则当事人的权利和义务应根据民法的一般原则和精神及善意、合理、公正的要求予以确定（法的类推）。

第六条　民法的规范解释

1. 民法应根据其语言表达的字面意思来解释。如果对立法规范文本中使用的词语有可能有不同的理解，应优先考虑符合哈萨克斯坦共和国宪法规定和本法第2条规定的民法基本原则。

2. 在解释民法的确切含义时，如果不违反本条第1款规定的要求，应考虑其颁布的历史背景及其在判例中的解释。

第七条　民事权利和义务产生的根据

民事权利和义务根据法律规定产生，也由公民和法人的行为而产生，虽然公民和法人行为未经法律规定，但依照民法的一般原则和精神也能产生民事权利和义务。

因此，民事权利和义务产生的根据是：

（1）法律规定的合同和其他法律行为，以及虽未经法律规定，但不与法律相抵触的合同和其他法律行为；

（2）产生民法后果的行政行为；

(3) 规定民事权利和义务的法院判决；
(4) 按照法律准许而取得的财产；
(5) 发明、工业设计、科学作品、文学艺术和其他智力活动成果的创作；
(6) 对他人造成的损害，或者不正当地取得或牺牲另一人财产（不当得利）；
(7) 公民和法人的其他行为；
(8) 产生民事后果的法律事件。

第八条 民事权利的行使

1. 公民和法人根据自己的意志实现属于他们的民事权利，包括权利的保护。

2. 公民和法人放弃实现属于他们的民事权利并不导致这些权利的终止，但法律另有规定的情况除外。

3. 民事权利的实现不得侵犯法律所保护的其他法律主体的权利和利益，不应对周围环境造成损害。

4. 公民和法人必须以善意、合理和公平的原则行使其权利，遵守法律中的要求、社会道德准则和商业企业家的伦理规则，这一义务不得以合同的方式排除或限制。民事主体的行为以善意、合理和公平为指导。

5. 公民和法人不得实施仅以致人损害为目的行为，也不得以其他形式滥用权利。

在违反本条第3款—第5款规定的要求的情况下，法院可以驳回当事人保护其权利的请求。

第九条 民事权利的保护

1. 民事权利通过法院、仲裁实现：
(1) 确认权利；
(2) 恢复侵权前存在的状态，制止侵权行为或造成侵权威胁的行为；
(3) 判决用实物履行义务；
(4) 赔偿损失；
(5) 追索违约金；
(6) 确认法律行为无效；
(7) 补偿精神损失；
(8) 终止或变更法律关系；
(9) 确认国家管理机关或地方自治机关、执行机关与法律相抵触的文件无效或者不适用；

（10）对妨碍公民或法人获得或行使权利的国家机关或官员处以罚款，或以法律规定的其他方式处以罚款。

2. 向权力或管理机关呼吁保护受侵犯的权利并不妨碍向法院提出保护权利的请求，法律另有规定的从其规定。

3. 在法律特别规定的情况下，被侵权人直接以事实行为或法律行为（自卫）行使对公民权利的保护。

4. 除非法律或合同另有规定，权利受到侵犯的人可以要求全额赔偿其所受损失。损失系指权利受到侵犯的人已经发生或将要发生的费用、财产的损失或损坏（实际损害）以及该人在权利不受侵犯的情况下在正常法律行为过程中本来会得到的收入损失（利润损失）。

5. 由于发布不符合法律规定的国家权力机关或其他国家机关的决定以及这些机关的公职人员的作为（不作为）而给公民或法人造成损失的，应由哈萨克斯坦共和国或相应的地方自治组织予以赔偿。

6. 如果违法行为的法律后果取决于行为人是否有过错，则应推定其有过错，除非法律另有规定。

第十条　企业主和消费者权利的保护

1. 企业是公民和法人独立自主活动，以私有财产权（私营企业）或经营管理权、国有企业的经营管理权（国有企业）为基础，通过使用财产，生产、销售商品，完成工作，提供服务来获得净收入。企业经营是以企业家的名义，企业家承担风险和财产责任的情况下进行的经营活动。

2. 国家保障企业的经营自由及对企业的保护和支持。

3. 从事不受法律禁止的活动的企业家的权利受到以下方面的保护：

（1）除哈萨克斯坦共和国《许可和通知法》规定的许可证和通知外，不需要任何授权或通知即可从事商业活动；

（2）以最简单的程序向单一的登记机关登记所有经济领域中的所有类型的企业；

（3）依法限制国家机关对商业活动的检查；

（4）只有在法院根据法律规定作出判决的基础上，才能强制终止商业活动；

（5）通过法律确定私营企业禁止或者限制出口或进口的货物和服务种类；

（6）国家机关、官员及其他个人和组织因不正当地阻碍企业家的活动而承担法律规定的财产责任；

（6-1）禁止行政监督和监察机关与企业主体建立合同关系，以履行这些机关的职责；

（7）通过法律规定的其他手段。

4. 根据活动的危险程度或为被托管人的生命和健康、环境、财产、国家安全法律和秩序而采取的行动（操作），由哈萨克斯坦共和国《许可和通知法》规定批准或通知程序。

在哈萨克斯坦共和国法律规定的产品要求和强制性合格证明要求不足以实现国家管制目标的情况下，则应建立授权程序。

5. 商业（企业）秘密受法律保护。确定构成商业秘密信息的程序、保护手段以及不属于商业秘密的信息清单，应由法律规定。

6. 消费者权利受到本法或其他法律规定的保护。消费者拥有的权利还包括：

（1）自由签订货物、工程和服务合同；

（2）获取质量良好、安全可靠货物（工程、服务）；

（3）获取完整可靠的商品（工程、服务）信息；

（4）在消费者中组织协会。

第十一条　企业自由不得滥用

1. 不得从事垄断活动和旨在限制或消除合法竞争、获取不合理利益、损害消费者权利及合法利益的任何其他活动。

2. 除法律另有规定外，企业家不得利用公民权利限制竞争，包括：

（1）企业家滥用其在市场上的支配地位，包括通过限制或者停止生产或退出市场的方式，以造成货物短缺或价格上涨；

（2）与从事类似商业活动的人签订并执行价格协议、市场分割协议、取消其他企业家以及对竞争造成重大限制的其他条件；

（3）为侵犯从事类似经营活动和消费者（不公平竞争）的合法权益而采取的不公平行为，特别是误导消费者关于另一企业家的产品的制造商、用途、制造方法、生产地、质量和其他性能，通过在广告和其他信息中对商品进行不正确的比较，通过其他方式复制他人货物的外观设计。打击不公平竞争的措施是通过法律规定确定的。

第二章 民事权利主体

第一分章 哈萨克斯坦共和国公民和其他自然人

第十二条 自然人的概念

"自然人"指的是"哈萨克斯坦共和国公民"、"外国公民"和"无国籍人"。本法的所有规定均适用于所有自然人,除非本法另有规定。

第十三条 公民的权利能力

1. 所有公民均被承认平等地具有享有民事权利和承担的民事义务的能力(民事权利能力)。

2. 公民的权利能力自其出生之时产生,因其死亡而终止。

第十四条 公民权利能力的主要内容

公民可以在哈萨克斯坦共和国境内或境外拥有以下权利:包括外汇在内的归其所有的财产;继承财产和设立遗嘱处分财产;在共和国境内自由行动和选择居住地;自由出入哈萨克斯坦共和国国境;从事经营活动和法律不予禁止的任何其他活动;独立地建立法人或与其他公民或法人共同建立法人;实施任何不与法律相抵触的法律行为和参加债权债务关系;享有发明、科学、文学及艺术作品和其他受法律保护的智力活动成果的著作权;要求赔偿物质和精神损害;拥有其他财产权利和人身权利。

第十五条 公民的姓名

1. 公民以自己的名义取得权利和义务并行使权利和承担义务,公民的姓名包括姓、名以及根据个人意愿的父名。

2. 在立法规定的情况下,公民可以匿名或使用化名(假名)取得权利和履行义务。

3. 公民在出生时获得的姓名以及姓名的变更,均应按户籍登记办法进行登记。

4. 公民有权依照法律规定的程序更改自己的姓名。公民姓名的变更不是终止或变更在其原名下所取得的权利和义务的根据。

5. 公民有义务采取必要措施将自己更改姓名的情况通知其债务人和债权人,并承担由于其债务人和债权人不知悉其更改姓名而发生的风险。

6. 已经更改姓名的公民,有权要求在按其原姓名办理的文件中做相应的变更。

7. 不允许冒用他人姓名取得权利和义务。

8. 公民有权要求禁止在未经其同意的情况下使用其姓名，但哈萨克斯坦共和国法律另有规定的情况除外。

9. 由于非法使用他人姓名而对他人造成的损害，应依照本法予以赔偿。在歪曲公民姓名或以损害公民名誉、人格、商业信誉的方式或形式使用公民的姓名时，适用本法第 143 条第 2 款的规定。

第十六条　公民的住所和法定地址

1. 公民的住所地是公民经常或主要居住的地点。

2. 不满 14 周岁的人（未成年人）或受监护的公民的住所地以其法定代理人的住所地为准。

3. 公民拥有参与公民、法人以及国家关系的法定地址。

公民的法定地址为其登记注册地址。

公民登记程序由哈萨克斯坦共和国政府决定。

公民有权要求禁止在未经其同意的情况下使用有关其居住地或法定地址的信息，哈萨克斯坦共和国法律另有规定的情况除外。

4. 公民有权要求禁止在未经其同意的情况下使用有关其居住地或法定地址的信息，但哈萨克斯坦共和国法律另有规定的情况除外。

第十七条　公民的行为能力

1. 公民自成年起，即年满 18 周岁之时起，具有完全以自己的行为取得并行使民事权利、为自己设立义务并履行民事义务的能力（民事行为能力）。

2. 如果法律允许在 18 周岁之前结婚，则未满 18 周岁的公民从结婚之时起即取得完全的行为能力。

3. 除法律另有规定外，所有公民均享有同等的行为能力。

第十八条　禁止剥夺和限制权利能力和行为能力

1. 除非在法律另有规定的情况下和依照法律规定的程序，任何人的权利能力和行为能力均不得受到限制。

2. 国家机关或其他机关限制公民的权利能力和行为能力及限制公民从事经营活动或其他活动的权利的文件，不遵守法律规定而做出的有关限制的条件和程序，一律无效。

3. 公民全部或部分放弃权利能力或行为能力，以及旨在限制权利能力或行为能力的其他法律行为无效，但法律允许这种法律行为的情形除外。

第十九条　公民的经营活动

1. 公民有权以非法人从事商业活动，但本法和其他法律另有规定的情况除外。

2. 个体企业的国家登记是登记为个体企业的形式。

3. 以非法人从事的商业活动的公民，适用本法中调整商业组织的法人活动的规则，但法律或法律关系实质不同的除外。

4. 符合下列条件之一的个体工商户必须进行强制性的国家登记：

（1）长期雇用工人；

（2）除本条第4款第1项所述人员外，根据税法计算商业活动产生的年收入总额，其数额应超过哈萨克斯坦共和国法律为公民规定的不征税年度总收入。

禁止未经国家登记的个体工商户从事上述活动。

4-1. 没有长期雇用工人的公民，在获得哈萨克斯坦共和国税法规定的下列收入的时候，有权不登记为个体工商户：

（1）税后收入；

（2）财产收入；

（3）其他收入。

5. 如果个体工商户从事需要许可的活动，必须持有许可证才能从事这类活动。

6. 许可证是根据哈萨克斯坦共和国关于许可证和通知的法律规定的程序发放的。

7. 哈萨克斯坦共和国政府有权制定向个体工商户发放许可证的简化程序。

第二十条　公民的财产责任

1. 公民以属于他的全部财产对自己的债务承担责任，但依法不得对之进行追索的财产除外。

2. 对公民不得进行追索的财产，由哈萨克斯坦共和国民事诉讼法规定。

第二十一条　个体工商户的破产

1. 个体工商户的资不抵债（本法第52条）是确认其破产的根据。

2. 根据哈萨克斯坦共和国有关重整和破产法规定的规则，确认个体工商户的破产是自愿或强制性的程序。自个体工商户被认定破产的那一刻起，公民作为个体工商户的注册即丧失效力。

3. 在确认个体工商户为破产人的程序中，如果履行义务期届满，与其从事经营活动无关的债权人也有权提出自己的请求。上述债权人的请求，即使他们未按照此程序提出，经营者破产程序办理完毕之后仍然有效，这些债权的数额要减去在债务人的破产程序中得到清偿的数额。

第二十二条　年满 14 周岁不满 18 周岁的未成年人的行为能力

1. 年满 14 周岁不满 18 周岁的未成年人在其法定代理人的同意下实施法律行为。同意的形式必须符合法律规定。

2. 年满 14 周岁不满 18 周岁的未成年人有权处分自己的工资、奖学金、其他收入和作为智力活动成果著作者的权利，并有权实施小额的日常生活的法律行为。

3. 在有充分根据时，法院可以限制或剥夺未成年人独立处分其工资、奖学金、其他收入和作为智力活动成果著作者的权利。

4. 年满 14 周岁不满 18 周岁的未成年人对他们依照本条规则实施的法律行为独立承担责任，并依照本法的规定对他们造成的损害承担责任。

第二十二条之一　宣布未成年人具有完全行为能力（解放）

1. 年满 16 周岁的未成年人，如果依照劳动合同工作或者经其法定代理人同意从事经营活动，可以被宣告为具有完全行为能力人。

2. 宣告未成年人为完全民事行为能力人（获得完全民事行为能力），经法定代理人同意时，根据监护和保护机关的决议进行；没有这类同意的情况下，根据法院的判决进行。

3. 拥有完全民事行为能力的未成年人享有民事权利和承担义务（包括因其造成的伤害而产生的义务），但哈萨克斯坦共和国法律对获得权利和履行义务的年龄资格另有规定的除外。

法定代理人对拥有完全民事行为能力的未成年人的债务不负责任。

第二十三条　不满 14 周岁的未成年人的行为能力

1. 除非法律另有规定，只有法定代理人才能以不满 14 周岁的未成年人（不满 14 周岁的未成年人）的名义替他们实施法律行为。

2. 14 周岁以下的未成年人（不满 14 周岁的未成年人）有权独立实施适合其年龄的小额的由他们自己实施的日常生活性法律行为。

第二十四条　监护机关对涉及未成年人法律行为的同意

在法律另有规定的情况下，为未成年人和未成年人的法律行为必须事先征得监护人和监护机关的同意。

第二十五条　未成年人向银行存款和处分存款的权利

1. 未成年人有权向银行存款，并有权处分他们所持有的存款。

2. 14周岁以下的未成年人（不满14周岁的未成年人）名下的存款由其父母或其他法定代理人处分，年满14周岁的未成年人独立处分以其名义持有的存款。

第二十六条　宣告公民无行为能力

1. 由于精神疾病或精神错乱而不能理解自己行为的意义或不能控制自己行为的公民，可以由法院确认为无民事行为能力人，对他应设立监护。

2. 被确认为无民事行为能力人的公民的监护人以无民事行为能力人的名义实施法律行为。

3. 如果无民事行为能力人已经康复或健康状况大为改善，法院将确认他为完全民事行为能力人，应撤销对他的监护。

第二十七条　公民行为能力的限制

1. 因酗酒或吸毒而使其家庭物质状况艰难的公民，可以由法院依照哈萨克斯坦共和国民事诉讼法的规定限制其行为能力，对他应设立保护。他有权独立实施小额的日常生活性法律行为。只有取得托管人的同意，他才能实施其他法律行为，包括领取工资、赡养金和其他收入以及处分上述收入。

2. 如果公民停止酗酒或吸毒，法院应撤销对其实施的行为能力的限制并依照法院的判决撤销对该公民设立的保护。

第二十八条　宣告公民失踪

1. 如果公民在住所地已逾1年没有关于他下落的消息，根据利害关系人的申请由法院确认该公民失踪。

2. 在无法确定得到失踪人下落信息的最后日期时，则认为得到他最后下落信息之月的下个月的第1日为计算确认其失踪的期限开始之日，而如果无法确定该月份，则认为下一年的1月1日为计算确认其失踪的限期开始之日。

第二十九条　失踪人员的财产保护

1. 被确认失踪的公民的财产，应根据法院的判决对其进行监护。从这些财产中给付失踪人有义务供养的公民的生活费，以及清偿拖欠的税款和其他债务。

2. 根据监护人和监护机关或利害关系人的申请，在得到失踪人最后下落信息之日起尚不满1年时，指定负责失踪人财产的管理人。

第三十条　宣告失踪判决的撤销

在被确认失踪的公民重新出现或发现其下落时，法院应撤销关于确认他失踪的判决。依据法院的判决，对该公民财产的管理亦予以撤销。

第三十一条　宣告公民死亡

1. 根据利害关系人的申请，如果在公民的住所地已逾 3 年没有关于他下落的消息，可以由法院宣告他死亡，而如果存在死亡威胁的情况下失踪或者在有理由推断由于某一不幸事故而死亡的情况下失踪，则届满 6 个月没有失踪人下落时可以由法院宣告其死亡。

2. 军人或其他因军事行动而失踪的公民，应在军事行动结束之日起至少满 2 年后，才能由法院宣告其死亡。

3. 法院宣告公民死亡的判决生效之日被认为是被宣告死亡的公民的死亡之日。对在有死亡威胁的情况下失踪或在有理由推断死于某一不幸事故的情况下失踪的公民，法院可以将推定他死亡的日期确认为其死亡日期。

4. 根据法院作出的宣告死亡的有效判决，在户籍登记簿上记录他的死亡情况，登记的后果和登记自然死亡是相同的。

第三十二条　被宣告死亡的人重新出现的后果

1. 被宣告死亡的公民重新出现或发现其下落时，法院应撤销关于宣告他死亡的判决。

2. 无论何时重新出现，该公民均有权要求在宣告他死亡后无偿得到他财产的任何人返还尚存的财产。

3. 如果被宣布死亡的公民的财产被合法继承人转让给第三人，而第三人在该人重新出现时，尚未支付全部购买价款，则可以要求支付未付款项的权利转移至重新出现的被宣告死亡的公民。

4. 根据有偿法律行为获得被宣告死亡的公民财产的人，如果能够证明在取得财产时他明知被宣告死亡的公民尚在人世，则他必须将财产返还原主。如不可能返还原物，则应照价赔偿。

5. 财产的让与人在处分时知道被宣布死亡的人还活着的，应当与买受人共同承担退还或补偿财产价值的义务。

6. 如被宣告死亡的公民的财产已通过继承权转移给国家并已得到处置，则在宣告该公民死亡的决定被撤销后，应将财产处置所得的款项退还给该公民，按付款日市场价值计算出售财产所得的收入。

第二分章 法　　人

第一节　基 本 规 定

第三十三条　法人的概念

1. 凡对独立财产享有所有权、经营权、经营管理权或业务管理权并以此财产对自己的债务承担责任，能够以自己的名义取得及实现财产权利和人身权利并承担义务，能够在法院起诉和应诉的组织，都是法人。

2. 法人以其名称盖章。这项要求不适用于私营企业的法人，但本法和哈萨克斯坦共和国法律另有规定的除外。

第三十四条　法人的类型和形式

1. 法人可以是以获取利益为其活动的基本宗旨的组织（商业组织），也可以是不以营利为基本目的，不参与分配所获利润的组织（非商业组织）。

2. 作为商业组织的法人，只能以国有企业、无限公司、股份公司、生产合作社的形式成立。

3. 作为非商业组织的法人，可以机关、社会团体、股份公司、消费合作社、基金会、宗教团体等形式成立，或以法律规定的其他形式成立。

非商业组织只有在符合其法定目的的情况下才能从事商业活动。

3-1. 若法人是非营利组织，只能由国家预算提供资金，以国有企业的形式成立。

4. 法人可成立联合会（详见本法第110条）。

5. 法人应根据本法、关于法人每一种形式的法律、其他法律和设立文件进行经营。

第三十五条　法人的权利能力

1. 法人能够享有本法规定的民事权利和承担与其活动有关的义务。商业组织，除国有企业外，可以享有为进行法律或设立文件不予禁止的任何种类的活动所必须的民事权利并承担民事义务。

在法律另有规定的情况下，可排除或限制从事某些活动的法人从事其他活动的可能性。

对法律明文列出的某些种类的活动，法人须取得专门许可方能从事。

2. 法人的权利能力自其成立之时产生并在其清算完成之时终止。在需要许可证从事的活动领域内，法人的权利能力自获得许可证之日起产生，并在哈萨克斯坦共和国法令规定的程序被撤销、有效期届满或失效之时终止。

3. 作为非商业组织的法人的权利能力，仅由国家预算（国家机关）承担，由本法和其他法令规定。

第三十六条　发起人（股东）对其设立法人的财产权利

1. 法人的发起人（股东）可以对法人的独立财产享有债权或物权。

2. 发起人（股东）对其财产保留强制性权利的法人包括无限公司、股份公司和生产合作社。

3. 发起人（股东）对其财产保留所有权或其他物权的法人，是指基于经营或管理享有权利的组织。

4. 发起人（股东）对其财产不保留财产权的法人包括社会团体、基金会和宗教团体。

5. 发起人（股东）对其创建的法人的财产的权利由哈萨克斯坦共和国的法律法规规定。

第三十七条　法人的机关

1. 法人通过其依照法律和设立文件进行工作的机关取得民事权利和民事义务。

2. 法人机关的种类、任命或选举程序及其权限由法律和设立文件规定。

第三十八条　法人的名称

1. 法人应拥有自己的名称，以区别于其他法人。法人的名称应包括其名称和对其法律形式的说明，也可以包括法律要求的其他信息。法人的名称应在其组成文件中注明。法人的名称不得违反法律规定和公共道德，也不得使用股东之外的他人姓名，或者股东没有得到他人（或他人的继承人）的许可使用的名称。

2. 按规定程序登记的名称，法人应在国家商业识别登记册中载明。

法人的名称不得与在哈萨克斯坦共和国注册的其他法人的名称完全或实质上重复。

作为商业组织的法人应该有商业名称，经法人登记后，为其特有名称。

法人享有商业名称使用专用权。非法使用他人商业名称的，有义务依商业名称专用权持有人的请求，停止使用该名称并赔偿所造成的损失。

法人使用公司名称的权利和义务，由法律规定。

3. 禁止在非国家机关法人的商业名称、服务标志、商标上使用由哈萨克斯坦共和国的法律、总统和政府的法令规定的哈萨克斯坦共和国国家机关的官方名称。

第三十九条 法人住所地

1. 法人的住所地是其常设机关的所在地。

2. 法人的住所地应在其设立文件中予以载明，并注明完整的联系地址。

3. 在与第三人的关系中，法人不得以实际地址与国有企业识别号登记簿上的地址不一致为由抗辩。第三人可以邮递或其他形式向法人发送信件，既可发送至国有企业识别号登记簿中的地址，也可发送至实际地址。

第四十条 法人发起人

1. 法人可以由一个或多个发起人设立。

2. 财产所有人或其授权的机关或个人可以是法人的发起人；在法律明确规定的情况下，法人的发起人可以是其他法人。在这种情况下，在经济管理或经营管理中掌握财产的法人可以是其他法人的发起人，但须征得所有人或其授权机关的同意，哈萨克斯坦共和国法律另有规定的除外。

3. 除哈萨克斯坦共和国法律明文规定的情况外，法人的发起人不得拥有非发起人的股东的优先权。

第四十一条 法人的设立文件

1. 除本法和哈萨克斯坦共和国其他法律另有规定外，法人根据章程或设立文件进行经营。法人由一名发起人设立的，依照该发起人批准的章程进行活动（单一发起人的决定）。在哈萨克斯坦共和国法律另有规定的情况下，作为非商业组织的法人可以根据关于这类组织的一般规定运营。

法人是中小型企业和大型企业的经营实体，可根据示范章程的规定开展业务，示范章程的内容由哈萨克斯坦共和国政府确定。

2. 法人的设立文件由其发起人签订，其章程由他们批准。如果单一发起人设立了商业组织，则无须发起人签订合同。

3. 非商业组织和国有企业的设立文件中应当确定法人的经营目的和宗旨。

无限公司、股份公司和生产合作社的设立文件可以规定其经营的目的和宗旨。

4. 在设立的合同中，缔约各方（发起人）须承诺成立一个法人，确定成立该法人的联合活动的方式，将其财产转让（业务管理）的条件，以及参与其活动的条件。除本法或关于某些类型法人的法律文书另有规定外，合同还应规定净收入在发起人之间的分配、法人活动的管理、发起人的退出以及章程的核准。

其他条款和条件也可在发起人的同意下纳入设立文件。

4-1. 单一发起人的决定必须包括财产所有权（经济管理、业务管理）的转移条件和其他不违反哈萨克斯坦共和国法律的决定。

由单一发起人设立的法人的决定应根据哈萨克斯坦共和国法律和法人章程的规定，由有权作出这类决定的机关作出。

5. 法人的章程规定：名称、地点、机关的形成程序和权限、重组或清算的条件。

如果法人是由一人设立的，法人章程还应规定财产的形成和收入分配的程序。

法人章程还可以包含其他不违反哈萨克斯坦共和国法律的内容。

6. 如果设立文件与某一法人的章程间有冲突，则应适用下列条件：

（1） 如果涉及创立者的内部关系，则适用设立文件；

（2） 如果可能影响法人与第三人的关系，则适用章程。

7. 所有利害关系人都有权查阅法人章程。

第四十二条　法人登记和重新登记

1. 法人在司法机关进行国家登记，但哈萨克斯坦共和国法律另有规定的情况除外。国家登记程序由法律规定。

2. 国家登记的资料，包括法人的名称、商业组织的商业名称，应当列入向公众开放的统一的法人国家登记簿。

3. 法人自国家登记之时起即视为成立。

4. 分支机关和代表机关根据法律办理注册手续。分支机关和代表机关名称变更时，必须重新登记。

5. 违反法律规定的成立法人的程序或者与其设立文件不符的，应当拒绝法人的国家登记。不得以不适宜成立法人为理由拒绝登记。

对拒绝国家登记的以及规避登记的行为，可向法院起诉。

6. 在下列情况下，法人须重新登记：

（1） 注册资本的减少；

（2） 名称更改；

（3） 无限公司成员组成的变化（不包括经营无限公司的企业，由从事证券持有人登记活动的证券市场专业成员负责管理无限公司的登记）。

在没有重新登记的情况下，根据上述理由对设立文件所作的修改是无效的。

第四十三条　法人（国家机关）的分支机构和代表处，以及其他独立的结构性部门

1. 法人的分支机关是设立在法人住所地之外并行使法人的全部或部分职能的机关，包括代表机关职能的独立部门。

2. 法人的代表机关设立在法人住所地之外，是代表和维护法人的利益的独立部门，代表法人实施法律行为和其他法律活动，但哈萨克斯坦共和国法律另有规定的情况除外。

3. 分支机关和代表机关不是法人。它们拥有由设立它们的法人划拨的财产并根据该法人批准的条例进行活动的权利。

4. 法人（国家机关）的其他独立基础部门是一个独立的单位，在该单位内设有固定的工作场所，履行法人（国家机关）的部分职能，如果工作时间超过1个月，即被视为固定的工作场所。

法人（国家机关）的其他独立基础部门是在法律明确规定的情况下创建的。

5. 社会团体的组织单位（分支机关和代表机关）领导人按照社会团体章程及有关分支机关或代表机关条例进行工作。

宗教协会的组织单位（分支机关和代表机关）领导人是按照宗教协会章程及有关分支机关或代表机关条例进行工作。

所有其他形式的分支机关和代表机关的领导人都由法人的授权机关任命，并根据其委托书进行工作。

第四十四条　法人的责任

1. 除特殊金融公司、国家伊斯兰专门金融公司、机关发起人和国有企业外，法人以属于它的全部财产对自己的债务负责，如果这些资金不足，其发起人应对其债务承担责任。

2. 国有企业以其所掌握的资金履行其债务。

如果国有企业没有足够的资金，则哈萨克斯坦共和国或地方行政单位有相应预算的补充责任。

特殊金融公司应按照哈萨克斯坦共和国关于项目融资和证券化的法律规定的程序履行其义务。

国家伊斯兰专门金融公司以它所拥有的资金为限履行义务。

3. 法人的发起人（股东）或其财产的所有权人不对法人的债务承担责任，而法人也不对法人的发起人（股东）或其财产的所有权人的债务承担责任，本法、其他法律条文或法人的设立文件另有规定的情况除外。

4. 如果法人的破产是由于其发起人（股东）或其财产的所有权人的行为所导致，则法人财产不足以清偿债务时，可以由上述人员对法人的债务承担补充责任。

5. 除本法第 159 条第 11 款规定的情况外，法人须对第三人承担责任，法人机关的义务超出了设立文件规定的权限。

第四十五条　法人的重组

1. 法人的改组（合并、加入、分立、分出、改变组织形式）可以依照其财产所有人或其授权机关，发起人（股东）或根据其设立文件享有此权限的法人机关的决议进行，或者在哈萨克斯坦共和国法律另有规定的情况下，根据司法机关的决定由哈萨克斯坦共和国法律规定可以其他形式改组的情况。

个人自愿存储退休基金的法人、保险（再保险）组织的法人、保险福利保障基金的法人、特别金融公司的法人的改组应根据哈萨克斯坦共和国关于养老金、保险和保险活动、保险保障基金、项目融资和证券化等领域现行法律规定的特殊情况进行。

股份公司的改组应考虑哈萨克斯坦共和国关于股份公司所规定的法律条文的特点。

2. 改组可以是自愿的，也可以是强制性的。

3. 在法律明文规定的情况下，可根据司法机关的决定进行强制性改组。

法人财产所有人、其授权机关、发起人或其设立文件授权对法人进行法人改组的机关，若司法机关决定的期限内未能对法人进行改组，则由法院任命法人的管理人并委托他对该法人进行改组。自任命管理人之时起，法人事务的管理权移交给该管理人。管理人以法人的名义在法院起诉和应诉，编制分立资产负债表并将分立资产负债表连同因法人改组而重新产生的法人的设立文件一并提交法院审议。经法院批准的上述文件是新产生的法人进行国家注册的根据。

4. 除加入形式的改组外，自新产生的法人进行国家注册之时起，法人即被认为已完成改组。

在一个法人加入另一个法人而对法人进行改组时，自将后加入的法人终止活动的事项载入统一的法人国家登记簿之时起，法人即被视为完成改组。

第四十六条　法人重组时的权利继受

1. 在几个法人进行合并时，每个法人的权利和义务依照移交文书移转给新产生的法人。

2. 在法人加入另一法人时，后加入的法人的权利和义务依照移交文书移转给被加入的法人。

3. 在法人分立时，其权利和义务依照分立资产负债表移转给新产生的几个法人。

4. 在从一个法人中分出一个或几个法人时，被改组法人的权利和义务依照分立资产负债表移转给分出的每一个法人。

5. 在一种类型的法人改组成为另一种类型的法人（改变其组织形式）时，被改组法人的权利和义务依照移交文书移转给新产生的法人。

第四十七条　移交文件和分割资产负债表

1. 被改组后的法人的财产权和义务移转给新产生的法人。在合并和加入时，根据移交文书进行分割和分配。在分立和分出时，根据分立资产负债表进行分割和分配。

移交文书与分立资产负债表应该包含关于被改组法人对其所有债权人和债务人的全部债权债务继受的规定，包括对双方有争议的债权债务的继受的规定。

2. 移交文书与分立资产负债表应由法人的财产所有权人批准或由作出法人改组决议的机关批准，并且连同设立文件一并提交进行新产生的法人的国家注册或对现有法人的设立文件进行修订。

如未同设立文件一并提交移交文书与分立资产负债表，以及在移交文书或分立资产负债表中未说明被改组法人债权债务的继受关系，则对新产生的法人不予国家注册。

3. 资产（权利和义务）在其注册时转移给法定继承人，但法律或重组决定另有规定的除外。

第四十八条　法人重组时其债权人权利的保障

1. 法人财产所有权人或采取法人改组决议的机关，应将改组情况书面通知被改组法人的债权人。提出申请债权的期限，自被改组法人的债权人收到通知之时起不得少于 2 个月。

2. 被改组法人的债权人在法人分立、分出时，有权要求提前履行该法人所欠债务，并且要求赔偿损失。

3. 如果根据分立资产负债表不能确定被改组法人的权利继受人，或者权利继受人没有足够的财产履行改组之前产生的债务，新产生的法人对被改组的法人的债务向其债权人承担连带责任。

第四十九条　法人的清算的理由

1. 根据其财产所有权人或其财产所有权人授权的机关以及经设立文件授权的法人机关的决议，法人可以任何理由进行清算。

个人自愿存储退休基金的法人、保险（再保险）组织的法人、保险福利保障基金的法人、特别金融公司的法人、棉花加工组织法人的清算应考虑哈萨克斯坦共和国关于养老金、保险和保险活动、保险保障基金、项目融资和证券化、棉花工业发展的法律规定的特殊性。

2. 根据法院的裁决，在下列情况下，法人可以被解散：

（1）破产；

（2）由于法人在设立时违反了强制性法律规定而被确认注册无效；

（3）法人没有住所地或实际地址以及发起人（股东）和主管人员，在1年内不能开展业务的；

（4）从事严重违反法律的活动：有系统地从事违背法人法定宗旨的活动；从事没有许可或法律所禁止的活动；

（5）其他法律的规定。

3. 根据本条第2款而要求清算法人的，可以由依法有权提出该请求的国家机关向法院提出。国家机关可通过法律提出这一请求，在破产的情况下，也可由债权人提出。

法院关于清算法人的判决可以委托法人的财产所有权人或法人设立文件规定进行法人清算的机关进行法人的清算。

4. 如果该法人财产的价值不足以满足债权人的请求，则法人仅可以依照哈萨克斯坦共和国法律关于重整和破产规定的程序进行清算。

5. 个别种类法人的清算可以根据国家授权机关的决议、法律规定的条文进行。

第五十条　法人清算的程序

1. 法人财产所有权人或作出法人清算决议的机关必须立即以书面形式或以电子签名形式通过互联网向法人国家登记簿、登记地的政府财政机关报告。

2. 法人财产所有权人或作出法人清算决议的机关委托清算委员会，并依照本法规定的清算程序和清算期限进行清算。

清算委员会自委派之日起，由其管理法人的财产和事务。清算委员会代表被清算法人出庭。

3. 清算委员会应在哈萨克斯坦共和国司法部的官方注册信息的出版物上公布法人清算的消息以及债权人提出请求的办法和期限。该期限不得少于自公布清算消息之时起的 2 个月，但破产的除外。在破产的情况下，债权人的债权申请应当在发布债权申请公告之时起 1 个月内提出。

清算委员会应采取措施查明债权人和收取债务人的欠款，并以书面形式将法人的清算事宜通知债权人。

4. 债权人提出请求的期限届满之后，清算委员会应编制过渡阶段的清算资产负债表，该资产负债表中应包含被清算法人的财产构成、债权人所提出请求的清单以及关于审议这些请求情况的信息资料。

过渡阶段的清算资产负债表由法人财产所有权人或作出法人清算决议的机关予以批准。

在编制中期清算资产负债表时，被清算法人的财产不包括：特别金融公司在项目融资中的债务抵押品；根据哈萨克斯坦共和国项目融资和证券化立法发行的特殊金融公司证券化债券项下的资产，以及作为抵押协议项下债权的抵押债券的质押财产。上述财产和资产由清算委员会移交给抵押债券持有人代表、债权人代表和（或）根据哈萨克斯坦共和国项目融资和证券化法律确定的债券持有人以清偿债务。

在编制临时清算资产负债表时，被清算的国家伊斯兰专门金融公司的财产不应包括根据哈萨克斯坦共和国政府的决定出售给国家伊斯兰专门金融公司的财产。上述财产由清算委员会按照哈萨克斯坦共和国政府确定的顺序和条件转交哈萨克斯坦共和国所有。

5. 如果被清算法人（国有企业除外）现有的资金不足以清偿债务人的请求，则清算委员会应按法院判决确定的执行程序对法人的财产进行公开拍卖。

6. 清算委员会按照本法第 51 条规定的顺序，依照过渡阶段的清算资产负债表，自该资产负债表批准之日起向被清算法人的债权人付款。股份公司财产分配的特殊性由有关股份公司的法律规定。

7. 在完成同债权人的结算后，清算委员编制清算资产负债表，清算资产负债表由法人财产所有权人或作出法人清算决议的机关批准。

8. 在清偿债务后的所余法人财产应用于设立文件所述的目的。

9. 如果被清算的国有企业的财产或被清算机关的资金不足以清偿债务，债权人有权向法院起诉，要求用该企业或机关的财产所有权人的财产来清偿。

9-1. 已废止。

10. 将法人已清算的事项记入统一的法人国家登记簿之后，法人的清算即为已经完成。

第五十一条 清偿债权人债权

1. 法人清算时，除破产情形外，其债权人的债权优先顺序如下：

第一顺序：满足因公民生命或健康受到损害而被清算法人应对之承担责任的公民的请求，其办法是一次性给付原应分期给付的款项；

第二顺序：根据劳动合同支付劳动报酬和补偿金，向国家社会保险基金缴纳社会分摊金，支付从工资中扣留的强制性养老金分摊金，支付强制性职业养老金分摊金，以及根据著作合同支付报酬，但根据哈萨克斯坦共和国关于破产问题的法律规定，应在第五顺序清偿金额的除外；

第三顺序：债权人对以清算破产人财产为质押担保的债务的债权，应在抵押物金额范围内予以清偿，但债权人的债权除外，即以住房抵押贷款协议（包括抵押证书质押）项下的债权质押担保的抵押债券持有人，以及哈萨克斯坦共和国政府证券的持有人，在这些债券的所有权来自其持有人或根据法律行为或其他原因转移给他们的情况下，应在抵押物金额范围内予以清偿；

第四顺序：支付预算中拖欠的税款和其他强制性款项；

第五顺序：根据法令向其他债权人付款。

2. 每一顺序债权人的请求应在完全清偿前一顺序债权之后进行清偿。

3. 如果被清算法人的财产不足，除非法律另有规定，否则应在各顺位的债权人中按比例分配待清偿的债权数额。

4. 如果清算委员会拒绝清偿债务，或逃避审议这些请求，债权人有权在法人清算资产负债表批准之前向法院对清算委员会提起诉讼。依照法院的裁判，债权可以用被清算法人的剩余财产进行清偿。

5. 清偿债务后的剩余财产，应转让给法人的财产所有权人或对该财产享有所有权并具有强制性权利的发起人（股东），法律或法人设立文件未规定的除外。

6. 由于被清算法人财产不足而未满足的请求，以及在清算资产负债表批准之前未提出的请求，均被视为已经清偿。

7. 如果债权人未向法院起诉，以及法院判决驳回的请求，均被视为已经清偿。

第五十二条 破产

破产是法院承认的债务人破产，是债务人清算的依据。

破产是指债务人，无论是个体企业还是法人无法清偿债务人的金钱债务，无法向根据劳动合同工作的人支付工资，无法确保支付税款和其他强制性付款，无法向国家社会保险基金缴纳社会保险费，无法缴纳强制性养老金和职业退休金。

第五十三条 宣告破产

1. 宣告破产是既可以自愿的，也可以是强制性的。
2. 宣告自愿破产是在债务人向法院提出申请的基础上进行的。
3. 宣告强制破产是在债权人向法院提出申请以及法律规定和其他人申请的情况下进行的。

第五十四条 重整程序

破产的债务人可以采取任何不违反法律的措施来恢复其偿付能力，以防止清算。

这些措施是在加速重整程序和重整程序的框架内实施的，其程序和条件由哈萨克斯坦共和国关于重整和破产的法律确定。

第五十四条之一 已废止

第五十五条 破产程序启动的法律后果

从法院作出宣布债务人破产和启动破产程序的裁决之日起：

（1）破产人财产的所有权人（由他授权的机关）、发起人（股东）、破产法人的所有机关都被禁止转让财产和清偿债务；

（2）破产人的所有债务均被视为届满；

（3）破产人所有类型的债务的罚款和报酬（利息）的累计终止；

（4）如果对破产人作出的决议尚未生效，则禁止破产人在法庭上参与审议财产性纠纷；

（5）债权只能在破产程序中对破产人提出，但执行第三人担保和保证的债权以及在质押人为第三人时执行质押的债权除外；

（6）根据临时或破产受托人的申请以及宣布债务人破产的法院判决的副本，取消对破产人财产的所有限制和扣押（财务和国家机关对债务人账户的收款令，执法人员查封财产以及其他措施），而后再适用施加这些限制的机关的相关决定；

（7）只有在对破产人提出法律行为无效和从非法占有中索回财产的请求时，才允许对破产人的财产进行新的扣押和对破产人财产的处置进行其他限制；

（8）破产程序启动后未转让给收购方的破产财产包含破产财产总额的构成，债权人或破产购买人根据未履行的义务有权在破产程序范围内向债务人提出赔偿请求。

第五十六条　破产债务人的债务免除

1. 在变卖财产并在债权人之间分配变卖所得收益后，破产债务人应被免除履行宣告破产时的剩余债务和其他提交执行的债权。

2. 破产债务人在清算程序开始前3年内为隐瞒的目的向他人转让其部分财产，隐瞒或转移必要的会计资料包括账簿、账目、单据，则不予免除债务。

第五十七条　破产法人活动的终止

1. 法院确认法人为破产人的应当进行清算。

2. 破产法人的活动从法人国家登记簿除名之时即被视为终止。

第二节　商业公司

第一分节　一般规定

第五十八条　商业公司的基本规定

1. 拥有其发起人（股东）按股份出资（投资）组成的注册资本的商业组织为商业公司。用发起人（股东）的投资建立的财产，以及商业公司在其活动过程中生产或获得的财产，归公司所有。

2. 商业公司可以无限公司、两合公司、有限责任公司、补充责任公司的形式成立。

3. 除了无限公司、两合公司外，商业公司还可以由一人建立，该人为其唯一股东。

无限公司的股东和无限公司的投资人可以是公民。

4. 设立文件和条例是商业公司的设立文件。

由单人（一个股东）建立的无限公司的设立文件是章程。

5. 已废止。

6. 商业公司的设立文件除了包含本法第41条第4款和第5款规定的内容外，

还应包含每一股东股份的数额条件，股东出资的数额、构成期限和程序，股东违反投资义务的责任以及法律规定的其他信息。

7. 已废止。

8. 除法律另有规定的情况外，商业公司也可以是其他商业公司的发起人。

9. 商业公司有权与证券市场从事证券持有人登记簿管理的专业人员签订保存商业公司股东登记簿的合同。

设立文件的有效期自商业公司股东登记簿建立之日起终止。股东登记簿确认商业公司注册资本份额，由证券市场的专业人员在证券持有人登记簿管理系统中进行更新维护。

如果股份公司转变为商业公司，其股东登记簿将由证券市场的专业人员在证券持有人登记簿管理系统中进行保管，不另外签订设立文件。

如果商业公司股东登记簿由证券市场的专业人员在证券持有人登记簿管理系统中进行保管，商业公司参与人自股东登记之日起产生注册资本份额享有的权利。

商业公司股东登记簿的建立、维护和保存程序由哈萨克斯坦共和国法律规定。

第五十九条　对商业公司注册资本的出资，合伙人在商业公司注册资本和财产中的份额

1. 商业公司注册资本的投资可以是货币、证券、物品、财产权利，包括知识产权和其他财产（但根据哈萨克斯坦共和国关于项目融资和证券的法律规定成立的特殊金融公司、根据哈萨克斯坦共和国关于小额信贷组织的法律规定成立的小额信贷组织和根据哈萨克斯坦共和国关于证券市场的立法成立的伊斯兰专门金融公司除外，上述公司的法定资本完全由货币构成）。

发起人（股东）以实物或产权形式对授权资本的出资，进行货币价值评估时，应经过全体发起人的协议或全体股东会议的决定。如果出资的价值超过相当于每月2万计算指数的金额，应由独立专家进行评估。

重新注册商业公司时，成员的出资评估可以通过商业公司的会计凭证或审计报告确认。

商业公司的发起人（参与人）应在上述估值之日起5年内，以出资估值被高估的金额为限，对债权人承担连带责任。

当财产使用权作为出资转让给商业公司时，出资额根据发起合同中规定的使用期限以财产使用费计算。

不允许以人身权和其他非物质财产的形式投资。此外，除哈萨克斯坦共和国法律另有规定的情况外，不得通过抵消股东的债权进行投资。

2. 除非设立文件另有规定，否则所有参与人的财产价值中的份额（财产份额）与注册资本中的出资成正比。

除非哈萨克斯坦共和国的法律或设立文件另有规定，否则商业公司的股东有权抵押和（或）出售其在商业公司财产（注册资本）中的份额或部分份额。

如果商业公司的股东对全部或部分财产（注册资本）份额的权利转让（让与）合同的一方是公民，则该公民签名的真实性须经公证。

3. 注册资本出资的程序和条件，以及不履行出资义务的责任，由法律和（或）发起文件规定。

4. 商业公司注册资本允许在通知所有债权人之后予以减少。在这种情况下，债权人有权请求公司提前终止或履行无限公司的有关债务并要求向赔偿损失。

违反本款规定的程序减少注册资本，应作为法院根据利害关系人的申请对商业公司进行清算的理由。

第六十条 商业公司的管理

1. 商业公司的最高权力机关是其股东大会。

在由一个人建立的商业公司中，除了由一个人建立的无限公司和两合公司外，股东大会的权力属于其唯一股东。

2. 在商业公司中建立一个委员制的和（或）独任的执行机关，该机关对公司的活动进行日常领导并向股东大会报告工作。公司的独任管理机关也可以不从其股东中选举产生。

作为公司的委员制机关，股东大会可以创建：

（1）董事会（管理）；

（2）监事会；

（3）在法律或商业公司股东大会决议规定情况下的其他机关。

2-1. 如果商业公司被宣布破产或适用重整程序，并根据法律规定的程序任命了临时的或长期的破产或重整管理人，则管理公司的所有权力将分别移交给临时或长期的破产或重整管理人。

3. 商业公司各机关的权限、选举（任命）程序及其决策程序应根据本法、法律和设立文件确定。

4. 为了检查和确认财政报表是否正确，公司有权每年聘请与公司股东均无财产利害关系的审计组织进行审计（外部审计）。

在商业公司的一个或多个股东提出要求时，可以随时对商业公司进行审计，费用由无限公司承担。

对商业公司业务进行审计的程序由法律和商业公司的设立文件确定。

第六十一条　商业公司股东的权利和义务

1. 商业公司股东的权利：

（1）以设立文件确定的程序参与合伙或公司事务的管理；

（2）获得关于商业公司活动情况的信息和按设立文件规定的程序查看其文件；

（3）参与净收入分配。设立文件中排除一个或几个股东参与净收入分配的条款无效；

（4）在商业公司清算后，获得商业公司的剩余价值；

（5）商业公司的股东还可以享有法律和设立文件规定的其他权利。

2. 商业公司股东的义务：

（1）遵守设立文件的要求；

（2）依照设立文件规定的程序、数额、方式和期限投资；

（3）不泄露关于商业公司活动的机密信息。

商业公司的股东还可以承担哈萨克斯坦共和国法律和设立文件规定的其他义务。

第六十二条　商业公司的改组

1. 一种类型的商业公司可以根据股东大会的决议按照本法规定的程序改组为另一种类型的商业公司或股份公司或生产合作社。

2. 在无限公司或两合公司转化为股份公司、有限责任公司或附加责任公司的情况下，每一位无限责任股东在成为商业公司股东后，在 2 年以内以自己的全部财产对从商业公司转移给股份公司的债务承担补充责任，前股东转让属于他的份额（股份）并不免除该责任。

第二分节　无　限　公　司

第六十三条　关于无限公司的基本规定

1. 确认为无限公司的股东，在无限公司的财产不足时，应对其所有财产承担连带责任。

2. 一个人只能成为一个无限公司的股东。

第六十四条　无限公司的注册资本

无限公司注册资本的数额由其发起人确定，但不得低于哈萨克斯坦共和国法律规定的最低数额。

根据哈萨克斯坦共和国关于小额金融组织的立法，决定以无限公司的形式建立小额金融组织注册资本的最小数额。

第六十五条　无限公司事务管理

1. 无限公司的最高权力机关是股东大会。关于无限公司的内部问题的决议是通过所有股东共同决定的。公司的设立文件可以规定哪些情况可以由股东的多数票通过决议。无限公司的每一个股东拥有一票，但设立文件规定了其股东拥有票数的不同的除外。设立文件可规定股东持有的票数相当于其在注册资本中的份额比例。

2. 无限公司的管理与本条第 1 款的规定由无限公司的执行机关行使。执行机关的类型及其权限由设立文件确定。

3. 无限公司的股东无权不经其余股东的同意以自己的名义和为了自己的利益或者为第三人的利益实施与公司活动的法律行为同类的法律行为。违反这一规则时，公司有权要求该股东赔偿对公司造成的损失或者向公司移交通过该法律行为所得到的全部收益。

4. 无限公司的管理委托机关有义务应所有股东的要求向其提供有关其活动的全部信息。

5. 未经授权为公司利益行事的股东，其行为未得到所有其他股东同意的情况下，有权要求公司偿还其产生的费用，但必须证明由于他的行为，公司节省了资产或获得了价值超过公司产生的费用的利润。

第六十六条　无限公司股东股份（部分股份）的转让

1. 只有征得所有其余股东的同意，股东才能将其股份（部分股份）转让给公司的其他股东或第三人。

2. 当股份（部分股份）转让给第三人时属于无限公司的股东的权利和义务同时移转给他人。

3. 如果无限公司股东死亡，其继受人（继承人）须经其他股东的同意后，方能加入无限公司。

4. 继受人（继承人）对股东对无限公司的债务以及无限公司整个活动期间对

第三人产生的公司债务承担责任。

5. 如果继受人（继承人）拒绝加入无限公司，或者公司拒绝接受继受人（继承人），他将获得被继受人（继承人）在公司资产中的份额，该资产在股东死亡之日确定。

在这种情况下，应在设立文件（章程）规定的期限内相应减少企业的资产数额，但不得迟于3个月。

第六十七条 股东退出无限公司

1. 无限公司的股东可随时退出公司，并在不少于法律或设立文件规定的期限内向其余股东发出通知。

2. 如果股东退出无限公司，应给付该股东相当于他在共同投资中股份的那一部分公司财产的价值，根据该股东退出时公司编制的资产负债表确定。依照退出人与其余股东的协议，也可以用实物支付上述财产的价值。退出的股东还应从无限公司当年的净收入中取得该年股东应得的部分。

3. 无限公司股东提供的仅供使用的财产不支付报酬。

第六十八条 无限公司股东的开除

1. 如果存在重大理由，包括由于某个股东粗暴地违反其义务，或者发现某个股东没有能力合理管理公司事务，无限公司的股东有权通过司法程序，按其余股东的一致同意将该股东从无限公司开除。

2. 无限公司开除股东应按照本法第67条第2款规定的程序支付部分财产的价值。

第六十九条 无限公司中股东股份的追索

1. 只有在无限公司股东的其他财产不足以清偿债务时，才允许因个人债务对其无限公司的财产中的股份进行追索。该股东的债权人有权要求无限公司划拨出与该股东在注册资本中股份相当的那一部分公司财产，以便对该财产进行追索。应划拨出来的财产或其价值由债权人提出请求时的公司资产负债表确定。

2. 如果对无限公司股东在财产中的股份进行追索，则终止其无限公司股东的身份，并产生本法第70条和第71条规定的后果。

第七十条 无限公司股东对公司债务的责任

1. 如果在无限公司清算期间发现现金不足以支付其所有债务，则不足的部分由股东用自己所有的根据法律规定可以进行追索的财产为公司承担连带责任。

除非法律另有规定，无限公司股东应对公司的债务承担责任，不取决于在其进入公司之后或之前产生的债务。

2. 无限公司中已经支付了超出其在公司财产中所占份额的债务的股东有权向其余按照其在公司财产中的股份比例应承担责任的股东提出相应部分的返还要求。

3. 自愿退出无限公司或被法院判决除名的股东，以及已故股东的继受人（继承人）拒绝加入无限公司的，应对其退出无限公司的年度报告生效之日起 2 年内的债务承担责任。

4. 在将股份转让给另一股东或第三人的无限公司的股东，被债权人完全追索无限公司份额的股东，以及死亡股东的继受人（继承人），被其他股东拒绝加入公司的，则对公司的债务不承担责任。

5. 在无限公司终止后，股东应在公司终止之日起 2 年内对公司终止前的义务承担责任。

6. 股东更改其对本条规定的公司债务责任承担顺序的协议无效。

第七十一条　无限公司的清算

1. 无限公司依照本法第 49 条规定，在仅剩一个股东时进行清算。该股东有权在他成为公司唯一股东起的 6 个月内依照本法的规定将无限公司改组成为商业公司。

2. 在无限公司的任何股东退出或死亡的情况下，其中一人被宣告失踪、无民事行为能力或限制民事行为能力、破产，或由其中一名股东的债权人提起诉讼，以追索股东在注册资本中的份额相对应的财产，如果公司的设立文件或其余股东的协议有此规定，则公司可以继续活动。

3. 如果其中一名股东以本条第 2 款规定的理由退出了公司，则公司注册资本中剩余股东的股份应按其投资比例增加，设立文件另有规定的除外。

第三分节　两　合　公　司

第七十二条　关于两合公司的基本规定

1. 两合公司是指公司的股东中除了有以公司的名义从事经营活动并以自己的财产对公司的债务承担责任的股东（无限责任股东）之外，还有一个或几个股东，而该投资人（出资人）以其投资额为限对与公司活动有关的损失承担风险，但并不参与公司的经营活动的公司。

2. 参加两合公司的无限责任股东的地位及他们对公司债务的责任，由本法中关于无限公司股东的规则予以规定。

3. 公民仅能成为一个两合公司的无限责任股东。

两合公司的无限责任股东不得成为无限公司的股东。

4. 对两合公司适用本法中关于无限公司的规则，以不违反本法中关于两合公司的规则为限。

第七十三条　两合公司的投资人

1. 两合公司的投资人有义务把初步投资和补充投资的数额、方式和程序写入设立文件的规定中。

2. 两合公司的投资人的权利：

（1）按照设立文件规定的程序，获得其在注册资本中应得的那部分公司利润；

（2）了解公司的财务报表，并要求检查其正确性；

（3）按照法律和公司的设立文件规定的程序将其在注册资本中的部分股份转让给其他投资者或第三人。投资人如将全部股份转让给他人，则终止其投资人的身份；

（4）根据法律和设立文件规定的程序，退出无限公司。

两合公司的设立文件也可以规定投资人的其他权利。

放弃或限制本法和其他法律规定的两合公司投资人的权利，包括通过投资人和无限责任股东的协议进行放弃或限制的，协议均属无效。

3. 如果投资人在没有适当授权的情况下为了两合公司的利益完成法律行为，如果事后获得公司批准，则公司对法律行为的债权人完全负责。如果事后未获得批准，投资人应用其所有财产对第三人自行负责，根据法律可以追索。

第七十四条　两合公司的注册资本

1. 两合公司的注册资本由其股东的投资组成。在经济活动过程中，注册资本可能会发生变化。不包括投资者投资的注册资本决定了两合公司财产中无限责任股东的股份。

2. 注册资本的数额由两合公司的无限责任股东决定，不能低于法律规定的最低数额。

以两合公司形式创建的小额金融组织的最低注册资本数额由哈萨克斯坦共和国关于小额金融组织的立法确定。

3. 两合公司的注册资本允许在通知所有债权人之后予以减少。在这种情况下，债权人有权请求公司提前终止或履行有关债务并向他们赔偿损失。违反本条规定的程序减少注册资本，应成为法院根据有关人员的申请判决对两合公司进行清算的理由。

第七十五条　两合公司的事务管理

两合公司事务的管理由无限责任股东进行。无限责任股东对两合公司管理及业务进行的办法由他们依照关于无限公司的规则予以规定。两合公司的投资人无权参与公司的事务管理，除非有委托书作为依据，不得以公司的名义出面。两合公司的投资人无权对无限责任股东管理公司和进行公司的业务行为提出异议。

第七十六条　两合公司的终止

1. 两合公司在所有参与其中的股东撤回投资后终止。无限责任股东有权将两合公司转变为无限公司进行清算，两合公司也可根据无限公司规定的清算理由进行清算。

2. 在两合公司进行清算时，对其满足债权人请求后所余的财产，投资人较之无限责任股东有优先获得其投资的权力；此后所余财产在无限责任股东与投资人之间按其在公司财产中的股份所占比例进行分配，但设立文件有不同规定的除外。

第四分节　有限责任公司

第七十七条　关于有限责任公司的基本规定

1. 由一人或几人设立，其注册资本依设立文件的规定分成一定数额股份的公司是有限责任公司；有限责任公司的股东不对公司的债务承担责任，而以其缴纳的出资额为限对与公司活动有关的亏损承担风险。本法和法律规定的其他情况除外。

有限责任公司未足额出资的股东，在每个股东尚未缴纳部分的价值范围内对公司的债务承担连带责任。

2. 有限责任公司的股东数不限。

有限责任公司不得以另一个一人商业公司作为唯一股东。

3. 应其任何成员的要求，必须对有限责任公司的活动进行审计。

不需要对有限责任公司进行公开报告，法律或设立文件规定的情况除外。

4. 有限责任公司可以根据其股东的一致决定自愿进行改组或清算。有限责任公司改组和清算的其他理由应由本法和法律规定。

有限责任公司有权改组成为股份公司或生产合作社。

5. 已废止。

6. 有限责任公司的法律地位、其股东的权利和义务由本法及法律规定。

第七十八条　有限责任公司的注册资本

注册资本的数额由有限责任公司的发起人（股东）确定，不得低于哈萨克斯坦共和国法律规定的最低数额。

以有限责任公司形式设立的小额金融组织的最低注册资本数额由哈萨克斯坦共和国关于小额金融组织的法律确定。

第七十九条　有限责任公司的管理

1. 公司管理机关的权限以及他们通过决议和代表公司的程序由有限责任公司法、公司的章程依照本法规定。

2. 以下事项属于有限责任公司股东大会的专属权限：

（1）修订公司章程，变更其注册资本的数额；

（2）选举（委任）执行机关的成员及提前终止其权限，以及就公司财产转移或其财产转移至信托管理及转移条件作出决定；

（3）批准公司的财务报表及其利润的分配；

（4）决定公司改组或清算；

（5）选举和提前终止监事会和（或）无限公司的审计委员会（审计师）的权力，以及批准公司的审计委员会（审计师）的报告和结论；

（6）批准内部规则，通过公司内部活动制定的其他文件、程序和决议，但哈萨克斯坦共和国法律另有规定的情况除外；

（7）决定公司参加其他商业公司以及非营利组织；

（8）任命清算委员会并批准清算资产负债表；

（9）根据本法第 82 条，批准有限责任公司的股东强制赎回股份的决定。

公司的章程还可以规定属于股东大会的专属权限等其他问题。

3. 属于公司股东大会专属权限的问题，股东大会不得移交给公司的执行机关解决。

第八十条　有限责任公司注册资本中股份转让给他人

1. 有限责任公司的股东有权将其在公司注册资本中的股份或部分股份以出售或其他方式转让给该公司的一个或几个股东，本法另有规定的情况除外。

2. 允许公司股东将股份（部分股份）转让给第三人，但设立文件和法律另有规定的除外。

有限责任公司的股东享有依照自己股份的比例购买其他股东全部或部分股份的优先权，但本法和哈萨克斯坦共和国《有限和补充责任公司法》另有规定的情况除外。除非设立文件或公司股东的协议另有规定，否则购买股份（部分股份）的优先购买权由股东按照其在公司注册资本中的股份数额的比例行使。

在违反优先购买权的情况下出售股份（部分股份）时，有限责任公司的任何股东都有权在出售之日起3个月内要求买方在法庭上将其权利和义务转让给他。

3. 如果根据有限责任公司的设立文件不可能向第三人转让股东的股份（部分股份），而其他股东又拒绝购买，则公司有义务向该股东支付股份的实际价值或者以实物交付给他与其股份价值相当的财产。

4. 有限责任公司股东的股份在全额出资之前仅能转让已经缴纳的部分。

5. 如果有限责任公司自己获得了股东的股份（部分股份），应按照法律和公司设立文件规定的期限和方式将其出售给其他股东或第三人，或者减少公司法定资本。在此期间，净收入的分配，以及在最高权力机关的投票，不计算有限责任公司拥有的股份。

6. 有限责任公司注册资本中的股份可以移交给作为公司股东的继承人和法人的权利继受人，但如果设立文件规定这种移交必须取得公司其余股东同意的除外。拒绝同意股份进行上述转让的后果是公司必须依照有限责任公司和公司设立文件规定的程序和条件向股东的继承人（权利继受人）支付其股份的实际价值或用实物交付相当于该股份价值的财产。

法律可以对将股份转让给合法继承人作出特别规定。

第八十一条　有限责任公司股东的追加投资

除非有限责任公司的章程另有规定，否则股东大会可决定参与人向公司追加出资。该决定由公司所有股东的四分之三多数票通过。

第八十二条　强制回购有限责任公司的股东的股份

如果有限责任公司的股东违反其对法律或设立文件所规定的公司义务，公司根据股东大会的决定有权要求以与股东协议确定的价格强制赎回该股东的股份。如果未达成协议，则强制赎回的股份价格应由法院确定。

第八十三条　有限责任公司的股东股份的追索

如果有限责任公司的股东的财产不足以支付个人债务，则债权人可以要求按照既定程序分配该股东的股份。

第五分节　补充责任公司

第八十四条　关于补充责任公司的基本规定

1. 公司的股东按公司设立文件规定的与所有权人相同的投资价值数额比例以自己的财产对公司的债务承担连带的补充责任，这样的公司是补充责任公司。

2. 章程中规定了股东责任限额。

在其中一个股东破产时，他对公司债务的责任由其余股东按其投资的比例分担，但公司设立文件规定了分担责任的不同办法的除外。

3. 对补充责任公司适用本法关于有限责任公司的规则，但仅以本条未有不同规定的为限。

第三节　股　份　公　司

第八十五条　关于股份公司的基本规定

1. 股份公司是把注册资本分成一定数量的股票，公司的股东不对公司的债务承担责任，以属于他的股票的价值为限对与公司活动有关的亏损承担风险的公司。法律另有规定的情况除外。

2. 股份公司的财产与股东的财产是分开的，以财产为限承担债务，不对其股东的债务承担责任。

3. 股份公司可由一人创建也可以由一人获得全部股份组成，但法律另有规定的除外。

4. 股份公司的法律地位及股东的权利和义务是依照本法及法律规定。通过国有企业私有化或国有股份控股权所创立的股份公司法律地位的特点由哈萨克斯坦共和国的法律规定。

5. 在法律另有规定的情况下，非营利组织可以股份公司的法律形式创建。

第八十六条　已废止

第八十七条　股份公司的设立文件

1. 设立文件（唯一发起人的决定）和章程是股份公司的设立文件。

股份公司的设立文件必须包含本法和哈萨克斯坦共和国其他法律确定的信息。

股份公司的设立文件需要经过公证。

2. 设立文件的行为（唯一发起人的决定）自国家登记发行申报股份之日起终止。

3. 哈萨克斯坦共和国的法律确定了批准股份公司章程的程序。

第八十八条　股份公司的注册资本

形成股份公司注册资本的最小数额和程序,以及增加注册资本的程序由哈萨克斯坦共和国的法律规定。

第八十九条　已废止

第九十条　已废止

第九十一条　有价证券的发行与配售

1. 股份公司发行的有价证券的类型由法律决定。

2. 发行和分配有价证券的国家登记程序根据哈萨克斯坦共和国的法律确定。

3. 除哈萨克斯坦共和国法律规定的情况外,股份公司有权发行担保债券和无担保债券。股份公司有权发行优惠债券和折扣债券。发行债券的条件和程序由关于证券市场的法律确定。

4. 证券收入支付的形式、方法和程序,由股份公司章程或发行证券的招股说明书确定,并考虑到法律规定的特点。

5. 在以下情况股份公司不得分红:

(1) 资产金额为负数,或由于支付红利,公司股本金额变为负数;

(2) 根据哈萨克斯坦共和国关于重整和破产的法律,公司出现资不抵债或无力偿债的迹象,或由于支付红利,公司将出现这些迹象。

哈萨克斯坦共和国的法律还可以规定其他理由禁止股份公司分红。

6. 股份公司有权以法律规定的方式发行有价证券、期权和可转换证券。

第九十二条　股份公司的管理

1. 股份公司的最高权力机关是股东大会。

2. 股东大会的专属权限由法律确定。

3. 与股东大会专属权限有关的问题,不得移交给股份公司的其他机关解决。

4. 股份公司应设立董事会,对公司活动进行全面管理,但本法、法律和股份公司章程规定属于股东大会决定的专属事项除外。本法、法律和股份公司章程规定由董事会全权负责的事项不得移交股份公司执行机关负责。

5. 股份公司的执行机关可以是合议制(董事会)或独任制(董事、总经理、总裁)。执行机关对股份公司的活动进行日常管理,并向董事会和股东大会报告。

股份公司执行机关的权限是解决依照法律或设立文件的规定不属于公司其他机关专属权限的一切问题。

6. 在股份公司中，可以根据法律设立其他机关。

6-1. 如果确认股份公司破产或使用复原程序并指定临时或永久的破产或重整经理，则按照法律规定的程序，所有管理权力的权力应移交给临时或破产或重整经理。

7. 股份公司的机关的权限，以及它们通过决议和代表公司的程序由本法，法律和设立文件确定。

8. 已废止。

第九十三条　股份公司的重组和清算

1. 股份公司可以根据股东大会的决定自愿进行改组或清算。股份公司的改组和清算的其他根据和程序由本法和其他法律规定。

2. 根据哈萨克斯坦共和国关于"纳扎尔巴耶夫大学"、"纳扎尔巴耶夫知识分子学校"和"纳扎尔巴耶夫基金会"地位的法律规定，股份公司有权转变为商业企业、生产合作社或自治教育组织，或根据哈萨克斯坦共和国关于创新集群"创新技术园区"的法律规定，转变为自治集群基金组织。

第四节　子公司和附属股份公司

第九十四条　子公司

1. 子公司是因其注册资本多数由另一个法人（以下简称母公司）组成，或者依照它们之间订立的合同（或以其他方式），从而其决策者有可能被母公司所控制的公司。

2. 子公司不对母公司的债务承担责任。

母公司有权对子公司发出强制性指示，包括依照同子公司的合同而对它发出强制性指示的，应对子公司为执行上述指示而进行的民事法律行为所发生的债务，与子公司一起承担连带责任。

在子公司由于母公司的过错而发生破产的情况下，母公司对子公司的债务承担补充责任。

子公司不能获得母公司的股份，但有权拥有母公司股份的金融组织除外，金融组织持有股份不超过该公司有表决权股份的10%。

3. 子公司的股东有权要求母公司赔偿因母公司的过错而使子公司遭到的损失，但法律另有规定的除外。

4. 本条未规定的子公司地位的特殊性由法律确定。

第九十五条　附属公司

1. 如果股份公司超过20%的表决权股份为另一（参股的，占主导地位的）法人所持有，则该股份公司为附属公司。

2. 已废止。

3. 已废止。

4. 附属公司地位的特殊性和互相参与彼此的股份公司的注册资本，本条未作规定的，应由法律规定。

第五节　生产合作社

第九十六条　生产合作社的一般规定

1. 生产合作社是为了从事共同的生产活动而根据社员制原则成立的公民自愿联合组织，其活动的基础是社员亲自参加劳动并缴纳财产股金进行联合。

2. 合作社必须至少有两名成员。

3. 生产合作社社员依照生产合作社法规定的数额和程序对合作社的债务承担补充责任。

4. 生产合作社及社员的法律地位由生产合作社法依照本法予以规定。

5. 以生产合作社形式组建的农业合作社的法律地位，以及其成员的法律地位、权利和义务，由本法和哈萨克斯坦共和国其他法律规定，但哈萨克斯坦共和国生产合作社法另有规定的情况除外。

第九十七条　生产合作社章程

除了本法第41条第5款规定的内容外，生产合作社章程还应包括以下条款：合作社社员股金数额；股金的构成和合作社社员缴纳股金的办法以及他们违反缴纳股金义务的责任；社员参加合作社劳动的性质和程序以及违反亲自参加劳动这一义务的责任；合作社利润和亏损分配的程序；合作社管理机关的构成和权限以及他们通过决议的程序，包括全体通过或以特定多数票通过的事项。

第九十八条　生产合作社的财产

1. 属于生产合作社所有的财产按其缴款比例划分为社员的股份，合作社章程另有规定的除外。

2. 合作社的利润按其社员劳动进行分配，但法律和合作社的章程有不同规定的除外。

3. 如果生产合作社清算或从合作社成员退出，后者有权分离其份额。

第九十九条 生产合作社的管理

1. 生产合作社的最高管理机关是社员大会。

在生产合作社中，可以设立监察委员会对合作社执行机关的活动实行监督。监事会成员无权代表生产合作社进行活动。

合作社的执行机关是管理委员会和（或）合作社主席。他们对合作社的活动实行日常领导，并向监事会和社员大会报告工作。

只有合作社社员才能担任生产合作社监事会和管理委员会的委员。合作社社员不得同时既担任监事会成员又担任管理委员会委员。

2. 生产合作社管理委员会的权限及通过决议的程序和代表合作社的汇报，由法律和设立文件规定。

3. 生产合作社社员大会的专属权限包括：

（1）修订合作社章程；

（2）设立执行机关、审计机关和监察委员会以及成员的任免；

（3）吸收和开除合作社社员；

（4）批准合作社的财务报表及其利润的分配；

（5）决定合作社的改组和清算。

通过法律和设立文件可以规定其他问题的解决也属于社员大会的专属权限。

属于社员大会或监事会专属权限的事项，不得由它们转交给合作社的执行机关。

3-1. 当生产合作社被宣布破产或适用恢复程序，并按法律规定任命临时破产或恢复管理人时，管理合作社的所有权限分别移交给临时破产或恢复管理人。

4. 在社员大会通过决议时，每个社员一票。

第一百条 生产合作社社员资格的终止

1. 生产合作社社员有权按照自己的意志退出合作社。在这种情况下，应向他支付其股份的价值或交付与其股份相当的财产，以及付给合作社章程规定的其他款项。

向退社的社员支付股份或其他财产应在合作社会计年度结束和财务报表批准之后进行。

2. 如果生产合作社社员不履行或不适当履行合作社章程规定的义务，以及在法律和设立文件规定的其他情况下，社员大会可决定开除社员。

被生产合作社开除的社员可以向法院提起诉讼。

因为某一社员有其他类似合作社的社员关系，生产合作社可以通过社员大会的决定开除社员。

根据本条第1款，被开除的生产合作社社员有权获得合作社章程规定的份额和其他款项。

3. 生产合作社社员有权将自己的全部或部分股份转让给合作社的其他社员，但本法、其他法律和设立文件有不同规定的除外。

只有在征得合作社同意的情况下，才能将全部股份或部分股份转让给不是生产合作社社员的公民，但法律另有规定的除外。在这种情况下，合作社的其他社员享有优先购买该股份或部分股份的权利，本法另有规定的情况除外。

4. 在生产合作社社员死亡的情况下，如果合作社的章程没有特别规定，其继承人可以被吸收参加合作社，但合作社章程有不同规定的除外。如果合作社已故社员的继承人拒绝加入合作社或合作社拒绝接受已故社员的继承人，则按照与合作社已故社员的股份比例支付其在该财产中的股份数额，以及支付合作社的部分利润和个人参与合作社活动的劳动报酬。

5. 只有在生产合作社社员的其他财产不足以偿还债务的情况下，才可以按照合作社法律和设立文件规定的程序，追索该社员的股份。

第一百零一条　生产合作社的重组和清算

1. 生产合作社可以根据其成员大会的决定自愿重组或清算。

生产合作社重组和清算的其他理由和程序应由本法和其他法律规定。

2. 生产合作社可以通过其成员的一致决定转变为无限公司。

第六节　国　有　企　业

第一百零二条　国有企业的基本规定

1. 国有企业包括：

（1）以经营权为基础的企业；

（2）以业务管理权为基础的企业（国营企业）。

2. 国有企业的财产是不可分割的，不得按照投资（股份、股金）进行分配，包括不得在企业的工作人员中进行分配。

3. 国有企业的商业名称应指出其财产所有权人。

4. 国有企业根据授权的国家机关的决议创建、清算和改组。

5. 国有企业的领导是由授权的国家机关任命并对其负责。

在哈萨克斯坦共和国关于国家财产的法律另有规定的情况下，国有企业的机关，除国有企业领导可以授权外，其他机关也可以授权。

5-1. 如果国有企业被宣布破产或适用恢复程序，并按照法律规定的程序任命临时或破产或恢复管理人，则管理企业的所有权力应分别移交给临时或破产或恢复管理人。

6. 已废止。

7. 国有企业的法律地位由本法和其他法律规定。

第一百零三条　以经营权为基础的企业

1. 以经营权为基础的企业的设立文件是由其发起人批准的章程。

2. 以经营权为基础的企业以属于它的全部财产对自己的债务负责。

以经营权为基础的企业不对国家的债务负责。

国家不对以经营权为基础的企业的债务负责，但本法和其他法律另有规定的情况除外。

第一百零四条　国有独资企业

1. 国有独资企业是拥有国有财产业务管理权的企业。

2. 国有独资企业是根据哈萨克斯坦共和国政府或地方执行机关的决议建立的。

3. 国有独资企业的设立文件是由发起人批准的章程。

4. 以业务管理权为基础的企业的商业名称应标明它是国有独资企业。

5. 国有企业的商业活动由其章程中规定的目标和宗旨规定。

6. 哈萨克斯坦共和国或一个行政单位应承担国有企业债务的补充责任。根据合同义务，承担责任是按照哈萨克斯坦共和国关于国家财产的法律规定的程序承担。

第七节　非商业组织

第一百零五条　机关

1. 为行使管理职能，社会文化职能或其他非商业性职能而成立的并由其发起人创建和拨款的组织是机关，哈萨克斯坦共和国的法律另有规定的除外。

2. 国家根据哈萨克斯坦共和国的宪法和哈萨克斯坦共和国的法律，哈萨克斯坦共和国总统令，哈萨克斯坦共和国政府和各州的地方行政机关、直辖市、首都、区、各州下辖市的规范性法律创建的机关，如果哈萨克斯坦共和国的法律未规定其筹资来源，则由哈萨克斯坦共和国国家银行的预算或估算（支出预算）进行维持。

3. 国家机关采用合同义务是根据哈萨克斯坦共和国预算法进行的。

4. 机关的法律地位由本法，哈萨克斯坦共和国关于国有财产的法律和哈萨克斯坦共和国其他法律规定。

第一百零六条　社会团体

1. 在哈萨克斯坦共和国的政党、工会和其他以实现共同目标而不违法的自愿创立的公民协会是社会团体，法律另有规定的除外。

哈萨克斯坦共和国的法律规定了社会团体的创建以及在金融市场从事活动的公民和参与社会团体的特点。

社会团体的股东（成员）对他们移交给这些组织的财产，包括会费，不再保留权利。他们不对他们参加的社会团体的债务承担责任，而上述团体也不对自己成员的债务承担责任。

2 – 6. 已废止。

7. 根据代表大会（会议）或会员大会的决议清算社会团体的财产，应用于其章程规定的目的。

由法院判决清算的社会团体的财产根据本法或其他法律使用。

8. 社会团体的法律地位应根据本法或其他法律规定。

第一百零七条　基金会

1. 基金会是由公民和（或）法人在自愿缴纳财产的基础上，为达到社会的、慈善的、文化的、教育的和其他有益于社会的目的而成立的没有会员的非商业组织。

2. 基金会是法人，在民事活动中由基金会机关代表，有独立的报表和银行账户。

发起人移交给基金会的财产是基金会的财产。

3. 基金会的发起人对该基金会的财产没有财产权。

4. 基金会的资金来源是货币，以及发起人的其他财产、自愿捐款和其他合法收入。

5. 基金会的管理程序及其机关成立的办法由其发起人批准的章程规定。

基金会的章程除包含本法第41条第5款规定的内容外，还应包括：基金会机关的指示、关于基金会官员的任免程序，以及基金会清算时的财产归属。

6. 基金会每年必须在官方印刷出版物上公布其财产使用情况的报表。

7. 根据法院判决，在下列情况下基金会可以进行清算：

（1）基金会的财产不足以实现其宗旨，而获得必要财产的可能性又不现实；

（2）基金会的宗旨不可能达到，而基金会的宗旨又不可能进行必要的修订；

（3）基金会在其活动中偏离其章程规定的宗旨；

（4）法律或设立文件规定的其他情况。

8. 基金会清算后所余财产应该用于其章程所规定的目的。

第一百零八条　消费合作社

1. 消费合作社是公民为满足物质需要和其他需要，通过其社员共同缴纳财产（股金）而成立的以社员制为基础的自愿联合组织。

在法律另有规定的情况下，法人可以加入消费合作社。

2. 消费合作社社员必须在每年的资产负债表批准之后的 3 个月内缴纳补充股金以弥补已形成的亏损。如不履行这一义务，消费合作社可以根据债权人的请求通过司法程序进行清算。

消费合作社的社员对合作社的债务承担连带的补充责任，连带责任的范围是消费合作社社员未出资的部分。

3. 除本法第 41 条第 5 款规定的内容外，消费合作社的章程还应包括：社员出资数额；社员出资的构成和社员缴纳出资的办法；社员违反缴纳股金义务的责任；合作社管理机关的构成和权限及通过决议的程序，包括需要全票或法定多数票通过的事项；关于社员弥补合作社所受亏损的程序。

4. 消费合作社获得的收入不能在其社员之间分配，并且要符合所规定的宗旨。

5. 如果消费合作社被清算或合作社社员退出，社员有权按照出资比例分配其在消费合作社财产中的份额。

如果消费合作社社员死亡，社员的继承人有成为合作社社员的权利，但合作社章程另有规定的除外。在后一种情况下，合作社根据死亡成员份额给予继承人合作社财产。

6. 消费合作社的法律地位以及其社员的权利和义务应根据本法和法律规定。

7. 已废止。

8. 消费合作社和社会公共保险协会的特点由哈萨克斯坦共和国的法律规定。

第一百零九条　宗教团体

1. 宗教团体是公民在其共同利益的基础上为满足精神需要，而按法定程序成立的自愿联合组织。

2. 已废止。

3. 哈萨克斯坦共和国境内拥有领导核心的宗教团体，必须向司法部门登记。如果领导核心的法规（条例）不违反哈萨克斯坦共和国的法律，则可以作为这些宗教团体的法规（条例）的基础。

4－8. 已废止。

9. 宗教团体对由个人财产获得和创建，由公民、组织捐赠或由国家转让并以不违反法律的其他理由获得的财产享有所有权。

10. 宗教团体的股东（成员）对他们移交给这些组织的财产，包括会费，不再保留权利。他们不对宗教团体的债务承担责任，宗教团体也不对自己成员的债务承担责任。

11. 宗教团体法律地位的特点由本法、哈萨克斯坦共和国的法律规定。

第一百一十条　个体工商户和（或）法人以协会（联合会）形式组成的联合体

1. 个体工商户和（或）法人为了协调其经营活动，以及为了代表和维护共同利益，可以创建协会（联合会）。

在金融市场上从事经营的法人协会（联合会）的建立和参与市场经营由哈萨克斯坦共和国的法律确定。

2. 社会团体和其他非商业组织，包括机关，可以自愿联合组成这些组织的协会（联合会）。

3. 协会（联合会）是一个非商业组织。

4. 协会（联合会）成员保留各自的独立性。

5. 协会（联合会）不对自己成员的债务承担责任，哈萨克斯坦共和国法律和设立文件另有规定的除外。协会（联合会）的成员依照协会设立文件规定的数额和程序对协会（联合会）的债务承担补充责任。

第三分章　国家和行政区划单位参与民法所调整的关系

第一百一十一条　哈萨克斯坦共和国参与民事关系

1. 哈萨克斯坦共和国应与这些关系中的其他股东依照平等原则参与民法所调

整的关系。

2. 在某些情况下，根据哈萨克斯坦共和国法律规定的程序，其他国家机关、法人和公民以国家名义执行哈萨克斯坦共和国的特别任务。

3. 涉及哈萨克斯坦共和国的民事纠纷应由法院解决。

第一百一十二条　行政区划单位参与民事关系

1. 行政区划单位应与民事关系中的其他股东依照平等原则参与民法所调整的关系。

2. 代表行政属地单位的地方代表机关和执行机关可以通过自己的行动获得并行使财产权和人身权及履行义务，在本法、法律或规定这些机关的其他法令规定的权限范围内进行诉讼活动。

在法律另有规定的情况下，地方国家机关、法人和公民可以代表行政区划单位执行特别任务。

3. 在法律另有规定的情况下，行政单位可代表国家参与民事法律关系。

4. 本法关于国家及其机关参与民事法律关系的规定适用于行政区划单位及其机关，法律另有规定的除外。

5. 涉及行政单位的民事纠纷由法院解决。

第一百一十三条　哈萨克斯坦共和国和行政区划单位债务的追索

1. 哈萨克斯坦共和国用国有财产对自己的债务负责，而行政单位用地方财政财产对自己的债务负责。

2. 哈萨克斯坦共和国和行政区划单位对彼此的债务以及公民和法人的债务不承担责任，公民和法人不对哈萨克斯坦共和国和行政单位的债务承担责任，但本法和法律另有规定的情况除外。

第一百一十四条　适用于国家和行政区划单位法人的规则

国家和行政区划单位进行民事活动适用法人参与民事活动的规则，但法律另有规定的除外。

第三章　民事权利客体

第一百一十五条　民事权利客体的种类

1. 公民权利的对象是财产权利和人身权利。

2. 财产权利（财产）包括物、金钱、外汇、金融工具、工程、服务、智力活动成果、公司名称、商标和其他产品个性化手段、产权和其他财产。

2-1. 货币之债（要求给付货币）适用物权制度或财产权（债权）制度。但本法、哈萨克斯坦共和国其他法律另有规定或债的实质内容不同的除外。

3. 人身权利包括生命权、健康权、人格尊严权、荣誉权、名誉权、商业信誉权、隐私权、个人和家庭秘密权、姓名权、著作权、作品不可侵犯权和其他非物质利益和权利。

第一百一十六条　民事权利客体的可流通性

1. 民事权利的客体，如果未被禁止流通或未被限制流通，可以依照概括权利继受程序（继承、法人改组）或其他方式自由转让。

2. 不允许流通的民事权利客体（不流通物）的种类，应在法律中明确规定。

3. 限制流通物或经特别许可才能获取或转让的物由法律规定。

4. 人身权益和权利是不可剥夺的，不得以任何其他方式转让，法律另有规定的情况除外。

第一百一十七条　不动产和动产

1. 不动产（房地产）包括土地、建筑物、构筑物、多年生植物、与土地牢固地吸附在一起的物，即一经移动其用途将受到损害的物。

如果属于个人（单独）房产、公寓和其他住宅房屋以及作为公寓对象一部分的非住宅房屋，则被视为房地产的独立客体（种类）。

2. 不动产还包括应进行国家登记的航空器、海洋船舶、内河航运船舶、江海船舶、航天器，主要管道的线性部分也属于不动产。法律还可以规定其他财产属于不动产。

在哈萨克斯坦共和国法律明确规定的情况下，本法的规范和与调整不动产有关系的规范，适用于本款规定的事项。

3. 不属于不动产的物，包括金钱和有价证券，是动产。除法律另有规定的情况外，动产权利不要求进行登记。

第一百一十八条　不动产权利的国家登记

1. 不动产所有权和其他物权，其权利的限制、产生、转让和终止，均应在关于不动产权的国家登记法所规定的情况下登记。

与不动产有关的其他国家登记对象由哈萨克斯坦共和国关于不动产权的国家登记法确定。

2. 不动产的权利（抵押）产生、变更和终止从进行国家登记时起算，除非本法和哈萨克斯坦共和国不动产权利国家登记法另有规定。如果注册未被拒绝，则国家注册时刻被确认为提交登记的时刻，而在电子注册期间，注册机关通过发送注册通知确认产生、变更或终止权利（设立抵押权）的时刻是提交登记的时刻。

3. 负责不动产权利国家登记的机关有义务根据权利人的要求，在提交登记的所有权文件上签字证明登记情况。在哈萨克斯坦共和国不动产权利国家登记法规定的情况下，向进行登记的机关颁发不动产所有权（其他物权权利）证书。

4. 国家对不动产权利的登记是公开的。登记机关有义务向任何人提供关于所进行登记的不动产权利的信息，但须遵守哈萨克斯坦共和国不动产权利国家登记法规定的限制。

5. 对拒绝不动产权利国家登记或无理拒绝登记的行为，可以向法院提起诉讼。

6. 国家登记程序应根据本法和哈萨克斯坦共和国不动产权利国家登记法的规定确定。

7. 民用航空器、海洋船舶、内河航运船舶、河海船舶，作为等同于不动产的物体的，须进行国家登记，商船运输、内陆航运、太空活动适用哈萨克斯坦共和国航空和航空使用法。

第一百一十九条 企业

1. 作为权利客体的企业是从事经营活动的财产综合体。

2. 作为财产综合体的企业包括所有用于其活动的财产，包括建筑物、构筑物、设备、器材、原料、产品、土地权利、请求权、债务，以及服务个性化的标志（商业名称、商标、服务标志）的权利和其他专属权，但合同另有规定的除外。

3. 企业在整体上以及企业的一部分可以是买卖、抵押、租赁及设立、变更和终止物权有关的其他法律行为的客体。

3-1. 作为财产综合体构成企业不动产权利的国家登记由哈萨克斯坦共和国《不动产权利国家登记法》规定。

4. 当债务作为企业的一部分被转让时，债权人的权利适用本法第48条的规定。

第一百二十条 可分割财产和不可分割财产

1. 财产可以是可分割的，也可以是不可分割的。

可分割财产是指由于分割而不会失去其用途（功能）的财产。

不可分割的财产是指在不改变其经济用途（功能）或无法律规定下不能分割

的财产。

2. 作为法律客体的不可分割财产的特征是由法律规定的。

第一百二十一条　复杂物

1. 如果不同的物由联系的实质形成统一的整体，则它们被视为一个物（复杂物）。

2. 除非合同另有规定，否则就复杂物达成的法律行为的效力及于其所有组成部分。

第一百二十二条　主物与从物

从物，即为主物服务并与主物有共同经济目的的物，除非法律或合同另有规定，否则从物附属于主物。

第一百二十三条　孳息、产品和收益

由于使用财产而获得的孳息（果实、产品、收益）属于依法使用该财产的人，但法律或关于该物使用的合同有不同规定的除外。

第一百二十四条　动物

对动物适用关于财产的一般规则，法律另有规定的除外。

第一百二十五条　知识产权

1. 在本法和其他法律另有规定的情况下依照本法及其他法律规定的程序，确认公民或法人对智力活动成果和与之相当的使法人个性化，使产品、所完成工程和服务特定化的手段（商业名称、商标、服务标志等）的专属权。

2. 第三人只有经权利人的同意能使用作为专属权客体的智力活动结果和特定化手段。

第一百二十六条　职务秘密和商业秘密

1. 当信息由于不为第三人所知悉而具有实际的或潜在的商业价值，对它不能依法自由了解和信息持有人采取措施保护其机密性时，信息即构成职务秘密或商业秘密。构成职务秘密或商业秘密的信息，受到本法和其他法律所规定的方式的保护。

2. 以非法手段获取构成职务秘密或商业秘密的信息的人，必须赔偿所造成的损失。违反劳动合同或其他合同而泄露职务秘密或商业秘密的工作人员，以及违反民法合同而泄露职务秘密或商业秘密的合同当事人，亦应承担赔偿损失的义务。

第一百二十七条　货币（外汇）

1. 哈萨克斯坦共和国的货币单位是坚戈。

2. 坚戈是在哈萨克斯坦共和国境内应按其票面价值接受的法定支付手段。

3. 哈萨克斯坦共和国境内的付款以现金和非现金的结算形式进行。

4. 哈萨克斯坦共和国境内使用外国货币的场合、程序和条件应由哈萨克斯坦共和国法律规定。

第一百二十八条　外汇资产

1. 外汇的财产类型以及进行法律行为的程序由法律规定。

2. 哈萨克斯坦共和国外汇的所有权受一般规则的保护。

第一分章　一般规定

第一百二十八条之一　金融工具

1. 金融工具——货币、证券，包括衍生证券、衍生金融工具和其他金融工具，其法律行为同时引起一个实体的金融资产增加和另一个实体的金融负债或权益性投资。

2. 金融资产是指任何资产，包括金钱、其他组织的权益工具，从其他组织收取现金或其他金融资产的合同权利，或者在潜在的有利条件下，来自他组织交换的金融资产或金融负债的合同权利，或者该合同将来或可能由该组织自己的权益工具结算，但该合同结算是该衍生工具。组织有义务或可能有义务获得可变数量的自有权益工具。或者以此类衍生工具，将来或可能以任何其他方式进行合同结算，而不是将固定金额的货币或其他金融资产兑换成固定数量的组织自有权益工具。

3. 金融负债是指任何代表向另一组织提供金钱或其他金融资产或者与其他组织就潜在不利条件或协议交换金融资产或金融负债的合同义务的义务，其解决方案将可能由该组织自己的权益工具生成，同时也是该组织已经或可能有责任的非衍生工具提供可变数量的自有权益工具或衍生工具，这些工具将以或可能以任何其他方式计算，而不是通过为固定数量的组织自有权益工具交换固定数额的金钱或其他金融资产。

4. 权益性投资是指任何确认对该组织的资产在扣除其所有负债后的剩余权益的权利的合同。

第一百二十八条之二　衍生金融工具

1. 衍生金融工具是一种合约，其价值取决于合约相关资产的价值（包括价值波动），并规定未来根据本合约进行的结算。

2. 衍生金融工具包括符合这些标准的期权、期货、远期、即期和其他衍生金融工具，包括代表上述衍生金融工具组合的金融工具。

3. 衍生金融工具的基础资产是商品、标准化批量商品、证券、货币、指数、利率、未来事件或情况和其他具有市场价值的资产。

第一百二十八条之三　期权

1. 期权是一种衍生金融工具，根据该衍生金融工具，一方（期权卖方）向另一方（期权买方）出售将来约定条款、指定价格买卖标的资产的权利。期权的卖方承担义务，买方获得了该权利。

2. 期权的卖方将期权出售给期权的买方，收取费用，称为溢价、差价。期权协议条款应当约定以下条件：标的资产的类型、标的资产的总价值（期权的金额）、标的资产的价格（期权执行价格）、期权溢价、期权期限。

3. 如果期权的买方行使其获得的权利，则考虑行使期权。

第一百二十八条之四　互换

互换是一种衍生金融工具，依据该金融工具，双方根据协议条款就未来相关资产或相关资产的付款交换达成一致。

第一百二十八条之五　远期合约

1. 远期合约是衍生金融工具，是指其买方（或卖方）承诺在条款约定的一段时间后购买（或出售）相关资产。

2. 远期合约市场是无组织的市场。

第一百二十八条之六　期货合约

期货合约是一种衍生金融工具，仅在有组织的市场上实行的法律行为，其买方（或卖方）承诺在一段时间后根据有组织市场中规定的标准条件购买（或出售）相关资产。

第二分章　有 价 证 券

第一百二十九条　有价证券

1. 有价证券是某些记录和其他证明产权的名称的集合。

1-1. 有价证券可以是债务和股权。

债务证券是指证明发行人（债务人）有义务根据发行这些证券的条款偿还债务本金的证券。

股票证券是指证明其所有者在哈萨克斯坦共和国法律另有规定的情况下对该财产中的某一份额享有权利的证券。

2. 有价证券包括根据本法和哈萨克斯坦共和国其他法律确定的股票、债券和其他类型的证券。

3. 证券按发行的形式分为：

（1）凭证式和无凭证式的；

（2）发行有价证券和非发行有价证券的；

（3）记名、无记名和指示的。

凭证式证券是指以文件形式发行的证券（纸质或其他有形媒体，能够直接阅读证券内容而无须使用特殊技术手段）。

无凭证式证券是指以非文件形式发行的证券（电子记录）。

可发行证券是指在一次发行中具有相同属性和特征的证券，其发行和法律行为的条款和条件与本次发行相同。

不可发行的证券是指不符合本条第四款规定特征的证券。

记名证券是一种确认它所具有的权利属于证券所指定的人的证券。

无记名证券是一种确认它所具有的权利属于证券持有者的证券。

指示证券是一种担保证明，证明权利属于它所指定的人，或者在按照本法第132条第3款规定的程序将权利转让给他人的情况。

4. 本法和哈萨克斯坦共和国的其他法律排除以某种形式发行某种证券的可能性。

第一百三十条　证券权利的证明

1. 纸质证券权利的证明就是证券本身。如果将凭证式证券存入根据哈萨克斯坦共和国法律而被授权的证券市场专业人员处，对该证券权利的确认应是该专业人员为其会计目的而开设的账户中的记录。如果凭证式证券和上述账户的记录不一致，应以记录为准。

2. 无凭证式证券的权利根据哈萨克斯坦共和国法律授权的证券法律行为市场依法取得执照的专业人员开设的账户的记录进行确认。

3. 专业证券市场从业人员为会计证券开设和维护账户的程序，以及对这些账户的内容和执行的要求由哈萨克斯坦共和国法律规定。

第一百三十一条　对有价证券的要求

1. 有价证券所证明的权利的种类、有价证券的必要要件、对有价证券形式的要求，由有价证券法或依照有价证券法规定的方式确定。

2. 有价证券违反强制性要求或不符合为其规定的形式，一律无效。

第一百三十二条　有价证券权利的转让

1. 不记名有价证券所证明的权利，只要将不记名有价证券交付给他人，即可转让给该人。

2. 不记名有价证券所证明的权利，依照为请求权转让（债权转让）所规定的程序进行转让。依照本法第347条的规定，转让有价证券权利的人，应对有关请求权的无效承担责任，但不对其不履行承担责任。

2-1. 票据权证权利转让和对其权利的确认由哈萨克斯坦共和国的法律规定。

3. 票据权证担保应通过在票据上进行背书转让。票据权证的权利人（背书人）不仅要对权利的存在承担责任，而且要对权利的履行承担责任，但哈萨克斯坦共和国关于不动产抵押的法律另有规定的除外。

在有价证券上进行背书，是将有价证券所证明的所有权利转让给有价证券权利转让人（被背书人）或者所指示的人。背书可以是空白的（无须指明执行人）。

背书只限于授权行使有价证券证明的权利，未将这些权利转让给被背书人（授权背书）。在这种情况下，被背书人为代表。

第一百三十三条　有价证券的履行

1. 有价证券的出票人和所有的背书人，向合法占有人承担连带责任。如果有价证券的债务人中的一人或几人满足了有价证券合法占有人关于履行有价证券证明的债的请求，则取得对有价证券其余债务人的返还代偿权。

2. 不允许以债没有根据或无效为由拒绝履行有价证券所证明的债。

3. 有价证券的占有人，如发现有价证券有虚假或伪造的情况，则有权对向他交付证券的人提出正确履行有价证券所证明之债并赔偿损失的请求。

4. 非法持有人不得行使持有的证券的权利。

第一百三十四条　有价证券的恢复

遗失不记名有价证券和授权证券权利的恢复，依照诉讼法规定的程序由法院解决。

第一百三十五条　已废止

第一百三十六条　债券

1. 债券是指在发行时预先规定流通期的证券，根据发行债券人发行债券的权利及发行条款，在其流通期结束时证明债券的名义价值或其他财产等价物。

2. 债券仅作为注册股本证券发行。

3. 哈萨克斯坦共和国政府、哈萨克斯坦共和国国家银行和商业组织有权发行债券。

4. 哈萨克斯坦共和国的法律规定了债券的类型和发行程序。

第一百三十七条　已废止

第一百三十八条　已废止

第一百三十九条　股票

1. 股票是由股份公司发行的证券，证明参与股份公司管理的权利，在股份公司清算中获得股息和股份公司的部分财产，以及哈萨克斯坦共和国法律规定的其他权利。

2. 股票仅作为登记股本证券发行。

3. 股票类型应由哈萨克斯坦共和国的法律规定。

发行股票的程序由哈萨克斯坦共和国关于证券市场的法律规定。

4. 以股份公司的组织和法律形式创建的非营利组织不支付其股份的股息。

5. 哈萨克斯坦共和国的法律可以规定，如果股东以作为或不作为方式侵犯了股份公司的利益，依据法院的判决可以向其回购股份。

如果银行和从事某些银行业务类型的组织以及保险（再保险）组织按照哈萨克斯坦共和国法律规定的程序计算后出现负资产，则该依据可以作为强制收购其股份的可能性和理由。

第一百三十九条之一　银行存款证明

银行存款证明是一种注册的非发行证券，证明其持有人在发行条款为其规定的流通期届满后或其面值到期之前有权获得的面值，以及按发行条款规定的金额获得报酬。

第一百四十条　已废止

第三分章　人　格　权

第一百四十一条　人身权利的保护

1. 人身权利受到侵犯的公民，除本法第 9 条规定的措施外，还有权根据本法的规则获得精神损害赔偿。

2. 人身权利的保护由法院以民事诉讼法规定的方式实现。

3. 除非本法另有规定，否则人身权利应受到保护，无论侵权人是否有过错。提出保护要求的人必须证明其人身权利受到侵犯。

4. 人身权利受到侵犯的人可以自主选择，要求侵权人对侵权行为的后果进行补救，或者由侵权人赔偿损失，或者自己采取必要的行为，或者委托第三人代为行使。

第一百四十二条　与财产有关的人身权利

在同时侵犯人身权利和财产权的情况下，则应考虑到受害人因人身权利受到侵犯而应得到的赔偿，从而增加财产损失的赔偿额。

第一百四十三条　名誉、尊严和商业信誉的保护

1. 公民有权通过法院要求对其损害名誉、尊严和商业信誉的信息进行澄清，除非传播这种信息的人能证明它们属实。

2. 如果损害公民或法人名誉、尊严和商业信誉的信息是通过大众信息媒体传播的，则应通过相同的大众信息媒体进行澄清。

如果上述信息包含在组织发出的文件中，则该文件应予以纠正或收回，并且必须告知收件人该文件中的信息无效。

在其他情况下澄清的程序由法院规定。

3. 公民或法人如果被媒体报道侵犯了其权利或合法利益，有权要求在同一媒体上免费发表其回应。

4. 公民或法人要求在大众媒体上发表反驳或回应的，如果大众媒体拒绝发表或在1个月内没有发表或正在清算，则法院应考虑公民或法人在大众媒体上发表澄清或回应的要求。

5. 如果侵权人不遵守法院的命令，法院可以对侵权人处以罚款，并将罚款收归国有。罚款应按照民事诉讼法规定的方式和金额进行。罚款的支付不免除侵权人执行法院判决的义务。

6. 损害名誉、尊严或商业信誉的信息所涉及的公民，除要求澄清外，还有权要求赔偿由于这种信息的传播而受到的损失和精神损害。

本条关于保护公民商业信誉的规则同样适用于保护法人的商业信誉，但对道德损害赔偿的要求除外。为了保护法人的商业声誉，损害赔偿规则按照本法规定的程序适用。

7. 如果无法确定散布损害公民或法人名誉、尊严或商业信誉的信息的人，则被侵权人有权向法院申请宣布散布信息是虚假的。

第一百四十四条　保护隐私权

1. 公民有权享有对其通信秘密、日记、笔记、备忘录、私密生活、收养、出生、医疗服务、律师服务秘密、银行存款秘密等方面的私生活进行保护的权利。

仅在法律规定的情况下，才可对私生活秘密予以披露。

2. 日记、笔记、备忘录和其他文件只有在征得作者同意的情况下才能出版，而信件则要征得作者和收件人的同意。如果其中一方死亡，则这些文件可以在征得死者的未亡配偶和子女的同意后公布。

第一百四十五条　肖像权

1. 未经他人同意，不得公开和传播其肖像。在其死亡的情况下，也无权在未经其继承人同意的情况下使用其肖像。

2. 出版、复制和传播描绘他人的绘画、照片、电影和其他作品，只有在征得被描绘者的同意，或在其死后征得其子女和未亡配偶的同意后才允许。如果法律有规定，或描绘者是收费的，则不需要同意。

第一百四十六条　住宅不受侵犯的权利

公民住宅不受侵犯，即有权阻止任何违背其意愿入侵住宅的企图，但法律另有规定的除外。

第四章　法　律　行　为

第一百四十七条　法律行为的概念

法律行为是公民和法人旨在确立、变更或终止民事权利和义务的行为。

第一百四十八条　合同与单方法律行为

1. 法律行为可以是单方、双方或多方的（契约）。

2. 单方法律行为是指根据法律或当事人的协议，仅需要一方的意思表示即可实施的法律行为。

3. 订立合同时必须有双方一致的意思表示（双方法律行为）或三方以及更多一方一致的意思表示（多方法律行为）。

第一百四十九条　单方法律行为的法律调整

1. 单方法律行为给实施法律行为的人确立义务。只有在法律或同他人的协议规定的情况下，单方法律行为才能给他人确立义务。

2. 对单方法律行为相应地适用关于债和合同的一般规定，但以不与法律、法律行为的单方性质和法律行为的实质相抵触为限。

第一百五十条　附条件的法律行为

1. 如果双方规定权利与义务的产生取决于尚不知悉是否发生的情况，则法律行为视为附延缓条件的法律行为。

2. 如果双方规定权利与义务的终止取决于尚不知悉是否发生的情况，则法律行为视为附解除条件的法律行为。

3. 如果一方恶意地阻止对其不利的条件发生，则视为该条件已经发生。如果一方恶意地促使对其有利的条件发生，则视为该条件没有发生。

如果恶意是由条件开始对其有益的一方提出的，则该条件被视为没有发生。

第一百五十一条　法律行为的形式

1. 法律行为以口头形式或书面形式（普通形式或公证形式）实施。

2. 可以用口头形式实施的法律行为，如果从当事人的行为中显然可见其实施法律行为的意思，则法律行为亦视为已经实施。协议未规定书面（普通形式或公证形式）或其他明确形式的法律行为，可以口头形式实施，特别是在实际执行期间执行的所有法律行为。如果行为中明确表示完成法律行为的意愿，这种法律行为被认为已经实施。

3. 可以用口头形式实施的法律行为，如果从当事人的行为中显然可见其实施法律行为的意思，则法律行为亦视为已经实施，除非法律另有规定。

4. 在法律或双方协议规定的情况下，默示可视为实施法律行为的意思表示。

5. 在法律或双方协议规定的情况下，如果不与法律相抵触，可以口头形式实施。

第一百五十二条　法律行为的书面形式

1. 以下法律行为必须以书面形式进行：

（1）在企业经营过程中进行的，但法律有特别规定当即履行的，或因某些类型的法律行为的商业惯例另有规定的除外；

（2）超过100个计算指标的数量，但当即履行的除外；

（3）在法律规定的其他情况下或经双方同意的除外。

1-1. 书面形式的法律行为是纸质形式或电子形式。

2. 以书面形式订立的法律行为必须由当事人或其代表签署，除非另有商业惯例。

在进行法律行为时，如果不违反立法或其中一个股东的要求，则允许使用传真复制签名、电子数字签名的方式。

3. 双边法律行为可以通过交换文件进行，每个文件都由另一方签署。

交换信件、电报、电传、传真、电子文件、电子信息或确定其表达意愿的主题和内容的其他文件应等同于书面形式，除非法律或双方协议另有规定。

根据哈萨克斯坦共和国的法律和（或）应其中一方的要求，可以规定法律行为的形式必须符合的其他要求，例如以某种格式、盖章并规定违反这些要求的后果。

4. 如果公民由于身体缺陷、疾病或不识字而不能亲笔签字，则法律行为可以依照他的请求由其他公民代签。除法律另有规定外，后者的签字应经公证员证明或其他有权实施该公证行为的公职人员的公证证明，并注明实施法律行为的人不能亲笔签字的原因。

5. 以书面形式签署的法律行为的一方有权要求另一方提供确认执行的文件。

执行口头商业法律行为的一方享有同样的权利，但立即执行的除外。

第一百五十三条　不遵守法律行为书面形式的后果

1. 如法律行为不遵守普通书面形式，则双方当事人在发生争议时便无权援引证人的陈述以证明法律行为及法律行为的条款，但他们仍有权提出书证和其他证据。这并不意味着法律行为无效，但剥夺了当事人在发生争议时通过证词确认法律行为实施、内容或执行的权利。

当事人有权以书面形式或证据证明以外的方式确认法律行为的委托、内容或执行。

2. 在法律或双方协议有明文规定的情况下，不遵守普通书面形式可导致法律行为无效。

3. 不遵守普通书面形式的涉外经济法律行为一律无效。

第一百五十四条　公证证明的法律行为

1. 法律行为的公证证明通过由公证员或其他有权实施这种公证行为的公职人员在符合本法第 157 条第 3 款要求的文件上做认证背书的方式进行。

2. 如果要求公证的法律行为实际上是由当事人或其中一方当事人执行，其内容与法律不相抵触并且不侵犯第三人的权利，则法院可以根据利害关系方的申请宣布法律行为有效。在这种情况下，随后的法律行为不需要公证。

第一百五十五条　法律行为登记

1. 根据立法法令进行强制性国家登记或其他登记的法律行为，除非法律另有规定，否则应视为自登记之日起完成。

拒绝登记必须以书面形式进行，并且只有在违反法律另有规定的情况才可以拒绝登记。

2. 如果其中一方拒绝登记法律行为，法院可以根据另一方的要求，判决强制登记。在这种情况下，法律行为应根据法院的判决进行登记。

第一百五十六条　交易所法律行为

1. 证券法律行为所的法律行为是指法律行为对象是在证券法律行为所进行流通的财产，并且由法律行为股东根据哈萨克斯坦共和国证券法律行为所（商品、股票和其他）相关的法律以及法律行为所法律行为规则在证券法律行为所完成的法律行为。

2. 证券法律行为所的法律行为由证券法律行为所签发的文件记录作为证明。

3. 相关合同的规则（销售、佣金和其他）应根据其内容适用于证券法律行为所的法律行为，除非法律、当事人的协议或法律行为的实质内容另有规定。

4. 法律或法律行为所规则可以规定法律行为的条款，构成各方的商业秘密，未经其同意不得披露，但根据哈萨克斯坦共和国打击犯罪所得合法化（洗钱）和资助恐怖主义法提交给金融监测授权机关的信息除外。

5. 与证券法律行为所法律行为有关的争议应在相关法律行为所进行仲裁，在哈萨克斯坦共和国法律另有规定的情况下，法院可撤销其裁决。

6. 已废止。

第一百五十七条　无效的法律行为和无效后果

1. 如果违反法律行为的形式、内容和股东的要求以及他们的意愿自由，法律行为可以根据利害关系人、相关公共机关或检察官的诉讼，宣布该法律行为无效。

利害关系人是指其权利和合法利益因法律行为而受到侵犯或可能受到侵犯的人。

2. 法律行为无效的理由，以及有权申请无效的人的范围，应根据本法或其他法律确定。

3. 在法律行为无效时，每一方必须向另一方返还依照该法律行为所获的全部所得，而在不可能用实物返还其所得时（包括其所得表现为对财产的使用、已完成的工作或已提供的服务），如果法律没有规定法律行为无效的其他后果，则应该用金钱赔偿其价值。

4. 在实现以犯罪为目标、双方均存在故意的情况下，如果双方均履行了法律行为，则双方依照该法律行为的全部所得均应予追缴，在一方已履行时，则向另一方追缴其全部所得。如果没有任何一方继续履行，法律行为所规定的全部所得都将被没收。

5. 如果只有一方有实现犯罪目的意图，其根据法律行为的全部所得应归还另一方，而在法律行为中收到的或应给付的一切都应被没收。

6. 在特定情况下，法院有权在没收已收到或将要收到的无效法律行为财产方面，部分或全部适用本条第 4 款和第 5 款规定的后果。本款的后果适用于本条第 3 款。

7. 除了本条第 3 款—第 6 款规定的后果外，法院还可以向导致法律行为无效的行为的当事人追偿，以另一方为受益人的，追偿后者因法律行为无效而造成的损失。

8. 无效的法律行为不应产生任何法律后果，但与无效的法律行为有关的后果除外，并且从其缔结之日即无效，但本法、其他法律另有规定或法律行为的实质或内容不同的除外。

9. 根据具体情况，法院认为法律行为无效，有权限制或禁止其进一步履行。

第一百五十八条　内容不符合法律要求的法律行为无效

1. 内容不符合法律要求以及故意违反法治或道德基本原则的法律行为无效。

2. 故意作出违反法律规定、法人章程或其机关权限的法律行为的人，如果出于私利动机或逃避责任的意图，则无权要求法律行为被宣布无效。

3. 如果法律行为的一方有意逃避义务的履行或者向第三人或国家承担责任，并且法律行为的另一方知道或应该知道这一意图，则利害关系人（政府）有权要求法律行为被宣布无效。

第一百五十九条　法律行为无效的理由

1. 未经许可或许可有效期届满后进行的法律行为无效。

2. 追求不正当竞争目标或违反商业道德要求的法律行为无效。

3. 未满 14 周岁的未成年人（未满 14 周岁的未成年人）实施的法律行为无效，但本法第 23 条规定的法律行为除外。

4. 未经其法定代理人同意，未满 14 周岁的未成年人（未满 14 周岁的未成年人）实施的法律行为，除法律规定其有权独立实施的法律行为外，可由法院代表诉讼法院宣布无效。本条的规则不适用于根据本法认可的完全民事行为能力的未成年人（本法第 22 条之一第 2 款）。

5. 因患精神病或痴呆而被确认为无民事行为能力的人所实施的法律行为无效。如果可以证明公民在实施法律行为时已经精神失常，法院可根据其监护人的请求，宣告公民所进行的法律行为无效（本法第 26 条）。

6. 应受托人的要求，法院可宣布被法院限制行为能力的人进行的法律行为无效。

7. 公民虽然具有完全民事行为能力，但在实施法律行为时处于无法理解其行为的意义或不能控制其行为的状态，法院可根据该公民的请求宣布其法律行为无效，但如果该公民在世时没有机会提起诉讼，则可在该公民去世后根据其他利害关系人的申请宣布其法律行为无效。

8. 因重大误解而实施的法律行为由法院确认后宣布无效。对法律行为性质的误解、对标的物的混淆和对标的物可能大大降低其使用价值的品质的误解是重大的误解。只有在法律行为的内容中包含作为中止或取消条件的动机时，对动机的误解才能作为法律行为无效的理由（本法第 150 条）。

如果误解是法律行为一方的重大过失或其业务风险所致，法院在考虑法律行为另一方的具体情况和利益的情况下，有权拒绝承认法律行为无效。

9. 在欺诈、暴力、威胁以及一方代理人与另一方恶意串通或迫不得已情况下实施的法律行为无效。

10. 一方代表与另一方的恶意串通而导致的法律行为可能会在受害人诉讼中被法院宣布无效。受害人所产生的损失（本法第 9 条第 4 款）在附属命令中的赔偿可以强加给不道德的代表。

11. 法人进行的法律行为若违反本法、其他法律、设立文件的活动宗旨或违反法人机关的权限，经法人财产所有人或其发起人（股东）提起诉讼，若能证明法律行为的另一方知道或应当知道此类违规行为的，则可认定该法律行为无效。

12. 应未成年人或无民事行为能力人的法定代理人的请求，本条第 3 款和第 5 款规定的法律行为，如果是为了上述人的利益，可以通过法院判决宣布有效。

第一百六十条　虚假的或假装的法律行为无效

1. 虚假的法律行为，即仅徒具形式而未实施，并无意产生与之相应的法律后果的法律行为，自始无效。

2. 假装的法律行为，即旨在掩盖另一法律行为而实施的法律行为，自始无效，对于双方实际欲为的法律行为，根据该法律行为的实质，适用与之相关的规则。

第一百六十一条　法律行为部分无效的后果

如果能够断定，法律行为即使不包括其中的无效部分也可以实施，则法律行为的部分无效不引起法律行为其他部分的无效。

第一百六十二条　无效法律行为的诉讼时效期限

1. 已废止。

2. 根据本法第 159 条第 9 款和第 10 款规定的理由，与法律行为无效有关的诉讼时效期限为 1 年，从缔结法律行为的暴力或威胁停止之日起算，或者从原告知道或应当知道构成宣布法律行为无效理由的其他情况之日起算。

第五章　代理和委托书

第一百六十三条　代理

1. 代理是指一方（代理人）代表另一方（被代理人）进行的法律行为，依据授权书、法律、法院判决或行政行为的权力，直接设立、变更和终止被代理人的民事权利和义务的法律行为。

代理人（零售商业售货员、售票员等）从事活动的环境也可以表明其被授权。

2. 在实施代理的法律行为中，权利和义务直接约束被代理人。

3. 代理人不得以被代理人的名义与自己实施法律行为，也不得以被代理人的名义与同时所代理的其他人实施法律行为。商业代理的情形除外。

4. 虽然为他人的利益，但以自己的名义从事活动的人（商业居间人、继承中的遗嘱执行人等），以及授权出席关于未来可能的法律行为的谈判的人，均不是代理人。

5. 按其性质只有本人亲自才能实施的法律行为，以及法律规定的其他法律行为，均不得通过代理人实施。

第一百六十四条　为无民事行为能力人的代理人

法定代理人代表无民事行为能力人实施法律行为。

第一百六十五条　未被授权的代理

1. 无权代理或越权代理，只有在被代理人追认的情况下，才设立、变更和终止被代理人的民事权利和义务。

2. 事后对法律行为的追认自法律行为实施时起对被代理人有效。

第一百六十六条　商业代理

1. 在经营者签订经营活动方面的合同时经常和独立地代表经营者的人是商业代理人。

2. 经法律行为各方同意，以及在法律规定的其他情况下，允许商业代理人同时代理法律行为中的不同当事人。在这种情况下商业代理人必须为经营者的利益执行交给他的委托。

3. 商业代理人有权要求合同当事人按相同的份额付给他事先约定的报酬和补偿他在执行委托时的费用，但他们之间的协议有不同规定的除外。

4. 商业代理人有保密义务，即使完成委托后也应对知悉的关于商业法律行为的信息保密。

5. 某些商业领域的商业代理特征由法律规定。

第一百六十七条　授权委托

1. 授权委托是由一人（被代理人）发给另一人（代理人）使其在第三人面前以被代理人名义行使代理的书面授权。

2. 要求公证形式的法律行为的授权书，应该经过公证证明，但法律另有规定的情形除外。

3. 被证明的授权委托等同于公证：

（1）在军队医院、疗养院和其他军事医疗机关接受治疗的军人和其他人员，凭该机关院长、医务副院长、主治医生或值班医生证明的授权书；

（2）军人的授权书，以及在不设国家公证处和办理公证业务的其他机关的部队、兵团、军事机关和军事院校驻地的职工及其家属和军人家属的授权书，经这些部队、兵团、机关和院校指挥员（首长）证明；

（3）处在剥夺自由场所的人员的授权书，经有关剥夺自由场所的首长证明；

（4）处在居民社会保护机关中的具有完全民事行为能力的成年公民的授权书，经该机关负责人或相关社会保护机关证明。

4. 接收信件（包括现金和包裹），接收公民和法人的工资和其他款项的授权书，可由哈萨克斯坦共和国重要城市、首都、区、地区重要城市的行政部门、居民点、委托人居住的村庄、其工作或学习的组织、居住地的房管部门、因医疗服务而逗留的医院的管理机关进行证明；授权书由武装部队成员签发时，由相关军事单位的首长证明；通过电报和其他通信手段发送的授权书，如果文件是由电信工作人员发送的，应得到电信部门的认证。

5. 无须借助官方通信机关，由委托人通过传真或其他通信方式向受托人发出的对第三人的授权书推定真实。

6. 以法人名义发出的授权书，应由其领导人或设立文件授权的人签字，并加盖该组织的印章。

7. 以国有企业、营利和非营利组织的名义发出的领取或支付现金及其他财务的授权书，还应由该组织的主任（主办）会计签字。

8. 银行法律行为的签发授权书程序和贸易领域法律行为的授权书的形式可以通过特殊规则确定。

第一百六十八条　授权委托的期限

1. 授权委托的有效期限不得超过3年。如果授权委托规定较长的期限，则有效期为3年，如果未注明有效期限，则授权书自签发之日起的1年内有效。

2. 未注明其签发日期的授权书无效。

第一百六十九条　转委托

1. 受托人应亲自实施授权给他的行为。如果授权书有相关授权或为了维护委托人的利益而迫不得已时，可以转委托给他人实施。

2. 依照转委托程序授予的授权书，应该进行公证证明，但本法第167条第4款和第6款规定的情形除外。

转委托给第三人，必须附有原授权书。如果受托人将原授权书中所述的权利重新分配给另一人或数人，则必须在授权书中附上原始授权书的公证副本。

3. 依照转委托程序授予的授权书的有效期限，不得超过作为其依据的原授权书的有效期限。

4. 将代理权限转给他人时，应将此情况通知原委托人并提供该人及其住所的必要信息。不履行这项义务的，受托人对转受托人的行为应作为他自己的行为负责。

第一百七十条　授权委托的终止

1. 授权书的效力因下列情形之一而终止：

（1）授权书期限届满；

（2）授权书中规定的活动已实现；

（3）颁发授权书的人撤销授权书；

（4）受托人辞却委托；

（5）授予授权书的法人终止；

（6）授予授权书的法人清算；

（7）作为受托人的公民死亡，被确认为无民事行为能力人、限制民事行为能力人或失踪；

（8）授予授权书的公民死亡，被确认为无民事行为能力人、限制民事行为能力人或失踪。

2. 委托人可以随时撤销授权书或撤销转授权，而受托人可以随时辞却委托。关于放弃这一权利的协议，一律无效。

第一百七十一条　授权委托终止的后果

1. 委托人有义务将委托书的取消通知给受托人，以及知道授权的第三人（本法第170条）。在授权书因本法第170条第1款第1项、第5项和第7项规定的理由而终止的情况下，授权书签发人的法定继承人也负有通知义务。

2. 因受托人在获悉或应该获悉授权书终止之前的行为而产生的权利和义务，在同第三人的关系中，对委托人和他的权利继受人仍然有效。如果第三人知悉或应该知悉授权书的效力已经终止，则不适用本法。

3. 在授权书终止后，受托人或他的权利继受人应当立即交还授权书。

4. 随着授权书的终止，根据授权书将权利移交给他人（转委托）的授权也终止。

第六章　期限的计算

第一百七十二条　期限的确定

1. 法律规定的、契约约定的或法院指定的期间按日历日期确定或者以指明必然发生的事件确定。

2. 期间也可以设定为以年、月、周、日或小时为单位的时间段。

第一百七十三条　确定期间期限的开始

以期间确定的期间，从日历日期的次日或作为期间开始的事件发生的次日起计算。

第一百七十四条　确定期间期限的结束

1. 按年计算的期间,到该期间最后 1 年的相应月和日截止。

确定为半年期间的,适用按月计算期间的办法。

2. 按季度计算的期间,适用按月计算期间的规则。在这种情况下,一季度等于 3 个月,而季度从一年的开始计数。

3. 按月计算的期间,到期间最后 1 月的相应日截止。

按半月确定的期间,视为以日计算的期间,并一律算作 15 天。

如果按月计算的期间在没有相应日期的月份截止,则该期间到相应月的最后 1 日截止。

4. 按星期计算的期间,到期间最后 1 星期的相应日期截止。

第一百七十五条　非工作日期限结束

如果期间的最后 1 日适逢非工作日,则期间终止的日期为该非工作日之后的第 1 个工作日。

第一百七十六条　最后一天期限实施方式

1. 如果期间的规定是为了实施某一行为,则该行为可以在期间的最后 1 日 24 点之前完成。

但是,如果这一行为应该在某一个组织中实施,则期间到该组织按规定终止相关业务的时点截止。

2. 在期间最后 1 日 24 点之前交付邮电部门的书面申请和通知,视为按期完成。

第七章　诉　讼　时　效

第一百七十七条　诉讼时效的概念

1. 诉讼时效是被侵权人为维护自己的权利而提起诉讼的期间。

2. 诉讼时效期间和其计算办法应由法律规定,不得经双方协议变更。

第一百七十八条　诉讼时效期限

1. 诉讼时效的一般期间为 3 年。

2. 对于某些种类的请求,法律可以规定特殊的诉讼时效期间,即较一般期间缩短或更长的期间。

3. 本法第 177 条、第 179 条至第 186 条的规则也适用于特殊的诉讼时效期间,但法律另有规定的除外。

第一百七十九条　诉讼时效的适用

1. 关于维护被侵犯权利的请求，不论诉讼时效是否届满，法院均应受理。

2. 法院只有在争端一方在法院宣布判决前提出申请时，才能适用诉讼时效期间。

3. 在提起诉讼前诉讼时效届满，应构成法院裁定驳回该诉讼的理由。

主债的诉讼时效届满，从债（追讨罚金、担保人的责任等）的诉讼时效随之届满。

第一百八十条　诉讼时效期间

1. 诉讼时效期间自当事人知道或应当知道自己的权利被侵犯之日起计算。本法的例外情况由本法和其他法律规定。

2. 对于有一定履行期间的债务，诉讼时效期间自履行期间届满之时起计算。

3. 对于履行期间未作出规定或规定为请求之时的债务，则诉讼时效自债权人有权提出履行债务的请求权之时起计算，而如果给债务人提供了履行该请求的宽限期间，则诉讼时效的计算自该宽限期间届满之时开始（本法第277条第2款）。

4. 对于代为求偿之债，诉讼时效自主债履行之时开始计算。

第一百八十一条　债的当事人变更时的诉讼时效期限

债的当事人变更并不引起诉讼时效期间及其计算办法的变更。

第一百八十二条　诉讼时效期间的中止

1. 在下列情况下诉讼时效期间中止：

（1）发生紧急和不可预见的事件阻止了诉讼的提起（不可抗力）；

（2）根据哈萨克斯坦共和国总统宣布的此类债务（缓期履行）；

（3）原告或被告正在处于战争状态的武装力量中服役；

（4）无民事行为能力人没有法定代理人；

（5）调整有关关系的法律的效力中止。

2. 在对公民的生命或健康损害提出赔偿要求时，公民向养老金发放组织或福利执行组织申请发放养老金或给予福利待遇的，诉讼时效中止至拒绝发放养老金或拒绝给予福利待遇之日。

3. 如果本条规定的情况在诉讼时效期间的最后6个月内出现或继续存在，并且在该诉讼时效期内该期间不超过6个月，则诉讼时效期间中止。

4. 自导致诉讼时效中止的情况消除之日起，诉讼时效期间继续计算。同时，该期间的剩余部分应延长至 6 个月，如果时效期间不超过 6 个月，则延长至诉讼时效期间。

第一百八十三条　诉讼时效期间的中断

1. 按规定程序提起诉讼以及义务人实施证明他承认债务的行为，则诉讼时效中断。

2. 在诉讼时效期间中断结束之后，诉讼时效期间重新计算，在中断前的时间不计入新的诉讼时效期间。

第一百八十四条　驳回诉讼的诉讼时效期间的计算

1. 如果法院对诉讼不予审理，则在提起诉讼前的诉讼时效期间按一般规则继续计算。

2. 如果法院对在刑事案件中提起的附带民事诉讼未予审理，则在提起诉讼前已开始的诉讼时效期间，中止至附带民事诉讼未予审理的刑事判决生效之时；诉讼时效中止期间的时间不计入诉讼时效期间。在这种情况下，如果剩余的期间少于 6 个月，则该期间延长至 6 个月。

第一百八十五条　诉讼时效期间的恢复

1. 在法院认为因与原告个人有关的正当理由（重病、无助、不识字等）致使诉讼时效期间届满的特殊情况下，公民被侵犯的权利应该受到保护。如果诉讼时效期间过期的理由发生在诉讼时效期间的最后 6 个月，则上述理由被认为是正当的，而如果诉讼时效期间等于或少于 6 个月，则在整个诉讼时效期内发生的上述理由均被认为是正当理由。

2. 如果原告根据法律规定享有就拒绝执行法院判决的行为提起新的诉讼的权利，则诉讼时效期间将恢复并再次开始计算。

第一百八十六条　诉讼时效期间届满债的履行

债务人或其他义务人，如在诉讼时效期间届满之后履行了义务，则无权请求返还，即使在履行时他并不知道诉讼时效已经届满。

第一百八十七条　不适用诉讼时效的请求权

诉讼时效不适用于下列请求：

（1）要求托管人身权利和其他非物质利益的请求，但法律另有规定的情况除外；

（2）存款人要银行支付存款的请求；

（3）公民生命或健康受到损害而要求赔偿的请求，如果在这种损害赔偿权利产生之时起的 3 年后才提出请求，则对过去的赔偿不得超过其提出请求前的 3 年；

（4）财产的所有权人或其他占有人关于排除对其权利的任何侵害的请求，即使这些侵害并不同时剥夺对财产的占有（本法第 264 条和第 265 条）；

（5）法律规定的其他请求。

第二部分 吉尔吉斯共和国民法典总则

（舒雅洁 译 邓社民 周盛杰 校对）

吉尔吉斯共和国民法典总则于1996年5月8日生效，2016年7月23日进行了补充修改。此文本是根据2016年修改的文本翻译而成。

目 录

第一编 总则
　第一章 民事法律关系的调整
　第二章 民事权利和义务的产生，民事权利的行使和保护
　第三章 民事权利的客体
　第四章 公民（自然人）
　第四章之一 农民（农场）经营户
　第五章 法人
　　第一节 基本规定
　　第二节 商业公司
　　　第一分节 一般规定
　　　第二分节 无限公司
　　　第三分节 两合公司
　　　第四分节 有限责任公司
　　　第五分节 补充责任公司
　　　第六分节 股份公司
　　　第七分节 子公司和附属公司
　　第三节 合作社
　　第四节 国有企业
　　第五节 非商业组织

第六章　国家参与民事法律所调整的关系

第七章　法律行为

　　第一节　法律行为的概念、种类和形式

　　第二节　法律行为的无效性

第八章　代理、委托

第九章　期间、诉讼时效

　　第一节　期间

　　第二节　诉讼时效

第一编　总　　则

第一章　民事法律关系的调整

第一条　民事法律调整的关系

民法确定民事主体的法律地位、所有权和其他物权、知识产权产生的条件和实现的程序，调整合同之债和其他的债以及其他财产关系和与财产有关的人身关系。

当符合本条第 1 款规定的特征的家庭、住房、劳动关系以及有关自然资源的使用和生态环境的保护的关系未被相应的家庭、住房、劳动法以及有关自然资源的使用和生态环境的保护的立法所调整时，适用民法。

伊斯兰银行事务和融资原则领域的特别关系由其他法律调整。其他法律不能调整的部分，由现行民法典调整。

民法调整公民不可剥夺的权利、自由以及其他非物质利益（与财产无关的人身关系）的实现和保护相关的关系，但与此类关系的本质不同的除外。

民事主体包括公民、法人和国家。

民法调整从事经营活动的主体之间的关系或者他们所参与的关系。

经营活动是指依照法定程序登记的主体实施的以营利为目的、能独立承担风险的活动。

民法不适用基于一方对另一方的行政从属关系或其他权力从属关系而产生的财

产关系，法律另有规定的除外。

第二条　民事法律

1. 民法是基于承认其所调整的关系的股东平等公开，意思自治，财产独立，财产不受侵犯，合同自由，不允许任意干涉他人私人事务，必须无阻碍地行使民事权利，保障被侵犯的权利的恢复及其司法保护的法律规范。

2. 公民和法人基于自己的意志和自己的利益取得和行使其民事权利。他们在根据合同确定自己的权利和义务方面及在规定任何不与法律相抵触的合同条件方面享有自由。

3. 商品、服务、资金在吉尔吉斯共和国境内自由流通。如果为了保障安全、托管人们的生命和健康、保护自然环境和文化价值的需要，可根据法律实施对商品、服务流通的限制。

4. 民法由现行法典、法律和根据这些法律通过的其他规范性法律组成，以及吉尔吉斯共和国按照法定程序所参与的，调整现行法典第 1 条第 1 款和第 2 款中所规定关系的国际条约。

其他规范性法律所包括的民法规则，必须符合现行法典的规定。

5. 根据 2014 年 3 月 14 日"吉尔吉斯共和国法律"第 49 号法令废止。

6. 如果法令中的民法规则与本条第 4 款所规定相抵触，则适用现行法典的规定。

第三条　民法的时间效力

1. 民法规范没有溯及力，适用于其生效后产生的关系。

只有在法律直接规定的情况下，法律才适用于其生效之前产生的关系。

2. 对于民法规范生效前产生的关系，民法规范仅适用于在其生效之后产生的权利和义务，双方当事人依据民法规范生效前订立的合同产生的关系除外。

如果签订合同之后通过了一项规定双方义务的法律规则，该规则不同于签订合同之时生效的法律，该合同条款仍然有效，法律规定其效力适用于先前签订的合同中的关系的除外。

第四条　交易习惯

1. 在经营活动的某一领域形成并广泛适用、立法并未作规定的行为规则，不论它是否在某个文件中被固定下来，均被认为是法律行为习惯。

2. 法律行为习惯如与相应关系股东必须执行的立法规定或合同相抵触，不得适用。

第五条　民法的类推适用

1. 如果现行法典第1条第1款和第2款中的关系不能直接被法律和双方的约定所调整，且没有相适应的法律行为习惯，在不与其实质相抵触的情况下，由调整类似关系的民法规范调整（法律类推适用）。

2. 如果在上述情况下无法适用类似的法律，则当事人的权利和义务是根据民法的一般原则和精神（法的类推适用）及善意、合理和公平的要求来确定的。

3. 禁止适用限制公民权利和规定责任的类推规则。

第六条　根据2014年3月14日"吉尔吉斯共和国法律"第49号法令废止

第二章　民事权利和义务的产生，民事权利的行使和保护

第七条　民事权利和义务的产生依据

1. 民事权利和义务可以基于法律规定的条件而产生，也可以基于公民和法人的行为而产生，该行为虽然没有事先规定，但是基于民法的一般原则和精神可以产生民事权利和义务。

民事权利和义务根据以下行为产生：

（1）根据合同和法律规定的其他法律行为，或者法律虽然没有规定，但与之不相抵触的合同或其他法律行为产生；

（2）根据法律规定作为民事权利和义务产生依据的国家机关和地方自治机关的法令产生；

（3）根据规定民事权利和义务的司法判决产生；

（4）由于生产和获得未被法律禁止的财产；

（5）由于创作科学、文学、艺术作品、发明和其他智力活动成果；

（6）对他人的损害行为；

（7）由于不当得利；

（8）由于公民和法人的其他行为；

（9）由于法律规定能产生民事法律后果的事件。

2. 需要进行国家登记的财产权利自该财产登记或与之相关的财产权利登记之时产生，法律另有规定的除外。

第八条　民事权利的行使

1. 公民和法人按照自己的意愿行使属于他们的民事权利。

2. 公民和法人不行使属于他们的民事权利不会导致该权利消失，法律另有规定的除外。

第九条　民事权利行使的边界

1. 公民和法人行使民事权利不得损害他人的利益，不得违反法律。

2. 不得利用民事权利限制竞争，不得滥用自己的市场支配地位。

3. 违反本条第1款和第2款规定的要求时，法院可以驳回当事人保护其权利的请求。

4. 滥用权利的当事人有义务恢复由于权利滥用遭受损害的当事人的权利状态，并补偿其所遭受的损失。

5. 法律保护民事权利的条件取决于民事权利的行使是不是善意和理性的，则推定民事法律关系参加者是善意和理性的。

第十条　民事权利的司法保护

1. 法院根据诉讼法或合同规定的案件管辖权实现对被破坏或受争议的民事权利的保护。

2. 各方当事人可以在向法院起诉之前通过法律或合同调解争议。

3. 只有在法律规定时才能通过行政程序实现对民事权利的保护。通过行政程序做出的决定，可以向法院起诉。

第十一条　民事权利的保护方式

对民事权利的保护通过下列方式实现：

（1）确认权利；

（2）恢复原状；

（3）制止侵权行为或造成侵权威胁的行为；

（4）确认法律行为无效以及适用法律行为无效的后果；

（5）确认国家机关或地方自治机关的文件无效；

（6）民事权利的自卫；

（7）判决用实物履行义务；

（8）赔偿损失；

（9）追索违约金；

（10）补偿精神损失；

（11）终止或变更法律关系；

（12）法院不适用国家机关或地方自治机关的与立法相抵触的文件；

（13）法律规定的其他方式。

第十二条　确认与法律相抵触的文件无效

国家机关和地方自治机关的非规范性文件，或在法律另有规定的情况下的上述机关的规范性文件，如果与立法相抵触并侵犯了民事权利以及公民和法人的受法律保护的利益，可以由法院确认为无效。

在法院确定上述文件无效时，对受到侵犯的权利应予以恢复或采用本法第11条规定的其他方式予以保护。

第十三条　民事权利的自力救济

允许权利受侵犯的当事人对自己的民事权利进行自力救济。

自力救济的方式应与受到侵犯的程度相当，并且不得超过为预防或制止侵犯所必须的行为的界限。

第十四条　赔偿损失

1. 被侵权人有权请求侵权人赔偿对其造成的全部损失，法律或符合法律的合同另有规定的，从其规定。

2. 损失是指：

被侵权人为恢复其受侵犯的权利，其财产的损失或损坏所花费或应该花费的支出（实际损失），或者如果其权利没有受到侵害，在正常民事法律行为情况下能够获得而未获得的收入（可得利益损失）。

如果侵权人因侵权得到收入，被侵权人在请求赔偿其损失的同时，有权请求赔偿不少于上述收入的预期的利益。

第十五条　国家机关和地方自治机关造成的损失赔偿

国家机关、地方自治机关或者上述机关的公职人员的非法行为（不作为），包括国家机关出版与立法相抵触的文件给公民或法人造成的损失由国家赔偿，法律另有规定的，由地方自治机关赔偿。

第十六条　精神损害赔偿

1. 如果侵犯属于公民的非物质利益或损害其人身权利而使公民遭受精神损害（身体或精神损害），或者在法律规定的其他情况下，法院可以责令侵权人对上述损害给予金钱或其他物质赔偿。

2. 法院应注意侵权人的过错程度和其他应注意的情况确认精神损害赔偿的

范围。

3. 本法或其他法律另有规定的情况下，法人也可以享有精神损害赔偿。

第十七条　人身权利和其他非物质利益的保护

人身权利和其他非物质利益根据本法和其他法律规定的条件和程序受保护，根据这些条件和程序，民事权利的保护方式的使用（第11条）源于被侵犯权利的实质和该侵犯后果的特征。

第十八条　公民的名誉、尊严、商业信誉或者法人商业信誉的保护

1. 公民有权请求法院驳斥侵犯其名誉、尊严、商业信誉的言论，法人有权请求法院驳斥侵犯其商业信誉的言论。

2. 允许根据相关人员的请求保护公民的名誉、尊严和商业信誉，在其死后也可以予以保护。

3. 如果侵犯公民名誉、尊严、商业信誉的言论以及侵犯法人商业信誉的言论通过大众传媒被传播，这些言论应该在该大众传媒上被澄清。

如果上述言论出现在机关的文件中，该文件应被修改或撤回。

其他情况的澄清程序由法院确定。

4. 通过大众传媒发表言论损害公民或法人的权利和法律所保护的利益的，该公民或法人有权在该大众传媒上发布回应。

5. 如果法院的判决未被执行，法院有权按照诉讼法规定的范围和程序对侵权人判处罚款以充国有。支付罚款并不免除侵权人履行法院所判处的刑罚。

6. 被散播侵犯其名誉、尊严和商业信誉的言论的公民或被散播侵犯其商业信誉的言论的法人，有权在撤销言论的同时请求侵权人赔偿言论传播造成的损失和精神损害。

7. 如果传播诋毁公民的名誉、尊严或商业信誉的言论的侵权人或诋毁法人商业信誉的言论的侵权人无法被确定，则被侵权人有权向法院申请宣布所传播的言论与事实不符。

第十九条　肖像权

未经本人同意，任何人无权刊登和散播其肖像（图片、照片、影片等）。如果刊登和散播肖像与法院和调查审讯机关的要求有关或者在公共场合使用其他方式取得照片或者法律规定的其他情形，可以不经本人同意。

如果有偿拍照，则视为同意刊登和散播自己的肖像。

第二十条　隐私权

1. 公民有权保护的个人隐私包括：通信秘密、邮件、电报、电子信息或其他信息、电话或其他通讯、日志、笔记、便条、生活隐私、出生日期、收养子女、就医和诉讼秘密、存款秘密等。

只有在法律另有规定的情况下才可以公开个人隐私。

2. 只有在作者同意的情况下才能公开其日志、笔记、便条，只有在寄件人和收件人同意的情况下才能公开信件。如果上述文件的作者死亡，可以在经过其配偶、子女和其他继承人或其他后代同意后公开。

第二十一条　住宅的不可侵犯权

公民享有住宅的不可侵犯权，即有权按照自己的意愿和目的自行使用自己的住宅（房间、房子等），除非法律另有规定，禁止任何人违背他人意志侵犯其住宅。

第三章　民事权利的客体

第二十二条　民事权利客体的种类

民事权利的客体包括：物（包括金钱和有价证券），其他财产（包括财产权利、劳动和服务、受保护的信息和智力活动成果，商业名称，商标、其他的产品个性化工具以及其他物质和非物质利益）。

第二十三条　在民事流转中的民事权利客体

1. 民事权利的客体如果没有被法律禁止流转或者被限制流通，可以根据权利的概括继受程序（继承、法人改组）或其他方式自由地让渡或从一方转移到另一方。

2. 禁止流通的民事权利的客体的种类（禁止流通物）需要在法律中明确指出。

3. 只能在特定的股东之间流通或者流通需要特别许可的民事权利客体的种类（限制流通物）需要法律明确规定。

4. 人身利益和权利不能继承和转让，法律另有规定的除外。

5. 只有在吉尔吉斯共和国土地立法允许的情况下，土地才能被继承或从一方转移到另一方。

第二十四条　不动产和动产

1. 不动产（不能移动的财产）包括：土地、地下资源、独立水体以及与土地牢固吸附在一起的物，即一经移动会使其用途受到损失的物，如森林、多年生植物、建筑物、构筑物等。

吉尔吉斯共和国立法规定为不动产的其他财产。

2. 不动产的所有权和其他物权，其权利的限制、产生、转让和消灭均应登记在统一的国家登记簿上。

3. 不属于不动产的物，包括金钱、有价证券，被称为动产。动产权利无须登记，本法或法律另有规定的除外。

4. 其用途在于消耗或转让的动产被称为可消耗物。

5. 可消耗物也被认为是商品仓库或其他一系列物品的一部分，这些物品的用途是对某些物品的处置。

第二十五条　不动产的国家登记

1. 不动产的所有权和其他物权，其权利的限制、产生、转让和终止均应登记在统一的国家登记簿上。

2. 登记的内容包括：所有权、经营权、业务管理权、由抵押合同产生的权利、地役权、抵押权以及本法和其他法律规定的其他权利。

3. 在法律另有规定的情况下，某些种类的不动产在进行国家登记的同时，还需要进行专门的登记和统计。

4. 对不动产和与不动产有关的法律行为进行登记的国家机关，必须根据权利人的请求，以颁发所登记权利和法律行为的证书的方式，或者以在提交登记的文书上背书的方式证明所进行的登记。

5. 除了涉及国家和商业秘密之外，对不动产和与不动产有关的法律行为进行登记的国家机关必须向公众提供所进行的登记和登记的权利的信息。

信息可以由任何进行不动产权利登记的机关提供，不限于登记的地点何在。

6. 对不动产权利或法律行为的国家登记被拒绝或有关机关拒绝登记的，可以向上级机关或法院提出诉讼。

7. 国家登记的程序和不予进行国家登记的根据由不动产权利和与不动产有关的法律行为的法律根据本法规定。

第二十六条　主物和从物

用途是服务于另一物（主物），并与其有共同的经济价值的物（从物），跟随主物处分，合同另有规定的除外。

第二十七条　不可分之物

分割会使其丧失价值和原有用途的物叫作不可分之物。

第二十八条　复合物

1. 如果不同种类的物构成一个按共同用途进行使用的统一的整体，则他们被视为一个物（复合物）。

2. 就复合物订立的合同的效力，适用于复合物所有的组成部分，合同另有规定的除外。

第二十九条　孳息、产品和收益

使用财产取得的收益（孳息、产品和收益）属于依法使用该财产的人，立法另有规定或关于使用该财产的合同另有规定的除外。

第三十条　动物

对动物适用财产的一般性规则，法律另有规定的除外。

第三十一条　特定物和种类物

1. 特定物是指从其他的物中分离出来并且实质上具有其特征的物。特定物是不可替代之物。

2. 种类物是具有一类物的所有的共同特征，数量、质量和体积被确定的物。种类物是可替代之物。

第三十二条　受保护的智力活动成果

1. 在本法及其他法律另有规定的情况下和依照本法及其他法律规定的程序，确认公民和法人对智力成果和与之相当的使法人个性化，使产品、所完成工程和服务特定化的手段的专属权。

2. 智力活动成果的使用和个性化手段是专属权的客体，只有在所有权人同意的情况下才能使用。

第三十三条　企业

1. 作为民事权利客体的企业是指为实现企业经营活动而使用的财产综合体。

2. 作为财产综合体的企业包括为实现企业经营活动而使用的各种种类的财产，包括：土地、建筑物、构筑物、设备、器材、原料、产品、债权、债务以及使企业活动个性化的标志（商业名称、商标）以及其他专属权，法律和合同另有规定的除外。

3. 企业的整体和部分都是买卖、抵押、租赁以及其他与物权的产生、变更、消灭有关的活动的客体。

第三十四条　职务秘密和商业秘密

1. 当信息由于不为第三人所知而具有实际的和潜在的商业价值，依法对其不能自由获得或者信息持有者采取措施保护其机密性时，信息即构成职务秘密和商业秘密。民法保护有关职务秘密和商业秘密的信息。

2. 以非法途径取得该信息的人，违背劳动合同泄露职务秘密和商业秘密的公务人员或者违反民事法律合同泄露职务秘密和商业秘密的契约当事人，应该赔偿由此造成的损失。

第三十五条 金钱（货币）

1. 在吉尔吉斯共和国境内使用的货币称为索姆。

2. 索姆是吉尔吉斯共和国境内应按照其票面数额接受的法定支付手段。

在吉尔吉斯共和国境内可以现金和非现金的结算方式实现支付。

3. 在吉尔吉斯共和国境内用外国货币结算的情形、秩序和条件由法律确定。

第三十六条 货币价值

在吉尔吉斯共和国境内被称为货币价值的财产种类以及与其有关的法律行为的实现秩序由货币调整法确定。

在吉尔吉斯共和国境内，货币价值的所有权由一般规则所保护。

第三十七条 有价证券

1. 有价证券是指具备规定形式和必要要件的证明财产权利的书据或其他法律规定的权利固定方式。

随着有价证券的转让，一切其所证明的权利一并转让。

2. 有价证券证明的权利种类、有价证券的必要要件、有价证券的规定形式以及其他法定要件由吉尔吉斯共和国法律确定或依照相关程序确定。

必要要件缺失或者不符合有价证券的相应的形式的有价证券无效。

3. 在法定情况下，为了有价证券所证明的权利能实现或转让，需要证明有价证券在以自己的名称发行，并在有价证券义务的范围内承担责任的国家银行的专门的（纸质的或电子的）登记簿上登记。

第三十八条 有价证券的种类

有价证券包括：债券、期票、支票、银行公债、银行存折、提单、股票以及依照法律或法律程序列入有价证券的书据。

第三十九条 无凭证有价证券

1. 在法律有规定或依照法律程序确定的情况下，取得专门许可证的人可将以记名或认股权认购的权利记录下来，包括无纸化形式（借助于计算机技术手段等）。

这种权利记录的方式适用对有价证券设立的规则，但根据记录特点另有规定的除外。

适用无纸化形式进行权利记录的人有义务应权利持有人的要求，签发证明记录权利的文件。

以无纸化形式记录的权利、正式确定权利和权利持有人的程序、记录文件确认程序以及无纸化形式的证券法律行为程序应由法律或根据法律规定的程序确定。

2. 无纸化形式的有价证券的业务只能找正式办理权利登记的人才能进行。权利的转让、提供、限制应由此人正式认证，此人负责保存正式登记的文件、保护其机密性、提供关于这些文件的正确资料、完成所进行的业务的正式记载。

第四十条　有价证券权利主体

1. 有价证券证明权利的主体包括：

（1）有价证券的持有人（不记名有价证券）；

（2）有价证券的记名人（记名有价证券）；

（3）有价证券的记名人能亲自行使这些权利，或者亲自处分（命令）指示其他授权人行使该权利（授权证券）。

2. 法律可以禁止以记名有价证券、授权证券或者不记名有价证券的形式发行一定种类的有价证券。

3. 如果能够证明其知道或应当知道有价证券是非法取得的，包括转让证券的人无转让权，则此人不能被称为法定的有价证券的持有者。

第四十一条　有价证券的权利转让

1. 要把有价证券所证明的权利转让给第三人，只需将该有价证券转让给第三人即可。

2. 记名有价证券证明的权利转让需要依照债权转让的程序进行。根据本法第316条第4款的规定，转让有价证券证明的权利的人应当对相应请求权的无效负责，但不对其履行负责。

3. 授权证券所证明的权利通过在该证券上进行背书的方式进行转让。背书人不仅要对权利的存在负责，还应对权利的实现负责。

有价证券上的背书可以把有价证券证明的所有权利转让给有价证券的权利受让人或者被背书人。背书可以是空白背书（不指明执行对象）或授权书背书（指明执行对象或执行命令人）。

背书可以仅限于委托行使有价证券所证明的权利，不将这些权利转让给被背书人（背书委托人）。在这种情况下，被背书人视为持有人。

第四十二条　有价证券的实现

1. 有价证券的出票人和所有背书人向法定持有人承担连带责任。如果有价证券的债务人中的一人或几人满足了有价证券法定持有人有关履行有价证券所证明的债的请求，则取得对有价证券其余债务人的返还请求权（追偿权）。

2. 不允许以债无理由或无效为由拒绝履行有价证券证明的债。

有价证券的持有人如果发现有价证券有虚假或系伪造，有权对向其转让证券的人请求正确履行有价证券所证明之债并赔偿损失。

第四十三条　有价证券的恢复

无记名证券和授权证券遗失后，应由法院根据诉讼法规定的程序恢复其权利。

第四十四条　债券

证明从发行债券的人手中取得权利的有价证券，并设置票面价格或其他财产等价物的范围的证券叫作债券。债券的持有者也会获得债券的票面价格的确定比例的权利或其他财产权利。

债券只能是记名的，可以自由使用或者限制范围使用。

第四十五条　支票

支票是指不附带书面指示条件的有价证券，支票的发行银行应按照支票上所列数额向支票持有者支付。

支票应按照法律规定的期限支付。

第四十六条　期票

本票、汇票是一种证券，证明承兑人（本票）或本票指定的另一付款人（汇票）有义务在票据规定的期限到期时无条件向票据所有人（票据持有人）支付金额。

第四十七条　股票

股票是指证明其持有者（股东）以红利的形式取得部分股份公司的利益，参与股份公司的管理事务和公司清算后所剩财产的权利的有价证券。

股票是不记名的或者记名的，可以自由使用或在限制范围内使用。

股份公司有权在法定的范围内发行保证其持有者获得红利的优先股票，红利的范围视股票发行的情况而定，与股份公司的经营活动结果无关，并会给予其与其他股东相比取得股份公司清算后剩余财产的优先分配权利，以及股票发行时确定的其他权利。

优先股票不会给予其持有者参与股份公司管理活动的权利，法律另有规定的除外。

第四十八条　提单

提单是指证明其持有者处理提单上的货物或者取得完成运输后的货物的权利的货物处理单据。

提单可以是不记名的、指示的或者是记名的。

在提单签发数份原件的情况下，根据第一份提交的提单签发货物后，其余提单不再有效。

第四十九条　银行证明

银行证明是指银行证明存款人在任何银行机关在规定期限内取得存款数额以及其利息的权利的书面证明。

银行证明可以是不记名的或者是记名的。

第五十条　人身权利和其他非物质利益

1. 公民的非物质利益包括：

（1）生命和健康；

（2）人身价值；

（3）人身的不可侵犯性；

（4）荣誉和姓名；

（5）商业信誉；

（6）个人生命的不可侵犯性；

（7）个人和家庭隐私；

（8）迁徙自由、选择居留地和居住地的自由。

与上述非物质利益的实质相符合并能够使用本法规定的民事权利的保护方式的其他非物质利益也被法律所保护。

2. 人身非财产权利依照法律实现和保护。

人身非财产权利包括：使用自己姓名的权利、著作权、姓名权，作品的不可侵犯性以及其他与法律保护的智力活动成果相符合的非财产权利。

3. 依照法律及法律程序，死者的人身权利和其他非物质利益由其权利继承人等其他人保护和实现。

第四章　公民（自然人）

第五十一条　公民（自然人）的概念

公民（自然人）包括吉尔吉斯共和国公民、外国人和无国籍人。本法适用于一切公民，法律另有规定的除外。

第五十二条　公民的权利能力

1. 一切公民都平等地具有享有民事权利和承担民事义务的能力。

2. 公民的权利能力始于出生，终于死亡。

第五十三条　公民权利能力的内容

公民权利能力包括：财产所有权；继承和遗留财产；进行经营或其他任何未被法律禁止的活动；独立创造法人以及与其他公民和法人共同创造法人；实施任何未被法律禁止的法律行为以及参加契约活动；选择居住地；行使科学、文学或艺术作品、发明或者其他智力活动成果的著作者的权利；享有其他财产和人身权利。

第五十四条　公民的姓名

1. 公民使用自己的姓名享有权利和履行义务，包括姓和名字，如果它与所代表的吉尔吉斯人民的民族传统相适应，还包括父称。

根据民法规定的条件和程序，公民可以使用笔名（化名）。

2. 公民有权依法定程序改变自己的姓名。公民改变自己的姓名并不消灭或改变自己使用先前姓名时所享有的权利和义务。

公民有义务采取必要的措施将自己更名的信息告知债务人和债权人，并且承担由于不知道公民更名的信息而造成的风险。

更名后的公民有权请求自费将相应的姓名登记到使用先前姓名办理的文件中。

3. 公民出生时获得的姓名以及姓名的变更均应按户籍登记立法规定的程序进行登记。

4. 不允许用其他人的姓名获得权利和义务。

5. 非法使用他人姓名给公民造成的损害，应根据本法进行赔偿。

歪曲公民姓名或者以损害他人名誉、尊严和商业信誉的方式或形式使用公民的姓名的，适用本法第 18 条规定的规则。

第五十五条　公民的住所地

1. 公民的住所地是指公民经常或优先居住的地方。

2. 年龄未满 14 周岁，需要监护的未成年人的住所地是指父母、养父母或监护人的住所地。

第五十六条　公民的行为能力

1. 公民自成年起，即年满 18 周岁起，完全具有以自己的行为取得并行使民事权利、为自己建立义务和履行民事义务的能力（民事行为能力）。

2. 如果法律允许在 18 周岁之前结婚，未满 18 周岁的公民从结婚时起获得完全民事行为能力。

由于结婚获得的民事行为能力在离婚时仍然完全保留。

如果婚姻无效，法院可以判决自法院确定之时起未成年人一方丧失完全民事行为能力。

3. 一切公民享有平等的行为能力，法律条文另有规定的除外。

第五十七条　权利能力和行为能力的不可剥夺性

1. 除了依照法定条件和法定程序，任何人不得限制公民的权利能力和行为能力。

2. 国家机关或其他机关限制公民的行为能力、进行经营或其他活动的权利，未符合法律规定的条件和程序的，一律无效。

3. 完全或部分剥夺公民的权利能力或行为能力，以及其他旨在限制公民的权利能力或行为能力的法律行为，自始无效，法律允许该行为的除外。

第五十八条　公民的经营活动

1. 公民有权以非法人组织进行国家登记从事经营活动。

2. 本法典调整商业组织法人活动的规则适用于未成立法人的公民创业活动，除非法律或法律关系的实质另有规定。

3. 法律应事先规定允许公民未进行国家登记实施经营活动的情况。

第五十九条　公民的财产责任

公民以属于其的全部财产对自己的债务承担责任，但根据法律不得处分的财产除外。

禁止执行公民财产的清单，由民事诉讼法规定。

第六十条　个体工商户的破产

1. 处于不能满足与进行经营活动有关的债权人需求的状态的个体工商户可以由法院裁定破产。从该决议生效时起，个体工商户的登记失效。

2. 在认定个体工商户为破产人的程序中，其债权人有权根据与其经营活动无关的债务提出自己的请求。上述债权，即使未按照上述程序提出，在个体工商户的破产程序完成之后仍然有效。

3. 破产程序相关费用清偿后，被宣告破产的个体工商户按照本法第 99 条规定的顺序清偿债权。

4. 完成债权清偿后，被宣告破产的个体工商户应被免除履行与其企业活动有关的剩余债务以及破产时提交执行的其他债权。

5. 法院宣布个体企业主破产（资不抵债）和宣布其破产（资不抵债）的理由和程序应由破产法规定。

与个体工商户破产程序有关的关系适用于调整法人破产程序的规则。

6. 根据法院判决，被宣告破产的个体工商户在一定期限内不得从事经营活动，该期限不得超过破产法规定的最长期限。

第六十一条　年满 14 周岁不满 18 周岁未成年人的行为能力

1. 年满 14 周岁不满 18 周岁未成年人实施法律行为，除本条第 2 款的规定外，需要经其法定代理人——父母、养父母或托管人的书面同意。

上述未成年人的法律行为在其父母、养父母或托管人的事后书面同意后仍然有效。

2. 年满 14 周岁不满 18 周岁未成年人有权不经其父母、养父母或托管人的同意，独立实施以下法律行为：

（1）处分自己的工资、奖学金和其他收入；

（2）行使科学、文学或艺术作品、发明或者其他受法律保护的智力活动成果的著作者的权利；

（3）依法在信贷机关存款并处分这些存款；

（4）实施微小的日常的法律行为以及有本法第 63 条第 2 款规定的其他法律行为。

3. 年满 14 周岁不满 18 周岁未成年人独立承担根据本条第 1 款和第 2 款实施的法律行为产生的财产责任。这类未成年人根据本法对其行为产生的损害承担责任。

4. 在有足够根据存在时，法院根据父母、养父母或托管人、授权的国家儿童保护机关的地方部门提出的申请可以限制年满 14 周岁不满 18 周岁未成年人独立处分自己的工资、奖学金和其他收入的权利，或者剥夺其这些权利，该类未成年人成为完全民事行为能力人的情况除外（本法第 62 条和第 56 条第 2 款规定）。

第六十二条　宣告未成年人具有完全民事行为能力（解除限制）

1. 年满 16 周岁未成年人，如果其根据劳动合同工作，包括契约，或者经其父母、养父母或托管人同意从事经营活动，可以被宣告为完全民事行为能力人。

宣告未成年人为完全民事行为能力人（解除限制），应经双方父母、养父母或托管人同意，依照授权的国家儿童保护机关的地方单位的决议进行。未经同意的，依照法院的判决进行。

2. 对于被宣告为完全民事行为能力人的未成年人的债务，包括致人损害而发生的债务，其父母、养父母或托管人不承担责任。

第六十三条　未满 14 周岁未成年人的行为能力

1. 未满 14 周岁未成年人的法律行为，除本条第 2 款规定的情形外，须其法定代理人——父母、养父母或托管人以其名义才能实行。

2. 未满 14 周岁未成年人能独立实施下列法律行为：

（1）微小的日常法律行为；

（2）不需要公证证明或任何国家机关登记形式的旨在无偿获利的行为；

（3）为了一定目的或为了自由支配而处分由法定代理人或经法定代理人同意由第三人提供的资金的法律行为。

3. 未满 14 周岁未成年人在信贷机关存款以及处分存款的权利由法律规定。

4. 未满 14 周岁未成年人的父母、养父母或托管人，如果他们不能证明债务非因他们的过错产生，则均应对未成年人的债务承担责任，包括未成年人独立进行的法律行为。上述人员还应对未满 14 周岁未成年人（不满 14 周岁未成年人）造成的损害承担法律责任。

第六十四条　宣告公民为无行为能力

1. 由于精神错乱而不能辨认自己行为的意义和控制自己行为的公民，应被法院宣告为无民事行为能力人，对其设立监护。

2. 被宣告为无行为能力的公民的法律行为由其监护人以该公民的名义实施。

3. 如果宣告公民为无行为能力的根据消失，法院可以宣告其具有行为能力。依照法院的判决撤销对其监护。

4. 如果法院拒绝宣告公民无行为能力的，以及宣告请求不正当时，因上述行为给公民造成精神损害时，有权请求赔偿。

第六十五条　公民行为能力的限制

1. 因病态迷恋赌博、酗酒或吸毒而使家庭财产状况困难的公民，法院应限制其行为能力，对其设立监护。

该公民有权独立完成微小的日常法律行为。实施其他法律行为以及获得或处分工资、退休金或其他收入需经监护人的同意。但这类公民对于其实施的法律行为或法律行为造成的损失独立承担财产责任。

2. 如果限制公民的行为能力的根据消失，法院可以取消限制其行为能力，并根据法院的判决撤销对其的监护。

第六十六条　监护和托管

1. 为保护无民事行为能力人或无完全民事行为能力人的权利和利益可设定监护和托管。对未成年人的监护和保护也是为了其教育。监护人和托管人相应的权利和义务由本法和吉尔吉斯共和国有关儿童的法典规定。

2. 在被监护人与任何人，包括法院的关系中，监护人和托管人应保护被监护人的利益和权利，无须专门授权。

3. 当未成年人没有父母、养父母，以及法院剥夺了其父母的监护权时，或者当公民由于其他原因缺失父母的监护，包括父母逃避对其子女的教育或对其子女的权利和利益的保护，对未成年人应设立监护和托管。

第六十七条　监护

1. 对不满 14 周岁未成年人以及因精神失常而被法院认定为无行为能力的公民应设立监护。

2. 监护人是被监护人的法定代理人，并以被监护人的名义、为被监护人的利益实施一切必要的法律行为。

第六十八条　托管

1. 对已满 14 周岁未满 18 周岁未成年人，以及因病态迷恋赌博、酗酒或吸毒而被法院限制民事行为能力的公民应设立托管。

2 被托管的公民无权独立实施的法律行为，经托管人同意可以实施。

托管人应协助被托管人行使权利和履行义务，并保护其免受第三人虐待。

第六十九条　吉尔吉斯共和国政府授权的儿童保护国家机关

1. 保护儿童的法定机关是吉尔吉斯共和国政府授权的国家儿童保护机关及其地方单位。

2. 法院必须在宣布公民无行为能力或限制其行为能力的决定生效后3天内，向政府授权的国家儿童保护机关的地方部门报告，以便对其进行监护或保护。

3. 被监护人居住地的国家儿童保护机关的地方部门负责监督监护人和托管人履行职责。

第七十条 监护人和托管人

1. 法院根据应被监护或保护的当事人的住所地的政府授权的国家儿童保护机关的地方部门的决议，自政府授权的国家儿童保护机关的地方部门知道应给予公民保护和监护时起1个月内选定监护人和托管人。如果出现特别情况，可以指定监护人和托管人。如果应被监护或保护的当事人在1个月内没有选定监护人或托管人，则政府授权的国家儿童保护机关的地方部门应暂时履行监护人或托管人的职责。

监护人或托管人的指定可以由利益相关人向法院诉讼。

2. 监护人和托管人只能在具有完全民事行为能力的成年人中指定、不能在被剥夺亲权的人中指定监护人和托管人。

3. 监护人或托管人的指定需要经被监护或托管的当事人同意。在这种情况下应该考虑其品德和其他个人品质，监护人或托管人履行职责的能力，他们与应被监护或托管的当事人之间的关系，如果可能的话，还应考虑被监护人的意愿。

4. 应被监护或托管的当事人被送到相应的教育机关、医疗机关、社会福利机关或其他类似机关的，该机关为其监护人或托管人。

第七十一条 监护人和托管人职责的履行

1. 监护和保护的职责应无偿履行，法律另有规定的除外。

2. 未成年人的监护人或托管人需要与被监护人共同生活。托管人和已满16周岁的被托管人，经政府授权的国家儿童保护机关的地方部门的批准，并对在被托管人的教育、权利和利益无不利影响的情况下才能分居。

监护人和托管人有义务向政府授权的国家儿童保护机关的地方部门通知住所地变更的情况。

3. 监护人和托管人有义务关心被监护人的生活，保障其护理和医疗，保护其权利和利益。

未成年人的监护人或托管人应关心被监护人的学业和教育。

4. 被法院限制行为能力的成年人的托管人，不承担本条第3款规定的职责。

5. 如果因酗酒或吸毒被认定无行为能力或限制行为能力的根据消失，监护人或托管人有义务向法院申请认定被监护人具有行为能力，并撤销其监护或保护职责。

第七十二条　被监护人的财产处分

1. 被监护人的财产，包括因管理财产而应付给被监护人的收入，除被监护人和被托管人有权独立处分的财产外，监护人或托管人只能是为被监护人的利益并且事先得到被授权的国家儿童保护机关的地方部门的批准才能处分。

监护人或托管人有权为被监护人的生活用作为被监护人的收入应付给被监护人的金额进行必要的开支而无须得到政府授权的国家儿童保护机关的地方部门的事先批准。

2. 监护人未得到政府授权的国家儿童保护机关的事先批准，托管人未得到对实施财产转移的法律行为的同意，无权交换或赠与被监护人的财产、出租、无偿使用或抵押其财产。无权实施放弃被监护人的权利，分割其财产或从其财产中分出若干份的法律行为以及其他任何导致被监护人财产减少的法律行为。

处分被监护人财产的程序由法律规定。

3. 除作为赠与或无偿使用向被监护人转移财产外，监护人、托管人、配偶以及近亲属无权与被监护人实施法律行为，在签订契约或者在被监护人与监护人或托管人及其近亲属和配偶之间进行法律诉讼时也无权代理被监护人。

第七十三条　被监护人的财产委托管理

1. 在有必要对被监护人的不动产和贵重的动产进行经常性管理时，政府授权的国家儿童保护机关的地方部门与由该部门确定的管理者签订该财产的委托管理合同。在这种情况下，监护人或托管人对未交付委托管理的被监护人的财产保留自己的权能。

在管理人行使对被监护人的财产管理权限时，对管理人适用本法第72条第2款和第3款的规定。

2. 被监护人的财产委托管理依照法律为终止财产委托管理的合同规定的条件而终止，也可在监护和保护终止时终止。

第七十四条　监护人或托管人职务的解除

1. 当未成年人的父母或养父母回来时，法院解除监护人或托管人的职务。

当被监护人被送至相应的教育、医疗机关、社会福利机关或其他类似机关，且与被监护人的利益不相违背时，法院可解除先前指定的监护人或托管人的职务。

2. 存在正当理由时（疾病、财产状况改变、缺少与被监护人相互理解等），可以根据监护人或托管人的请求解除其职务。

3. 如果监护人和托管人未正当履行其职务，包括利用监护和托管的关系以达到谋取私利的目的或者未对被监护人尽到监管职责和给予必要的帮助，法院应当解除监护人和托管人职务以及依法追究其法定责任。

第七十五条　监护和托管的终止

1. 当法院根据监护人、托管人或授权的国家儿童保护机关的地方部门的申请，认定被监护人具有行为能力或撤销对其行为能力的限制时，对被监护人的监护和托管终止。

2. 未成年人年满 14 周岁时，监护权终止，行使监护人职责的公民成为未成年人的托管人，无须另行决定。

3. 作为被托管人的未成年人年满 18 周岁时，或者在成年之前由于其结婚或其他条件而获得完全民事行为能力时（第 62 条和第 56 条第 2 款），对未成年人的保护无须特别许可而终止。

第七十六条　对具有行为能力的公民的庇护

1. 对由于健康状况不能独立实现和保护自己权利以及履行义务的具有行为能力的成年人，可以根据其请求以庇护的形式给予保护。

2. 具有行为能力的成年人的托管人可以由被授权的国家儿童保护机关的地区机关经该成年人同意后指定。

3. 具有行为能力的成年人的财产，由托管人根据与被托管人签订的委托管理合同进行处分。日常法律行为和其他旨在满足被托管人的生活和日常需要的法律行为，由其托管人经被托管人同意后实施。

4. 对具有行为能力的成年人的庇护根据本条第 1 款，依被庇护的公民的需要而终止。

出现本法第 74 条的情况时，解除被庇护公民托管人职务。

第七十七条　宣告公民失踪

1. 如果公民在其住所地没有其下落的消息超过 1 年，法院可以根据其利害关系人的申请宣告其为失踪人。

2. 在无法确定失踪人下落不明的开始日期时，则认为获得失踪人最后消息的一个月的最后一天为计算宣告失踪的期限开始之日，如果不能确定月份，该年的 1 月 1 日为计算宣告失踪的期限开始之日。

第七十八条　宣告公民失踪的后果

1. 被宣告失踪的公民的财产，当有必要进行保护时，根据法院的决议转交给由政府授权的国家儿童保护机关的地方部门宣告的人进行委托管理，并根据与该部门签订的委托管理合同进行管理。

管理被宣告失踪的当事人的财产包括履行民事义务、帮助清偿失踪人的债务、为了失踪人的利益管理该财产。根据利害关系人的申请支付给失踪人有义务供养的人生活费。

2. 政府授权的国家儿童保护机关的地方部门可以自获得失踪人下落信息之日起 1 年内指定失踪人的财产管理人。

3. 本条未规定的宣告公民失踪的其他法律后果，由法律规定。

第七十九条　宣告公民失踪的决议的撤销

1. 在被宣告失踪的公民再次出现或知道其下落时，法院应撤销宣告公民失踪的决议，并根据法院的决议撤销该对公民的财产管理。

2. 如果自指定管理之日起 3 年内，宣告当事人失踪的决议未撤销或者未向法院起诉宣告公民死亡，则政府授权的国家儿童保护机关的地方部门有义务就宣告公民死亡向法院起诉。

第八十条　宣告公民死亡

1. 如果公民离开其居住地下落不明满 3 年，则法院可以宣告其死亡，或者其因为威胁生命的情况失踪或有理由推断其死于某一不幸事件时，则超过 6 个月法院就可以宣告其死亡。

2. 对于军人或因军事活动失踪的其他人，则法院应自军事活动结束之日起满 2 年，才能宣告其死亡。

3. 法院宣告死亡的判决生效之日为被宣告死亡人的死亡日期。因有死亡危险的事件失踪或有理由推断死于某一不幸事件的被宣告死亡的公民，法院可以推定方式确认其死亡日期。

4. 公民被宣告死亡引起与其死亡相同的权利义务关系变动的后果。

第八十一条　被宣告死亡的公民重新出现的法律后果

1. 被宣告死亡的公民重新出现或者发现其下落的，法院应撤销相应的决定。

2. 无论何时出现，公民均可以要求宣告其死亡后无偿得到其财产的任何人返还尚存财产。

根据有偿法律行为获得被宣告死亡的公民的财产的人，如果被证明其在取得财产时明知道被宣告死亡人尚在人世，则必须将财产返还原主，不能原物返还的，应按原价赔偿。

3. 如果被宣告死亡人的财产根据继承法已移交给国家并已经变现，则撤销宣告其死亡的判决后应按照出卖时的市场价格进行返还。

第八十二条　户籍登记

1. 以下各项户籍状况需要进行国家登记：

（1）出生；

（2）结婚；

（3）离婚；

（4）收养子女；

（5）确定父亲身份；

（6）姓、名、父称的变更；

（7）公民死亡；

（8）根据2003年2月17日"吉尔吉斯共和国法律第39号"已废止。

2. 户籍登记以户籍登记机关通过在户籍登记簿上做相应登记以及根据登记的事项给公民颁发证件的方式进行。

3. 如果存在足够证据以及利害关系人之间没有争议，户籍登记的修改和变更由户籍登记机关进行。

如果利害关系人之间存在争议或户籍登记机关拒绝修改或变更登记，则由法院裁决争议。

撤销或恢复户籍登记由户籍登记机关根据法院判决进行。

无人监管的儿童的户籍登记的恢复由户籍登记机关根据地方国家行政机关的健康鉴定委员会的决议进行。

当存在相应鉴定单位的诊断书时，由地方国家行政机关的健康鉴定委员会作出决议。

4. 进行户籍登记的机关、登记程序、户籍登记的变更、恢复和撤销程序，户籍登记簿和证明的形式，以及户籍登记簿的保存期限和程序由户籍登记法规定。

第四章之一　农民（农场）经营户

第八十二条之一　农民（农场）经营户的概念

农民（农场）经营户是具有法人地位或没有建立法人而从事活动的独立经济主体，其活动主要是基于家庭成员、亲属以及由农业产品主导联合起来的其他人的个人劳动，该农产品是基于土地以及其他属于具有集体所有权或取得使用权（租赁权）的农业经济成员的财产。

作为法人建立农民（农场）经营户时，该法人为商业组织。

第八十二条之二　农民（农场）经营户的成立和登记程序

1. 农民（农场）经营户的成立奉行严格的自愿原则。农民组织的成员有权无条件从农民经济组织中退出。

2. 农民经营户作为法人由司法机关进行国家登记，或者如果农民经营户从事活动而不成立法人，就根据吉尔吉斯共和国有关个体工商户的法律规定进行国家登记。

3. 成立农民（农场）经营户的特点和法律状态由吉尔吉斯共和国有关农民（农场）经营户的法律调整。

第八十二条之三　农民（农场）的财产

农民（农场）经营户的财产属于其拥有集体所有权的成员，法律或他们之间的合同另有规定的除外。

第五章　法　人

第一节　基本规定

第八十三条　法人的概念

1. 凡对独立财产享有所有权、经营管理权或业务管理权并以此财产对自己的债务承担义务，能够以自己的名义取得和实现财产权利及人身非财产权利并承担义务，能够在法院起诉和应诉的组织，都是法人。

法人应拥有独立的资产负债表或预算。

2. 参与设立法人财产的设立人（股东）可以对该法人拥有权利或对其财产拥有所有权。

其股东享有权利的法人包括：商业公司、社会团体和合作社。

基于经营管理权或业务管理权而占有财产的组织属于其发起人对其财产享有所

有权或其他物权的法人。

3. 公共联合会和宗教组织、慈善或其他社会基金、法人联合会（协会和联合）属于其发起人不享有财产权的法人。

第八十四条　法人的权利能力

1. 法人享有符合其设立文件所规定的活动宗旨的民事权利，承担与该活动相联系的民事义务。

商业组织，除了基于经营管理权或业务管理权（国企和政府企业）而占有财产的组织外，享有为实施各项活动所必须的未被法律禁止的民事权利和民事义务。法律规定的个别活动，法人只能基于特别许可（许可证）才能从事。

2. 法人的权利只有依据法律规定的程序才能被限制。关于法人权利限制的决议法人有权向法院起诉。

3. 法人的权利能力自其创立时产生（第86条第2款），自其清算结束之时起终止（第98条第8款）。

法人必须取得许可证方能从事的活动的权利（本条第1款），自其取得该许可证时产生，自其活动期限届满时终止，法律另有规定的除外。

第八十五条　商业和非商业组织

1. 以营利为其活动主要目的而设立的组织（商业组织），或者不以营利为其目的而设立的且不将其所获利润分配给其股东的组织（非商业组织）都是法人。

2. 作为商业组织的法人，应以商业公司、合作社、农民（农场主）组织，国家和政府企业的形式设立。

3. 作为非商业组织的法人应以合作社、政治党派和其他社会或宗教组织（联合体）、由财产所有人拨款的机关、慈善和其他社会基金以及法律规定的其他形式设立。

非商业组织仅可以从事符合其设立目的的经营活动。

4. 允许以协会（联合）的形式成立商业组织和（或）非商业组织的联合会。

第八十六条　法人的国家登记

1. 法人应依照法人国家登记法规定的程序由被授权的国家登记机关进行国家登记。

社会组织登记的问题由相关法律调整。

可以以法律规定拒绝登记。不得以法人不适合建立为由拒绝登记。

拒绝国家登记以及规避登记的行为，可以向法院诉讼。

2. 法人自进行国家登记之时起视为成立。

3. 只有在法律另有规定的情况下才能变更登记。

第八十七条　法人的设立和设立文件

1. 法人可以由一个或多个发起人创立。

2. 法人的发起人可以是财产所有人或其授权机关，由法律事先专门规定的机关或人，其他组织或公民。在这种情况下，享有经营权和业务管理权而取得财产的法人经其所有人或被其授权的机关的同意可以成为其他法人的设立人。

3. 法人按照章程或按照设立文件和章程，或仅按设立文件办事。在法律有规定的情况下，不是商业组织的法人可以按照该类型的组织的共同规章办事。

法人的设立文件由其发起人签订，而章程由发起人（股东）批准。

根据本法由一个发起人设立的法人，根据该发起人批准的章程办事。

4. 在法人章程或其他法人设立文件中应规定法人的商业名称、法人的住所地，法人活动的管理规定，还应包括法律规定的关于相应种类法人的其他信息。在非商业组织、国有企业和政府企业的设立文件中，或者在法律另有规定的情况下的其他商业组织的设立文件中，应规定法人活动的目标和宗旨。其他商业组织的设立文件中应规定他们活动的目的和宗旨。

在设立文件中，发起人承担设立法人的义务，规定为设立法人而进行共同活动的程序，向法人移交自己财产的条件和参加法人活动的条件。合同中应规定股东之间分配利润和分担损失的条件和程序，法人活动管理的条件和程序，发起人（股东）退出法人的条件和程序。在设立文件中应包括经发起人同意的其他条件。

5. 法人，包括政党、宗教组织和其他非商业组织的设立文件的变更自授权的法人机关按规定的程序批准之日起生效。

非商业组织和金融信贷机关的设立文件的变更自法人指定的国家变更登记之日起生效。

在法律另有规定的情况下，法人设立文件的变更自将变更情况通知进行国家登记的机关之日起生效。在这种情况下，法人和其发起人在与按这些变更条款进行活动的第三人的关系中无权援引尚未登记的变更情况。

第八十八条　法人的机关

1. 法人通过自己的机关获得民事权利、履行民事义务，法人的机关根据法律和设立文件进行活动。法人机关的选举和任命程序由法律和设立文件规定。

2. 在法律另有规定的情况下，法人可以通过自己的股东取得民事权利、履行民事义务。

3. 依照法律或法人的设立文件以法人的名义进行活动的人应该为所代表的法人的利益认真而合理地进行工作。其应该根据法人的发起人（股东）的请求赔偿其给法人造成的损失，法律或合同另有规定的除外。

第八十九条　法人的商业名称和住所地

1. 法人有自己的商业名称，名称中应指明类型、法律组织形式和活动的特征。

在法人的商业名称中注明吉尔吉斯共和国的正式全称或缩略名称，并在法人的文件征用或广告材料中列入这类名称或国家标志的内容的，均按照吉尔吉斯共和国政府确定的程序进行。

拥有私有财产的法人无权在其商业名称中使用国家（市政）机关的名称，也不得使用与政治（特别）和国家最高行政职务有关的职务名称。

2. 如果法人的设立文件没有其他规定，那么法人的住所地为其国家注册地。

3. 法人的名称和住所地应在其设立文件中指明。

4. 法人应该有自己的商业名称。

商业名称的申请应由本法规定或由法人登记方面的法律规定。商标名称权根据本法第5编的规则确定。

第九十条　代表处和分支机构

1. 代表处是指设立在法人的住所地之外的，代表和保护法人的利益，以法人的名义实施法律行为和其他法律活动的法人独立部门。

2. 分支机构是指设立在法人的住所地之外的，实现法人全部或部分职能，包括代表职能的法人独立部门。

3. 代表处和分支机构不是法人。他们拥有设立他们的法人划拨的财产并根据该法人批准的条例进行工作。

代表处和分支机构的领导人由法人任命并根据法人的授权委托开展工作。

代表处和分支机构需要在设立他们的法人的设立文件中注明。

第九十一条　法人的责任

1. 除由财产所有权人拨款的机关外，法人以属于他们的全部财产对他们的债务负责。

2. 由财产所有权人拨款的机关按照本法第 164 条规定的条件和程序对自己的债务负责。

3. 法人的发起人（股东）或他的财产所有权人不对法人的债务负责，法人不对发起人（股东）或所有权人的债务负责，本法、法律或法人的设立文件另有规定的除外。

第九十二条 法人的重组

1. 法人的重组（合并、加入、分立、分出、改变组织法形式）依照法人的发起人（股东）的决议或依据设立文件授权的法人机关的决议，银行、金融和信贷组织或其许可证所列法律行为为唯一允许活动的银行、金融和信贷组织或机关，经政府授权机关批准进行。

2. 由法院宣告破产的法人的重组的条件和程序，由破产法规定。

3. 为了限制垄断活动，根据法院的判决商业法人强制重组的条件和程序应由法律规定。

4. 如果法人的发起人、其设立机关、其设立文件授权的对法人进行重组的法人机关在法院判决规定的期限内不对法人进行改组，法院应在外部任命法人的管理人并委托他重组该法人。自任命法人的管理人时起，法人的事务管理权转移给该管理人。外部管理人以法人的名义在法院起诉、编制分立的资产负债表并把资产负债表连同由于法人重组产生的设立文件转交给法院审议。

5. 经法院批准生效的上述文件是新产生的法人进行国家登记的根据。

6. 在法律另有规定的情况下，合并、加入或改变组织法形式的法人重组只有经授权的国家机关同意后才能进行。

7. 法人自新产生的法人重新登记时起被认定为重组，以加入的形式重组的情况除外。

法人以合并的方式进行法人重组时，自后加入的法人将终止营业在统一的法人国家登记簿登记之时，法人即视为重组完成。

第九十三条 法人重组时的权利继受

1. 法人合并时，新法人中的每个法人的权利和义务根据移交文书移转给新法人。

2. 法人合并时，新加入的法人的权利和义务根据移交文件转移给合并的法人。

3. 法人分立时，法人的权利和义务根据分立资产负债表转移给新产生的法人。

4. 从一个法人中分立出一个或几个法人时，根据分立的资产负债表将被重组法人的权利和义务转移给其中每一个法人。

5. 在一种类型的法人重组成另一类型的法人时（组织法形式的改变），被重组法人的权利和义务根据移交文书移转给新产生的法人。

第九十四条　移交文书和分割资产负债表

1. 移交文书和分割资产负债表应包括被改组法人在与其债权人和债务人的关系中全部债权债务的权利继受的规定，包括双方有争议的债权债务的权利继受的规定。

2. 移交文书和分割资产负债表由法人的发起人（股东）或作出法人重组决议的机关批准，为了新产生的法人进行国家注册（变更登记）而提出。

如未提交移交文书或分割资产负债表，或未在移交文书或分割资产负债表中指明被重组法人的债权债务的继受情况，则对新产生的法人不予国家登记。

第九十五条　法人重组时其债权人权利的保障

1. 法人的发起人（股东）或作出法人重组决议的机关，应将改组情况书面通知被重组法人的债权人。

2. 被重组法人的债权人有权请求停止重组或提前履行该法人所欠的债务或赔偿损失。

3. 如果分立的资产负债表无法确定被重组法人的权利继受情况，新产生的法人按照被重组法人之前的债权承担连带责任。

第九十六条　法人的清算

1. 法人清算的后果是法人的终止，而其权利和义务并不根据权利继受程序移转给第三人。

2. 法人清算依据：

（1）法人的发起人（股东）或法人的发起文件授权的法人机关的决定，包括法人成立期限届满、法人成立目的实现或者由于法人设立时违反法律，而违反法律又具有不可弥补的性质，因而法院判决法人无效；

（2）法人未取得相应的批准（许可证）而进行活动或进行法律禁止的活动，或者有其他多次或严重的违反法律的活动或者连续实施与法人设立目的相违背的活动，银行、金融和信贷机关被吊销执照（对其而言，执照中规定的业务是唯一允许的活动类型），或本法典规定的其他情况；

（3）有清偿能力的法人的清算——吉尔吉斯共和国国家银行许可的银行或金融信贷机关在吊销从事银行事务的营业执照的时候，应考虑到银行和金融和信贷机关的具体情况；

（4）银行股东未能在撤销银行营业执照之日起 1 个月内作出清算或者重组决定的，应当对该法人进行强制清算；

（5）在银行执照被吊销或暂时吊销的情况下，吉尔吉斯共和国国家银行应任命一名临时管理人，在清算委员会（清算人）成立之前或法院任命管理人之前保管银行的资产和文件。临时管理人应拥有吉尔吉斯共和国破产法第 63 条规定的临时管理人的权利，同时拥有被授予的其他权利。

3. 根据本条第 2 款规定的条件提出的法人清算的请求，应在法院向国家机关或地方自治机关出示，法院赋予其出示该请求的权利。

法院对法人进行清算的判决，可由其发起人（股东）或经其设立文书授权对法人进行清算的机关承担清算法人的责任。

在法人破产程序中的法人清算不采用本法第 97 条、第 98 条和本条第 2 款和第 3 款的规定。

4. 被视为商业组织的法人，以合作社或社会基金的形式活动的法人，宣告其破产后应根据本法第 100 条进行清算。

如果该法人的财产价值不足以满足债权人的要求，其只有根据本法第 100 条规定的程序才能进行清算。

由于破产而进行法人清算的情况不溯及至设立时。

第九十七条　作出法人清算决议的人的义务

1. 法人的发起人（股东）或接受法人清算决议的机关有义务立即以书面形式通知进行法人国家注册的机关，由该机关将法人正处在清算过程的信息记入统一的法人国家登记簿上。

2. 由法人的发起人（股东）或接受法人清算决议的机关任命清算委员会（清算人）并根据本法确定清算的程序和期限。

3. 自任命法人清算委员会（清算人）时起，法人清算委员会就获得监管法人机关处分财产的授权。特别是法人机关所有旨在转让财产或偿还债务的行为，只有经法人清算委员会（清算人）同意才能进行。

4. 法人的授权机关只有在法人没有债务的情况下，包括为第三人担保，才能通过确立清算资产负债表的决议。

第九十八条　法人清算的程序

1. 法人清算委员会（清算人）应向授权的法人国家登记（变更登记）机关通知法人清算和其债权人提出请求的程序和期限。在这种情况下，该期限自公布清算时起不得少于2个月。

2. 从清算委员会获得的信息应在5个工作日内公布在授权的法人国家登记（变更登记）机关的官方网站上。

3. 清算委员会（清算人）应采取一切可能的措施查明债权人和收取债务人的欠款，也要以书面形式将法人清算的事宜通知债权人。

4. 如果被清算法人（机关除外）的现有资金不足以清偿债务，那么按照本法第100条规定的程序进行清算。

5. 清算委员会根据本法第99条规定的顺序确定被清算法人向其债权人支付的货币金额。

6. 在完成同债权人的结算之后，清算委员会（清算人）编制清算资产负债表，清算资产负债表确定法人或接受通过法人清算决议的机关的财产所有权人。

7. 在被清算机关的现有货币资金不足以清偿债务的情况下，债权人有权向法院起诉，要求该机关财产所有权人清偿剩余部分。

8. 在清偿债务人债权之后，法人的剩余的财产转移给其发起人（股东），但法律或法人的设立文件另有规定的除外。

9. 自登记机关作出相应的决议之时起，法人终止其活动，法人的清算完成。

第九十九条　债权人债权清偿

1. 在法人清算时，债权按下列顺序清偿：

第一顺位，清偿因公民生命或健康受到损害，而被清算法人应对之承担责任的债权，按照一次给付原应分期给付的款项的办法清偿；

第二顺位，给付按劳动合同（契约）工作的人的，最长不超过3个月的退休金、社会津贴和工资、以及强制性国家社会保险的本金；

第三顺位，清偿无担保债权人的本金和利息，在这种情况下，不管该顺位的其他债权如何，首先清偿银行非关联投资方的债权，然后是银行关联投资方的债权；

第四顺位，给付既定预算和预算外基金的强制性给付的本金，但强制性国家基本社会保险的本金除外；

第五顺位，清偿第三顺位和第四顺位的债权人违约金（罚金和罚款），包括既定预算和预算外基金强制性给付的本金的利息。

清偿上述所有债权人债权后，将剩余的财产支付（转交）给法人的发起人（股东）。

根据本法第324条的规定，有担保的债权应优先于其他债权人得到清偿，但以实现抵押权所得价款为限。

2. 每一顺位的债权在上一顺序被完全清偿后才能被清偿。

3. 在清算委员会（清算人）拒绝清偿债务或规避审议该请求的情况下，债权人有权在法人清算资产负债表批准之前向法院对清算委员会（清算人）提起诉讼。根据法院的判决，债权可以根据法人清算的剩余财产进行清偿。

4. 债权人在清算委员会（清算人）规定的申报期届满后申报债权的，申报期间内申报的债权得到清偿后，从剩余的财产中清偿。

5. 在破产（资不抵债）程序进行的情况下，适用本法第100条的规定。

第一百条　法人的破产（资不抵债）

1. 法人没有能力在规定的期限内以自己的财产充分清偿债务，包括由于清算活动无法承担责任，不能保证支付预算和非预算基金，经法人同意由法院或债权人通知认定法人破产（资不抵债）。

2. 认定法人破产（资不抵债）由法院进行。

法人应根据破产法非诉讼程序被宣告破产（资不抵债）。

3. 在被清算法人的财产不足的情况下，财产应在各顺位的债权人中按比例分配，但法律另有规定的除外。

4. 除本法第104条规定的情况外，因法人清算的财产不足未被清偿的债权，视为债权消灭，如果破产程序中的债权人未向法院起诉，或法院判决拒绝清偿债务，则债权视为消灭。

5. 法院宣告或债权人通知法人破产的条件，破产程序由破产法规定。

6. 支付法人破产程序有关的费用后，法人的债务根据本法第99条的规则和程序进行清偿，有关破产的立法另有规定的除外。

7. 破产程序的支出是指与进行破产程序有关的必要支出。包括发布破产程序通知的费用、法院费用、管理人的费用、管理人的报酬以及债务人法人在管理人认为有必要继续其业务运作期间的可能费用和其他费用。

管理人是指按照吉尔吉斯共和国破产法规定的方式任命的合格人员，其负责进行破产法人的破产程序。

第一百零一条　重整

1. 在按法律程序向法院申请认定法人破产（资不抵债）时，该法人（债务人）或其财产的所有权人可以提出暂停破产事务和进行重整的申请。

重整是指根据法院的判决由被授权的机关采取一系列财政、经济或组织方面的措施，旨在在法律规定的期限内恢复与债权人结算并支付债务的能力。

2. 如果在债权人与法人（债务人）的关系中缺乏第三人的保证，包括赔偿债权人的起诉成本，法院通过在刊物上公布的方式选择愿意承担债务人重整义务的法人和公民。如果公布该消息1个月内没有进展，或提供的重整条件债务人不予接受，应按法院的审核进行破产程序。

3. 如果未按法定程序提出宣告法人（债务人）破产的请求，也可以经债务人和债权人的协商并根据协商的条件和程序进行重整。

第一百零二条　启动法人破产（资不抵债）程序的后果

自采用诉讼或非诉讼的程序宣告法人破产时起，该法人便无权继承其财产，无权将其财产按其他方式自主地转让给第三人以清偿债务，但破产法另有规定的除外。

第一百零三条　宣告法人破产（资不抵债）的后果

1. 法院宣告法人破产（资不抵债），通知债权人法人破产（资不抵债）导致法人进行清算或破产法规定的其他后果。

2. 自通过诉讼或非诉讼的程序开始法人（债务人）破产程序的决议时起：

（1）如果之前没有清偿债务，清偿法人所有债务的期限开始计算；

（2）停止计算违约金（罚款、罚金）和法人所有债务的利息；

（3）违约金（罚款、罚金）和法人破产程序开始时计算的利息，根据破产法规定的程序支付；

（4）破产法人财政状况的信息不再属于带有秘密性质或被认为是商业秘密类型的信息；

（5）仅以破产法规定的程序允许进行与继承破产法人财产或转让其财产给第三人使用的行为；

（6）禁止旨在实施法院和其他关于清偿债务和查封资产的活动，以及强制履行破产法人义务的活动；

（7）所有向破产法人提出的财产性质的请求只能在破产程序内提出；

（8）有担保的债权人有权根据破产法向管理人主张其债权，并比其他债权人优先受偿。

3. 当法人通过与债权人的共同决定宣布破产时，应适用本条第2款的规则，除非与债权人另有约定。

第一百零四条　清算后对法人财产的追偿，股东（股东）、负责人和恶意占有人的责任

1. 如果法人清算后有证据证明法人为了逃避其对债权人的义务将财产或财产的一部分转移给第三人或以其他方式隐藏，债权未得到完全清偿的债权人在清算所余财产的范围内有权追偿还未清偿的债务。在这种情况下相应的适用本法第290条和第291条的规定。如果知道或应当知道法人隐藏财产的意图，转移财产的人被认定为是恶意的。

2. 如果破产是由于董事会成员和（或）持有股份（或股份）的股东的作为（不作为）导致的，他们通过向陷入困境的债务人的负责人发出有约束力的命令来控制法人，符合破产法规定的，如果出现无法偿债的情况，这些人将承担公司债务的补充责任。

在这种情况下，根据破产法和由此产生的其他法律规定，破产管理人可以要求债权人赔偿损失、追回财产或支付所得款项。

3. 法院可以对债务人做出赔偿债权人损失的决定，还可以在吉尔吉斯共和国法律规定的期限和方式内取消股东的资格。

第二节　商业公司

第一分节　一般规定

第一百零五条　商业公司的一般规定

1. 商业公司是指按照发起人（股东）投资的份额和股份分配的商业组织。由发起人（股东）投资建立的财产，或者商业公司在其活动过程中生产和获得的财产，归商业公司所有。

在本法有规定的情况下，商业公司可以由一人创立，该人为商业公司的唯一股东。

2. 商业公司可以无限公司、两合公司、有限责任公司和补充责任公司以及股份公司的形式创立。

3. 无限公司的股东和两合公司的无限责任股东可以是个体工商户和（或）商业组织。

商业公司的股东和两合公司的投资人可以是公民和法人。

国家机关和地方自治机关无权成为商业公司的股东和两合公司的投资人，法律另有规定的除外。

由财产所有权人拨款的机关经财产所有权人的批准，可以成为商业公司的股东和两合公司的投资人，法律另有规定的除外。

法律可以禁止或限制某些种类的公民参加商业公司，但上市股份公司除外。

4. 商业公司可以是其他商业公司的发起人（股东），本法和其他法律另有规定的除外。

5. 对商业公司的投资可以是金钱、有价证券、其他物权或财产权利或其他可以用金钱估价的权利。

商业公司股东的投资的金钱估价根据公司发起人（股东）的协议进行，在法律另有规定的情况下还应进行独立的鉴定检验。

6. 商业公司、有限责任公司和补充责任公司无权发行股票。

第一百零六条　商业公司的股东的权利和义务

1. 商业公司的股东有权：

（1）参加商业公司的管理事务，本法第124条第2款和其他法律另有规定的除外；

（2）获得商业公司活动的信息，按设立文件规定的程序查看会计账簿和其他文件；

（3）参与利润的分红；

（4）在商业公司清算时获得同债权人结算后所余的财产或其价值；

（5）商业公司的股东还可以享有本法、有关商业公司的法律、商业公司的设立文件规定的其他权利。

2. 商业公司和股东的义务：

（1）按照设立文件规定的程序、数额、方式和期限投资；

（2）不泄露关于商业公司活动的机密信息；

（3）商业公司的股东应该承担设立文件规定的其他义务。

第一百零七条　商业公司的改组

一种类型的商业公司可以改组为另一种形式的商业公司，或根据股东大会的共同决议以及本法规定的条件和程序改组为合作社。

第二分节　无　限　公　司

第一百零八条　无限公司的一般规定

1. 公司的股东（无限责任股东）根据他们之间签订的合同以公司的名义从事经营活动并以属于他们的全部财产对公司的债务承担连带责任的公司是无限公司。

2. 一个人只能成为一个无限公司的股东。

3. 无限公司的商业名称应包括：所有股东的姓名（名称），"无限公司"的字样，或者一个或几个股东并加上"和公司"字样的姓名（名称），以及"无限公司"的字样。

第一百零九条　无限公司的设立文件

1. 无限公司根据设立文件创立和活动，设立文件应履行无限公司的章程规定的职能。设立文件应由其所有股东签字。

2. 无限公司的设立文件除了应包括本法第 87 条第 4 款规定的信息外，还应包括关于公司投资的组成和数额的条件；每一股东在共同资本中的数额和变更股份的程序和范围；股东投资的期限和程序；股东违反投资义务的责任。

第一百一十条　无限公司的管理

1. 无限公司活动的管理根据所有股东的一致同意进行。公司的设立文件可以规定在什么情况下可以由股东的多数票通过决议。

2. 无限公司的每个股东有一票，但设立文件规定了其股东拥有票数的不同办法的除外。

3. 公司的每个股东，无论其是否被授权管理公司事务，均有权了解公司事务管理的一切文件。放弃或限制这一权利，包括根据公司股东同意放弃或限制这一权利的，一律无效。

第一百一十一条　无限公司事务的管理

1. 无限公司的每个股东有权以公司的名义进行活动，设立文件规定所有股东共同管理事务或委托部分股东管理事务的除外。

在全体股东共同管理事务时，每一项事务的完成需要经过所有公司股东的同意。

在与第三人的关系中，无权援引设立文件中限制公司股东权限的规定，公司能证明第三人在实施法律行为时知道或应当知道公司的股东无权以法人的名义进行活动的除外。

2. 无限公司的股东为了共同利益但不以法人的名义进行活动的，如果其活动未被剩余的股东同意，能够证明由于其活动公司保护或获得了根据该支出转化成的财产，则其有权请求补偿其为公司所进行的开支。

3. 如果无限公司的股东之间发生争议，法院可应无限公司一名或多名股东的请求，在理由充分的情况下，终止授予一名或多名股东处理无限公司事务的权利，特别是由于被授权人严重违反其职责或被证明无法以合理的方式处理无限公司事务。公司的设立文件应根据法院的判决进行必要的变更。

第一百一十二条　无限公司的股东的义务

1. 无限公司的股东应根据设立文件的条件参与公司活动。

2. 无限公司的股东在公司注册之时应该投资不少于公司的共同投资的30%，剩余的部分应由股东在设立文件规定的期限缴付内到位。在股东未履行上述义务时，股东应该赔偿公司因此遭受的损失，设立文件规定了其他后果的除外。

3. 无限公司的股东未经其他股东的同意无权以自己的名义或为了自己的利益或为第三人的利益实施与构成公司活动对象的法律行为同类的法律行为。

违反这一规则时，公司有权根据自己的选择，要求该股东赔偿对公司造成的损失或者向公司移交通过该法律行为所得到的全部收益。

第一百一十三条　无限公司损益分配

1. 无限公司的利润和损失均在其股东中按各自投资的比例进行分配，设立文件另有规定或股东的其他协议另有规定的除外。不得以协议方式排除任何股东参与利润的分配和亏损的分担。

2. 如果由于公司遭到亏损而其净资产少于其共同投资的数额，则公司所得利润不在股东中分配，直至其净资产的价值超过共同投资的数额。

第一百一十四条　无限公司的股东对公司债务的责任

1. 无限公司的股东以自己的全部财产对公司的债务连带承担补充责任。

2. 不属于无限公司的发起人的无限公司的股东，对其加入公司之前公司的债务与其他股东承担同样的责任。

3. 从公司退出的股东对其退出公司之前的公司债务与其他股东自其退出公司

的那一年的年度决算报告批准之日起的 2 年内承担同样的责任。

4. 无限公司的股东关于限制和免除本条规定责任的协议，一律无效。

第一百一十五条 股东在无限公司财产中份额的转让

1. 无限公司的股东有权经公司其余股东的同意将自己在无限公司财产中的份额的全部或一部分转让给公司的其他股东或第三人。

2. 将份额（部分份额）转让给他人时，原属于份额（部分份额）转让人的权利也完全或相应地转让给他人。接受份额的人应依照本法第 114 条第 2 款规定的程序对无限公司的债务承担责任。

3. 股东如果将全部份额转让给他人，则终止其无限公司股东的身份并产生本法第 114 条第 3 款规定的后果。

第一百一十六条 追偿股东在无限公司财产中的份额

只有在无限公司股东的其他财产不足以清偿债务时，才允许因个人债务对其在无限公司财产中的股份进行追偿。该股东的债务人有权请求无限公司划拨出与债务人在财产中的股份相当的那一部分公司财产，以便对该财产进行追偿。应划拨出来的财产或其价值由债权人提出划拨请求时的公司资产负债表确定。

如果对无限公司股东在财产中全部股份进行追偿，则终止其无限公司股东的身份并产生本法第 114 条第 3 款规定的后果。

第一百一十七条 无限公司股东的退出

1. 无限公司的股东有权退出公司，有权声明拒绝加入公司。

股东拒绝参加没有设立期限的无限公司应于实际退出公司前不少于 6 个月提出申请。只有在有正当理由的情况下，股东才被允许在期限届满前拒绝参加规定了设立期限的无限公司。

2. 无限公司的股东关于放弃退出公司这一权利的协议一律无效。

第一百一十八条 无限公司股东的除名

1. 无限公司的一个股东被宣告失踪或被认定为无行为能力人、限制行为能力人，则可由其余股东一致决定将其从无限公司中除名。如果作为公司股东的法人根据法院判决开启改组程序，根据上述程序也可以将该法人除名。

2. 如果存在正当理由，包括严重违反其义务或发现其无能力理智地进行管理事务，无限公司的股东有权请求根据司法程序经剩余股东的一致同意将该股东从公司除名。

3. 将股东从公司除名后，则终止其无限公司股东身份并产生本法第 114 条第 3 款规定的后果。

第一百一十九条　无限公司权利的继受

1. 在无限公司股东死亡的情况下，其继承人只有在经所有其他股东一致同意的情况下才能加入无限公司。

2. 作为参与无限公司的法人重整后有权加入无限公司，而无须征得其他参与方的同意，除非无限公司的组织章程另有规定。

3. 未加入公司的无限公司的股东的继承人（权利继受人）应承担无限公司对第三人的责任，根据本法第 114 条第 3 款的规定，退出无限公司的继承人以退出时取得的财产为限承担责任。

第一百二十条　无限公司的清算

1. 无限公司根据本法第 96 条、第 100 条规定的条件或当公司仅剩唯一一个股东时进行清算。最后一位股东有权自其成为公司的唯一股东时起 6 个月内根据本法规定的程序请求将该公司改组成为商业公司。

2. 如公司的设立文件有规定或剩余股东同意，在退出公司或无限公司的某一股东死亡、公司的股东被除名、加入公司的法人被清算时，公司可以继续其经营活动。

第一百二十一条　股东退出无限公司时的结算

1. 对退出无限公司或被除名的股东，应付给其相当于其在共同投资中所占份额相应的公司财产的价值，但设立文件另有规定的除外。依据退出人与剩余股东的协议，也可以用实物支付上述财产的价值。

2. 在加入公司的法人的清算时，由相应的清算委员会（清算人）进行结算。

3. 应付给退出人那一份公司财产或其价值，由该人退出时公司编制的资产负债表决定，但本法第 116 条规定的情形除外。

4. 其余未加入公司的无限公司股东的继承人或被视为法人股东的权利继受人的结算根据本条第 1 款进行。

5. 如果一个股东退出无限公司，则其余股东在公司共同资本中的股份相应增加，但设立文件或股东的协议另有规定的除外。

第三分节　两合公司

第一百二十二条　两合公司的一般规定

1. 如果公司的股东中除了有以公司的名义从事经营活动并以自己的全部财产

对公司的债务承担责任的股东（无限责任股东）之外，还有一个或几个股东（投资人）以其投资额为限对与公司活动有关的损失承担风险，但并不参与公司的经营活动，则这样的公司是两合公司。

2. 加入两合公司的无限责任股东的地位以及其对公司债务的责任由本法关于无限公司股东的规则确定。

3. 一个人只能在一个两合公司担任无限责任股东。

无限公司的股东不能成为两合公司的无限责任股东。

两合公司的无限责任股东不能既是同一企业的投资人，又是无限公司的股东。

4. 两合公司的商业名称中应包括：

所有无限责任股东的姓名（名称），以及"两合公司"的字样，或不少于一个无限责任股东的姓名（名称）加上"和公司"的字样，以及"两合公司"的字样。

如果两合公司的商业名称中包括投资人的姓名，该投资人成为无限责任股东。

5. 本法关于无限公司的规则适用于两合公司，以不违反本法中关于两合公司的规则为限。

第一百二十三条　两合公司的设立合同

1. 两合公司根据履行公司章程规定的职能的设立合同创立和活动。设立合同由所有无限责任股东签字。

2. 两合公司的设立合同不仅要包括本法第 87 条第 4 款规定的内容，还应包括以下条款：公司共同投资的数额和构成；每一无限责任股东在共同投资中的投资数额和股份的变更程序；无限责任股东投资的数额、构成、期限和程序；无限责任股东违反投资义务的责任；投资人所投入资金的总额。

第一百二十四条　两合公司的管理和业务的管理

1. 两合公司的活动的管理由无限责任股东进行。无限责任股东对该公司管理和业务的管理由其根据关于无限公司的规则确定。

2. 投资人无权参加两合公司的事务的管理以及纠正无限责任股东对公司事务的管理活动。他们只能经委托以自己的名义进行活动。

第一百二十五条　两合公司的投资人的权利和义务

1. 两合公司的投资人应向共同投资额中投资，其投资由公司向投资人发给证明书予以证明。

2. 两合公司的投资人的权利：

（1）依照设立文件规定的程序，获得其在公司共同投资中的股份应得的那部分公司利润；

（2）了解公司的年度决算和资产负债表；

（3）在年度财政结束时退出公司并根据设立文件规定的程序获得自己的投资；

（4）转让自己在共同投资中的全部或部分股份给其他投资人或第三人，终止将自己的全部股份转让给他人的投资人在公司的身份。

两合公司的设立文件可以规定投资人的其他权利，包括参与起草公司决议的权利。

第一百二十六条 两合公司的清算

1. 两合公司在所有投资人退出时进行清算。但是无限责任股东有权将两合公司改组成为无限公司来代替清算。

两合公司也可以根据无限公司的清算条件（本法第120条）进行清算。但是如果至少有一个无限责任股东和一个投资人还在公司，那么两合公司仍然存续。

2. 在两合公司清算时，包括因破产（资不抵债）而清算时，对清偿其债权人债权后的所余财产，投资人有比无限责任股东优先获得其投资利益的权利。

清偿后所余的财产，公司在无限责任股东和投资人之间按照其在共同投资中的投资比例进行分配，但设立文件或无限责任股东和投资人的协议另有规定的除外。

第四分节 有限责任公司

第一百二十七条 有限责任公司的一般规定

1. 由一个或几个人设立，其共同资本按照设立文件分成一定数额股份的公司是有限责任公司；有限责任公司的股东不对公司债务承担责任以及以其缴纳的出资额为限对与公司活动有关的损失承担风险。

未足额出资的公司的股东对公司的债务在每个股东尚未缴纳部分的价值范围内承担连带责任。

2. 有限责任公司的商业名称中应包括公司名称，以及"有限责任"的字样。

3. 有限责任公司的法律地位及其股东的权利和义务根据本法及关于商业公司和商业组织的法律规定。

第一百二十八条 有限责任公司的股东

1. 有限责任公司的股东的数量应不超过30人。超过30的应在1年内改组成为股份公司，而在该期限届满后如果其股东的数量仍未减少到法定数量以下，则应按照法定程序清算。

2. 有限责任公司不得成为一人公司的唯一股东。

第一百二十九条　有限责任公司的设立文件

1. 有限责任公司的设立文件包括公司发起人签署的设立文件和被批准的章程。如果公司由一人设立，那么它的设立文件就是它的章程。

2. 有限责任公司的设立文件除包括本法第 87 条第 4 款规定的内容外，还应包括：每一股东股份的条件和数额；股东投资的数额、构成、期限和办法；股东违反投资义务的责任；公司共同投资的数额；公司管理机关的组成和权限以及其做出决议的程序，包括需要一致同意或者法定多数票通过的问题；法律规定的其他内容。

第一百三十条　有限责任公司的注册资本

1. 有限责任公司的注册资本由其股东投资的价值组成。

注册资本确定保障公司债权人利益的公司财产数额。公司注册资本的数额由其股东在设立文件中确定。

2. 不得免除有限责任公司股东对公司注册资本投资的义务，包括向公司提出抵销请求来免除义务。

3. 在设立文件中确定的股东注册资本的数额由股东自进行国家注册时起进行公司活动的 1 年之内全部支付。如果违反该义务，公司应宣布减少其注册资本并按照规定的程序对其注册资本的减少进行注册登记，或通过清算停止其活动。

4. 如果在第二个会计年度结束时或者每后一个会计年度结束时有限责任公司净资产的价值少于注册资本，公司应宣布减少其注册资本并将其注册资本的减少按法定程序进行注册。如果公司上述资产的价值少于设立文件中确定的股东的注册资本数额，公司应进行清算。

5. 允许有限责任公司的注册资本在通知其所有的债权人之后减少。在这种情况下，债权人有权请求公司提前终止或者履行相应的公司债务并赔偿损失。

6. 在所有股东足额缴纳出资后允许增加公司的注册资本。

7. 在注册资本中因增加投资按其股份的比例而产生的义务由有限责任公司的股东大会经公司全体股东 2/3 以上多数通过的决议确定。

第一百三十一条　有限责任公司的管理

1. 有限责任公司的最高权力机关是其股东会；当公司由一人组成时，发起人就是公司的最高权力机关。

在有限责任公司中设立执行机关（委员制的或独任的），该机关对公司的活动进行日常领导并向股东会汇报工作。独任的公司管理机关也可以不从其股东中选举产生。

公司章程可以规定设立董事会。

2. 公司管理机关的权限以及其做出决议和以公司名义活动的程序由法律或设立文件根据本法确定。

3. 有限责任公司最高权力机关的专属权限包括：

（1）修改公司章程，修改注册资本的数额；

（2）当公司没有设立董事会时，如果公司章程未将该问题列入董事会的权限，公司最高权力机关可以成立和撤销公司的执行机关；

（2-1）在设立公司和进行公司清算时，成立和撤销公司的执行机关；

（3）批准公司的年度报告和会计资产负债表以及公司利润的分配和亏损的分担；

（4）决定公司的改组和清算；

（5）选举公司的监事会（监事）；

（6）成立和撤销公司的董事会。

法律和公司章程还可以规定属于最高权力机关的专属权限的其他问题。

属于公司最高权力机关的决定事项不能转交给公司的执行机关或董事会决定。

4. 对公司活动和报表的审计检查程序由法律和公司章程确定。

对公司年度财务报表的审计检查可以根据公司每个股东的要求由与公司或公司股东的财产利益无关的职业审计师（外部审计）进行。

5. 除法律另有规定的情况外，不要求公开关于公司事务进行结果的公司报表。

第一百三十一条之一　有限责任公司债券和附担保债券的发行

有限责任公司有权根据吉尔吉斯共和国法律规定的程序发行债券和附担保的债券。

第一百三十二条　有限责任公司的重组和清算

1. 有限责任公司可以经股东的一致同意自愿重组和清算。

公司重组和清算的其他条件，以及公司重组和清算的程序由本法和其他法律确定。

2. 有限责任公司有权重组为股份公司或合作社。

第一百三十三条　有限责任公司财产中股东份额转让给他人

1. 有限责任公司的股东有权将公司财产中的相应的股份的全部或部分出售或以其他方式转让给一个或几个该公司的股东。

2. 允许公司股东将自己的股份（部分股份）转让给第三人，公司章程另有规定的除外。

公司股东有按照自己股份比例优先购买其他股东股份（部分股份）的权利，公司章程或股东的协议规定了行使这一权利的其他办法的除外。如果公司股东自其知悉之日起 1 个月内或者在公司章程或股东的协议规定的其他期限内未使用自己的优先购买权，那么其他股东的股份可以转让给其他第三人。

3. 有限责任公司的股东的股份在全部出资之前只能转让已经缴纳的部分。

4. 在有限责任公司自己获得股东股份时，应根据法律或公司的设立文件规定的期限和程序向公司的其他股东或第三人出售该股份，或者依照本法第 130 条第 4 款和第 5 款的规定减少自己的注册资本。

5. 有限责任公司财产中的股份可以转移给作为公司股东的公民的继承人以及法人的权利继受人，但如果公司的设立文件规定这种转移必须经公司剩余股东同意的除外。拒绝同意转移股份会产生本法第 137 条规定的公司义务。

第一百三十四条　有限责任公司的股东的退出

有限责任公司的股东有权在任何时候退出公司，不论公司其他股东是否同意。

第一百三十五条　对有限责任公司财产中股东份额的追偿

只有在有限责任公司的股东的其他财产不足以清偿债务时，才允许因个人债务对其在有限责任公司财产中的股份进行追偿。该股东的债务人有权请求有限责任公司划拨出与该股东在注册资本中的股份相当的那一部分财产，或者该财产的一部分，以便对该财产进行追偿。应划拨出来的公司财产部分或其价值由债权人提出请求时的相应的资产负债表确定。

如果对有限责任公司股东在财产中的全部股份进行追偿，则应终止该股东的股东身份。

第一百三十六条　有限责任公司股东的除名

在对公司或其他剩余股东造成损害时，有限责任公司的股东根据法院的判决被除名。

第一百三十七条 有限责任公司的股东退出时的结算

1. 应支付给退出或者被除名的有限责任公司的股东与该股东在注册资本中的股份相应的那部分公司财产价值，公司章程另有规定的除外。根据退出股东与公司的协议，该财产价值可以实物的形式支付。

除了本法第 135 条规定的情形外，应支付给退出股东的那部分公司财产或其价值应由该股东退出时相应的资产负债表确定。

2. 如果将财产使用权作为对有限责任公司注册资本的投资，那么相应的财产应返还给退出公司的股东。在这种情况下由于正常磨损导致该财产价值减少的，公司不用赔偿。

3. 对未退出的公司股东的继承人或作为公司股东的法人的权利继受人根据本条的规则进行结算。

第五分节 补充责任公司

第一百三十八条 补充责任公司的一般规定

1. 补充责任公司是由一个或几个人设立，其注册资本按其设立文件规定的数额分成若干股份，公司的股东按公司的设立文件规定的所有权人相同的投资价值倍比数额以自己的财产对公司的债务承担连带补充责任的公司。在一个股东破产（资不抵债）时，其对公司债务的责任由其余股东按投资比例分担，但公司设立文件规定了分担责任的不同办法的除外。

2. 补充责任公司的商业名称应包括公司名称以及"补充责任"的字样。

3. 对补充责任公司适用本法关于有限责任公司的规则，但仅以本条未有不同规定为限。

第六分节 股 份 公 司

第一百三十九条 股份公司的一般规定

1. 通过发行和分配股票旨在获得利润和吸收资本而进行活动的法人是股份公司。股份公司的股东（股东）不对公司的债务承担责任，但以属于其股票的价值为限对与公司活动有关的亏损承担风险。

未付清股款的股东以未付清股款的那一部分股票价值为限对公司的债务承担连带责任。

2. 股份公司的商业名称中应包含公司的名称，指明该公司为股份公司。

3. 股份公司的法律地位以及股东的权利和义务由有关股份公司的法律根据本

法确定。

通过国有企业私有化设立的股份公司的法律地位的特点由有关上述企业私有化的法律确定。

第一百四十条 开放式股份公司

1. 股东可以不经其他股东的同意转让属于自己的股份公司是开放式股份公司。该类股份公司有权办理对它发行的股票的公开认购，并依照法律规定的条件自由地出售股票。

2. 股东人数超过 500 人或至少公开发行过一次有价证券的开放式股份公司，有义务每年在年度股东大会后 2 个月内，在大众媒体上公布公司财务和经济活动年度报告，年度报告发布不迟于下一年的 6 月 1 日。

第一百四十一条 封闭式股份公司

1. 股份仅在其发起人或早期确定范围的人中间分配的股份公司是封闭式股份公司。该类公司无权办理其所发行股票的公开认购，也不得以其他方式向范围不限的人出售股票。

2. 封闭式股份公司的股东数量不得超过法律规定的数量。否则，其应在 1 年之内改组成为开放式股份公司，而在该期限届满时，如果股东数量仍未减少到法定限额之下，则应通过司法程序进行清算。

3. 在法律另有规定的情况下，封闭式股份公司应向公众公开本法第 140 条第 2 款规定的文件内容。

第一百四十二条 封闭式股份公司的股份的转让权

1. 封闭式股份公司的股东对该公司其他股东出售的股份享有优先购买权。

如果公司的股东自其知悉之日起 5 日内或公司章程规定的其他期限内未行使自己的优先购买权，股份公司有权自己根据与股份所有权人的协议认购该股份。如果股份公司拒绝认购股份或关于股份价值未达成协议，股份可以转让给任意第三人。

2. 抵押权人抵押封闭式股份公司的股份并随后追索股份的，相应的适用本条第 1 款的规定。但是抵押权人有权保留股份而不是将其转让给第三人。

3. 封闭式股份公司的股份可以转移给作为公司股东的公民的继承人或者法人的权利继受人，公司章程规定该转移应经过公司同意的除外。在这种情况下如果公司拒绝同意转移股份，那么该股份应由公司其他股东或公司自己根据本条第 1 款的规定认购，但是继承人（权利继受人）有权保留股份而不是将其转让给第三人。

第一百四十三条　股份公司的成立

1. 股份公司的发起人应签订合同，规定其为建立公司而进行共同活动的程序、公司注册资本的数额、发行股票的种类和分配股份的程序以及法律规定的其他条件。

关于股份公司成立的合同应以书面形式签订。

2. 股份公司的发起人对注册公司之前产生的债务承担连带责任。只有事后经股东大会对发起人行为的追认，公司才对与其成立有关的发起人的债务承担责任。

3. 股份公司的成立文件是其成立合同和创始人批准的章程。

股份公司的章程除了包括本法第 87 条第 4 款规定的内容外，还应包括以下条款：发行公司股票的种类和数量、股东的权利、公司注册资本的数额、公司管理机关的构成和权限以及其通过协议的程序。股份公司的章程中还应包括法律规定的其他内容。

4. 成立股份公司的其他程序，包括发起人会议的举行程序及其职权范围，由法律规定。

5. 如果由一个股东认购公司所有的股份，股份公司可以由一人成立或由一人组成。公司章程中应包含上述内容，还应进行注册和向公众公布。

股份公司不得以其他一人商业公司作为唯一股东。

第一百四十四条　股份公司的注册资本

1. 股份公司设立时发起人投资的价值组成注册资本。

股份公司的注册资本决定保障其债权人利益的公司财产的最低数额。股份公司的注册资本不得少于法律规定的数额。

2. 禁止免除股东支付公司股款的义务，包括通过向公司提出抵销请求的办法免除该项义务。

3. 在设立股份公司时，所有的股份应在发起人之中进行分配。

4. 如果在第二个会计年度或每下一个会计年度结束时，公司的净资产少于法律规定的注册资本，公司应进行清算。

5. 根据 2003 年 3 月 27 日"吉尔吉斯共和国法律"第 65 号文件已废止。

第一百四十五条　股份公司流通股份数量的增加

1. 股份公司有权根据股东大会的决议通过增发股票或划分已经分配的股票来增加流通股数量。

2. 在注册发行总额以及发行股票分配之前不允许股份公司增发股票和分配增发的股票。

3. 股份公司的章程应规定股东享有以属于自己的股份的数量按比例优先购买公司增发股票的权利。

第一百四十六条　股份公司流通股份数量的减少

1. 股份公司有权根据股东大会的决议通过收购部分股票或合并的方式减少流通股数量。

2. 经公司的所有债权人的批准，允许通过收购或撤销部分股票的方式减少公司流通股数量。在这种情况下，公司的债权人有权请求公司提前履行相应的债务。

3. 如果公司的净资产少于本法规定的注册资本的最低数额，股份公司无权决定通过收购部分配售股份来减少公司流通股数量。

4. 法律应限制股份公司认购自己发行股票的最大数量。

第一百四十七条　股份公司证券的发行和分红的限制

1. 股份公司有权发行优先股票。可分配的优先股票的数量不得超过公司所有股票数的25%。

2. 股份公司有权根据吉尔吉斯共和国立法规定的程序发行债券以及附担保的债券。

3. 如果没有通过对优先股票支付股息的决议，股份公司无权通过对普通股票支付股息的决议。

对于股份有限公司的个别种类，吉尔吉斯共和国立法可以规定支付股息的其他限制。

第一百四十八条　股份公司的管理

1. 股份公司的最高管理机关是股东大会。

法律可以规定一些问题的解决是股东大会的专属权限。

被法律列为股东大会专属权限的问题不得转移给公司的执行机关解决。

2. 股东超过50人的股份公司应成立董事会。

在成立董事会的情况下，董事会专属权限应由公司章程根据立法确定。被章程列为董事会专属权限的问题，不得交由公司的执行机关解决。

3. 公司的执行机关可以是委员制的（管理会、经理会）或独任制的（经理、总经理）。执行机关进行公司日常活动的领导并向董事会和股东大会汇报工作。

不属于法律和公司章程确定的公司其他管理机关的专属权限的问题的解决属于公司执行机关的权限。

根据股东大会的决议，公司执行机关的权限可以根据合同转交给其他商业组织或个体工商户（管理人）。

3-1. 为了实现对公司财政经济活动的监督，由股东大会选举出公司的监事会（监事）。

公司监事会（监事）的权限由法律和公司章程确定。

4. 股份公司管理机关的权限以及管理机关通过决议和以公司的名义进行活动的程序由法律和公司章程根据本法确定。

5. 根据本法或其他法律应向公众公布本法第140条第2款规定的文件内容的股份公司，每年应吸收与公司及其股东无财产利害关系的职业审计人员（外部审计）检查和确认公司年度财政报表的正确性。

对股份公司活动的审计检查，包括对不必向公众公布的上述文件的公司的审计检查，根据在注册资本中拥有10%以上的股票总额的股东的要求，可在任何时间进行。

对股份公司活动进行审计检查的程序由法律和公司章程确定。

第一百四十九条　股份公司的重组与清算

1. 股份公司可以根据股东大会的决议自愿进行重组或清算。股份公司重组和清算的其他条件和程序由本法和其他法律确定。

2. 股份公司有权改组成为有限责任公司或生产合作社。

第七分节　子公司和附属公司

第一百五十条　子公司

1. 子公司是因其注册资本的多数为另一商业公司（母公司）或商业组织所持有，依照他们之间订立的合同或者以其他方式，其决策可能被该公司控制的公司。

子公司是法人。

2. 子公司不对母公司的债务承担责任。

根据与子公司的合同，母公司有权对子公司发出强制性指示，根据这些指示进行的法律行为与子公司共同承担。

如果由于母公司的过错导致子公司破产（资不抵债），那么母公司对其债务承担补充责任。

3. 子公司的股东（股东）有权请求母公司赔偿因其过错给子公司造成的损失，法律另有规定的除外。

4. 本条未规定的子公司的特点由其他法律规定。

第一百五十一条　附属公司

1. 如果其他加入的公司有超过 20% 的表决权股份，经济公司被确认为附属公司。附属公司是法人。

2. 加入的公司应根据法律规定的程序及时公布其认购的附属公司相应部分股份的信息。

3. 对于股份公司的个别种类，吉尔吉斯共和国立法可以规定他们从其他商业公司和商业组织认购的最多股票（份额）。

第三节　合　作　社

第一百五十二条　合作社的概念

合作社是公民和法人实体在成员资格基础上为满足其物质和其他需求而自愿结成的联合体，将成员的出资集中，其宗旨是按照民主原则组织章程规定的联合经济活动和其他活动。

合作社是法人并能以商业或非商业组织的形式成立。

合作社的法律地位以及其社员的权利和义务由吉尔吉斯共和国合作社法规定。

住宅合作社和住宅建设合作社的社员的权利和义务在取得住宅所有权后由本法、吉尔吉斯共和国住房所有者合伙关系法、国家不动产权利和法律行为登记法确定。

从事信贷和其他银行业务的金融合作社（信用社）的法律地位由有关信用社的法律规定。

第一百五十三条　合作社的成立

合作社是为了从事共同的活动（生产，加工，销售工业品，农业科技服务，运输，存储，建筑，日常生活或其他服务，开采矿物和其他自然资源，进行科学研究、规划设计工作，保险，信贷和未被吉尔吉斯共和国民法典禁止的其他活动）以自愿为基础由公民和（或）法人成立的。

合作社的社员数量不得少于 7 个，如果合作社的专业活动法律另有规定的除外。

第一百五十四条　已废止
第一百五十五条　已废止
第一百五十六条　已废止
第一百五十七条　已废止

第四节　国有企业

第一百五十八条　以经营权为基础的国有企业

1. 财产和利润归国家所有，为实现企业活动而约束该企业的法人是以经营权为基础的企业。

2. 以经营权为基础的企业的商业名称应指明它该企业是吉尔吉斯共和国的国有企业。

3. 本法第230条规定了企业在经营条件下对财产的权利。

4. 以经营权为基础的企业的法律地位由立法确定。

第一百五十九条　以业务管理权为基础的国有企业

1. 在国有财产的基础上，可以成立一个企业，对其固定的财产进行业务管理。

2. 以业务管理权为基础的国有企业的商业名称应指明该企业是吉尔吉斯共和国的国有企业。

3. 企业对其所拥有固定财产的权利应根据本法第231条确定。

4. 在国有企业财产不足时，吉尔吉斯共和国对以业务管理权为基础的国有企业的债务承担补充责任。

第五节　非商业组织

第一百六十条　已废止

第一百六十一条　社会团体和宗教组织

1. 社会团体和宗教组织是公民在其利益一致的基础上为满足精神需要和其他非物质需要而按法定联合程序成立的自愿（除法定的情况外）公民联合体。

社会团体和宗教组织是非商业组织，有权从事生产和其他经营活动，但仅以达到其成立的宗旨并符合这些宗旨为限。

2. 不允许外国法人和公民的工会、外国和国际组织资助政党、具有政治目的的社会团体。

3. 社会团体和宗教组织的股东（成员）对他们移交给这些组织归其所有的财产，包括会费，不再保留权利。股东不对他们参加的社会团体和宗教组织的债务承担责任，上述团体也不对自己成员的债务承担责任。

4. 社会团体和宗教组织的法律地位由法律确定。

第一百六十二条　社会基金会

1. 社会基金会（以下称基金会）是公民和（或）法人在自愿缴纳财产的基础上，为达到社会的、慈善的、文化的、教育的和其他有益于社会的目的而成立的没有会员的非商业组织。

社会基金会的发起人移交给基金会的财产是社会基金会的财产。发起人不对他们成立的基金会的债务负责，而基金会也不对发起人的债务负责。

2. 基金应为其章程规定的目的使用财产。基金会有权从事必要的生产活动和其他经济活动，以实现基金会为之设立的公益目的，并与这些目的相一致。

3. 基金会的管理程序以及其机关成立的程序由发起人批准的章程规定。

4. 基金会的章程，除了本法第 87 条第 4 款规定的内容外，还应包含：基金会的名称，包括"基金会"的字样；基金会宗旨的内容；基金会机关的规定，包括对基金会活动进行监督的基金管理委员会或其他机关；基金会公职人员的任免程序；基金会的住所地；基金会清算时的财产归属。

第一百六十三条　基金会章程的变更和清算

1. 在章程有规定的情况下，基金会的章程可以由其机关进行修改。

如果章程保持不予修订可能引起基金会成立时不能预见的后果，而章程中又没有规定章程可以修订或被授权的人员不予修订，则根据基金会的机关或被授权对基金会活动实行监督的机关的申请，章程的修订权属于法院。

2. 基金会的清算根据本法第 98 条规定的程序和法律另有规定的情况进行。

3. 在对基金会进行清算时，清偿债务人请求后所余的基金会的财产应用于基金会章程所规定的目的。

第一百六十四条　机关

1. 财产所有权人为行使管理职能、社会文化职能或其他非商业化职能而成立的并由财产所有权人完全或部分拨款的组织是机关。

2. 机关对划拨给其固定财产所享有的权利依照本法第 231 条的规定。

3. 某些种类的国家机关和其他机关的法律地位由法律确定。

4. 机关以资金对自己处分的债务承担责任。在资金不足时，有关财产的所有权人对机关的债务承担补充责任。

第一百六十五条 法人协会（协会和联合会）

1. 商业组织为了协调其经营活动，为了代表和保护共同的财产利益可以根据他们之间的合同以协会（联合会）的形式成立联合组织，协会（联合会）是非商业组织。

如果根据协会（联合会）的股东的决议，协会（联合会）需要进行经营活动，该协会（联合会）应根据本法规定的程序改组成为商业公司或商业组织。为了进行经营活动，协会（联合会）有权成立商业公司或加入商业公司。

2. 社会组织或其他非商业组织，包括机关，能自愿联合成该组织的协会（联合会）。

非商业组织的协会（联合会）是非商业组织。

3. 协会（联合会）是法人。

协会（联合会）的成员保留自己的独立性和法人的权利。

4. 协会（联合会）不对自己成员的债务负责。协会的成员根据协会设立文件规定的范围和程序对协会的债务承担补充责任。

5. 协会（联合会）的商业名称应表明协会及其成员活动的基本对象以及"协会"或"联合会"的字样。

第一百六十六条 协会（联合会）的设立文件

1. 协会（联合会）的设立文件是由其成员签订设立文件和由其批准的章程。

2. 协会（联合会）的设立文件除了包括本法第 87 条第 4 款规定的内容外，还应包含以下条款：协会管理机关的构成及权限以及他们通过决议的程序，包括就需要协会成员一致同意或法定多数票通过决议的问题，以及协会清算之后所余财产的分配办法。

第一百六十七条 协会（联合会）的成员的权利和义务

1. 协会（联合会）的成员有权无偿享受协会（联合会）提供的服务，协会（联合会）的设立文件另有规定以及服务性质特殊的除外。

2. 在一个会计年度结束时，协会（联合会）的成员有权按照自己的意愿退出协会。在这种情况下，退出者在其退出之时起两年内按自己会费的比例对协会（联合会）的债务承担补充责任。

在协会设立文件规定的情况下依照设立文件规定的程序，根据剩余成员的决议可以将成员从协会（联合会）除名。被除名的协会（联合会）成员的责任适用有关退出协会（联合会）的规则。

3. 在取得协会（联合会）股东的同意后，新成员可以加入协会（联合会）。

第六章　国家参与民事法律所调整的关系

第一百六十八条　吉尔吉斯共和国作为民事法律关系的主体

1. 吉尔吉斯共和国依照与公民和法人平等的原则成为民事主体。

2. 对作为民事法律关系主体的吉尔吉斯共和国适用法人参加该关系的规则，但法律或主体特点有不同的除外。

3. 对作为民事法律关系主体的吉尔吉斯共和国适用法人的规则，但违反法律或与民事主体特点不同的除外。

第一百六十九条　吉尔吉斯共和国参与民事法律关系的程序

1. 国家权力机关在规定这些机关法律地位的法律或其他文件所确定的权限范围内，能以国家的名义通过自己的行为取得及行使财产和人身权利并履行义务，在法院起诉或应诉。

2. 在法律另有规定的情况下按照法律规定的程序，其他法人和公民可以受国家的委托以国家的名义进行活动。

第一百七十条　吉尔吉斯共和国的债务责任

1. 吉尔吉斯共和国以归其所有的财产对自己的债务承担责任，但其划拨给其所成立的法人并归该法人经营或业务管理的财产（第 225 条第 2 款的国有）除外。

2. 国家成立的法人不对国家债务承担责任。

3. 国家不对由其成立的法人的债务承担责任，但本法和其他法律另有规定的除外。

4. 本条第 2 款和第 3 款的规则不适用于国家对法人的债务提供担保（保证）的情况或者上述主体对国家的债务提供担保（保证）的情况。

第一百七十一条　吉尔吉斯共和国在与有外国法人、公民和国家参加的民事法律关系中的责任特点

吉尔吉斯共和国在有外国法人、外国公民和外国国家参加的民事法律关系中的责任的特点由本法、其他吉尔吉斯共和国的法律并根据吉尔吉斯共和国参加的国际条约规定的程序确定。

第七章 法律行为

第一节 法律行为的概念、种类和形式

第一百七十二条 法律行为的概念和种类

1. 旨在设立、变更、消灭民事权利和民事义务的公民和法人的活动是法律行为。

2. 法律行为可以是单方法律行为、双方法律行为或多方法律行为（合同）。

3. 依照法律或各方当事人的协议仅需要一方的意思表示即可实施的法律行为是单方法律行为。

单方法律行为给实施法律行为的人确立义务。只有在法律或与他人的协议有规定的情况下，单方法律行为才能给他人确立义务。

4. 订立合同必须具有双方一致的意思表示（双方法律行为）或者多方一致的意思表示（多方法律行为）。

5. 对单方法律行为相应地适用关于债与合同的一般规定（本法第三编），但与法律、法律行为的性质和实质相矛盾的除外。

第一百七十三条 附条件的法律行为

1. 如果双方规定的权利与义务的产生取决于尚不知悉是否发生的情况，则法律行为视为附延缓条件的法律行为。

2. 如果双方规定的权利与义务的终止取决于尚不知悉是否发生的情况，则法律行为视为附解除条件的法律行为。

3. 如果一方恶意阻止对其不利的条件发生，则该条件视为已发生。

如果一方恶意促使对其有利的条件发生，则该条件视为未发生。

第一百七十四条 法律行为的形式

1. 法律行为可以口头形式或书面形式（普通形式或公证形式）实施。

2. 以口头形式实施的法律行为，如果从当事人的行为中显然可见其实施法律行为的意思，则法律行为视为已经实施。

3. 在法律或双方协议有规定的情况下，默示可以视为实施法律行为的意思表示。

第一百七十五条 口头法律行为

1. 法律或双方协议没有规定使用书面形式（普通形式或公证形式）的法律行

为，可以口头形式实施。

2. 如果双方的协议没有其他规定，可以口头形式实施一切即时履行法律行为，规定必须使用公证形式的法律行为以及不使用普通书面形式即导致无效的法律行为除外。

3. 以书面形式签订的为履行合同的法律行为，如果不违反法律和合同，可以经双方同意以口头形式实施。

第一百七十六条　书面形式的法律行为

1. 书面形式的法律行为应通过拟定表达法律行为内容的文件的方式实施，该文件应由实施法律行为的一人或多人签字或者由他们以应有方式授权的人签字。

双方法律行为可通过交换双方签字的文件进行。

法律和双方的协议可以对法律行为应遵守的形式作出补充规定（采用一定格式订立、盖章等），并规定不遵守这些要求的后果。如果法律或双方的协议未规定这些后果，则适用不遵守法律行为书面形式的后果。

2. 在法律或双方的协议规定的情况下允许在实施法律行为时借助机械复制手段或其他复制手段、电子数码签名或代替本人亲笔签名的其他类似方法。

3. 如果公民由于身体缺陷、疾病或文盲不能亲自签名，则法律行为可以依照其请求由其他公民代签。代签需要公证人或其他有权实施公证行为的公务人员证明，并注明实施法律行为的人不能亲自签名的原因。

4. 在实施本法第 204 条第 3 款所述的法律行为和该法律行为的委托代理的情况下，署名可由不能亲自签名的公民的工作组织或其正在接受治疗的住院护理机关的行政部门认证。

第一百七十七条　以普通书面形式实施的法律行为

1. 除了需要公证的法律行为以外，下列行为应以普通书面形式实施：

（1）法人之间以及法人与公民之间的法律行为；

（2）公民之间的法律行为的价款不少于法定最低劳动报酬额的 10 倍，但法律另有规定的，不论法律行为数额的大小均应以书面形式实施。

2. 依照本法第 175 条规定可以口头实施的法律行为，不要求遵守普通书面形式。

第一百七十八条　违反普通书面形式的法律行为的后果

1. 如果违反普通书面形式，则双方当事人在发生争议时便无权援引证人证言以证明法律行为及法律行为的条款，但双方当事人仍有权提出书证和其他证据。

2. 在法律和双方的协议中有明文规定的情况下，违反普通书面形式可以导致法律行为无效。

3. 违反对外贸易中的普通书面形式将导致法律行为无效。

第一百七十九条　公证证明的法律行为

1. 公证证明以公证员或其他有权实施这种公证行为的公务人员在符合本法第176条要求的文件上做认证背书的方式进行。

2. 以下情况，法律行为必须进行公证证明：

（1）法律另有规定的情况下；

（2）根据双方任何一方的要求。

第一百八十条　需国家登记确权的法律行为

1. 与不动产有关的法律行为，与不动产有关的法律行为产生的权利（转让、抵押、继承等）以及与设立、变更、消灭民事权利和义务有关的法律行为，应进行国家登记。

国家登记的程序以及对相应登记簿的管理由法律规定。

2. 本法或法律可规定对与动产相关的权利进行国家登记。

第一百八十一条　不遵守法律行为的公证形式和国家登记要求的后果

1. 违反公证形式和国家登记要求的法律行为，一律无效。这样的法律行为被认为自始无效，而权利也无效。

2. 如果一方当事人全部或部分履行了需要公证证明的法律行为，而另一方当事人逃避公证，法院有权应履行法律行为一方当事人的请求，宣布法律行为有效。在这种情况下，不要求之后再进行公证证明。

3. 如果被要求进行国家登记的法律行为已按应有形式实施，但另一方逃避进行国家登记，那么法院有权根据一方的要求作出法律行为应进行登记的判决，在这种情况下，法律行为应根据法院的判决进行登记。

4. 在本条第2款和第3款规定的情况下，无理逃避公证证明或国家登记的一方应赔偿因拖延法律行为的实施或注册而给另一方造成的损失。

第一百八十二条　交易所法律行为

1. 允许进入法律行为所的财产（商品、有价证券等）的权利和义务相互转让的协议由法律行为所的股东、法律行为所会议按照有关商品和法律行为所章程（法律行为所的法律行为）规定的程序签订。

法律行为所的法律行为可通过行纪的形式签订。其法律行为应在法律行为所登记。

2. 合同（买卖、佣金等）规则适用于法律行为所法律行为，但法律、当事人协议另有规定或法律行为实质不同的除外。

法律或法律行为所章程可以规定法律行为所法律行为的条件，该条件涉及双方当事人的商业秘密的，未经同意不得披露。

根据吉尔吉斯共和国打击资助恐怖主义和犯罪收益合法化（洗钱）法规定提供的信息，无须征得当事人同意即可披露。

第二节 法律行为的无效性

第一百八十三条 法律行为无效的一般规定

1. 符合本法规定条件的法律行为，由法院宣告其无效（可撤销的法律行为）；或者无论法院是否宣告无效，其均无效（自始无效的法律行为）。

2. 要求确认可撤销的法律行为无效的请求由本法典指定的人提出。

关于要求适用自始无效的法律行为的法律后果的请求可以由任何利害关系人提出。法院有权自己主动适用这些后果。

第一百八十四条 法律行为无效后果的一般规定

1. 无效法律行为不产生法律后果，但与法律行为无效有关的法律后果除外，并且自其实施时起就无效。

2. 在法律行为无效时，任何一方都有权要求另一方返还根据法律行为所得的全部财产，如果不能用实物返还所得财产（包括其所得表现为对财产的使用、已完成的工作和已提供的服务），则用金钱补偿所得财产的价值，法律对无效法律行为规定其他后果的除外。

3. 如果从可撤销的法律行为中推断出该法律行为只能在将来终止其效力，则在法院确定法律行为无效时，终止其对将来的效力。

第一百八十五条 不符合法律的法律行为无效

不符合法律要求的法律行为一律无效，法律规定该法律行为可撤销或不符合法律有其他法律后果的除外。

第一百八十六条 未取得许可证的法律行为无效

未取得必要的许可证的法律行为或超过许可证的生效期限实施的法律行为

无效。

第一百八十七条　以侵犯社会和国家利益为目的法律行为无效

以侵犯社会和国家利益为目的的实施的法律行为，一律无效。侵犯行为由法律规定。

在这种法律行为中的双方均存在故意的情况下，如果双方均履行法律行为，则双方根据该法律行为所得的全部财产应予以追缴，归吉尔吉斯共和国所有，但如果双方中只有一方履行了该法律行为，则追缴另一方全部违法所得财产和另一方赔偿履行方的违约金，收归吉尔吉斯共和国国有。

在这种法律行为中只有一方存在故意时，该方依照法律行为所获的全部财产应返还另一方，而另一方已经得到的或作为补偿已履行部分应付给他的全部对价应予追缴并收归吉尔吉斯共和国所有。

第一百八十八条　虚构和虚假的法律行为无效

1. 虚构法律行为，即仅为了某种方式实施，没有产生其相应法律后果的法律行为，一律无效。

2. 虚假的法律行为，即为了掩盖另一法律行为而实施的行为，一律无效。对于双方实际想要实施的法律行为，考虑法律行为特点，适用与之相关的规定。

第一百八十九条　被宣告为无行为能力的公民实施的法律行为无效

1. 由于精神错乱而被认定为无行为能力的公民实施的法律行为一律无效。

该法律行为的任何一方应以实物的形式返还另一方全部所得财产，但如果无法以实物的形式返还，则应以金钱补偿其价值（第184条第2款）。

如果有行为能力的一方知道或应当知道另一方无行为能力，则有行为能力的一方除了返还全部所得财产外，还应补偿另一方所遭受的实际损失。

2. 由于精神错乱而被认定为无民事行为能力人的公民实施的法律行为，如果该法律行为对该公民有利，则为了该公民的利益，法院可以根据其监护人的请求认定该法律行为有效。

第一百九十条　未满14周岁的未成年人实施的法律行为无效

1. 未满14周岁的未成年人实施法律行为一律无效。对该行为适用本法第189条第1款第2项和第3项规定的规则。

2. 未成年人实施的法律行为，如果该法律行为对该未成年人有利，为了该未成年人的利益，法院可以根据其父母、养父母或托管人的请求认定该法律行为有效。

3. 根据本法典第 63 条未成年人有权独立实施的微小的日常法律行为，不适用本条的规则。

第一百九十一条　已满 14 周岁未满 18 周岁的未成年人实施的法律行为无效

1. 已满 14 周岁未满 18 周岁的未成年人未经其父母、养父母或托管人同意实施的根据本法的要求应经同意才能实施的法律行为，法院可以根据其父母、养父母或托管人的起诉认定为无效。

如果该法律行为被认定为无效，相应地适用本法第 189 条第 1 款规定的规则。

2. 具有完全民事行为能力的未成年人（第 62 条和第 56 条第 2 款）实施的法律行为，不适用本条规定的规则。

第一百九十二条　被法院宣告为限制民事行为能力人实施的法律行为无效

1. 由于沉迷赌博、酗酒或吸毒而被法院认定为限制民事行为能力人的公民未经托管人的同意实施的处分财产的行为，法院可以根据其托管人的起诉认定为无效。

如果该行为被认定为无效，相应地适用本法第 189 条第 1 款规定的规则。

2. 限制民事行为能力人实施的根据本法第 65 条有权实施的微小的日常法律行为，不适用本条的规则。

第一百九十三条　不能特别理解自己行为的意义的公民实施的法律行为无效

1. 虽然有行为能力，但是对于在实施法律行为时不能理解自己行为的意义或不能控制自己行为的公民实施的法律行为，法院可根据该公民的申请或因实施法律行为而使其权利或受法律保护的利益受到侵犯的其他人的申请，宣布该法律行为无效。

2. 对被认定为无民事行为能力的公民实施的法律行为（第 64 条），如果有证据证明公民在实施该法律行为时不能理解自己行为的意义或不能控制自己的行为，法院可以根据其监护人的申请认定该法律行为无效。

3. 如果根据本法认定法律行为无效，则相应地适用本法第 189 条第 1 款规定的规则。

第一百九十四条　法人实施的超出其权利能力的法律行为无效

法人实施的违背其设立文件对其活动宗旨作出的一定限制的法律行为，或者法人实施的没有相应许可证的法律行为（第 84 条第 1 款），如果有证据证明该法律行为的另一方知道或显然应当知道该法律行为违法，法院可以根据该法人、法人的发起人（股东）或对法人的活动进行监督和管理的国家机关的申请，认定该法律行为无效。

第一百九十五条　实施法律行为权力限制的后果

如果相比于委托书和法律确定的权力，当事人实施法律行为的权力受到合同的限制，或者法人机关的权限受到其设立文件的限制，或者从实施法律行为的环境中可以明显推出该限制，而在实施法律行为时当事人或法人机关又超出了这些限制的界限，则只有在有证据证明法律行为的另一方知道或显然应该知道上述限制的情况下，法院可以根据为其利益而规定上述限制的人的起诉认定该法律行为无效。

第一百九十六条　因误解实施的法律行为无效

1. 因重大误解实施的法律行为，法院可以根据受误解影响的一方的申请，认定法律行为无效。

2. 如果因误解实施的法律行为被认定为无效，则相应地适用本法第 184 条第 2 款规定的规则。

除此之外，如果一方有证据证明误解是另一方的过错造成，则有权要求另一方赔偿其造成的实际损失。如果不能证明，法律行为被法院认定无效的一方有义务根据另一方的要求，赔偿另一方的实际损失。

第一百九十七条　因欺诈、暴力、威胁、一方代理人与另一方代理人恶意串通或乘人之危实施的法律行为无效

1. 对于在欺诈、暴力、威胁、一方代理人与另一方代理人恶意串通以及乘人之危使其在条件对自己极其不利的情况下实施的法律行为（显失公平的法律行为），法院可以根据受害人的起诉认定该法律行为无效。

2. 如果法律行为根据本条第 1 款中规定的条件之一被认定为无效，则另一方应将根据法律行为所获的全部所得返还给受害人，在不能以实物返还时，应以金钱的形式赔偿其价值。受害人从另一方处获得的财产以及受害人得到的补偿财产，应归吉尔吉斯共和国所有。在不可能以实物将财产收归国有时，应以金钱的形式将其价值收归国有。除此之外，另一方还应向受害人赔偿给他造成的实际损失。

第一百九十八条　法律行为部分无效的后果

如果可以断定，法律行为即使不包括其无效部分也能实施，则法律行为的无效部分不会导致该法律行为的其他部分无效。

第一百九十九条　无效法律行为的诉讼时效期间

1. 关于适用自始无效的法律行为无效后果的诉讼可以在法律行为开始履行之日起的 10 年内提起。

2. 关于可撤销的无效法律行为的诉讼和关于法律行为无效的后果的适用可以在自其停止因暴力或威胁实施法律行为（第 197 条第 1 款）之日起 1 年之内提起，或者原告知道或应当知道确认法律行为无效根据的其他情形之时起 1 年内提起。

第八章　代理、委托

第二百条　代理

1. 根据委托书、法律规定、被授权的国家机关或地方自治机关的文件的规定而产生的权限，由一方（代理人）以另一方（被代理人）的名义实施的法律行为，直接设立、变更和终止被代理人的法律权利和义务。

代理人（零售商业售货员、售票员等）活动的环境也可以表明其被授权。

2. 虽然为了他人的利益但以自己的名义（破产时的财产管理人、继承中的遗嘱执行人等）进行活动的人，以及被授权出席关于未来法律行为的谈判的人，不是代理人。

3. 代理人不得以被代理人的名义与本人实施法律行为，也不得以被代理人的名义与他同时代理的其他人实施法律行为，但商业代理的情况除外。

4. 根据其性质只能由本人实施的法律行为，不允许由代理人实施。

第二百零一条　未被授权的人实施法律行为

1. 未被授权的代理人以他人名义实施的法律行为或者超越权限实施的法律行为，只有被代理人在事后追认的情况下，才能为被代理人设立、变更、消灭民事权利和民事义务。

如果被代理人进行了证明接受执行的行为，则该法律行为由被代理人追认。

2. 被代理人事后追认的法律行为自法律行为实施之时起为被代理人设立、变更、消灭民事权利和民事义务。

第二百零二条　商业代理

1. 在企业活动范围内，经常并独立地以企业的名义代表签订合同的人是商业代理人。

2. 经法律行为各方同意或在法律规定的其他情况下，允许同时代理法律行为中的多方当事人。在这种情况下，商业代理人必须以一般经营者的关心态度执行每一个交给他的委托。

除非合同双方另有约定，商业代表有权要求合同双方平等地支付有条件的报酬和执行任务时发生的费用。

3. 商业代理人必须保守所知悉的关于商业法律行为的信息，当他执行完他的委托之后也应保守。

4. 在某些经营活动领域，商业代理人的特点由法律规定。

第二百零三条　委托书、委托书的期限

1. 委托书是指一个人向另一个人发出的使其在第三人面前进行代理的书面授权。

被代理人可以向相应的第三人出示委托书。

2. 以法人名义发出的委托书，应由其领导或其设立文件授权的其他人签字并加盖印章。

以国有企业或者地方所有企业的名义发出的领取或支付金钱或者其他财物的委托书，还应由该组织的主任（主办）会计签字。

3. 委托书的生效期限不得超过3年。如果委托书上没有规定期限，自其作出之日起的1年内有效。

未注明作出之日的委托书一律无效。

4. 经公证证明，旨在国外实施行为而未注明有效期的委托书，则在颁发委托书的人撤销该委托书之前一直有效。

第二百零四条　公证证明的委托书和与其同等效力的委托书

1. 要求以公证形式、国家登记而实施法律行为的委托书，以及公民在法院代理而发出的委托书，应该进行公证证明，法律另有规定除外。

2. 与公证证明委托书有同等效力的委托书包括：

（1）在医院、疗养院或其他医疗机关治疗的人的，并由该机关的主治医生或领导人证明的委托书；

（2）在没有设公证机关或其他进行公证活动的机关的部队、兵团、军事机关、军事学习院校的军人的委托书，以及这些机关的职工及其家属，军人及其家属的，由该部队、兵团、军事机关或军事院校的指挥官（领导人）证明的委托书；

（3）在剥夺自由的场所的人或者在押的人的委托书，由相应机关的领导人证明；

（4）在居民社会保护机关中的具有完全民事行为能力的公民的委托书，由该机关的行政或相应公民社会保护机关的领导（或副职）证明；

（5）开办银行账户或者拥有银行存款的公民的委托书，由银行的人或其他该人开户或进行银行存款的财政信贷机关的人证明。

3. 领取工资或其他与劳动关系有关的款项的委托书，领取著作人或发明人报酬、赡养金、补助金和奖学金、公民银行存款的委托书，以及领取包括汇款和包裹在内的邮件的委托书，可以由委托人工作或学习的单位、其住所地的房管部门和其住院医疗机关的行政部门予以证明。

第二百零五条　转委托

1. 受托人应该亲自实施该被授权的法律行为。如果委托书有相关的授权或者为了保护委托人的利益而迫不得已时，受托人可以转委托给他人实施该法律行为。

2. 根据转委托的程序发出的委托书，应该进行公证证明，本法典第203条规定的情况除外。

3. 根据转委托的程序发出的委托书的生效期限，不得超出作为其依据的原委托书的期限。

4. 将权限转交给他人应通知原委托人，并告诉原委托人关于转受托人的必要的信息。没有履行该义务时，转委托人应将转受托人的行为作为他自己的行为负责。

第二百零六条　委托的终止

1. 委托的效力因为下列条件而终止：

（1）委托的期限届满；

（2）委托人撤销；

（3）受托人拒绝委托；

（4）发出委托的法人终止；

（5）接受委托的法人终止；

（6）委托人死亡、被确认为无民事行为能力人、限制民事行为能力人或失踪人；

（7）受托人死亡、被认定为无民事行为能力人、限制民事行为能力人或失踪人。

2. 委托人可以随时撤销委托书或者更换受托人，受托人也可以拒绝委托。放弃该权利的协议一律无效。

3. 转委托随着原委托的终止而失效。

4. 委托人应该将撤销授权（本条第 1 款）通知给受托人，以及通知知悉委托的第三人。在委托依照本条第 1 款第 4 项和第 6 项规定的理由而终止时，委托人的权利继受人应继承义务。

5. 受托人在知道或应该知道授权书终止之前，因其行为而产生的权利和义务对授权书的签发人及其继承人与第三人的关系仍然有效。如果第三人知道或应该知道授权已经终止，则此规则不适用。

6. 在委托终止后，受托人和其权利继受人应立即交还委托书。

第九章 期间、诉讼时效

第一节 期 间

第二百零七条 期间的确定

法律、法律行为或者法院规定的期间按日历日期确定或者以年、月、周、日或小时计算的期间确定。

期间也可以通过指明必然要发生的事件来确定。

第二百零八条 期限确定的期间的开始

期限确定的期间从日历日期的次日或作为期间开始的事件发生的次日起计算。

第二百零九条 期限确定的期间的结束

1. 按年计算的期间，到该期间最后 1 年相应的月和日截止。

对确定为半年的期间，适用按月计算的期间的规则。

2. 按季度计算的期间，适用按月计算的期间的规则。在这种情况下，季度等于 3 个月，季度从 1 年的开始计算。

3. 按月计算的期间，在期间的最后 1 月的相应的日截止。

确定为半个月的期间，视为按日计算的期间，等于 15 天。

如果按月计算的期间没有在相应日期的月份截止，则期间在这个月的最后 1 天截止。

4. 按周计算的期间，在期间的最后 1 周的相应日截止。

5. 如果期间的最后 1 日正好是非工作日，期间的截止日期被认为是该非工作日结束之后的第 1 个工作日。

第二百一十条　在期间最后 1 日实施行为的程序

1. 如果期间的规定是为了实施某一行为,则该行为可以在期间的最后 1 天 24 点前完成。

但是,如果这个行为需要在一个组织中实施,则期间自该组织按规定停止相关业务的时间截止。

2. 在期间最后 1 日 24 点前交付邮电部门的书面申请和通知,视为按期完成。

第二节　诉　讼　时　效

第二百一十一条　诉讼时效的概念

诉讼时效是指被侵权人为维护自己的权利而提起诉讼的期间。

第二百一十二条　一般诉讼时效期间

一般诉讼时效期间是 3 年。

第二百一十三条　特殊的诉讼时效期间

1. 为了某种类型的需要,法律可以规定诉讼时效的特殊期间,即比一般期间缩短或延长。

2. 本法第 211 条、第 214 条至第 220 条的规则也适用于诉讼时效的特殊期间,法律另有规定的除外。

第二百一十四条　变更诉讼时效期间的协议无效

诉讼时效期间和其计算办法不得由双方协议变更。

中止和中断诉讼时效期间的条件由本法和其他法律规定。

第二百一十五条　诉讼时效的适用

1. 维护被侵犯的权利的请求可以在诉讼时效届满之前按照法律程序向法院提出。

2. 保护法人（不论所有权形式如何,包括国家和地方政府机关所有）、从事企业活动的公民以及其他向法院提出请求以保护法人的创始人（参与者、股东）或法人的财产所有人的受侵犯权利以及受侵犯的物权、债权和与企业活动对象相关的其他财产权人的受侵犯权利的诉讼时效期限不得延长。如果法律规定的向法院提出请求的诉讼时效届满,法院应拒绝受理关于维护上述被侵害权利的请求。

公民提出的维护本条没有规定的被侵害的权利请求的诉讼时效,可以被恢复,但是如果法院认定与原告个人有关的情况（重大疾病、无助的情况）为错过诉讼时效的正当理由,对于公民维护被侵害权利的请求,法院应予支持。如果错过诉讼时效的原因在诉讼时效的最后 6 个月内发生，则该原因可以被认定为正当理由。如果公民在法律规定的诉讼时效期间届满之后向法院提出关于维护上述被侵害权利的请求，法院应受理其请求。

3. 附带请求的时效期（违约金、抵押金、保证金等）随主要请求的时效期的届满而届满。

4. 债的当事人的变更并不引起诉讼时效期间及其计算办法的变更。

第二百一十六条 诉讼时效期间届满

1. 诉讼时效期间届满的程序根据本法规定的期间届满的一般规定确定。

2. 诉讼时效期间自当事人知道或应当知道其权利受侵害之日起计算。本法和其他法律另有规定的除外。

3. 对于有一定履行期间的债务，诉讼时效期间自履行期间届满之日起计算。

对于履行期间未作规定或规定为请求之时的债务，诉讼时效期间自债权人有权提出履行债务的请求权之时起计算，而如果给债务人提供了履行该请求的宽限期间，则诉讼时效自该宽限期间届满之时起计算。

4. 对于要求返还的债务，诉讼时效期间自主债务履行之时起计算。

第二百一十七条 诉讼时效期间的中止

1. 诉讼时效期间在下列情况下中止：

（1）发生重大突发事件和不可避免的事件阻挠了诉讼的提起（不可抗力）；

（2）原告或被告在处于战争状态的武装力量中服役；

（3）根据政府法律而规定的债务缓期履行（延期偿还）；

（4）调整相应关系的法律的效力中止。

因损害公民的生命或健康的赔偿损失的诉讼，公民向相应机关请求给予退休金或补助金的，诉讼时效期间中止至退休金或补助金发放之时或者拒绝发放之时。

2. 如果本条所列情况在时效期间的最后 6 个月内发生或继续存在，诉讼时效期间的计算方可中止，而在该时效期等于或少于 6 个月，本条所列情况在时效期内发生或继续存在时，诉讼时效期间的计算中止。

3. 自作为时效期间中止根据的情况消除之日起，诉讼时效期间继续计算。剩余部分的期间延长 6 个月，而如果诉讼时效期间等于或少于 6 个月，则延长该诉讼时效期间的时间。

第二百一十八条　诉讼时效期间的中断

按照规定的程序提起诉讼或债务人实施承认债务或其他义务的行为时诉讼时效期间中断。

诉讼时效期间中断后诉讼时效期间重新开始计算，中断前的时间不计入新的诉讼时效期间。

第二百一十九条　法院驳回诉讼情况下诉讼时效期间的计算

如果法院驳回诉讼，则在提起诉讼前开始的诉讼时效期间按一般规定继续计算。

如果法院不予审理在刑事案件中提起的附带民事诉讼，则提起诉讼前开始的诉讼时效期间中止至未予审理的诉讼的判决生效之时。

诉讼时效中止的时间不计入诉讼时效期间中。在这种情况下，如果剩余的期间少于6个月，则延长至6个月。

当原告根据法律拒绝履行法院判决获得提起新的诉讼的权利，诉讼时效期间恢复并重新计算。

第二百二十条　诉讼时效期间届满后债务的履行

在时效期限届满后履行债务的人，即使在履行义务时不知道时效期限届满，也无权要求返还已履行的债务。

第二百二十一条　不适用诉讼时效的请求权

在下列情况下诉讼时效不予适用：

（1）保护公民的人身权利和其他非物质利益的请求，法律另有规定的除外；

（2）存款人要求银行支付存款的请求；

（3）公民的生命或健康受到损害而要求赔偿的请求，但是如果在这种损害赔偿权利产生之时起3年后才提出请求，则对过去的赔偿不得超过提出请求前的3年；

（4）已废止；

（5）已废止；

（6）法律规定的其他请求；

（7）根据必须履行的国家社会保险而产生的保险费支付债务的请求；

（8）关于国家或市政所有的建筑物、结构、土地和其他社会用途设施（教育机关、医院、儿童教育学前机关）非法私有化的请求，以及有利于国家或地方财政而非法私有化产生的返还原物或赔偿损失请求权。

第三部分 塔吉克斯坦共和国民法典总则

(武文杰 译 邓社民 周盛杰 校对)

塔吉克斯坦共和国民法典总则于1999年6月30日生效，2016年7月23日进行了修改，此文本是根据2016年修改的文本翻译而成。

目　　录

第一编　总则
　第一分编　基本规定
　　第一章　民法
　　第二章　民事权利和义务产生的根据，民事权利保护的实现
　第二分编　民事主体
　　第三章　塔吉克斯坦共和国公民和其他自然人
　　第四章　法人
　　　第一节　基本规定
　　　第二节　商业公司
　　　　第一分节　一般规定
　　　　第二分节　无限公司
　　　　第三分节　两合公司
　　　　第四分节　已废止
　　　　第五分节　有限责任公司
　　　　第六分节　补充责任公司
　　　　第七分节　股份公司
　　　　第八分节　子公司和附属公司

第三节 生产合作社

第四节 国有企业

第五节 非商业组织

第五章 塔吉克斯坦共和国和行政区划单位参与民法所调整的法律关系

第六章 民事权利的客体

第一节 一般规定

第二节 物

第三节 行为（不作为）

第四节 货币和有价证券

第一分节 有价证券的一般规定

第二分节 有价证券的类型

第五节 非物质利益及其保护

第三分编 法律行为代理

第七章 法律行为

第八章 代理与委托

第四分编 期间、期间的计算，诉讼时效

第九章 期间的概念、种类和计算

第十章 诉讼时效

第一编 总 则

第一分编 基 本 规 定

第一章 民 法

第一条 民法所调整的关系

1. 民法规定民事主体的法律地位，所有权和其他物权、智力活动成果的专属权（知识产权）产生的根据和实现的程序，调整合同之债和其他债权债务关系，以及调整基于股东平等、意思自治和财产自主而产生的其他财产关系和与之相联系的人身关系。

民法调整符合本编第 1 条规定标准的家庭、劳动关系，自然资源利用和保护环境的关系，关于家庭、劳动、土地的法律和其他特定的法律法规另有规定的除外。

2. 民事主体包括公民、国家、法人和行政区域单位。

3. 民法调整从事或者参与商业活动的人之间的关系。

依法律程序注册的经营者是独立实施自担风险活动，经常获得使用财产、销售商品、完成工作或者提供服务利润的人。

4. 民法不适用基于一方对另一方的行政从属关系或者权利从属关系而产生的财产关系，但法律另有规定的除外。

5. 不得转让的权利的保护和实现及人的自由和其他非物质利益（人身权利）均由民法规范，但与此类关系实质不同的除外。

第二条 民法的渊源

1. 民法以塔吉克斯坦共和国宪法为基础，包括本法、其他法律以及调整本法第 1 条第 1 款和第 5 款规定关系的其他立法。

包含在其他法律中的民法规范应与本法一致。

2. 各部、各行政机关和其他国家机关可以颁布含有民法规范的文件，但以本法、其他法律和其他法律规定的情况和范围为限。

第三条 民法的基本原则

1. 民法的基本原则是民事主体一律平等、财产不受侵犯、合同自由，不允许任何人随意干涉私人事务，必须无阻碍地行使民事权利，保障恢复被侵犯的权利及其司法保护。

2. 公民和法人以自己的意志并为自己的利益取得和行使其民事权利。他们在根据合同确定自己的权利和义务方面及在规定任何不与法律相抵触的合同条件方面享有自由。

3. 民事权利可以根据联邦的法律受到限制，但仅以维护宪法制度的基本原则、道德、健康、他人的权利和合法利益及保障国防和国家安全之必须为限。

第四条 民法的时间效力

1. 民法文件没有溯及力，仅适用于其生效之后产生的关系。

2. 对于民法文件生效前产生的关系，民法文件仅适用于在其生效之后产生的权利和义务。在民法文件生效之前订立的合同中的当事人之间的关系除外。

第五条 交易习惯

1. 在经营活动的某一领域形成并广泛适用、法律并未作规定的行为规则，不论它是否在某个文件中被固定下来，均被认为是交易习惯。

2. 交易习惯如与相应关系股东必须执行的法律规定或合同相抵触，不得适用。

第六条 民法的类推适用

1. 如果本法第1条第1款和第5款所规定的关系在法律中或当事人的协议中未作明文规定，并且不存在可对之适用的法律行为习惯，在不与其实质相抵触的情况下，对这样的关系适用调整类似关系的民法规范（法律类推）。

2. 如不能适用法律类推，则当事人的权利和义务根据民法的一般原则和精神及善意、合理、公正的要求予以确定（法的类推）。

3. 禁止类推限制公民的权利和义务。

第七条 民法与国际法规范

1. 依照塔吉克斯坦共和国宪法，公认的国际法原则和准则以及国际条约是塔吉克斯坦共和国法律体系的组成部分。

2. 塔吉克斯坦共和国签署的国际条约直接适用于本法的第1条的第1款和第5款规定的关系，但国际条约规定其适用需要颁布国内法的情况除外。

3. 如果塔吉克斯坦共和国签署的国际条约规定了与民法不同的规则，则适用国际条约的规则。

第二章 民事权利和义务产生的根据，民事权利保护的实现

第八条 民事权利和义务产生的根据

1. 民事权利和义务根据法律和其他法律文件的规定产生，也由公民和法人的行为而产生，即使法律或者文件没有规定，但根据民法的一般原则和精神也能产生民事权利和义务。

民事权利和义务产生的根据：

（1）法律规定的合同和其他法律行为，以及虽未经法律规定，但不与法律抵触的合同和其他法律行为；

（2）国家机关、地方政府机关和地方自治机关颁布的，法律规定作为民事权利和义务产生根据的文件；

（3）规定民事权利和义务的法院判决；

（4）按照法律准许的根据而取得财产；

（5）科学、文学、艺术作品的创作，发明和其他智力活动的成果的创作；

（6）给他人造成损害；

（7）不当得利；

（8）公民和法人的其他行为；

（9）法律和其他法律文件规定的能产生民事法律后果的事件。

2. 应进行国家登记的财产权利自进行相应权利的登记之时起产生，但法律另有规定的情况除外。

第九条 民事权利的实现

1. 公民和法人根据自己的意志实现属于他们的民事权利，包括处置民事权利。

2. 公民和法人放弃实现属于他们的民事权利并不导致这些权利的终止，但法律另有规定的除外。

第十条 民事权利实现的边界

1. 公民和法人不得实施仅以致人损害为目的的行为，也不得以其他形式滥用权利。

2. 不得以限制竞争为目的而行使民事权利，也不得滥用市场优势地位。

3. 行使民事权利不应侵犯其他法律主体的权利和受法律保护的利益，并对环境造成实际损害。

4. 公民和法人在行使其权利时应该公平诚实地遵守法律规则、社会道德和经营者商业道德，该责任不得由合同免除和限制。

民事主体的行为应该是合理的、公平的和诚信的。

第十一条 民事权利的保护

1. 法院、经济法院或仲裁法院（统称法院）依照诉讼法规定的案件管辖范围，对受到侵犯的民事权利或者有争议的民事权利进行保护。

2. 只有在法律另有规定的情况下，民事权利的保护才可以依照行政程序进行。对依照行政程序做出的裁决，可以向法院提起诉讼。

第十二条 民事权利保护的方式

保护民事权利的方式：

（1）确认权利；

（2）恢复侵犯前存在的状态，制止侵权行为或造成侵权威胁的行为；

（3）确认可撤销法律行为无效并适用法律行为无效的后果，适用法律行为自始无效的后果；

（4）确认国家机关或地方自治机关的文件无效；

（5）权利的自力救济；

（6）判决用实物履行义务；

（7）赔偿损失；

（8）追索违约金；

（9）补偿精神损失；

（10）终止或变更法律关系；

（11）法院不适用国家权力机关或地方自治机关的与法律相抵触的文件；

（12）法律规定的其他方式。

第十三条 确认国家权力的国家机关或地方机关的文件无效

国家权力的国家机关或地方机关的规范性文件与法律不一致，并侵犯了公民或法人的民事权利和受法律保护的利益的，可以由法院确认无效。

如果法院认定该行为无效，受到侵犯的权利应予以恢复或采用本法第 12 条规定的其他方式予以保护。

第十四条 民事权利的自力救济

允许民事权利的自力救济。自力救济的方式应与受到侵犯的程度相当，并且不得超过为制止侵害所必需的行为限度。

第十五条 赔偿损失

1. 被侵权人有权要求赔偿对其造成的全部损失，但法律或合同规定赔偿较少数额的除外。

2. 损失是指：被侵权人为恢复其遭到侵犯的权利而花费的或应该花费的开支，其财产的灭失或损坏（实际损害）；被侵权人未能得到的，而如其权利未受到侵犯，在民事流转通常条件下可能得到的收入（预期的利益）。

如果侵权人因侵权而得到收入，被侵权人在请求赔偿其损失的同时，有权请求赔偿不少于上述收入的预期的利益。

第十六条　国家权力机关、地方国家权力机关和地方自治机关所造成损失的赔偿

由于国家权力机关、地方国家权力机关、地方自治机关或者这些机关的国家工作人员所实施的非法行为（不作为），包括颁布与法律或其他法律不一致的国家权力机关或地方自治机关文件而给公民或法人造成的损失，应由塔吉克斯坦共和国政府或者地方自治组织予以赔偿。

第二分编　民　事　主　体

第三章　塔吉克斯坦共和国公民和其他自然人

第十七条　公民（自然人）的概念

公民（自然人）是指塔吉克斯坦共和国公民、外国人以及无国籍人士。除非法律或塔吉克斯坦共和国承认的国际法律法规另有规定，否则本法的规定适用于所有公民。

第十八条　公民的权利能力

1. 所有公民均被承认平等地具有享有民事权利和承担民事义务（民事权利能力）的能力。

2. 公民的权利能力自其出生之时产生，因其死亡而终止。

第十九条　公民权利能力的内容

公民可以拥有归其所有的财产，包括塔吉克斯坦共和国境内和境外的货币；继承和遗赠财产；在共和国境内自由行动并选择居住地；自由往返塔吉克斯坦共和国的国境；从事法律不予禁止的任何其他活动；单独或与其他公民或法人一起创建法人；实施任何不与法律相抵触的法律行为和参加债权债务关系；享有发明、科学作品、文学、艺术、智力活动的其他成果的知识产权；要求赔偿物质和精神损失；享有其他财产权利和人身权利。

第二十条　公民的姓名

1. 公民以自己的名义取得权利和义务并行使权利和承担义务。公民的姓名包括姓、名以及父名，但法律或民族习惯有不同规定的除外。

在法律另有规定的情况下，依照法律规定的程序，公民可以使用化名（假名）。

2. 公民有权依照法律规定的程序更改自己的姓名。公民姓名的变更不是终止或变更其在原名下所取得的权利和义务的根据。

公民有义务采取必要措施将自己更改姓名的情况通知其债务人和债权人，并承担由于债务人和债权人不知悉其更改姓名而发生后果的风险。

3. 已经更改姓名的公民，有权要求在按其原姓名办理的文件中做相应的变更，费用自负。

4. 不允许冒用他人姓名取得权利和义务。

5. 由于非法使用他人姓名而对他人造成的损害，应依照本法予以赔偿。

在歪曲公民姓名或以损害公民名誉、人格、商业信誉的方式或形式使用公民姓名时，适用本法第174条规定的规则。

第二十一条　公民的住所地

1. 住所地是公民永久或主要居住的地方。

2. 未满14周岁的未成年人或被监护公民的住所地应为其法定代理人或监护人的住所地。

第二十二条　公民的行为能力

1. 公民自成年起，即年满18周岁之时起，完全具有以自己的行为取得并行使民事权利、为自己建立义务并履行民事义务的能力（民事行为能力）。

2. 如果法律允许在年满18周岁之前结婚，则未满18周岁的公民自结婚之时起取得完全的行为能力。

由于婚姻而获得的行为能力即使是在年满18周岁之前又离婚的情况下也能得到完全保留。

当法院确认婚姻无效时，法院可以判决未成年一方自法院确定的时间起丧失完全的行为能力。

第二十三条　不得剥夺和限制公民的权利能力和行为能力

1. 除非在法律另有规定的情况下和依照法律规定的程序，任何人的完全民事行为能力和权利能力均不得受到限制。

2. 国家机关或其他机关限制公民行为能力及限制公民从事经营活动或其他活动的权利的文件，如不遵守法律规定的作出有关限制的条件和程序，一律无效。

3. 公民全部或部分放弃权利能力或行为能力，以及旨在限制权利能力和行为能力的其他法律行为，自始无效，但法律允许这种法律行为的情况除外。

第二十四条　公民的经营活动

1. 自进行国家注册时起，公民可以在没有组建法人的情况下作为个体工商户从事经营活动。

2. 本法典调整商业组织法人活动规则适用于非法人组织公民从事的经营活动，如果法律或者法律关系本质另有规定的除外。

3. 经营农场的公民可免于国家注册。

4. 以非法人形式从事经营活动的公民，如违反本条第 1 款的规定，则对在这种情况下缔结的法律行为产生的关系中无权证明其不是经营者。法院可以对这样的法律行为适用本法关于从事经营活动有关债的规则。

5. 以非法人组织形式从事经营活动的公民的登记和征税程序由塔吉克斯坦共和国的法律规定。

第二十五条　公民的财产责任

1. 公民以属于其全部财产对自己的债务承担责任，但依法律文件不得对之进行追索的财产除外。

2. 塔吉克斯坦共和国民事诉讼法规定的公民财产清单不得追索。

第二十六条　个体工商户的破产

1. 个体工商户如果不能满足与从事经营活动有关的债权人请求，可以依照法院的判决被确认为破产。自作出有关判决之时起，公民作为个体工商户的注册即丧失其效力。

2. 在确认个体工商户为破产人的程序中，与其从事经营活动无关的债权人也有权提出自己的请求。上述债权人的请求，即使未按此程序提出，在经营者破产程序办理完毕之后仍然有效。

3. 个体工商户被确认为破产时，其债权人的请求应该以属于个体工商户的可以追索的财产按以下顺序予以满足：

第一顺序，满足其生命或健康受到损害而个体工商户应承担责任的公民的请求，其办法是一次给付应付定期给付的金额以及清偿追索抚养费的债权；

第二顺序，给付退职金，给付按劳动合同和其他合同工作的人员的工资，但不得超过 3 个月，以及依照著作权合同给付报酬；

第三顺序，清偿以属于个体工商户的财产作抵押担保的债权；

第四顺序，偿还拖欠国家预算和非预算基金的欠款；

第五顺序，依法与其他债权人进行结算。

在清偿完前一顺位的债权之后，再清偿该顺位的债权。

4. 在完成与债权人的结算之后，宣告破产的个体工商户免于履行其余与经营活动有关的债务，以及在确认经营者为破产人过程中要求履行的其他请求。

5. 法院确认个体工商户为破产人或者个体工商户宣告自己破产的根据和程序由破产法规定。

6. 已废止。

第二十七条　年满14周岁不满18周岁的未成年人的行为能力

1. 年满14周岁不满18周岁的未成年人，除本条第2款规定的法律行为外，在实施法律行为时须有自己的法定代理人父母、养父母或托管人的书面同意。

上述未成年人实施的法律行为，如事后得到其父母、养父母或托管人的书面追认亦属有效。

2. 年满14周岁不满18周岁的未成年人，有权独立地，即不经父母、养父母和托管人的同意进行如下行为：

（1）处分自己的工资、奖学金和其他合法收入；

（2）行使科学、文学、艺术作品、发明或其他受法律保护的智力活动成果的著作者的权利；

（3）依照法律在信贷机关存款并处分这些存款；

（4）实施小额的日常生活性法律行为和本法第29条第2款规定的行为。

未成年人自年满16周岁时起还有权依照合作社法的规定成为合作社的成员。

3. 年满14周岁不满18周岁的未成年人对其依照本条第1款和第2款实施的法律行为独立承担财产责任。上述未成年人依照本法的规定对其造成的损害承担责任。

4. 在有充分根据时，法院根据父母、养父母或托管人的申请及监护和保护机关的申请可以限制或剥夺年满14周岁不满18周岁的未成年人独立处分其工资、奖学金或其他收入的权利，但未成年人依照本法第22条第2款或第28条完全获得行为能力的情况除外。

第二十八条　取得完全民事行为能力

1. 年满16周岁的未成年人如果依照劳动合同工作，包括按其他合同工作，或经父母、养父母或托管人的同意从事经营活动，可以被宣告为完全民事行为能力人。

宣告未成年人为完全民事行为能力人（取得完全民事行为能力），经父母、养父母或托管人的同意时，根据监护和保护机关的决议进行；没有父母、养父母或托管人的同意时，需根据法院的判决进行。

2. 对已取得完全民事行为能力的未成年人的债务，包括致人损害而发生的债务，其父母、养父母或托管人不承担责任。

第二十九条 不满 14 周岁未成年人的行为能力

1. 对于未满 14 周岁的未成年人，除本条第 2 款规定的情况外，只能由其父母、养父母或监护人代理其实施法律行为。

对未成年人的法定代理人实施的涉及未成年人财产的法律行为，适用本法第 38 条第 2 款和第 3 款的规定。

2. 年满 6 周岁不满 14 周岁的未成年人有权独立实施以下法律行为：

（1）小额的日常生活性法律行为（购买面包、书籍、铅笔等），立即生效的法律行为；

（2）无须公证证明的或无须进行任何国家登记的旨在无偿获利的法律行为；

（3）为了一定的目的或为了自由支配而处分由法定代理人提供的或经法定代理人同意由第三人提供的资金的法律行为。

3. 未成年人通过法律行为产生的财产责任，包括未成年人独立实施的法律行为产生的财产责任，如果不能证明债权债务关系的违反不是由于未成年人的过错，则由其父母、养父母或托管人承担。上述人还应依法对未成年人造成的损害承担责任。

第三十条 确认公民无行为能力

1. 由于精神病而不能理解自己行为的意义或不能控制自己行为的公民，可以由法院依照民事诉讼法规定的程序将其确认为无民事行为能力人并应设立监护。

2. 被确认为无民事行为能力人的公民的监护人以无民事行为能力人的名义实施法律行为。

3. 如果确认公民无民事行为能力的根据不复存在，法院应确认该公民具有民事行为能力。依照法院的判决应撤销对其监护。

4. 如果法院拒绝判定公民为无民事行为能力人，并确认此申请是不正当的，被该行为造成精神损害的人有权向此申请人要求赔偿。

第三十一条 公民行为能力限制

1. 因酗酒或吸毒而使其家庭物质状况艰难的公民，可以由法院依照民事诉讼法规定的程序限制其行为能力，对其应设立托管。

该公民有权独立实施小额的日常生活的法律行为。

只有取得托管人的同意，该公民才能实施其他法律行为，以及领取工资、赡养金和其他收入以及处分上述收入，但是，这样的公民应对其实施的法律行为和其造成的损害独立承担财产责任。

2. 如果限制公民行为能力的根据不复存在，法院应确认该公民具有行为能力，依照法院的判决应撤销对其托管。

第三十二条 监护和托管

1. 监护和托管的设立是为了保护无行为能力的公民和限制民事行为能力人的权利和利益。为了对未成年人进行教育也可以对未成年人设立监护和托管。监护人和托管人与此相关的权利和义务由塔吉克斯坦共和国家庭法典确定。

2. 在与任何人的关系中，包括在法院，监护人和托管人应出面维护被监护人和被托管人的权利和利益，无须专门的授权。

3. 在未成年人没有父母、养父母或其父母被法院剥夺父母权利以及由于其他原因而没有父母保护的情况下，包括其父母逃避对未成年人的教育和逃避保护其权利和利益时，对未成年人应设立监护和保护。

第三十三条 监护

1. 对未成年人和因精神病或痴呆而被法院确认为无行为能力的公民应设立监护。

2. 监护人依法为被监护人的法定代理人，以被监护人的名义、为了被监护人的利益实施一切必要的法律行为。

第三十四条 托管

1. 对年满14周岁不满18周岁的未成年人以及因酗酒、吸毒而被法院限制民事行为能力的公民应设立托管。

2. 托管人对被托管人无权独立实施的法律行为作出同意实施的决定。

托管人对被托管人在行使其权利和履行其义务方面给予协助，并保护其不受第三人的不法利用。

第三十五条 监护和托管机关

1. 监护和托管机关是国家地方政府机关、城镇和农村的自治机关。

2. 法院必须在确认公民无行为能力或限制公民行为能力的判决生效之时起的

3 日内将此情况通知该公民住所地的监护和保护机关，以便对其设立监护或托管。

3. 被监护人住所地的监护和托管机关对监护人和托管人的活动进行监督。

第三十六条 监护人和托管人

1. 监护人和托管人由需要监护或保护的人的住所地的监护和保护机关在获悉必须对公民实行监护或保护之时起的 1 个月内指定，如果存在正当理由，监护人或托管人可由被监护人（被托管人）住所地的监护和保护机关指定，如果对需要监护或保护的人在 1 个月内未指定监护人或托管人，则由监护和保护机关暂时履行监护人或托管人的职责。

对监护人或托管人的指定有不同意见时，利害关系人可以向法院起诉。

2. 只有具有行为能力的成年公民才能被指定为监护人和托管人。被剥夺父母权利的公民以及根据塔吉克斯坦共和国的法律禁止作为监护人和托管人的公民，不得被指定为监护人和托管人。

3. 监护人和托管人须经本人同意方能被指定。同时，还应考虑其道德品质和其他个人品质、履行监护人和托管人职责的能力、其与需监护或托管的人之间存在的关系，在可能的情况下，还应考虑被监护人或被托管人的意愿。

4. 需要监护和保护的公民，如已被收入有关的教育机关、医疗机关、居民社会保护机关或其他类似机关，则上述机关为其监护人和托管人。

第三十七条 监护人和托管人履行自己的职责

1. 监护和保护职责无偿履行，但法律另有规定的情况除外。

2. 未成年人的监护人和托管人必须与被监护人和被托管人共同居住。托管人与年满 16 周岁的被托管人分开居住须经监护和保护机关批准，并且以不对被托管人的教育及其权利和利益的保护产生不利影响为条件。

监护人和托管人必须将变更住所地的情况通知监护和保护机关。

3. 监护人和托管人必须关心被监护人和被托管人的教育及其健康、身体、心理和道德的发展，以及他们的普通教育和职业培训情况。

未成年人的监护人和托管人应关心未成年人的学业和品德教育。

4. 被法院限制行为能力的成年公民的托管人，不承担本条第 3 款规定的职责。

5. 如果公民被确认无行为能力或因酗酒、吸毒而被限制行为能力的根据不复存在，监护人或托管人有义务向法院提出申请，请求确认被监护人具有行为能力并撤销对其监护或托管。

第三十八条　被监护人财产的处分

1. 被监护公民的收入，包括因管理其财产而应付给被监护人的收入，除被监护人有权独立处分的收入外，均由监护人开支，但只能是为被监护人的利益并且必须事先得到监护和托管机关的批准。

监护人或托管人有权无须监护和托管机关的事先批准应付给被监护人的收入以维持其生活进行必要的开支。

2. 未经监护或托管机关的事先批准，监护人无权实施受托人同意处分的法律行为，包括被监护人财产的交换或者赠与、出租、无偿使用或者抵押，导致被监护人放弃属于自己的权利、分割其财产或从中分得份额，以及导致被监护人财产减少的任何其他法律行为。

被监护人财产管理的程序由法律规定。

3. 监护人、托管人、其配偶和近亲属无权与被监护人进行法律行为，但向被监护人赠与财产或无偿使用的除外，也无权在被监护人与监护人或托管人的配偶或其近亲属之间在缔结契约和诉讼案件中代表被监护人。

第三十九条　被监护人财产的委托管理

1. 在有必要对被监护人的不动产和贵重的动产进行经常性管理时，监护和保护机关应同该机关确定的管理人签订该财产的委托管理合同。在这种情况下，监护人对未交付委托管理的被监护人的财产仍保留自己的权能。

在管理人行使其对监护人财产的管理权限时，对管理人适用本法第 38 条第 2 款和第 3 款规定的规则。

2. 对被监护人财产的委托管理依照法律为终止财产委托管理合同规定的根据而终止，以及在监护或保护终止时终止。

第四十条　监护人和托管人职责的解除

1. 监护和保护机关在将未成年人交还其父母或未成年人被收养时解除监护人或托管人履行其职责。

在将未成年人安置在有关的教育机关、医疗机关、居民社会保护机关或其他类似机关时，只要不违背被监护人和被托管人的利益，监护和保护机关应解除原先指定的监护人或托管人的职责。

2. 在具有正当理由（疾病、财产状况的改变、同被监护人或被托管人缺少相互理解等）时，可以根据监护人或托管人的请求解除他们的职责。

3. 如果监护人或托管人不当履行其所担负的职责，包括利用监护和托管谋取私利或者未予监管和必要的帮助遗弃被监护人，在塔吉克斯坦共和国法律另有规定的情况下，监护和托管机关可以撤销监护人和托管人履行职责并采取必要措施追究有过错公民的法定责任。

第四十一条　监护和托管的终止

1. 对成年公民的监护和保护，在法院作出关于确认被监护人或被托管人具有行为能力或撤销对其行为能力限制的判决时，根据监护人、托管人或监护和托管机关的申请予以终止。

2. 在幼年被监护人年满 14 周岁时，对其监护即告终止，而行使监护人职责的公民无须有关的另外判决即成为未成年人的托管人。

3. 在未成年人年满 18 周岁后，以及在达到成年之前结婚或取得完全民事行为能力的其他情况下，对该未成年人的保护即告终止，而无须专门的判决。

第四十二条　对有行为能力公民的庇护

1. 对于因健康状况不能独立行使和保护自己权利和履行自己义务的具有行为能力的成年公民，可以根据其请求，对其设立庇护形式的保护。庇护的设立不能导致被监护人和被托管人权利的限制。

2. 具有行为能力的成年公民的托管人（帮助人）由监护和保护机关指定，但必须征得该公民的同意。

3. 属于具有行为能力的成年被庇护人的财产，由托管人（帮助人）依照同被庇护人签订的委托合同或委托管理合同进行处分。生活性法律行为和旨在维护被庇护人的生活和满足其日常生活需要而实施的其他法律行为，由托管人（帮助人）征得被庇护人的同意后进行。

4. 依照本条第 1 款对具有行为能力的成年公民设立的庇护，根据受庇护公民的要求予以终止。

被庇护公民的托管人（帮助人），在本法第 40 条规定的情况下免除履行所承担的职责。

5. 只有具有行为能力的成年公民且塔吉克斯坦共和国法律允许才能够被指定为具有行为能力的成年公民的托管人（帮助人）。

第四十三条　宣告公民失踪

如果在公民的住所地已逾 1 年没有关于其下落的消息，可以根据利害关系人的申请由法院确认该公民失踪。

在无法确定得到失踪人下落信息的最后日期时，则认为得到其最后下落信息之月的次月的第 1 日为计算确认失踪的期限开始之时，而如果无法确认该月份，则认为次年的 1 月 1 日为计算确认失踪的期限开始之时。

第四十四条　宣告公民失踪的后果

1. 被宣告失踪公民的财产，如果有必要根据法院的判决交付给监护和托管机关确定的并依照与该机关签订的委托管理合同进行工作的人员实行委托管理。

被宣告失踪的人的财产管理人承担民事责任，清偿被宣告失踪人的债务，为其利益管理他们的财产。根据利害关系人的申请，应给予失踪人承担赡养义务的公民一定的赡养费。

2. 监护和保护机关也可以在自得到失踪人最后下落信息之日起尚不满 1 年时指定失踪人财产的管理人。

3. 本条未规定的确认公民失踪的其他后果由法律规定。

第四十五条　宣告公民失踪判决的撤销

1. 在被宣告失踪的公民重新出现或发现其下落时，法院应撤销关于确认其失踪的判决。依据法院的判决，对该公民财产的管理亦予以撤销。

2. 如果从管理人任命之日起 3 年之后，失踪公民宣告决定并未改变，也没有向法院申请宣告公民死亡，监护和托管机关应该向法院申请宣告该公民死亡。

第四十六条　宣告公民死亡

1. 如果在公民的住所地已逾 3 年没有关于其下落的信息，可以由法院宣告他死亡，而如果他其是在有死亡威胁的情况下失踪或者在有理由推断他由于某一不幸事故而死亡的情况下失踪，则经过 6 个月没有其下落时可以由法院宣告其死亡。

2. 军人或其他因军事行动而失踪的，应在军事行动结束之日起至少满 1 年后，才能由法院宣告其死亡。

3. 法院宣告公民死亡的判决生效之日被认为是被宣告死亡的公民的死亡之日。对处于有死亡威胁的情况下失踪或在有理由推断其死于某一不幸事故的情况下失踪的公民，法院可以将推定其死亡的日期确认为其死亡日期。

4. 公民死亡的宣告导致该公民的权利和义务随其死亡而消失。

第四十七条　被宣告死亡的公民重新出现的后果

1. 在被宣告死亡的公民重新出现或发现其下落时，法院应撤销关于宣告其死亡的判决。

2. 无论何时重新出现，该公民均有权要求在宣告其死亡后无偿得到他财产的任何人返还尚存在的财产，但本法第323条第3款规定的情况除外。

3. 根据有偿法律行为获得被宣告死亡公民财产的人，如果能够证明在取得财产时他们明知被宣告死亡的公民尚在人世，则必须将财产返还原主，如不可能原物返还，则应照价赔偿。如果根据继承法被宣告死亡公民的财产转让给国家或者因履行本法所规定的条款而被变卖，那么在公民的死亡宣告被撤销之后，应该归还变卖财产所得的钱款。

4. 善意占有人应有权保留其所做的改进，如果这些改进可以在不损害财产的情况下进行分离。如果不能将改良物分离，善意占有人应有权要求赔偿改进改良物所产生的费用，但不超过财产价值增加的数额。

第四章　法　　人

第一节　基　本　规　定

第四十八条　法人的概念

1. 凡对独立财产享有所有权、经营权或业务管理权并以此财产对自己的债务承担责任，能够以自己的名义取得和实现财产权利和人身权利并承担义务，能够在法院起诉和应诉的组织，都是法人。

法人应具有独立的资产负债表或预算。

2. 法人的发起人（股东）应出资组成法人财产，能够对该法人享有债权或对其财产享有物权。

商业公司、生产合作社和消费合作社的股东对法人财产享有债权。

单一制企业，包括子公司以及由财产所有人拨款的机关，属于其发起人对其财产享有所有权的法人。

3. 发起人（股东）对之不享有财产权利的法人包括：社会团体或宗教组织；慈善基金会和其他基金会；法人的联合组织（协会和联合会）。

第四十九条　法人的权利能力

1. 法人能够享有符合其设立文件所规定的活动宗旨的民事权利并承担与该活动有关的义务。

2. 商业组织，除单一制企业和法律规定的某几种组织外，可以享有为进行法律不予禁止的任何种类的活动所必需的民事权利并承担民事义务。对法律明文列出的某些种类的活动，法人须取得专门许可（执照）方能经营。

3. 只有在法律另有规定的情况下和依照法律规定的程序，法人的权利才能受到限制。对限制其权利的决定，法人有权向法院提起诉讼。

4. 法人的权利能力自其成立之时起产生并在其清算完成之时终止。

法人进行须领取执照方能从事的活动的权利（本条第 2 款），如果法律或其他法律未作不同规定，则自取得该执照之时产生或在执照规定的期限内产生，并在执照有效期届满时终止。

第五十条 商业组织和非商业组织

1. 法人可以是以获取利润为其活动基本宗旨的组织（商业组织），也可以是不以营利为基本目的，也不在其股东中分配所获利润的组织（非商业组织）。

2. 作为商业组织的法人，可以商业公司、生产合作社、国有和自治地方所有的单一制企业的形式成立。

3. 作为非商业组织的法人，可以消费合作社、社会团体和宗教团体、由财产所有权人拨款的机关、慈善基金会和其他基金会的形式以及法律规定的其他形式成立。

非商业组织可以从事经营活动，但仅为达到其成立宗旨而服务并以符合该宗旨为限。

4. 允许商业组织和非商业组织成立联合会和协会形式的联合组织。

第五十一条 法人的国家注册

1. 法人必须按照塔吉克斯坦共和国法律规定的程序进行国家登记。国家注册的资料，包括商业组织的注册、公司名称，应列入向公众开放的统一的法人和个体企业国家登记簿，供公众监督。

无须对法人进行国家登记的理由由塔吉克斯坦共和国法律规定。禁止以不适宜设立法人为由拒绝登记。

对于不予注册的决定以及不予受理注册的决定，可以向法院起诉。

2. 法人自其完成国家注册之日起即视为成立。

3. 法人只有在法律另有规定的情况下才能重新注册。

第五十二条 法人的设立人

1. 法人可由一个或多个设立人设立。

2. 法人的创立人可以是财产所有人或其授权机关，也可以是个人，在法律明文规定的情况下，可以是其他法人。在这种情况下，根据经济管理权或经营管理权拥有财产的法人可以在所有者或其授权机关的同意下成为其他法人的创立人。

第五十三条　法人的设立文件

1. 法人根据章程，或依设立文件和章程，或仅根据设立文件进行活动。在法律另有规定的情况下，不是商业组织的法人，可以根据该类组织的共同条例从事活动。

法人的设立文件由其发起人（股东）签订，其章程由发起人批准。

依照本法由一个发起人设立的法人，依照该发起人批准的章程进行活动。

2. 法人的设立文件应该规定法人的名称、法人的住所地、法人活动的管理办法，还应含有法律为相应种类的法人所规定的其他内容。

在非商业组织和单一制企业的设立文件中，以及在法律规定情况下的其他商业组织的设立文件中，应该规定法人活动的目标和宗旨。商业组织的目标和一定的宗旨亦可由设立文件予以规定。

在设立文件中应规定：发起人承担设立法人义务，规定为设立法人而进行共同活动的程序，向法人移交自己财产的条件和参加法人活动的条件。设立文件还应规定股东分配利润和分担亏损的条件和办法、法人活动的管理程序、发起人（股东）退出法人的条件和程序。

在设立文件中，若发起人同意可以包括其他条件。

3. 对政党、公共协会、慈善机关和其他基金会以及宗教组织的设立文件所做的修改自其进行国家注册时起对第三人生效。其他法人的设立文件中的信息变更在进入统一的法人和个体企业登记簿后对第三人生效。

第五十四条　法人的机关

1. 法人通过其依照法律、其他法律和设立文件进行工作的机关取得民事权利和承担民事义务。法人机关的任命或选举程序由法律和设立文件规定。

2. 在法律另有规定的情况下，法人可以通过自己的股东取得民事权利并承担民事义务。

3. 依照法律或法人设立文件以法人的名义进行活动的人，应该为所代表的法人的利益认真而合理地进行工作。其应当根据法人发起人（股东）的请求赔偿其给法人造成的损失，法律或合同另有规定的除外。

第五十五条　法人的名称和住所地

1. 法人的名称中应指明法人的组织法律形式。非商业组织、单一制企业以及在法律另有规定的情况下的其他商业组织的名称，还应该指明法人活动的性质。

法人的名称包括官方全称或名称缩写（国家名称），政府可以规定在法人的文件或宣传材料中包含此类名称规定或含有国家标志的要素。

2. 法人的住所地以其国家注册地为准，但依法在法人的设立文件中另有规定的除外。

3. 法人的名称和住所地应在其设立文件中予以载明。

4. 作为商业组织的法人应该有商业名称。

法人对其按规定程序进行注册的商业名称享有专属使用权。

商业名称的注册和使用办法，由法律依照本法规定。

非法使用他人已注册的商业名称的人，应按照商业名称权利持有人的请求赔偿所造成的损失。

第五十六条　代表机关和分支机关

1. 法人的代表机关是设立在法人住所地之外的独立部门，代表和维护法人的利益，代表法人进行法律行为和其他法律行为。

2. 分支机关设立在法人住所地之外并行使法人的全部或部分职能，包括代表机关职能的独立部门。

3. 代表机关和分支机关不是法人，而是根据塔吉克斯坦共和国法律和法人的设立文件由法人相关机关决定设立。它们拥有由设立它们的法人划拨的财产并根据该法人批准的条例进行工作。

代表机关和分支机关的领导人由法人任命，并根据其委托书进行工作。

代表机关和分支机关应在设立法人的文件中注明。

第五十七条　法人的责任

1. 除由财产所有人拨款的机关外，法人以属于其全部财产对自己的债务承担责任。

2. 国有企业和由财产所有权人拨款的机关，依照本法第 125 条第 8 款、第 126 条和第 127 条规定的程序和条件对自己的债务承担责任。

3. 除本法或法人设立文件规定的情况外，法人的发起人（股东）或其财产所有权人不对法人的债务承担责任，而法人也不对其发起人（股东）或财产所有权人的债务承担责任。

如果法人的破产系其发起人（股东）、财产所有权人或有权对该法人发布强制性指示或者有可能以其他方式规定法人行为的人所致，则在法人财产不足以清偿债务时，可以由上述人对法人的债务承担补充责任。

第五十八条　法人的重组

1. 法人的改组（合并、兼并、新设分立、派生分立、改变组织形式）可以依照其发起人（股东）的决议或根据其设立文件享有此权限的法人机关的决议进行。

2. 为了限制垄断，法律可以规定法院判决强制改组商业组织的案件和程序。

如果法人的发起人（股东）、其授权机关或者其设立文件授权对法人进行改组的法人机关，在授权的国家机关决定规定的期限内未能对法人进行改组，则法院应根据上述国家机关的请求对该法人进行改组。自任命外部管理人之时起，法人事务的管理权移交给外部管理人。外部管理人以法人的名义在法院起诉和应诉，编制分立资产负债表并将分立资产负债表连同因法人改组而新产生的法人的设立文件一并提交法院审议。经法院批准的上述文件是新产生的法人进行国家注册的根据。

3. 在法律另有规定的情况下，合并、兼并或改变组织形式等形式的法人改组，只有经被授权的国家机关的同意方能进行。

4. 除合并形式的改组外，自新产生的法人进行国家登记之时起，法人即被认为已完成改组。

以吸收合并的形式而对法人进行改组时，按规定的程序兼并的法人同时向国家注册机关提交加入统一的法人和个体企业国家注册机关的申请。从有关法人终止活动的事项和法人的设立文件变更信息载入统一的法人和个体企业国家登记簿之时起，法人即被视为已经改组。

在法人的设立文件变更信息载入统一的法人和个体企业国家登记簿之后，法人组织形式变更即被视为完成。

5. 银行变更组织形式依照本法和银行法进行。

第五十九条　法人改组时的权利继承

1. 在几个法人进行合并时，每一个法人的权利和义务依照移交文书转移给新产生的法人。

2. 在法人加入另一个法人时，后加入的法人的权利和义务依照移交文书转移给存续的法人。

3. 在法人新设分立时，其权利和义务依照分立资产负债表移转给新产生的几个法人。

4. 当一个或多个法人实体与法人实体派生分立时，重组后的法人实体的权利和义务应按照划分的资产负债表转移给每一个法人。

5. 在一种类型的法人改组成为另一种类型的法人（改变其组织形式）时，被改组法人的权利和义务依照移交文书转移给新产生的法人。

第六十条　移交文书与分割资产负债表

1. 已废止。

移交文书与分割资产负债表应该包含被改组法人对其所有债权人和债务人的全部债权债务继受的规定，包括双方有异议债务。

2. 移交文书与分割资产负债表由法人的发起人（股东）批准或由作出法人重组决议的机关批准，并应提交给国家登记机关，以便对新成立的法人进行国家登记，并在国家统一法人和个体企业国家登记簿中录入有关新成立法人的信息。

第六十一条　法人重组时其债权的保障

1. 法人的发起人（股东）或者作出法人改组决议的机关应将改组情况书面通知被改组法人的债权人。

2. 被改组法人的债权人有权要求终止相关活动或提前履行该法人所欠债务，并赔偿损失。

3. 如果根据分立资产负债表无法确定被改组法人的权利继受人，则新产生的法人对被改组法人的债务向其债权人承担连带责任。

第六十二条　法人的清算

1. 法人清算的后果是法人的终止，而其权利和义务并不依照权利继受方式转让给他人。

2. 法人可能被清算的原因：

发起人（股东）的决议或法人设立文件授权的法人机关的决议；也可以是法人存续的期限届满，法人设立的目的已经达到；由于法人成立时严重违反法律且违法行为具有不可弥补的性质；法人未取得应有的批准（执照）而从事活动或者从事法律禁止的活动；有其他多次的或严重违反法律的行为；社会团体、宗教团体或社会基金会从事与其成立宗旨相抵触的活动，法院作出清算的判决；被撤销许可证且许可证中规定的业务是唯一允许从事的业务；本法和法律规定的其他情况。

3. 根据本条第 2 款而要求清算法人的，可以由依法有权提出该请求的国家机关或地方机关向法院提出。

4. 作为商业组织的法人或以消费合作社、慈善基金会的形式进行活动的法人，因确认其破产，根据本法第 66 条的规定进行清算。

如果该法人财产的价值不足以清偿债务，则法人仅可以依照本法第 66 条规定的程序进行清算。

国有企业不适用法人破产而进行清算的规定。

5. 除非银行法另有规定，否则银行应按照本法进行清算。

第六十三条 作出法人清算决议的人的义务

1. 法人的发起人（股东）或机关在作出法人清算的决议后，必须立即将此情况通知授权的国家机关，以便将法人正在清算的信息录入统一的法人和个体企业国家登记簿。

2. 法人的发起人（股东）或者机关在作出法人清算的决议后，应依照本法的规定任命清算委员会（清算人），确定清算的办法和期限。

3. 自清算委员会任命之时起，有权处理法人的财产。只有经清算委员会同意，法人才能进行转让财产或者偿还债务的所有行为。

第六十四条 法人清算的程序

1. 清算委员会应在公布法人国家注册信息的出版物上公布法人清算的消息以及债权人提出请求的办法和期限，该期限不得少于自公布清算消息之时起的 2 个月。

清算委员会应采取一切措施查明债权人和收取债务人的欠款，并以书面形式将法人清算的事宜通知债权人。

2. 债权人提出请求的期限届满之后，由清算委员会编制过渡阶段的清算资产负债表，该资产负债表应包含被清算法人的财产构成、债权人的请求清单以及关于审议这些请求的情况信息资料。

过渡阶段的清算资产负债表由作出法人清算决议的法人发起人（股东）或机关批准。

3. 如果被清算法人（机关除外）现有的资金不足以清偿债务人的请求，则清算委员会应按法院判决确定的执行程序对法人的财产进行公开拍卖。

4. 清算委员会按照本法第 65 条规定的顺序，依照过渡阶段清算资产负债表，自该资产负债表批准之日起向被清算法人的债权人付款,但第五顺序的债权人除外,对该顺序债权人自过渡阶段的清算资产负债表批准之日起满 1 个月之后付款。

5. 在完成同债权人的结算之后,清算委员会编制清算资产负债表,清算资产负债表由作出法人清算决议的发起人(股东)或机关经与授权的国家机关协商后批准。

6. 如果被清算机关的资金不足以清偿债务人的请求,债权人有权向法院起诉,要求用该机关财产所有人的财产清偿其余的部分。

7. 在满足债权人的请求之后所余法人财产应交付给对该财产享有物权或对该法人享有债权的法人发起人(股东),但法律或法人的设立文件有不同规定的除外。

8. 在将法人已清算的事项记入统一的法人和个体企业国家登记簿之后,即认为法人的清算已经完成,而该法人便不复存在。

第六十五条　债权人债权的清偿

1. 当法人清算时,按以下顺序清偿债权人债权:

第一顺序,清偿因公民生命或健康受到损害而被清算法人应对之承担责任的公民的债权,办法是一次给付原应分期给付的款项;

第二顺序,给付按劳动合同(包括其他合同)工作的职工的退职金和工资以及依著作权合同给付酬金;

第三顺序,清偿以被清算法人的财产作担保的债权人的债权;

第四顺序,偿还负有强制性付款义务的债务;

第五顺序,依法同其他债权人进行结算。

在银行和其他吸收公民资金的信贷机关进行清算时,第一顺序应清偿作为存款人的公民的债权。

2. 每一顺序债权人的请求应在完全清偿前一顺序债权之后进行清偿。

3. 在被清算法人的财产不足时,其财产应在相应顺序的债权人之间按应予清偿的比例进行分配。

4. 如果清算委员会拒绝清偿或拒绝审议这些请求,债权人有权在法人清算资产负债表批准之前向法院对清算委员会提起诉讼。

依照法院的判决,债权可以用被清算法人的剩余财产进行清偿。

5. 债权人在清算委员会规定的最后期限之后提出的债权,应该用清偿按期申报债权之后所剩余的财产进行清偿。

6. 由于被清算法人财产不足而未清偿的债权，被视为已消灭，但本法第 68 条规定的情况除外。清算委员会不予承认的债权人请求，如果债权人未向法院起诉，以及法院判决驳回的，均被视为已消灭。

第六十六条　法人的破产

1. 除国有企业以外的作为商业组织的法人，如果由于流动资产不足而无法清偿债务，则视为破产人。

2. 法人破产由法院认定。

法人也可以同其债权人一起作出宣告自己破产并进行自愿清算的决议。

3. 法院确认法人为破产人的根据或法人宣告自己破产的根据，以及该法人清算的程序由破产法规定。债权清偿依照本法第 65 条第 1 款规定的顺序进行。

第六十七条　宣告法人破产的后果

1. 法院宣布法人破产以及法人在与债权人作出联合决定后宣布破产，都会导致该法人的清算。

2. 自确认法人破产之时起：

（1）该法人所有的债务之前未到期的均视为已到期；

（2）终止该法人所有债务的违约金和利息的计算；

（3）取消对该法人的资产抵押赎回权的所有法定限制；

（4）中止该法人作为被告人所属的财产性质的争议，已生效的决议除外。

所有具有财产性质的索赔请求只能在清算程序中对法人提出。

法人与其债权人一起宣告法人破产适用本条第 2 款的规定，与债权人另有约定的除外。

第六十八条　清算后法人财产的追偿

如果清算后法人为了避免对其债权人承担责任，将财产转让给另一人或以其他方式故意隐瞒其财产，在清算程序中没有得到充分清偿的债权人有权以未清偿的债务为限对该财产进行追索，适用本法第 324 条的规定。财产受让人如果知道或应该知道法人有意隐藏财产不偿还债务，则被认为是恶意的。

第二节　商　业　公　司

第一分节　一　般　规　定

第六十九条　关于商业公司的基本规定

1. 拥有由其发起人（股东）按份出资（投资）组成的注册资本（共同投资）

的商业组织为商业公司。发起人（股东）的投资建立的财产，以及商业公司在其活动过程中生产和获得的财产归商业公司所有。

在本法规定的情况下，商业公司可以由一人建立，该人为其唯一股东。

2. 商业公司可以无限公司或两合公司（有限合伙）的形式成立。

3. 商业公司可以股份公司、有限责任公司或补充责任公司的形式成立。

4. 无限公司的股东和两合公司的无限责任股东可以是个体工商户和（或）商业组织。

商业公司的股东和两合公司的投资人可以是公民和法人。

国家机关和地方机关无权成为商业公司的股东和两合公司的投资人，但法律另有规定的除外。

由财产所有权人拨款的机关，经财产所有权人的批准，可以成为商业公司的股东和商业公司的投资人，但法律另有规定的除外。

法律可以禁止或限制特定的公民参加商业公司，但上市股份公司除外。

5. 商业公司可以成为其他商业公司的发起人（股东），但本法和其他法律另有规定的情况除外。

6. 对商业公司财产的投资可以是金钱、有价证券、其他物或者财产权利以及可以用金钱估价的其他权利。

商业公司股东投资的金钱估价根据公司发起人（股东）的协议进行，在法律另有规定的情况下还应进行独立的鉴定检验。

7. 商业公司以及有限责任公司和补充责任公司无权发行股票。

第七十条　商业公司股东的权利和义务

1. 商业公司股东的权利：

（1）参与合伙或公司事务的管理，但本法第89条第2款和股份公司法规定的情况除外；

（2）获得关于商业组织或商业公司活动情况的信息和按设立文件规定的程序查看账簿及其他文件；

（3）参与利润的分配；

（4）在商业公司清算时获得同债权人结算后所余部分的财产或者所余财产的价值；

（5）商业公司的股东还可以享有本法、关于商业公司的法律、商业公司的设立文件规定的其他权利。

2. 商业组织或商业公司股东的义务：

（1）依照设立文件规定的程序、数额、方式和期限投资；

（2）不泄露关于商业组织或商业公司活动的机密信息。

商业组织或商业公司的股东还可以承担其设立文件规定的其他义务。

第七十一条 商业公司的改组

1. 一种类型的商业公司可以根据股东大会的决议按照本法规定的程序改组为另一种类型的商业公司或者改组成为生产合作社。

2. 在商业组织改组成为公司时，每一位无限责任股东在成为商业公司股东（股东）后两年内以自己的全部财产对从商业组织转移给商业公司的债务承担补充责任。前股东转让属于他的股份（股票）并不免除他的这一责任。本款所规定的规则也相应地适用于商业组织改组成生产合作社的情形。

第二分节　无 限 公 司

第七十二条 关于无限公司的基本规定

1. 无限公司是指股东（无限责任股东）根据他们之间签订的协议，代表无限公司从事商业活动，并以属于他们的所有财产对无限公司的债务承担连带责任的组织。

2. 一个人只能成为一个无限公司的股东。

3. 无限公司的商业名称或者包含其全部股东的姓名（名称）和"无限公司"字样，或者包含一个或几个股东的姓名（名称）并加上"和公司"及"无限公司"字样。

第七十三条 无限公司的设立合同

1. 无限公司依照设立合同创立和开展活动，同时执行无限公司章程规定的职能。设立合同应由所有股东签字。

2. 无限公司的设立合同除包含本法第 53 条第 2 款规定的内容外，还应包含以下条款：公司共同投资的数额和构成；每一位股东在共同资本中的数额和变更股份的程序；股东出资的数额、构成、期限和程序；股东违反出资义务的责任。

第七十四条 无限公司的管理

1. 无限公司活动的管理依照全体股东的一致同意进行。公司的设立文件可以规定何种情况可以由股东的多数票通过决议。

2. 无限公司的每一个股东拥有一票,但设立文件规定了其股东拥有票数的不同办法的除外。

3. 无限公司的每一个股东,无论其是否被授权管理公司事务,均有权了解公司事务管理的全部文件。放弃或限制这一权利,包括依照股东的协议放弃或限制这一权利,均属无效。

第七十五条　无限公司经营

1. 如果设立合同没有规定全体股东共同管理事务,或者委托个别股东管理事务,则无限公司的每一个股东均有权以公司的名义进行工作。

在全体股东共同管理事务时,每一项法律行为的实施均要求公司全体股东的同意。

如果公司的管理委托给一个或几个股东,则其余股东须取得负责管理公司事务的股东的委托书方能以公司的名义实施法律行为。

在同第三人的关系中,无限公司无权援引设立文件中限制公司股东权限的规定,除非公司能够证明第三人在实施法律行为时知道或应当知道无限公司的该股东无权以无限公司的名义进行经营。

2. 一个或几个股东所享有的管理公司的权限,在具有重大理由时,包括被授权人粗暴地违反自己的职责,或者发现其没有能力合理地管理公司事务时,可以根据公司其他一个或几个股东的要求由法院予以终止。公司的设立文件应根据法院的判决作出必要的变更。

第七十六条　无限公司股东的义务

1. 无限公司的股东必须依照设立文件规定的条款参加公司的活动。

2. 无限公司的股东必须在公司注册之日起 1 年内缴纳全部出资。

3. 无限公司的股东无权不经其余股东的同意以自己的名义和为了自己的利益或者为第三人的利益实施与构成公司活动对象的法律行为同类的法律行为。

违反这一规则时,公司有权根据自己的选择,要求该股东赔偿对公司造成的损失或者向公司移交通过该法律行为所得到的全部收益。

第七十七条　无限公司利润和损失的分配

1. 无限公司的利润与损失均在其股东中按各自投资的比例进行分配,但设立合同或股东的其他协议有不同规定的除外。不得以协议方式排除任何股东参与利润的分配或损失的承担。

2. 如果公司遭到损失而使其净资产少于其共同投资的数额，则公司所得利润便不在股东中进行分配，直至净资产的价值超过共同资产的数额。

第七十八条 无限公司股东对公司债务的责任

1. 无限公司股东以自己的财产对公司的债务连带承担补充责任。

2. 无限公司股东非公司发起人的，对其加入公司之前公司已经发生的债务同其他股东承担同样的责任。

3. 退出公司的原股东，对其退出公司之前发生的债务，自其退出公司的那一年的年度决算报告批准之日起的 3 年内同其他股东一样承担责任。

4. 无限公司股东关于限制或免除本条所规定的责任协议，一律无效。

第七十九条 无限公司财产中股东份额的转让

1. 无限公司的股东有权经公司其余股东的同意将自己在无限公司财产中的股份或部分股份转让给公司的其他股东或者第三人。

2. 在将股份（部分股份）转让给他人时，原属于股份（部分股份）转让人的权利也完全或者部分地移转给他人。接受股份（部分股份）的人应依照本法第 78 条第 2 款规定的程序对无限公司的债务承担责任。

3. 股东如将全部股份转让他人，则终止其无限公司股东的身份并产生本法第 78 条第 3 款规定的后果。

第八十条 追偿股东在无限公司财产中的份额

只有在无限公司股东的其他财产不足以清偿债务（个人债务）时，才允许因个人债务对其在无限公司财产中的股份进行追偿。该股东的债权人有权要求无限公司划拨出与该股东在财产中的股份相当的那一部分公司财产，以便对该财产进行追偿。应划拨出来的财产或其价值由债权人提出划拨请求时的公司资产负债表确定。

如果对相当于无限公司股东在财产中的股份的财产进行追偿，则终止其无限公司股东的身份，并产生本法第 78 条第 3 款规定的后果。

第八十一条 股东退出无限公司

1. 无限公司的股东有权宣布退出公司。

退出没有存续期限的无限公司，股东至少应在实际退出公司的 6 个月以前提出申请。对于有一定存续期限的无限公司，股东须有正当理由方能提前退出公司。

2. 无限公司股东关于放弃退出公司这一权利的协议一律无效。

第八十二条　股东除名

1. 如果无限公司的股东被确认失踪、无行为能力或被限制行为能力，根据其余股东的一致决议可以将该人从股东中除名。由法院判决而处于重整程序的法人也可以被无限公司除名。

2. 如果存在正当理由，包括由于某个股东严重违反其义务或发现其没有能力合理管理公司事务，无限公司的股东有权要求通过司法程序按其余股东的一致意见将该股东从无限公司除名。

3. 将该股东从公司除名，终止其参与公司事务并承担本法第78条第3款规定的后果。

第八十三条　股东退出无限公司的后果

1. 对退出无限公司的股东，应付给该股东相当于其在共同投资中的股份的那一部分公司财产的价值，但设立文件有不同规定的除外。依照退出人与其余股东的协议，也可以用实物支付上述财产的价值。

应付给退出人的那一部分公司财产或其价值，由该人退出时公司编制的资产负债表决定，但本法第80条规定的情况除外。

2. 将该股东从公司除名，终止其无限公司股东的身份并产生本法第78条第3款规定的后果。

第八十四条　无限公司的继承

1. 在无限公司股东死亡时，其继承人须经其他股东的同意才能加入无限公司。

2. 如果参加无限公司的法人进行改组，作为其权利继受人的法人有权不经无限公司其他股东的同意加入无限公司，但公司的设立文件有不同规定的除外。

3. 未加入无限公司的股东的继承人（权利继承人）应承担无限公司对第三人的债务，根据本法典第78条第3款的规定，这些债务应由已退出的参与人承担，但以股东退出公司时获得的财产为限。

第八十五条　无限公司的清算

1. 无限公司应根据本法第62条规定的理由，以及在唯一股东仍在无限公司的情况下进行清算。后者有权在成为无限公司的唯一股东后的6个月内，根据本法规定的程序，将无限公司改组成为商业公司。

2. 如果任何一个无限公司的股东退出公司、死亡、被开除，或者参加无限公司的法人被清算、股东的债权人追索相应部分的公司财产，如果无限公司的设立文件或其余参与人的协议规定可以继续经营,则无限公司可继续开展活动。

第八十六条 无限公司股东退出时的结算

1. 对退出无限公司或者被除名的股东,应付给该股东相当于其在共同投资中的股份的那一部分公司财产的价值,但设立文件有不同规定的除外。依照退出人与其余股东的协议,也可以用实物支付上述财产的价值。

如果清算公司法人的股东,则由相关清算委员会进行结算。

应付给退出人的那一部分公司财产或其价值,由该人退出公司时公司编制的资产负债表决定,但本法第 80 条规定的情况除外。

2. 对尚未成为无限公司的股东的继承人以及作为法人股东的权利继受人的结算应按照本条第 1 款的规定进行。

3. 除非公司的设立文件或股东的协议另有规定,若其中一名股东退出无限公司,其余股东在无限公司注册资本中的份额将按比例增加。

第三分节 两 合 公 司

第八十七条 关于两合公司的基本规定

1. 如果公司的股东中除了以公司的名义从事经营活动并以自己的财产对公司的债务承担责任的股东(无限责任股东)之外,还有一个或几个出资人(投资人)以其投资额为限对与公司活动有关的损失承担风险,但并不参加公司的经营活动,则这样的公司是两合公司。

2. 参加两合公司的无限责任股东的地位及其对公司债务的责任,由本法中关于无限公司股东的规则予以规定。

3. 一个人仅能成为一个两合公司的无限责任股东。

无限公司的股东不得成为两合公司的无限责任股东。

两合公司的无限责任股东不得成为无限公司的股东。

4. 两合公司的商业名称包含所有无限责任股东的姓名(名称)以及"人资两合公司"或"两合公司"字样,或者包含至少一个无限责任股东的姓名(名称),并加上"公司"和"人资两合公司"或"两合公司"字样。

5. 对两合公司适用本法中关于无限公司的规则,以不违反本法中关于两合公司的规则为限。

第八十八条 两合公司的设立合同

1. 两合公司根据其设立合同成立和开展活动。设立合同应由所有无限责任股东签字。

2. 两合公司的设立合同，除包含本法第 53 条第 2 款规定的内容外，还应包含以下条款：公司资本的数额和构成；无限责任股东在公司资本中的份额和份额的变更程序，投资的数额、构成、期限和程序，违反投资义务的责任；投资人的出资总额。

第八十九条　两合公司的管理和经营

1. 两合公司活动的管理由无限责任股东进行。无限责任股东对两合公司管理和经营的办法由他们依照本法关于无限公司的规则予以规定。

2. 两合公司的投资人无权参与公司的管理和经营，除非有委托书作为依据，否则不得以公司的名义出面。两合公司的投资人无权对无限责任股东管理公司和经营的行为提出异议。

第九十条　两合公司中投资人的权利和义务

1. 两合公司中的投资人必须向共同投资额中投资，其投资由公司向投资人发给证明书予以证明。

2. 两合公司的投资人的权利：

（1）依照设立合同规定的程序，获得其在公司共同投资中的股份应得的那部分公司利润；

（2）了解公司的年度决算和资产负债表；

（3）在会计年度结束时退出公司并依照设立合同规定的程序收回自己的投资；

（4）将自己在共同投资中的全部或部分股份转让给其他投资人或者第三人。

投资人较第三人享有依照本法第 100 条第 2 款规定的条件和程序优先购买他人股份（部分股份）的权利。投资人如将全部股份转让给他人，则终止其投资人的身份。

两合公司的设立合同还可以规定投资人的其他权利。

第九十一条　两合公司的清算

1. 两合公司在所有投资人退出时进行清算。但是无限责任股东有权不进行清算而将两合公司改组成无限公司。

两合公司也可以根据无限公司的清算根据进行清算。但是，如果两合公司中尚留有至少一个无限责任股东和一个投资人，则两合公司仍然保留。

2. 在两合公司进行清算时，包括因破产而清算时，对其满足债权人请求后所余的财产，投资人较无限责任股东有优先获得其投资的权利。

此后所余的财产在无限责任股东与投资人之间按其在公司共同投资中的股份所占比例进行分配，但设立合同或者无限责任股东与投资人的协议有不同规定的除外。

3. 已废止。

第九十二条　已废止

第九十三条　已废止

第四分节　已　废　止

第五分节　有限责任公司

第九十四条　关于有限责任公司的基本规定

1. 由一人或几人设立，其注册资本依设立文件的规定分成一定数额股权的公司是有限责任公司；有限责任公司的股东不对公司的债务承担责任，而以其缴纳的出资额为限对与公司活动有关的亏损承担风险。

未足额出资的股东，在每个股东尚未实缴部分的价值范围内对公司的债务承担连带责任。

2. 有限责任公司的商业名称应包含公司名称和"有限责任"字样。

3. 有限责任公司的法律地位及股东的权利和义务由本法和塔吉克斯坦共和国有限责任公司法规定。

第九十五条　有限责任公司的股东

1. 有限责任公司的股东数量不得超过 30 人，否则，其应将在 1 年内改组成为股份公司，在此期限届满后，如其股东的数量仍未减少到法定限额之下，则应按司法程序进行清算。

2. 有限责任公司不得以另一个一人商业公司作为唯一股东。

第九十六条　有限责任公司的设立文件

1. 有限责任公司的设立文件是由其发起人签署的设立文件和他们批准的章程。如果公司由一人设立，则公司的设立文件是其章程。

2. 有限责任公司的设立文件除包括本法第 53 条第 2 款规定的内容外，还必须包含以下条款：股东出资的数额、构成、期限和办法；股东违反出资义务的责任；公司管理机关的构成和权限以及其通过决议的程序，包括需要全票或者法定多数票决定的事项，以及包括法律规定的其他内容。

第九十七条　有限责任公司的注册资本

1. 有限责任公司的注册资本由其股东出资的价值构成。

注册资本应确定公司保证债权人利益的最低财产数额。公司注册资本的数额不得少于有限责任公司法规定的金额。

2. 不允许免除有限责任公司股东对公司注册资本实缴的义务，包括以抵销债权的方式。

3. 有限责任公司的注册资本须在公司注册之日起 1 年内由其股东全额支付。如果违反此义务，公司应该宣布减少其注册资本，并按照规定的程序向州登记机关提交申请，将注册信息输入统一的法人和个体企业国家登记簿，或者通过清算终止自己的活动。

4. 如果在第二个会计年度结束时或每后一个会计年度结束时，有限责任公司的净资产价值少于注册资本，则公司应宣告减少其注册资本，并按照规定的程序向州登记机关提交申请，以便将信息输入统一的法人和个体企业国家登记簿。如果未履行这些义务或者公司的上述资产价值少于法律规定的最低注册数额，则公司应进行清算。

5. 有限责任公司的注册资本允许在通知其所有债权人之后予以减少。在这种情况下，其债权人有权请求公司提前终止相关活动或履行公司的有关债务并赔偿损失。

6. 在所有股东缴足出资之后允许增加公司的注册资本。

7. 有限责任公司的股东大会经公司全体股东 2/3 多数票通过决定，可以规定股东按其在公司股本中的股份比例追加出资。

第九十八条　有限责任公司的管理

1. 有限责任公司的最高权力机关是其股东会。

在有限责任公司内设立（委员制的或独任的）执行机关。该机关对公司的活动进行日常领导并向股东会报告工作。公司的独任管理机关也可以不从其股东中选举产生。

2. 公司管理机关的权限以及其通过决议和代表公司的程序由有限责任公司法和公司章程依照本法确定。

3. 有限责任公司股东会的专属权限包括：

（1）修订公司的章程，变更其注册资本的数额；

（2）成立公司的执行机关和提前终止其权限；

（3）批准公司的年度决算和会计资产负债表以及分配公司的利润和亏损；

（4）决定公司的改组或清算；

（5）选举公司的监事会（监事）。

有限责任公司法还可以规定属于公司股东会的专属权限等其他问题。

属于公司股东会专属权限的问题，股东会不得移交给公司的执行机关解决。

4. 为了检查和确认有限责任公司的年度财政报表是否正确，公司有权每年聘请与公司或公司股东均无财产利害关系的职业审计师进行工作（外部审计）。对公司年度财政报表的审计检查也可以根据任何一个股东的要求进行。

对公司活动进行审计检查的程序由有限责任公司法和公司章程规定。

除有限责任公司法规定的情况外，不要求公司公布其业务总结（公开报表）。

第九十九条 有限责任公司的重组和清算

1. 有限责任公司可以根据其股东的一致决定自愿进行改组或清算。

公司改组的其他根据以及公司改组和清算的程序由本法和其他法律规定。

2. 有限责任公司有权改组成为股份公司或生产合作社。

第一百条 有限责任公司注册资本中的股份转让给他人

1. 有限责任公司的股东有权将其在公司注册资本中的股权全部或部分以出售或其他方式转让给该公司的一个或几个股东。

2. 允许公司股东将股权（部分股权）转让给第三人，但公司章程有不同规定的除外。

公司股东享有按照自己股权的比例购买其他股东股权（部分股权）的优先权，但公司章程或股东的协议规定了行使这一权利的不同办法的除外。如果公司股东自知道之日起的1个月内或者在公司章程及股东协议规定的其他期限内不行使这一权利，则股权可以转让给第三人。

3. 如果根据有限责任公司的章程不可能向第三人转让股东的股权（部分股权），而其他股东又拒绝购买，则公司有义务向该股东支付股权的实际价值或者以实物交付给该股东与其股权价值相当的财产。

4. 有限责任公司股东的股权在全额出资之前仅能转让已经实缴的部分。

5. 在有限责任公司自己购买股东的股权（部分股权）时，公司必须按照有限责任公司法和公司设立文件规定的程序和期限向公司的其他股东及第三人出售该股权，或者依照本法第 97 条第 4 款和第 5 款的规定减少其注册资本。

6. 有限责任公司注册资本中的股权可以移交给作为公司股东的公民的继承人和法人的权利继受人，但如果设立文件规定这种移交必须取得公司其余股东同意的除外。

7. 拒绝同意股权进行上述转让的后果是公司必须依照有限责任公司法和公司设立文件规定的程序和条件向股东的继承人（权利继受人）支付其股权的实际价值或用实物交付相当于该价值的财产。

第一百零一条　有限责任公司的股东的退出

有限责任公司的股东有权随时退出公司，而不论公司其他股东是否同意。

第一百零二条　股东在有限责任公司财产中股份的追偿

1. 只有在有限责任公司股东的其他财产不足以清偿债务时，才允许因个人债务对其在有限责任公司的股权进行追索。该股东的债权人有权要求有限责任公司划拨出与债务人在注册资本中的股份相当的那一部分公司财产或其价值，以便对该财产进行追偿。应划拨出来的财产或其价值由债权人提出划拨请求时的公司资产负债表确定。

2. 如果对相当于有限责任公司股东的股份进行追偿，则该股东应终止其参加公司的行为。

第一百零三条　有限责任公司股东的除名

如果严重违反公司章程，损害公司利益，有限责任公司股东的除名决定可以由公司股东会中 2/3 以上多数股东通过。

股东会除名股东的决议该股东有权向法院提起诉讼。

第一百零四条　有限责任公司股东退出时的结算

1. 应按照有限责任公司法或公司设立文件规定的方式和条款，将退出或被除名的股东在公司注册资本中所占份额相对应的财产支付给该股东。

2. 依照退出人与其余股东的协议，也可以用实物支付上述财产的价值。

3. 应付给退出人的那一部分公司财产或其价值，由该股东退出公司时公司编制的资产负债表决定，但本法第 102 条规定的情况除外。

4. 如果财产的使用权作为对有限责任公司的法定资本的投资，则此相关财产应返还给将离开公司的股东。同时，由于其正常磨损导致的此类财产减值将不予补偿。

5. 对未加入公司的公司成员的继承人或作为参与公司的法人的合法继承人的

结算，应按照本条规则进行。

第六分节　补充责任公司

第一百零五条　关于补充责任公司的基本规定

1. 补充责任公司是指公司由一人或几人成立，其注册资本按其设立文件规定的数额分成若干股份，公司的股东按公司设立文件规定的出资价值的同等倍数以自己的财产对公司的债务承担连带补充责任。在一个股东破产时，其对公司债务的责任由其余股东按其投资的比例分担，但公司设立文件规定了分担责任的不同办法的除外。

2. 补充责任公司的商业名称应包含公司名称和"补充责任"字样。

3. 本法关于有限责任公司的规则应适用于补充责任公司，除非本条另有规定。

第七分节　股份公司

第一百零六条　关于股份公司的基本规定

1. 股份公司是把注册资本分成一定数量的股票，公司的股东（股东）不对公司的债务承担责任，但以属于其股票的价值为限对与公司活动有关的亏损承担风险的公司。

未付清股款的股东，以尚未付清股款的那一部分股票价值为限对股份公司的债务承担连带责任。

2. 股份公司的商业名称必须包含其名称，并指出该公司系股份公司。

3. 股份公司的法律地位及股东的权利和义务依照本法和塔吉克斯坦共和国股份公司法规定。

通过国有企业私有化而成立的股份公司的法律地位的特点，还由关于上述企业私有化的法律规定。

第一百零七条　开放式股份公司

1. 股东可以不经其他股东同意而处置其股份的股份公司是开放式股份公司。该股份公司有权对其发行的股票进行公开认购，并根据法律和其他法律规定的条件自由出售股票。

2. 开放式股份公司必须每年向公众公布年度决算、会计资产负债表、利润和亏损的账目。

第一百零八条　封闭式股份公司

1. 股份只在其发起人或其他预先确定的人群中分配的股份公司是封闭式股份

公司。该股份公司无权对其发行的股票进行公开认购或以其他方式向无限数量的人提供购买。

封闭式股份公司的股东对该公司其他股东出卖的股票享有优先购买权。

2. 封闭式股份公司的股东人数不得超过股份公司法规定的数量，否则其应在1年内改组成为开放式股份公司，而在该期限届满后，如其数量仍未减少到法定限额之下，则应通过司法程序进行清算。

3. 在股份公司法规定的情况下，可以责成封闭式股份公司向公众公布本法第107条第2款规定的文件。

第一百零九条　股份公司的成立

1. 股份公司的发起人应签订合同，规定其为建立公司而进行共同活动的程序、公司注册资本的数额、发行股票的种类和配股的程序，以及股份公司法规定的其他条款。

股份公司的成立合同应以书面形式签订。

2. 股份公司的发起人对公司注册前发生的债务承担连带责任。

只有事后经股东大会对发起人行为进行追认，公司才对发起人与公司成立有关的债务承担责任。

3. 股份公司的设立文件是由其发起人批准的章程。

股份公司的章程，除包含本法第53条第2款规定的内容外，还应包括以下条款：公司所发行股票的种类，股票的票面价值及数量；公司注册资本的数额；股东的权利；公司管理机关的构成和权限以及他们通过决议的程序，包括对需要全票或法定多数票通过的那些问题作出决议的程序。股份公司的章程中应包括股份公司法规定的其他内容。

4. 为成立股份公司而实施其他行为的程序，包括创立会议的权限，由股份公司法规定。

5. 股份公司可以通过一人购买公司全部股票而由一人成立或由一人组成。与此有关的内容应在股份公司的章程中规定，还应在统一的法人和个体企业国家登记簿中进行注册并向公众公布。

第一百一十条　股份公司的注册资本

1. 股份公司的注册资本由股东所购买的公司股票的票面价值构成。

公司的注册资本决定保障公司债权人利益的公司财产的最低限额。注册资本不得少于股份公司法规定的数量。

2. 不允许免除股东缴纳公司股款的义务，包括不允许使用向公司提出抵销请求的办法免除此项义务。

3. 在注册资本未全额缴纳之前不允许公开认购股份公司的股票。在股份公司成立时，公司的全部股票应该在其发起人中进行分配。

4. 如果在第二个会计年度结束时或在每后一个会计年度结束时公司的净资产少于注册资本，公司应宣告减少其注册资本并按规定进行国家注册，将信息输入统一的法人和个体企业国家登记簿。如果公司的上述净资产的价值少于法律规定的最低数额，则公司应进行清算。

5. 法律或公司的章程可以对股票的数量、股票的总票面价值或者某一股东的表决权的最多票数作出限制。

第一百一十一条　股份公司的注册资本的增加

1. 股份公司有权根据股东大会的决定通过增加股票的票面价值或增发股票的方式增加注册资本。

2. 股份公司注册资本全额缴纳之后方允许增加注册资本。不允许为弥补公司亏损而增加注册资本。

3. 在股份公司法和公司章程规定的情况下，可以规定持有普通股（一般股）或其他表决权股的股东对增发的股票享有优先购买权。

第一百一十二条　股份公司的注册资本的减少

1. 股份公司有权根据股东大会的决定，通过减少股票票面价值或者收购部分股票以减少股票总量的办法减少公司的注册资本。

在通知公司的所有债权人之后允许股份公司依照股份公司法规定的程序减少注册资本。在这种情况下，公司的债权人有权要求提前终止或者提前履行公司有关债务并要求赔偿损失。

2. 如果公司的章程有相关规定，则允许通过收购和注销部分股票的方式减少公司的注册资本。

3. 股份公司注册资本的减少低于法律规定的最低金额时（第110条第1款），则公司应进行清算。

第一百一十三条　对股份公司发行有价证券和支付股息的限制

1. 在股份公司注册资本总量中，优先股的份额不得超过25%。

2. 股份公司在注册资本全部到位之后有权发行债券，债券的总额不得超过注册资本数额或者第三人提供给公司的担保数额。如果没有担保，则允许在公司注册届满两年之后，并且是此前两年公司的年度资产负债表按规定得到批准的情况下发行债券。

3. 有下列条件之一的，股份公司不得支付股息：

注册资本未全数到位；

股份公司的净资产少于其注册资本和储备基金或者支付股息后会少于上述资本和基金。

第一百一十四条　股份公司的管理

1. 股份公司的最高权力机关是股东大会。

以下各项属于股东大会的专属权限：

（1）修订公司章程，包括变更其注册资本的数额；

（2）选举经理委员会（监事会）的成员和监事会（监事）及提前终止其的权限；

（3）成立公司的执行机关和提前终止其权限，但公司章程规定这些问题的解决属于经理委员会（监事会）的权限的除外；

（4）批准公司的年度决算、会计资产负债表、利润和亏损账目以及利润的分配和亏损的分摊；

（5）决定公司改组或清算。

股份公司法还可以规定其他问题的解决属于股东大会的专属权限。

股份公司法规定属于股东大会专属权限的问题，股东大会不得移交给公司的执行机关解决。

2. 股东超过 50 人的股份公司，应成立经理委员会（监事会）。

在成立经理委员会（监事会）时，公司的章程应依照股份公司法规定该委员会的专属权限。章程规定属于经理委员会（监事会）专属权限的问题，该委员会不得移交给公司的执行机关解决。

3. 股份公司的执行机关可以是委员制的（管理会、经理会）或独任的（经理、总经理）。执行机关对公司活动进行日常领导并向经理委员会（监事会）和股东大会报告工作。

执行机关的权限是解决依照法律和公司章程的规定不属于公司其他管理机关专

属权限的一切问题。

根据股东大会的决定，执行机关的权限可以依照合同移交给另一商业组织或者个体工商户。

4. 股东公司管理机关的权限、其通过决议和代表公司的程序应由股份公司法和公司章程依照本法规定。

5. 股份公司，如依照本法或股份公司法应向公众公布本法第107条第2款所规定的文件，每年应吸收与公司及其股东无财产利害关系的专业审计人员检查和确认公司年度财政报表的正确性。

对股份公司活动的审计检查，包括对不必向公众公布上述文件的公司的审计检查，根据在注册资本中拥有10%以上股票总额的股东的要求，在任意时间均应进行。

对股份公司活动进行审计检查的程序由股份公司法和公司的章程规定。

第一百一十五条 股份公司的重组和清算

1. 股份公司可以通过股东大会的决定自愿进行改组或清算。

股份公司重组和清算的其他根据和程序由本法和其他法律规定。

2. 股份公司有权改组成为有限责任公司或者生产合作社。

第八分节 子公司和附属公司

第一百一十六条 子公司

1. 因另一商业公司或商业组织（母公司）持有该公司股份，或者依照它们之间订立的合同，或者以其他方式有能力控制该公司决策，该公司被认为是子公司。

2. 子公司不对母公司的债务承担责任。

母公司如有权对子公司发出强制性指示，包括依照同子公司的合同而对它发出强制性指示，则应对子公司为执行上述指示而订立的法律行为所发生的债务，与子公司一起承担责任。

在子公司由于母公司的过错而发生破产的情况下，母公司对子公司的债务承担补充责任。

3. 子公司的股东（股东）有权要求母公司赔偿因母公司的过错而使子公司遭到的损失，但公司法有不同规定的除外。

第一百一十七条 附属公司

1. 如果股份公司超过20%的表决权股或者有限责任公司超过20%的注册资本

为另一（占主导地位的、参股的）公司所持有，则该公司为附属公司。

2. 一个公司如果获得了股份公司的超过 20% 的表决权股或有限责任公司的超过 20% 的注册资本，必须立即依照公司法规定的程序公布有关信息。

3. 公司相互持股的最大限额以及一个公司对另一个公司在股东大会中拥有的表决权票数由法律规定。

第三节　生产合作社

第一百一十八条　生产合作社的概念

1. 生产合作社是一个以规定的方式注册并以个人的成员身份组成的独立自愿的组织，旨在通过财产结合（股份捐款）和建立民主的联合组织来满足共同的经济、社会、文化和其他需求以及他们的愿望。

生产合作社是一个商业组织，根据其章程主要向第三人提供服务。生产合作社的净利润可以依照塔吉克斯坦共和国生产合作社法和合作社章程规定的方式在其成员之间分配。

2. 生产合作社社员应依照塔吉克斯坦共和国生产合作社法和合作社章程规定的数额和程序对合作社的债务承担责任。

3. 生产合作社的商业名称应包含它的名称和"生产合作社"字样。

4. 生产合作社的法律地位及社员的权利和义务由塔吉克斯坦共和国生产合作社法依照本法予以规定。

第一百一十九条　生产合作社的成立

1. 生产合作社的设立文件是由社员大会批准的合作社章程。

2. 生产合作社的章程，除包含本法第 53 条第 2 款规定的内容外，还应包括以下条款：合作社社员股金的数额；股金的构成和合作社社员缴纳股金的办法以及其违反缴纳股金义务的责任；合作社利润和亏损分配的办法；社员对合作社债务补充责任的数额和条件；合作社管理机关的构成和权限以及其通过决议的程序，包括需要全票或法定多票决定的事项和作出决议的程序。

3. 合作社社员人数不得少于 3 人。

第一百二十条　生产合作社的财产

1. 归合作社所有的财产，依照合作社章程划分为社员的股份。

合作社的章程可以规定，合作社财产的一部分是用于章程所规定宗旨的公积金。

关于设立公积金的决议应由社员大会全票通过，但合作社章程有不同规定的除外。

2. 合作社社员必须自合作社国家注册之日起 1 年内缴纳全部股金。

3. 合作社无权发行股票。

4. 合作社的利润根据塔吉克斯坦共和国《合作社法》和合作社章程在其成员之间分配。合作社清算和债权人债权得到清偿后剩余的财产按其成员的比例分配。

在合作社清算和债权人债权得到满足之后，剩余的财产也按同样的顺序分配。

第一百二十一条　生产合作社的管理

1. 生产合作社的最高管理机关是社员大会。

在社员超过 100 人的合作社中应设立监事会，该委员会对合作社执行机关的活动实行监督。

合作社董事会对合作社进行日常管理，对监事会和社员大会负责。

只有合作社社员才能担任合作社监事会和管理委员会的委员。合作社社员不得同时既担任监事会成员又担任管理委员会委员。

2. 合作社管理委员会的权限及通过决议的程序由法律和合作社的章程规定。

3. 合作社社员大会的专属权限包括：

（1）修订合作社章程；

（2）设立监事会和终止监事会的权限，以及设立合作社的执行机关及终止其权限，但合作社章程规定由监事会行使这一权利的除外；

（3）吸收和开除社员；

（4）批准合作社的年度决算和会计资产负债表，分配合作社的利润和分摊亏损；

（5）决定合作社的改组和清算。

塔吉克斯坦共和国生产合作社法和合作社章程还可以规定其他问题的解决属于社员大会的专属权限。

属于社员大会和监事会专属权限的问题，不得移交给合作社的执行机关解决。

4. 在社员大会通过决议时，每个社员 1 票。

第一百二十二条　合作社社员资格的终止和股份转让

1. 合作社社员有权按照自己的意志退出合作社。在这种情况下应向其支付其股份的价值或交付与其股份相当的财产，以及付给合作社章程规定的其他款项。

向退社的社员发放股份或其他财产应在会计年度结束和合作社会计资产负债表被批准之后进行。

2. 在合作社社员不履行或不正确履行合作社章程规定的义务时，以及在法律和合作社章程规定的其他情况下，可以根据社员大会的决定将社员开除。

生产合作社的社员，如果是其他类似的合作社的社员，可以根据社员大会的决议将其开除。

被开除的合作社社员，有权依照本条第 1 款的规定要求取得股金和合作社章程规定的其他款项。

3. 为了合作社的利益，合作社的社员、原社员或合作社已故社员的继承人可以仅将其股份转让给合作社的现任或未来的其他社员。股份转让的顺序依照合作社的章程规定。

4. 在生产合作社社员死亡的情况下，如果合作社的章程没有不同的规定，其继承人可以被吸收参加合作社，否则合作社应将死亡社员的股份的价值付给其继承人。

5. 只有在合作社社员的其他财产不足以偿还其私人债务时，才允许因合作社社员的私人债务而依照法律和合作社章程规定的程序对其股份进行追索。

6. 已废止。

第一百二十三条　生产合作社的重组和清算

1. 生产合作社可以根据社员大会的决定自愿进行改组和清算。

合作社进行改组和清算的其他根据及改组和清算的程序由本法和其他法律规定。

2. 生产合作社根据社员大会的一致决定可以改组成为商业组织或商业公司。

第四节　国　有　企　业

第一百二十四条　国有企业基本规定

1. 国有企业可以是以经营权为基础的单一制企业，也可以是以业务管理权为基础的国有企业。

2. 国有企业的财产是不可分财产，并且不得按照投资（股份）进行分配，包括不得在企业的工作人员中进行分配。

3. 国有企业的商业名称应指出其财产所有权人。

4. 国有企业的机关是由其财产所有权人任命的或由其财产所有权人授权的机

关任命的并向他们报告工作的企业领导人。

5. 国有企业由被授权的国家机关决定成立、改组和清算。

6. 国有企业的法律地位由本法和塔吉克斯坦共和国国有企业法规定。

第一百二十五条　以经营权为基础的单一制企业

1. 国有的单一制企业是不享有财产所有权人分配给它的财产的所有权的商业组织。

2. 单一制企业是根据授权的国家机关的决定成立的。

3. 单一制企业的设立文件是由授权的国家机关批准的章程。

4. 单一制企业的注册资本不得少于法律规定的数额。

5. 单一制企业的注册资本应在其进行国家注册之日起 1 年内由所有权人全款缴纳。

6. 如果在会计年度结束时，单一制企业的净资产价值少于其注册资本的数额，则被授权成立该企业的财产所有权人必须按照规定程序减少其注册资本。如果净资产少于法律规定的数额（本条第 4 款），则企业应依照法院的判决进行清算。

7. 在作出决议减少注册资本的情况下，企业必须将此情况书面通知自己的债权人。

企业的债权人有权要求终止相关活动或提前履行该企业所欠的债务，并有权要求赔偿损失。

8. 国有单一制企业以其全部财产对企业债务承担责任，而对其所有权人的个人债务不承担责任，财产所有权人不对企业债务承担责任，但本法第 57 条第 3 款和其他法律另有规定的情况除外。

第一百二十六条　国有单一制企业的子企业

1. 经财产所有权人同意，国有单一制企业可作为另一单一制企业（子企业）的法人，可以根据规定将其部分财产转让给其子企业。

2. 发起人批准子企业章程并任命其负责人。

3. 国有单一制企业不对子企业的债务承担责任，但本法第 57 条第 3 款规定的情况除外。

第一百二十七条　以业务管理权为基础的国有独资企业

1. 国有企业是对国有财产享有业务管理权的企业。

2. 根据塔吉克斯坦共和国政府或地方国家权力执行机关的决定设立国有企业。

3. 国有企业的设立文件是其发起人批准的章程。

4. 以业务管理权为基础的单一制企业的商业名称应标明其是国有企业。

5. 国有企业的经济活动取决于其章程中规定的目标和任务。

6. 塔吉克斯坦共和国或行政区域机关应对国有企业的债务承担补充责任。

第五节 非商业组织

第一百二十八条 非商业合作社

1. 非商业合作社是一个非营利性组织，根据合作社的章程，主要向其社员提供服务。为第三人提供服务而获得的净利润不在其社员之间分配，而是用于其后续发展。若非商业合作社主要向第三人提供服务，则其应转变为商业合作社。

2. 非商业合作社的章程除应包含本法第 53 条第 2 款规定的内容外，还应包括以下条款：合作社社员股金的数额；合作社社员股金的构成和社员缴纳股金的办法以及社员违反缴纳股金义务的责任；合作社管理机关的构成和权限以及通过决议的程序，包括需要全票或法定多数票通过决议的问题；社员弥补合作社所受亏损的程序。

3. 非商业合作社的名称应指出其活动的基本宗旨以及"合作社"字样。

4. 非商业合作社的法律地位以及社员的权利和义务由塔吉克斯坦共和国非商业合作社法依照本法规定。

5. 已废止。

6. 已废止。

第一百二十八条之一 消费合作社

1. 消费合作社是社员为满足物质需要，通过社员共同缴纳财产股金而成立的以社员制为基础的自愿联合组织。

2. 塔吉克斯坦共和国消费合作社法规定了合作社组织活动的法律依据、消费合作社的法律地位以及社员的权利和义务。

第一百二十九条 社会团体和宗教团体

1. 社会团体和宗教团体是公民在其利益一致的基础上为满足精神需要或其他非物质需要而按法定程序成立的自愿联合组织。

社会团体和宗教团体是非商业组织，它们有权从事生产和其他经营活动，但仅以达到其成立宗旨并且符合这些宗旨为限。

2. 社会团体和宗教团体的股东（成员）对其移交给这些组织的归其所有的财

产不再保留权利，包括会费。股东不对参加的社会团体和宗教团体的债务承担责任，而上述团体也不对自己成员的债务承担责任。

3. 社会团体和宗教团体作为本法所调整的关系的股东，其法律地位的特点由法律规定。

第一百三十条　基金会

1. 基金会是指由公民或法人在自愿缴纳财产的基础上，为达到社会的、慈善的、文化的、教育的和其他有益于社会的目的而成立的没有会员的非商业组织。

基金会的发起人移交给基金会的财产是基金会的财产。发起人不对他们所成立的基金会的债务负责，而基金会也不对发起人的债务负责。

2. 基金会应将财产用于章程规定的目的。基金会有权从事经营活动，但仅以为达到它为之成立的社会有益目的之必须和符合这些目的为限。基金会有权为从事经营活动而建立商业公司或参加商业公司。

基金会必须每年公布其财产使用情况的报表。

3. 基金会的管理程序以及机关成立的办法由其发起人批准的章程规定。

4. 基金会的章程除包含本法第 53 条第 2 款规定的内容外，还应包括：基金会的名称，其中应有"基金会"字样；关于基金会宗旨的内容；关于基金会机关的规定，包括对基金会活动实行监督的基金管理委员会的规定；基金会公职人员的任免程序；基金会的所在地；基金会清算时的财产归属。

第一百三十一条　基金会章程的变更和基金会的清算

1. 如果基金会的章程有此规定，则基金会的章程可以由基金会的机关进行修订。

如果章程保持不予修订可能引起基金会成立时不可能预见的后果，而章程中又没有规定章程可以修订或者被授权的人员不予修订，则根据基金会机关或授权对基金会活动实行监督的机关的申请，章程的修订权属于法院。

2. 只有法院才能根据利害关系人的请求作出清算基金会的决定，有下列情形之一者，基金会可以进行清算：

（1）基金会的财产不足以实现其宗旨，而获得必要财产的可能性又不现实；

（2）如果无法实现基金的目标，而基金会的宗旨又不可能进行必要的修订；

（3）基金会在其活动中偏离其章程规定的宗旨；

（4）法律规定的其他情况。

3. 在基金会进行清算时，清偿债务人请求之后所余财产应该移交给基金会章程所规定的人员。

第一百三十二条 机关

1. 财产所有权人为行使管理职能、社会文化职能或其他非商业性职能而成立的并由财产所有权人完全或部分拨款的组织是机关。

机关对其所拥有和获得财产权利由本法典第 313 条和第 315 条规定。

2. 机关以归其处分的资金对自己的债务承担责任。在资金不足时，有关财产的所有权人对机关的债务承担补充责任。

3. 某些种类的国家机关或其他机关法律地位的特点由法律规定。

第一百三十三条 法人的联合组织（协会和联合会）

1. 商业组织为了协调其经营活动，以及为了代表和维护共同的财产利益，可以依照它们之间订立的合同成立协会（联合会）形式的联合组织，协会（联合会）不是商业组织。

如果根据股东的决定协会（联合会）需要从事经营活动，则协会（联合会）应依照本法规定的程序改建成为商业公司或商业组织，或者为从事经营活动成立商业公司或参加这样的公司。

2. 社会团体和其他非商业组织，包括机关，可以自愿联合组成这些组织的协会（联合会）。非商业组织的协会（联合会）是非商业组织。

3. 协会（联合会）是法人。

协会（联合会）的成员保留各自的独立性和法人的权利。

4. 协会（联合会）不对自己成员的债务承担责任。

协会（联合会）的成员依照协会设立文件规定的数额和程序对协会的债务承担补充责任。

5. 协会（联合会）的名称应表明其成员活动的主题和基本对象以及"协会"或"联合会"字样。

第一百三十四条 协会（联合会）的设立文件

1. 协会（联合会）的设立文件包括成员签署的设立文件和由成员批准的章程。

2. 协会（联合会）的设立文件除包含本法第 53 条第 2 款规定的内容外，还应包括以下条款：协会（联合会）管理机关的构成权限及通过决议的程序，包括就需要协会（联合会）成员全票或法定多数票通过决议的问题，以及协会（联合会）

清算之后所余财产的分配方法。

第一百三十五条　协会（联合会）成员的权利和义务

1. 协会（联合会）成员有权无偿享受协会提供的服务，但协会的设立文件另有规定或者不符合服务性质的除外。

2. 在一个会计年度结束后，协会（联合会）成员有权按照自己的意志退出协会（联合会）。在这种情况下，退出者在自退出之时起的 2 年内按照自己的比例对协会（联合会）的债务承担补充责任。

在协会（联合会）设立文件规定下和依照设立文件规定的程序，根据其余成员的决议可以将成员开除。对被开除的协会（联合会）成员的责任适用有关退出协会（联合会）的规则。

3. 在取得协会成员的同意之后，新成员可以加入协会（联合会）。可以规定新成员对在其加入协会（联合会）之前发生的债务承担补充责任作为入会的先决条件。

第五章　塔吉克斯坦共和国和行政区划单位参与民法所调整的法律关系

第一百三十六条　塔吉克斯坦共和国参与民事法律关系

1. 塔吉克斯坦共和国与民事关系的其他参与人，依照平等原则进行民事活动。

2. 塔吉克斯坦共和国国家权力机关在规定这些机关法律地位的文件所确定的权限范围内，能够以塔吉克斯坦共和国的名义通过自己的行为取得和行使财产、人身权利并履行义务。

3. 关于塔吉克斯坦共和国的民事法律争端由法院解决。

第一百三十七条　行政区划单位参与民事法律关系

1. 行政区域单位与民事关系的其他参与人，依照平等原则进行民事活动。

2. 在当地法院和执行机关的职权范围内，在规定这些机关法律地位的文件所确定的权限范围内，能够以行政区域单位的名义通过自己的行为取得和行使财产、人身权利并履行义务。

依照法律另有规定的情况和规定的程序下，地方国家机关、法人和公民可以代表行政区域单位。

3. 在法律另有规定的情况下，行政区域单位可代表国家进行民事活动。

4. 本法关于国家及国家机关参与民事法律关系的规定适用于行政区域单位及

其地方机关，但法律另有规定的除外。

5. 关于行政区域单位的民事纠纷由法院解决。

第一百三十八条　国家、行政区划单位的债务责任

1. 国家、行政区划单位以财产所有权对自己的债务承担责任，但它们划拨设立的法人经营权或业务管理权的财产除外。

2. 国家、行政区划单位设立的法人不对其的债务承担责任。

3. 国家、行政区划单位也不对它们所设立的法人的债务承担责任，但法律另有规定的情况除外。

4. 国家不对行政区划单位的债务承担责任。

5. 行政区划单位之间不对相互的债务承担责任，也不对国家的债务承担责任。

6. 本条第 2 款至第 5 款的规则不适用于国家对行政区划单位或法人的债务提供担保（保证）的情况或者上述主体对国家的债务提供担保（保证）的情况。

第一百三十九条　塔吉克斯坦共和国在民法所调整的，有外国法人、外国公民和外国国家参加的关系中的责任特点

塔吉克斯坦共和国在民法所调整的，有外国法人、外国公民和外国国家参加的关系中的责任特点，由国家及其财产豁免法规定。

第六章　民事权利的客体

第一节　一　般　规　定

第一百四十条　民事权利客体的种类

1. 民事权利的客体可以是财产和个人非物质性利益与权利。

2. 财产性的利益和权利包括：物，金钱，包括外币；证券；工作；服务；信息；创造性智力活动成果的行为；商业名称、商标和其他个性化产品的制作方法的产权和其他财产。

3. 个人非物质性利益和权利包括：生命、健康、个人尊严、荣誉、名誉、商业信誉、隐私、个人和家庭秘密、姓名权、著作权、作品不可侵犯权以及其他非物质性利益和权利。

第一百四十一条　民事权利客体的可流通性

1. 民事权利的客体，如果未被禁止流通或未被限制流通，可以依照概括权利继受程序或其他方式自由转让或者从一人移转给另一人。

2. 对于不允许流通的民事权利客体（不流通物）的种类，应在法律中明文规定。

限定流通人员和依据特许流通（限制流通物）的权利客体的类型（可转让性有限的对象）应根据法律规定的程序确定。

3. 个人非物质性利益和权利是不可剥夺的，不得以任何其他方式转让，但法律另有规定的情况除外。

第二节 物

第一百四十二条 不动产和动产

1. 不动产（固定性财产、房产）包括：房屋（住宅性的、非住宅性的），建筑物和未竣工的建筑物，多年生植物和与土地牢固地吸附在一起的物，即一经移动便使其用途受到损害的物。

2. 不动产还包括应进行国家登记的航空器和海洋船舶、内河航运船舶、航天器。法律还可以规定其他财产属于不动产。

3. 不属于不动产的物是动产，包括金钱和有价证券。除法律另有规定的情况外，动产权利不要求进行登记。

第一百四十三条 不动产的国家登记

1. 不动产的所有权和其他物权，其权利的限制、产生、转让和终止，均应由塔吉克斯坦共和国政府特别授权国家机关在统一的法人和个体企业国家登记簿中进行登记。应进行登记的有：所有权、经营权、业务管理权、终身继承占有权、永久使用权、不动产抵押权、地役权，以及在本法和其他法律规定情况下的其他权利。

2. 在法律另有规定的情况下，某些种类的不动产除进行国家登记外，还可以进行专门的登记和统计。

3. 对不动产权利和与不动产有关的法律行为进行国家登记的机关，必须根据权利人的请求，以颁发所登记权利或法律行为的证书的方式，或者在提交登记的文件上背书的方式证明所进行的登记。

4. 对不动产权利与不动产有关的法律行为进行国家登记的机关，有义务向任何人提供关于所进行的登记和所登记权利的信息。

这些信息可由任何进行不动产登记的机关提供，与进行登记的地点无关。

5. 有关机关对不动产与不动产有关的法律行为不予进行国家登记或规避登记

时，可以向法院提起诉讼。

6. 国家登记的程序和拒绝登记的理由，由本法典，不动产权利和交易登记法规定。

第一百四十四条　企业

1. 作为权利客体的企业是用以从事经营活动的财产综合体。

2. 企业在整体上以及企业的一部分可以是买卖、抵押、租赁和与设立、变更及终止物权有关的其他法律行为的客体。

作为财产综合体的企业包括所有用于其活动的财产，包括土地、建筑物、构筑物、设备、器材、原料、产品、请求权、债务，以及企业、企业产品、工程和服务个性化的标志（商业名称、商标、服务标志）的权利和其他专属权，但法律或合同有不同规定的除外。

第一百四十五条　可分物

物有可分和不可分之分，可分物是分割也不会丧失其用途（功能）的财产。

第一百四十六条　不可分物

不可分物是指在不改变其用途的情况下不能进行实物分割的物品。

不可分物所有权份额的具体分割方式由法律规定。

第一百四十七条　复合物

如果不同种类的物构成一个按共同用途进行使用的统一的整体，则它们被视为一个物（复合物）。

就复合物订立的契约的效力，适用于其所有组成部分，但合同有不同规定的除外。

第一百四十八条　主物与从物

服务于另一物（主物）并与之有共同用途的物（从物），服从于对主物的处分，但合同有不同规定的除外。

第一百四十九条　天然孳息、产品和法定孳息

由于使用财产而获得的物（果实、产品、收益）属于依法使用该财产的人，但法律、其他法律或关于使用该物的合同有不同规定的除外。

第一百五十条　动物

对动物适用关于财产的一般规则，除非法律、其他法律文件或使用该财产的合同另有规定。

第一百五十一条 特定物和种类物

1. 特定物因其固有特征区别于他物，不能以他物替代。
2. 种类物具有与同类物相同的特性，可以用数量、重量和尺度加以计算。种类物是可替代的。

第一百五十二条 知识产权

知识产权是指在本法和其他法律规定的情况下，确认公民或法人对智力活动和与之相当的使法人个性化，使产品、所完成工程和服务特定化的手段（商业名称、商标、服务标志等）的专属权。

第三人只有经权利人的同意方能使用作为专属权客体的智力活动成果和特定化手段。

第一百五十三条 职务秘密和商业秘密

因第三人不知悉而具有实际的或潜在的商业价值，由于在法律基础上自由获得和信息所有者对其采取保密措施，由职务和商业秘密构成的信息受民事法律保护。

以非法方法获取此类信息的人，违反劳动合同或其他合同而泄露职务秘密或商业秘密的工作人员，以及违反民事合同泄露职务秘密或商业秘密的合同当事人，应承担赔偿损失的义务。

第三节 行为（不作为）

第一百五十四条 行为（不作为）

法律规定的行为（不作为）可能是民事权利和义务的独立客体。

第四节 货币和有价证券

第一分节 有价证券的一般规定

第一百五十五条 金钱（货币）

1. 塔吉克斯坦共和国总统确定该国的货币制度，塔吉克斯坦共和国的本国货币是法定货币，必须在塔吉克斯坦共和国境内以票面价值支付。
2. 塔吉克斯坦共和国境内的付款以现金和非现金结算方式进行。
3. 卢布是塔吉克斯坦共和国全境按面值收取的法定货币。塔吉克斯坦共和国境内的付款以现金和非现金结算方式进行。

塔吉克斯坦共和国总统决定该国的货币体系，塔吉克斯坦的国家货币是法定货币，必须在塔吉克斯坦共和国全境按面值收取。

4. 在塔吉克斯坦共和国境内使用外币的情况、程序和条件由塔吉克斯坦共和国法律规定。

第一百五十六条 外汇

被认为是外汇的财产种类和实施使用外汇的法律行为的程序由外汇调整法与外汇管制法规定。

在塔吉克斯坦共和国，外汇的所有权按一般规则受到保护。

第一百五十七条 有价证券

1. 有价证券是具备规定形式和必要要件的证明财产权利的书据，只有在持有有价证券的情况下才可能行使和移转其所证明的财产权利。

随着有价证券的移转，其所证明的全部权利亦随之移转。

2. 在法律另有规定的情况下，只要有证据证明有价证券所证明的权利已在专门的登记簿（普通的或计算机化的）中进行了登记，即可行使和转让有价证券所证明的权利。

第一百五十八条 有价证券的种类

1. 有价证券包括：债券、票据、支票、银行的存折、提单、股票和按有价证券法列入有价证券的或依照有价证券法规定的程序被列入有价证券的其他书据。

2. 有价证券可以是不记名有价证券、授权证券和记名有价证券。

记名有价证券所证明的权利属于有价证券的记名人。

不记名有价证券所证明的权利属于有价证券的持有人。

有价证券证明的权利按照本法典第160条第3款规定将这些权利转让给另一名授权的人，则属于有价证券中指定的人。

3. 法律可以规定禁止以记名有价证券、授权证券或不记名有价证券的形式发行一定种类的有价证券。

法律可以发行各种类型的有价证券。

第一百五十九条 对有价证券的要求

1. 有价证券所证明的权利的种类、有价证券的必要要件、对有价证券形式的要求和其他必要要求，由法律规定或依照有价证券法规定的程序规定。

2. 有价证券不具备必要要件或者不符合本法规定的形式的，一律无效。

第一百六十条 有价证券权利的转让

1. 不记名有价证券所证明的权利，只要将不记名有价证券交付给他人，即可转让给该人。

2. 记名有价证券所证明的权利，依照请求权转让（债权转让）所规定的程序进行转让。依照本法第419条的规定，转让有价证券权利的人，应对有关请求权的无效承担责任，但不对其不履行承担责任。

3. 有价证券权利通过对该证券签名背书转让。背书人不仅应对权利的存在承担责任，而且应对该权利的实现承担责任。

背书转让使有价证券所证明的全部权利移转给有价证券权利的受让人或有价证券权利转让给其指定的人（被背书人）。背书可以是空白背书（不指明向谁履行）或者是指示背书（指明应向谁履行或按谁的命令履行）。

背书可以仅限于委托行使有价证券所证明的权利，而不将这些权利转让给被背书人（委托背书）。在这种情况下被背书人成为证券的持有人。

第一百六十一条　有价证券的履行

1. 有价证券的出票人和所有的背书人，向合法占有人承担连带责任。如果有价证券的债务人中的一人或几人满足了有价证券合法占有人关于履行有价证券所证明的债的请求，则取得对有价证券其余债务人的返还代偿权（追索权）。

2. 不得以债没有根据或无效为由拒绝履行有价证券所证明的债。

发现伪造或假冒有价证券的，所有人有权向有价证券让与人提出索赔，要求适当履行有价证券证明的债务并赔偿损失。

3. 非法持有的有价证券所证明的权利不得履行。

第一百六十二条　有价证券的恢复

遗失的不记名有价证券和记名有价证券权利的恢复，依照诉讼法规定的程序由法院进行。

第一百六十三条　电子有价证券

1. 在法律另有规定的情况下或在依照法定程序规定的情况下，获得专门许可证的人可以根据与发行人的合同（保管合同）进行记名有价证券或授权证券权利的认证，包括以电子形式（借助于计算机技术手段等）进行认证。

对这种形式的权利认证适用对有价证券规定的规则，但认证的特点不同的除外。

根据发行机关和相关权利持有人的申请而作出的记录等同于有价证券，并可以行使和转让有价证券权利。进行无纸形式权利认证的人，必须根据权利持有人的要求向他颁发有关证明所认证权利的文件。

以上述方式认证的权利、有价证券存款业务的程序、发行有价证券业务履行的许可证、权利和权利持有人进行正式认证的程序以及进行电子有价证券业务的程序，由法律规定或依照法律程序确定。

2. 电子有价证券业务只能在向正式办理权利记载的人提出请求的情况下进行。权利的转让、提供和限制应由此人正式认证，此人应负责保存正式记载内容的完好，保证记载内容的机密性，提供关于这些记载的正确资料，完成所进行业务的正式记载。

第二分节　有价证券的类型

第一百六十四条　已废止

第一百六十五条　已废止

第一百六十六条　已废止

第一百六十七条　股票

1. 股票是一种有价证券，是出资人（股东）以股息的形式获得股份公司部分利益的股份凭证，其参与股份公司的管理事务和获得公司清算后所剩余的部分财产。

股票由持有人或注册人所有，可以自由流通或者在规定的范围内流通。

2. 股份公司有权在法律规定的范围内发行优先股票，不论股份公司业务的结果如何，通常以股票面值的固定百分比来保证其持有人股息，并给予优先股股东较其他股东在股份公司清算后获得部分财产的优先权以及股票发行条款规定的其他权利。

除非其章程另有规定，否则优先股不赋予其持有人参与股份公司事务管理的权利。

3. 已废止。

第一百六十八条　提单

提单是货物提取单据，是证明其合法持有人有权处置提单中指明的货物并在运输完成后接收货物的凭证。

提单可以是不记名提单、指示提单或记名提单。

在起草提单时，在第一份提单中的货物发货完成之后在几份正本提单中，便终止了其他提单的效力。

第一百六十九条 银行凭证

银行凭证是银行存入资金的书面证明,证明存款人有权在法定期限届满后凭此凭证在此银行任一家分行获得存款金额和利息。

银行凭证可以是无记名的或者记名的。

第五节 非物质利益及其保护

第一百七十条 非物质利益

1. 公民与生俱来的或依法享有的生命权和健康权,个人尊严权,人身不受侵犯权,人格与名誉权,商业信誉,私人生活不受侵犯权,个人秘密和家庭秘密,自由往来、选择居所和住所的权利,姓名权,著作权,其他人身权利和其他非物质利益是不可转让的,并且不得以其他方式移转。在法律另有规定的情况下和依照法律规定的程序,属于死者的人身权利和其他非物质利益,可以由他人行使和保护,包括由权利人的继承人实现和保护。

2. 在本法、其他法律另有规定的情况下和依照本法、其他法律规定的程序,以及受到侵犯的非物质权利的实质和侵犯后果的性质说明应使用民事权利和保护方式(本法第12条)的情况下和限度内,非物质利益依照本法和其他法律受到保护。

第一百七十一条 精神损害赔偿

损害公民人身权利或其他属于公民的非物质利益以及法律规定的使公民遭受精神伤害(身体和精神痛苦)的其他情况下,法院可要求侵权人对上述伤害承担金钱赔偿责任。

在确定精神损害赔偿的数额时,法院应考虑侵权人过错的程度和其他值得注意的情节。法院还应考虑与被损害人个人特点有关的身体和精神痛苦的程度。

第一百七十二条 人身权利保护

1. 除了本法第12条规定的方式外,人身权利受到侵犯的人有权根据本法的规定要求精神损害赔偿。

2. 法院依照民事诉讼法规定的方式托管人身权利。

3. 人身权利受到保护与侵犯人的过错无关。提出保护要求的一方必须证明其人身权利受到侵犯。

4. 人身权利受到侵犯的人可以根据自己的选择要求侵权人消除违法行为的后果,或者由侵权人承担损失,亲自履行必要义务或者委托给第三人履行义务。

第一百七十三条　与财产有关的人身权利

在同时侵犯人身权利和财产权利的情况下，考虑到被侵权人因违反人身权而受到的赔偿，财产损失赔偿金额应增加。

第一百七十四条　名誉、尊严和商业信誉的保护

1. 公民有权通过法院要求对损害其名誉、尊严或商业信誉的信息进行澄清，如果传播这些信息的人不能证明这些信息是真实的。

根据利害关系人的要求，也允许在公民死后保护其名誉和尊严。

2. 如果损害公民名誉、尊严或商业信誉的信息是通过大众信息媒体传播的，则应通过相同的大众信息媒体进行澄清。

如果上述信息包含在组织发出的文件中，则该文件应予以纠正或收回。在其他情况下进行澄清的程序由法院规定。

3. 在大众媒体公布损害公民权利或受法律保护的利益的信息时，所涉及的公民有权在同一媒体上免费发表其回应。

4. 如果大众传媒拒绝公布此类信息，或者在1个月内没有公布，甚至在清算时也未公布，法院可以允许公民或法人在大众媒体上公布澄清或回应的要求。

5. 如果法院的判决没有得到执行，法院有权依照诉讼法律规定的程序和数额对侵权人处以罚金，罚金作为塔吉克斯坦共和国的收入。缴纳罚款并不免除侵权人执行法院判决所规定行为的义务。

6. 损害名誉、尊严或商业信誉的信息所涉及的公民，除要求澄清外，还有权要求赔偿由于这种信息的传播而受到的损失和精神损害。

7. 如果不能确定散布损害公民名誉、尊严或商业信誉的人，则上述信息所涉及的人有权向法院提出申请，要求法院认定上述信息不符合实际。

8. 本条关于保护公民商业信誉的规则相应的适用于对法人商业信誉的保护。

第一百七十四条之一　在侮辱和诽谤中名誉和尊严的保护

根据本法第170条、第171条和第174条的规定，在发生诽谤（蓄意传播诋毁他人荣誉、尊严和名誉的虚假信息）或侮辱（以不雅的形式侮辱他人的荣誉、尊严和名誉）的情况下，应保护他人的荣誉、尊严和信誉。

第一百七十五条　个人生活秘密保护权

1. 公民有权保护个人生活秘密，包括通信秘密、电话交谈秘密、日记秘密、笔记秘密、备忘录秘密、私密生活秘密、收养秘密、出生秘密、医生秘密、律师秘密以及存款秘密。

只有在法律另有规定的情况下才可以披露个人生活的秘密。

2. 日记、笔记、备忘录和其他文件只有在征得作者同意后才可以公布，信件则要征得作者和收信人的同意才可以公布。如果其中任何一人去世，上述文件可在征得其未亡配偶和子女同意后公布。

第一百七十六条　肖像权

1. 未经本人同意，或在其死后未经继承人的同意，任何人都无权使用其肖像。

2. 带有某人肖像的图画作品（图片、照片、电影和其他）的出版、复制和发行，只有在肖像者同意的情况下，或者本人去世后经其子女和未亡配偶同意后才允许出版、复制和发行。如果法律规定或肖像是收费的，则不需要其同意。

第一百七十七条　住宅不可侵犯权

除法律规定外，公民享有住宅不可侵犯权，即有权阻止任何违背其意愿侵犯其生活的意图。

第三分编　法律行为代理

第七章　法律行为

第一百七十八条　法律行为的概念

法律行为是公民和法人旨在确立、变更或终止民事权利和义务的行为。

第一百七十九条　法律行为的种类

1. 法律行为可以是单方法律行为或双方法律行为或多方法律行为（合同）。

2. 依照法律或当事人的协议必须而且也仅需要一方的意思表示即可实施的法律行为是单方法律行为。

3. 订立合同必须有双方一致的意思表示（双方法律行为）或三方以及更多方一致的意思表示（多方法律行为）。

第一百八十条　单方法律行为的义务

单方法律行为给实施法律行为的人确立义务。只有在法律或同他人的协议有规定的情况下，单方法律行为才能给他人确立义务。

第一百八十一条 单方法律行为的法律调整

不违背法律或法律行为性质和实质的情况下，关于债和合同的一般规定应适用于单方法律行为。

第一百八十二条 附条件的法律行为

1. 如果双方规定权利与义务的产生取决于尚不知悉是否发生的情况，则法律行为视为附延缓条件的法律行为。

2. 如果双方规定权利与义务的终止取决于尚不知悉是否发生的情况，则法律行为视为附解除条件的法律行为。

3. 如果一方恶意地阻止对其不利的条件发生，则该条件视为已经发生。

如果一方恶意地促使对其有利的条件发生，则该条件视为没有发生。

第一百八十三条 法律行为的形式

1. 法律行为以口头形式或书面形式（普通形式或公证形式）实施。

2. 可以用口头形式实施的法律行为，如果从当事人的行为中显然可见其实施法律行为的意思，则法律行为亦视为已经实施。

3. 在法律或双方协议未规定的情况下，默示可视为实施法律行为的意思表示。

以发行代币、票据或其他惯常接受的标记为证据的法律行为以口头方式进行，法律另有规定的除外。

第一百八十四条 口头法律行为

1. 法律或双方协议未规定使用书面形式（普通形式或公证形式）的法律行为，可以用口头形式实施。

2. 如果双方协议未有不同规定，则可以用口头形式实施一切即时履行的法律行为，但规定应使用公证形式的法律行为以及不使用普通形式即导致无效的法律行为除外。

3. 以书面形式签订的为履行合同的法律行为，如果不与法律、其他法律和合同相抵触，可以依照双方的协议以口头形式实施。

第一百八十五条 书面法律行为

1. 书面形式的法律行为应通过拟定表达法律行为内容的文件的方式实施，该文件应由实施法律行为的人员或者由他们以应有方式授权的人签字。

法律和双方当事人的协议可以对法律行为应遵守的形式作出补充规定（采用一定格式订立、盖章等），并规定违反要求的后果。如果未规定后果，则适用违反普通书面形式实施法律行为的后果。

2. 在法律或双方当事人协议规定的情况下和规定的程序中，允许在实施法律行为时借助机械复制手段或其他复制手段、电子数码签名或者代替本人亲笔签字的其他类似方法。

3. 交换信件、电报、电传或其他文件，确定其表达意思的主体和内容，应被视为书面法律行为，但法律另有规定或当事人之间另有约定的除外。

4. 如果公民由于身体缺陷、疾病或不识字而不能亲笔签字，则法律行为可以依照其请求由其他公民代签。

代签行为应经公证员证明或其他有权实施该公证行为的公职人员公证证明，并注明实施法律行为的人不能亲笔签字的原因。

但是，在实施本法第210条第4款所规定的法律行为及实施法律行为的委托书时，也可由不能亲笔签名的公民所在的组织或其正在接受治疗的住院医疗机关的管理部门证明。

第一百八十六条　以普通书面形式实施的法律行为

1. 除要求公证的法律行为外，下列法律行为应用普通书面形式实施：

（1）法人之间的法律行为和法人与公民的法律行为；

（2）公民之间的数额不少于法定最低劳动报酬额20倍的法律行为，而在法律另有规定的情况下，不论法律行为数额的大小均应以书面形式实施。

2. 依照本法第184条规定可以口头实施的法律行为，不要求以普通书面形式实施。

第一百八十七条　违反法律行为普通书面形式的后果

1. 如违反法律行为的普通书面形式，则双方当事人在发生争议时便无权援引证人的陈述以证明法律行为及法律行为的条款，但他们仍有权提出书证和其他证据。

2. 在法律或双方协议有明文规定的情况下，违反普通书面形式可导致法律行为无效。

3. 违反普通书面形式的涉外经济法律行为一律无效。

第一百八十八条　公证证明的法律行为

1. 法律行为的公证应由公证员或其他有权进行这种公证行为的官员进行，应根据本法第185条的规定以文件的形式公证法律行为。

2. 在以下情况下，法律行为必须进行公证证明：

（1）在法律另有规定的情况下；

（2）应任何一方的要求。

第一百八十九条　法律行为的国家登记

1. 与不动产有关的法律行为（转让、抵押、长期租赁、继承等）须经国家登记。

与不动产有关的法律行为的登记和管理的相关程序由法律规定。

2. 法律可以规定涉及某些种类动产的法律行为应进行国家登记。

第一百九十条　违反法律行为公证形式和登记要求的后果

1. 如法律行为违反公证形式或违反国家登记的要求，则法律行为无效。这样的法律行为是自始无效的法律行为。

2. 如果一方已经全部或部分履行了要求公证的法律行为，而另一方逃避法律行为的公证，则法院有权根据履行方的要求认定法律行为有效。在这种情况下，不要求随后再进行公证证明。

如果要求进行国家登记的法律行为已按应有形式实施，但一方逃避进行国家登记，则法院有权根据另一方的要求作出法律行为应进行国家登记的判决。在这种情况下，法律行为应依照法院的判决进行登记。

3. 在本条第 2 款和第 3 款规定的情况下，逃避公证证明或国家登记的一方应赔偿因拖延法律行为的实施或注册而给另一方造成的损失。

第一百九十一条　可撤销和无效法律行为

1. 依照本法规定，法律行为可由法院认定为无效（可撤销法律行为）或者无论法院是否确认法律行为无效，法律行为均为无效（自始无效法律行为）。

2. 要求确认可撤销法律行为无效的请求可以由本法规定的人提出。

关于要求适用自始无效的法律行为无效后果的请求可以由任何利害关系人提出。法院有权自己主动适用这种无效后果。

第一百九十二条　关于无效法律行为后果的一般规定

1. 无效法律行为不产生法律后果，但与法律行为无效有关的后果除外，并且自其实施之时起无效。

2. 在法律行为无效时，每一方必须向另一方返还依照该法律行为所获的全部所得，而在不可能用实物返还其所得时（包括其所得表现为对财产的使用、已完成的工作或已提供的服务），如果法律没有规定法律行为无效的其他后果，则应该用金钱赔偿其价值。

3. 如果从可撤销法律行为的内容中可以推断出，该法律行为只能对将来终止其效力，则法院在确认法律行为无效时，可终止其对将来的效力。

第一百九十三条　不符合法律的法律行为无效

不符合法律规定的法律行为是自始无效的法律行为，但法律规定此种法律行为是可撤销法律行为或者规定了违法的其他后果的除外。

第一百九十四条　以违反法律秩序和道德基本原则为目的而实施的法律行为无效

以故意违反法律秩序或道德为目的而订立的法律行为是自始无效的法律行为。

在这种法律行为的双方均存在故意的情况下，如果双方均履行了法律行为，则对双方依照该法律行为所获的全部所得均应予以追缴，收归国家所有；而在一方已履行时，则向另一方追缴其全部所得和另一方作为补偿应付给履行方的全部对价作为国家收入。

在这种法律行为中仅有一方存在故意时，故意方依照该法律行为所获的全部所得应返还另一方，而另一方已得到的或作为补偿已履行部分应付给的全部对价应追缴收归国家所有。

第一百九十五条　虚伪的法律行为无效

1. 虚构法律行为，即仅为了具备形式而实施，并无意产生与之相应的法律后果的法律行为，自始无效。

2. 伪装法律行为，即旨在掩盖另一法律行为而实施的法律行为，自始无效。对于双方实际欲为的法律行为，考虑该法律行为的性质，适用与之相关的规则。

第一百九十六条　无行为能力的公民实施的法律行为无效

1. 由于精神疾病而被确认为无行为能力的公民所实施的法律行为，自始无效。

此种法律行为的每一方均应将全部所得以实物返还给无行为能力的公民，而在不可能以实物返还所得时，应照价赔偿。

此外，如果具有行为能力的一方知道或者应该知道另一方不具有行为能力，则具有行为能力的一方还应向另一方赔偿他所遭受的实际损失。

2. 因患精神疾病而被确认为无行为能力的公民所实施的法律行为，如果法律行为的实施对该公民有利，则为了该公民的利益，可以根据其监护人的要求由法院确认为有效。

第一百九十七条　14 周岁以上的未成年人实施的法律行为无效

1. 未满 14 周岁的未成年人的交易无效。本法第 196 条第 1 款第 2 项和第 3 项规定的规则适用于此类交易。

2. 为了未成年人的利益，在父母、收养人或监护人的要求下，如果交易是为了未成年人的利益而进行的，法院可以宣布该交易有效。

3. 本条的规则不适用于小额日常生活性法律行为和依照本法第 29 条第 2 款规定的不满 14 周岁的未成年人有权独立实施的法律行为。本条规则不适用于未成年人根据本法典第 29 条规定的有权自己进行的小额日常生活和其他未成年人的法律行为。

第一百九十八条　法人超越其权利能力的法律行为无效

法人违背其设立文件对其活动宗旨的一定限制而实施的法律行为，或者法人不具有从事有关活动的执照而实施的法律行为，如果已经证明该法律行为的另一方知道或显然应该知道法律行为非法，则可以依照该法人、法人的发起人（股东）或对法人活动实行国家监督的国家机关的请求由法院确认为无效。

第一百九十九条　限制法律行为实施权能的后果

如果当事人实施法律行为的权能受到合同的限制，或者法人机关的权限受到其设立文件的限制，从而其权能少于其委托书或法律的规定或者从法律行为实施的情势中可以明显推知这种限制，而在实施法律行为时当事人或法人机关又超出了这些限制的界限，则只有在已经证明法律行为的另一方知道或者显然应该知道上述限制的情况下，法律行为才可以根据为其利益而规定上述限制的人的请求由法院却认为无效。

第二百条　已满 14 周岁不满 18 周岁的未成年人实施的法律行为无效

1. 已满 14 周岁不满 18 周岁的未成年人未经其父母、养父母或托管人的同意而实施的法律行为，如果依照本法第 27 条的规定要求这种同意，则可以根据其父母、养父母或托管人的请求由法院确认为无效。如果这种法律行为被确认为无效，则相应地适用本法第 196 条第 1 款第 2 句和第 3 句的规定。

2. 本条的规则不适用于已具有完全民事行为能力的未成年人实施的法律行为（本法第 28 条第 2 款）。

第二百零一条　被法院限制民事行为能力人的实施的法律行为无效

1. 由于酗酒或吸毒而被法院限制民事行为能力的人不经托管人的同意实施的

处分财产的法律行为，可以根据托管人的请求由法院确认为无效。

如果上述法律行为被确认为无效，则相应地适用本法第 200 条第 1 款规定的规则。

2. 本条的规则不适用于限制民事行为能力人依照本法第 31 条的规定有权独立实施的小额生活性法律行为。

第二百零二条 不能理解自己行为的意义或不能控制自己行为的公民实施的法律行为无效

1. 尽管具有行为能力，但在实施法律行为时处于不能理解自己行为的意义或不能控制自己行为的状态下的公民实施的法律行为，可以根据该公民的请求，或根据法律行为的实施使其权利和受法律保护的利益受到侵害的人的请求，由法院确认为无效。

2. 实施法律行为之后才被确认无行为能力的公民所实施的法律行为，如果证明在实施法律行为时他其已不能理解自己行为的意义或不能控制自己的行为，则可以根据其监护人的请求由法院确认无效。

3. 如果法律行为依照本条的规定被确认为无效，则相应地适用本法第 196 条的规定。

第二百零三条 因误解而实施的法律行为无效

1. 因重大误解而实施的法律行为，法院可根据在重大误解影响下实施法律行为的一方的申请，确认法律行为无效。

对法律行为性质的误解，对标的物的混淆和对标的物可能大大降低其使用价值的品质的误解是重大误解。对法律行为动机的误解不是重大误解。

2. 如果因重大误解而实施的法律行为被确认为无效，则相应地适用本法第 192 条第 2 款的规定。

此外，请求确认法律行为无效的一方，如果能够证明误解系因相对方的过错而发生，有权要求相对方赔偿对他造成的实际损失。如果这一点不能得到证明，即使误解系由于误解方意志以外的原因而发生，则要求确认法律行为无效的一方也应根据另一方的请求赔偿对他造成的实际损失。

第二百零四条 在欺诈、暴力、威胁、一方代理人与另一方恶意串通或显失公平的情况下实施的法律行为无效

1. 在欺诈、暴力、威胁、一方代理人与另一方恶意串通影响下实施的法律行

为，以及当事人的困难处境被对方所利用而被迫在条件对自己极端不利的情况下实施的法律行为（显失公平的法律行为），可以根据受害人的请求由法院确认无效。

2. 如果法律行为由于本条第 1 款规定的理由之一被确认无效，则另一方应将依照法律行为所获得的全部所得返还给受害人，在不能以实物返还所得时，应该照价赔偿。

受害人根据该法律行为从另一方所得的财产，以及作为补偿应得的财产，应追缴归国家所有。在不可能以实物将财产收归国家所有时，则应追缴其货币价值。此外，另一方还应向受害人赔偿给他造成的实际损失。

第二百零五条　法律行为部分无效的后果

如果能够断定，法律行为即使不包括其无效部分也可以实施，则法律行为的部分无效不引起法律行为其他部分的无效。

第二百零六条　无效法律行为的诉讼时效期限

1. 关于适用自始无效法律行为无效后果的诉讼可以自法律行为开始履行之日起 3 年内提起。

2. 关于确认可撤销法律行为无效和适用其无效后果的诉讼可以在影响法律行为实施的暴力或威胁（第 204 条第 1 款）终止之日起的 3 年内提起，或者在原告获悉或应该获悉作为确认法律行为无效根据的其他情况之日起的 3 年内提起。

第八章　代理与委托

第二百零七条　代理

1. 代理是指根据委托书、法律规定或者被授权的国家机关或地方自治机关的文件规定而产生的权限，一人（代理人）以他人（被代理人）的名义所实施的法律行为，直接设定、变更和终止被代理人的民事权利和义务。

代理人（零售商业售货员、售票员等）从事活动的环境也可以表明其被授权。

2. 虽然为他人的利益，但以自己的名义从事活动的人（商业中介人、破产管理人、遗产执行人等），以及授权出席关于未来可能的法律行为的谈判的人，均不是代理人。

3. 代理人不得以被代理人的名义与本人实施法律行为，也不得以被代理人的名义与他同时所代理的其他人实施法律行为，但商业代理的情况除外。

4. 按其性质只有本人才能实施的法律行为，以及法律规定不得代理的其他法律行为，均不得通过代理人实施。

第二百零八条　未被授权的人实施法律行为

1. 未被授权而以他人名义实施的法律行为或超越权限实施的法律行为，被认为是实施人以自己的名义和为自己的利益而实施的法律行为，但事后得到他人（被代理人）对该法律行为的明确同意的情形除外。

2. 如果被代理人事后对法律行为进行追认，则自法律行为实施之时起对该被代理人确立、变更和终止民事权利和义务。

第二百零九条　商业代理

1. 在经营者签订经营活动方面的合同时经常和独立地代表经营者的人是商业代理人。

2. 经法律行为各方同意，以及在法律规定的其他情况下，允许同时代理法律行为中的不同当事人。在这种情况下商业代理人必须以一般经营者的关心态度执行交给他的委托。

除非合同双方另有协议，商业代理人有权要求合同双方平均支付约定的报酬和偿付其在执行任务过程中发生的费用。

3. 商业代理根据合同进行，合同应以书面形式签订并规定代理人权限，而在合同中未规定权限时，还同时依照委托书进行。

商业代理人即使在完成委托之后仍有义务对其知悉的关于商业行为的信息保守秘密。

4. 在某些经营活动领域中，商业代理的特点由法律和其他法律文件规定。

第二百一十条　委托书

1. 委托书是一个人（委托人）向另一个人（受托人）发出的使其在第三人面前代表自己的书面授权。授权书可由受托人直接提交给相应的第三人。

2. 实施要求具备公证形式的法律行为的委托书，应该经过公证证明，但法律另有规定的情况除外。

3. 下述委托书与经过公证证明的委托书具有同等效力：

（1）在军队医院、疗养院和其他军事医疗机关接受治疗的军人和其他人员的，并由该机关院长、医务副院长、主治医生或值班医生证明的委托书；

（2）军人的委托书，以及在不设国家公证处和办理公证业务的其他机关的部队、兵团、军事机关和军事院校驻地的职工及其家属和军人家属，并由这些部队、兵团、机关和院校指挥员（首长）证明委托书的；

（3）受监禁人员由监禁场所的首长证明委托书的；

（4）处在居民社会保护机关中的具有完全民事行为能力的成年公民，由该机关行政或有关居民社会保护机关领导人（或其副手）证明委托书的。

4. 领取工资和其他与劳动关系有关的款项的委托书，领取著作人和发明人报酬、赡养金、补助金和奖学金、公民银行存款的委托书，以及领取包括汇款和包裹在内的邮件的委托书，可以由委托人工作或学习的单位、其住所地的房管部门和其住院医疗机关的行政部门予以证明。

当工作人员发送文件时，通过电报发送的委托书以及其他种类的邮电文件，由邮电组织予以证明。

5. 以法人名义发出的委托书，应由其领导人或其设立文件授权的人签字，并加盖该组织的印章。

以国有企业或自治地方所有企业的名义发出的领取或支付现金及其他财务的委托书，还应由该组织的主任（主办）会计签字。

第二百一十一条　委托书的期限

1. 委托书的有效期不得超过3年。如果委托书上未注明期限，则委托书自作出之日起的1年内有效。

未注明作出日期的委托书，一律无效。

2. 经公证证明，旨在国外实施行为而并未注明有效期的委托书，在颁发委托书的人撤销该委托书之前，继续有效。

第二百一十二条　转委托

1. 受托人应亲自实施授权给他的行为。如果委托书有相关授权或为了维护委托人的利益而迫不得已时，可以转委托他人实施这些行为。

2. 将代理权限转给他人时，应将此情况通知原委托人并向他说明转受托人的必要情况。不履行这项义务，转委托人对转受托人的行为应作为他自己的行为负责。

3. 依照转委托程序授予的委托书，应该进行公证证明，但本法第210条第4款规定的情形除外。

4. 依照转委托程序授予的委托书的有效期限，不得超过作为其依据的原委托书的有效期限。

第二百一十三条　委托书的终止

1. 委托书的效力因下列情形之一而终止：

（1）执行委托书规定的行为；

（2）委托书期限届满；

（3）颁发委托书的人撤销委托书；

（4）受托人辞却委托；

（5）授予委托书的法人终止；

（6）作为受托人的法人终止；

（7）授予委托书的公民死亡、被确认为无民事行为能力人、限制民事行为能力人或失踪人；

（8）作为受托人的公民死亡、被认定为无民事行为能力人、限制民事行为能力人或失踪人。

2. 委托人可以随时撤销委托书或转委托书，而受托人可以随时辞却委托。关于放弃这一权利的协议，一律无效。

3. 转委托随原委托的终止而失效。

第二百一十四条　委托书终止的后果

1. 授予委托书之后又撤销委托书的人，应将撤销事宜通知受托人和委托人所知悉的委托书所及的第三人，在委托书依照本法第213条第1款第5项和第7项规定的理由而终止的情况下，委托人的权利继受人应担负此项通知义务。

2. 因受托人在获悉或应该获悉委托书终止之前的行为而产生的权利和义务，在同第三人的关系中，对委托人和其权利继受人仍然有效。如果第三人知悉或应该知悉委托书的效力已经终止，则不适用本法。

3. 在委托书终止后，受托人或其权利继受人应当立即交还委托书。

第四分编　期间、期间的计算，诉讼时效

第九章　期间的概念、种类和计算

第二百一十五条　期间的确定

法律、其他法律文件、契约或法院判决确定的期间应以日历日期计算，期间以

年、月、周、日或小时计算。

期间也可以通过必然发生的事件来确定。

第二百一十六条 以期间确定的期限的起算

期间应从日历日期的次日或作为期间开始的事件发生的次日起计算。

第二百一十七条 以期间确定的期限的结束

1. 按年计算的期间，到该期间最后一年的相应月和日截止。

对确定为半年的期间，适用按月计算期间的办法。

2. 按季度计算的期间，适用按月计算期间的规则。在这种情况下，一季度等于3个月，而季度从年度开始进行计算。

3. 按月计算的期间，到期间最后一月的相应日截止。

按半月确定的期间，视为按日计算的期间，并一律算作15天。

如果按月计算的期间在没有相应日期的月份截止，则该期间到该月的最后一日截止。

4. 按星期计算的期间，到最后1星期的相应日期截止。

第二百一十八条 非工作日期间的结束

如果期间的最后一日适逢非工作日，则期间终止的日期为该非工作日之后的第一个工作日。

第二百一十九条 在期间最后一日实施行为的程序

1. 如果期间的规定是为了实施某一行为，则该行为可以在期间最后一日24点之前完成。

但如果这一行为应该在某一个组织中实施，则期间到该组织按规定终止相关业务的时点截止。

2. 在期间最后一日24点之前交付邮电部门的书面申请和通知，视为按期完成。

第十章 诉讼时效

第二百二十条 诉讼时效的概念

1. 诉讼时效是被侵权人为维护自己被侵犯的权利和被法律保护的利益而提起诉讼的期间。

2. 诉讼时效的期间和期间计算的程序由法律确定，并且不得通过双方协商更改。

3. 由本法典和其他法律规定诉讼时效期间中止和中断的理由。

第二百二十一条　诉讼时效的一般期间

诉讼时效的一般期间为 3 年。

第二百二十二条　诉讼时效的特殊期间

1. 对于某些种类的请求，法律可以规定特殊的诉讼时效期间，即较一般期间缩短的或更长的期间。

2. 本法第 220 条、第 223 条至第 230 条的规则也适用于特殊的诉讼时效期间，但法律另有规定的除外。

第二百二十三条　诉讼时效的适用

1. 关于维护被侵犯权利的请求，不论诉讼时效期间是否届满，法院均应受理。

2. 法院仅根据争议一方当事人在法院作出判决之前提出的申请适用诉讼时效。

争议一方当事人申请适用诉讼时效期间届满，是法院作出驳回诉讼请求的判决的根据。

随着主债务的诉讼时效期间届满，从债务（罚金、担保人责任等）的诉讼时效期间也届满。

第二百二十四条　诉讼时效期间的计算和开始

1. 诉讼时效期间计算的程序应根据本法规定的计算期间的一般规则确定。

2. 诉讼时效期间自当事人获悉或应该获悉自己的权利被侵犯之日起计算。本法的例外情况由本法和其他法律规定。

3. 对于有一定履行期间的债务，诉讼时效期间自履行期间届满之时起计算。

对于履行期间未作规定或规定为请求之时的债务，则诉讼时效自债权人有权提出履行债务的请求权之时起计算，而如果给债务人提供了履行该请求的宽限期间，则诉讼时效的计算自该宽限期间届满之时开始。

4. 对于有追索权的债务，诉讼时效期间从应履行相关债务之日起算。

第二百二十五条　债的当事人变更时的诉讼时效期间

债的当事人的变更并不引起诉讼时效期间及其计算方法的变更。

第二百二十六条　诉讼时效期间中止

1. 在下列情况下诉讼时效期间中止：

（1）在当时条件下发生的紧急情况和不可避免的非常事件阻挠诉讼的提起（不可抗力）；

（2）原告或被告正在处于战争状态的武装力量中服役；

（3）根据塔吉克斯坦共和国法律而规定的债务延期履行（缓期履行）；

（4）调整有关关系的法律或其他法律的效力中止；

（5）无民事行为能力人没有法定代理人；

（6）法律特别规定的其他情况。

2. 如果本条所列情况在时效期间的最后 6 个月内发生或继续存在时，诉讼时效的计算方可中止，而在该时效期间等于或少于 6 个月，本条所列情况在时效期间内发生或继续存在时，诉讼时效期间的计算应中止。

3. 自作为时效期间中止根据的情况消除之日起，诉讼时效期间继续计算。剩余部分的期间延长到 6 个月，而如果诉讼时效期间等于或少于 6 个月，则延长为诉讼时效期间。

第二百二十七条　诉讼时效期间的中断

按规定程序提起诉讼以及义务人实施承认债务的行为或其他义务的行为，则诉讼时效期间中断。

在诉讼时效期间中断结束之后，诉讼时效期间重新计算，中断前的时间不计入新的诉讼时效期间。

第二百二十八条　起诉被驳回情形下的诉讼时效期间计算

如果法院驳回诉讼，则在提起诉讼前开始的诉讼时效期间按一般规则继续计算。

如果法院对在刑事案件中提起的附带民事诉讼未予审理，则在提起诉讼前已开始的诉讼时效期间，中止至附带民事诉讼未予审理的刑事案件判决生效之时；诉讼时效中止的时间，不计入诉讼时效期间。在这种情况下，如果剩余的期间少于 6 个月，则该期间延长至 6 个月。

第二百二十九条　诉讼时效期间的恢复

1. 在法院认为与原告个人有关的正当理由（重病、无助、不识字等）致使时效期间经过的特殊情况下，公民被侵犯的权利应该受到保护。如果诉讼时效期间经过的理由发生在时效期间的最后 6 个月，则上述理由被认为是正当的，而如果诉讼时效期间等于或少于 6 个月，则在整个时效期内发生的上述理由均认为是正当理由。

2. 已废止。

第二百三十条　诉讼时效期间届满义务的履行

债务人或其他义务人，如在诉讼时效期间届满之后履行了义务，则无权请求返还，即使在履行时其并不知道诉讼时效期间已经届满。

第二百三十一条　不适用诉讼时效的请求

诉讼时效不适用于下列请求：

（1）要求托管人身权利和其他非物质利益的请求，但法律另有规定的情况除外；

（2）存款人要银行支付存款的请求；

（3）公民生命或健康受到损害而要求赔偿的请求，如果在这种损害赔偿权利产生之时起的 3 年后才提出请求，则对过去的赔偿不得超过提出请求之日起的前 3 年；

（4）财产的所有权人或其他占有人关于排除对其权利的任何侵害的请求，即使这些侵害并不同时剥夺对财产的占有；

（5）财产所有人或其他人对于国家管理机关和地方机关侵犯其使用和处置属于他们的财产的权利的行为无效的请求；

（6）法律规定的其他请求。

第四部分　土库曼斯坦共和国民法典总则

（李越一　译　邓社民　周盛杰　校对）

土库曼斯坦共和国民法典总则于1998年7月17日（294-Ⅰ号）生效，2012年12月22日进行了修改。此文本是根据2012年修改的文本翻译而成。

目　录

第一编　总则

　　第一分编　基本规定

　　　　第一章　民法

　　　　第二章　民事权利和义务的产生，民事权利的行使和保护

　　第二分编　民事主体

　　　　第一章　自然人

　　　　第二章　法人

　　　　　　第一节　一般规定

　　　　　　第二节　关于社会团体和基金会的一般规定

　　　　　　第三节　关于社会团体的专门规定

　　　　　　第四节　基金会的专门规定

　　第三分编　法律行为和代理

　　　　第一章　一般规定

　　　　第二章　作为法律行为有效条件的行为能力

　　　　第三章　法律行为的形式

　　　　第四章　可撤销的法律行为

　　　　　　第一节　因重大误解实施的法律行为

　　　　　　第二节　因受欺诈实施的法律行为

第三节　因暴力或暴力威胁实施的法律行为
　　第五章　附条件的法律行为
　　第六章　法律行为中的同意
　　第七章　代理和委托
第四分编　期间
　　第一章　期间的计算
　　第二章　诉讼时效期间

第一编　总　　则

第一分编　基　本　规　定

第一章　民　　法

第一条　民法的基本原则

1. 民法以民事主体平等、财产不可侵犯、合同自由、不得任意干涉他人的私人事务、自由行使民事权利、恢复受侵犯的权利以及对权利的司法保护为原则。

2. 自然人和法人在不违反法律的情况下，可根据协议自由确定自己的权利与义务，并确定任何合同条款。

民事权利只能基于保护道德、健康、他人合法权益、维护社会和国家的安全、保护环境的目的依法被限制。

3. 在土库曼斯坦领域内商品、服务和资金可自由流动。

可以依法对商品、服务和资金的流动实行限制。

第二条　民法调整的关系

1. 民法确定民事主体的法律地位，确定财产权的产生依据和行使方式，调整合同之债和其他债，以及其他财产关系和与之有关的人身非财产关系。

符合本款第一项所述特征的家庭关系、住宅关系、劳动关系、自然资源利用和环境保护关系，均由民法调整，如果专门法另有规定的除外。

2. 与实现和保护不可剥夺的人权和自由及其他非物质利益有关的关系，由民法调整，但该关系本质内容不同的除外。

3. 民事法律关系的主体既可以是自然人，也可以是法人。该规则适用于土库曼斯坦自然人、外国人和无国籍人，不论是否从事经营活动。

经营活动是一项自担风险的独立的活动，旨在从使用财产、出售商品、完成工作或向人们提供服务系统地获取利润。

4. 国家机关和组织与自然人和法人的民事关系受民法调整，其他法律另有规定的除外。

第三条　民法的渊源

1. 民事法律由本法、其他法律以及其他调整本法第 2 条中规定的关系的规范性法律组成。

2. 从属性法规仅在不违反法律的情况下适用于调整民事关系。

第四条　民法的时间效力

民法不具有溯及力且适用于其生效后产生的关系。

民法仅在法律明确规定的情况下适用于在其生效前产生的关系。

第五条　交易习惯

1. 交易习惯是指在商业活动的任何领域内普遍适用的既定行为规则，无论其是否记录在任何文件中，而法律并未对此作出规定。

2. 对于相关关系的参加者来说，与法律或者合同的强制性规定相冲突的交易习惯不得适用。

第六条　民法的类推适用

1. 若本法第 2 条第 1 款和第 2 款所规定的关系没有被法律或双方协议直接调整，并且没有适用于它们的法律行为习惯，则在这种关系不违背其本质的情况下，适用调整相似关系的民事法律规范（法律类推）。

2. 若在上述情况下无法使用法律类推，双方的权利和义务根据民法的一般原则和精神确定（法的类推）。

3. 在法无明文规定或规定不明确的情况下，法院不得拒绝审判民事案件。

4. 限制民事权利和设立民事义务的规范不得类推适用。

第七条　民法和国际条约

若土库曼斯坦参加的国际条约的规定不同于民法的规定，则应适用国际条约的规定。

第二章 民事权利和义务的产生，民事权利的行使和保护

第八条 民事权利与民事义务的产生依据

1. 民事权利与义务产生于法律规定的理由以及自然人和法人的行为，即使法律没有规定，民事权利与义务因民事法律的一般原则而产生。

2. 民事权利和民事义务产生于：

（1）法律规定的合同和其他法律行为，以及尽管法律没有规定但不违背法律的合同和其他法律行为；

（2）法律规定的作为民事权利和义务产生依据的国家机关和地方自治机关的文件；

（3）设定民事权利和义务的司法判决；

（4）由于法律不禁止的原因创造和取得财产；

（5）由于创作科学、文学、艺术作品、发明和其他智力活动成果；

（6）由于对他人造成损害；

（7）由于不当得利；

（8）由于自然人和法人的其他行为；

（9）由于立法将其与民事法律后果的产生相联系的事件。

第九条 民事权利的行使

1. 自然人和法人按照自己意愿行使其民事权利。

2. 除法律另有规定的情况外，自然人和法人拒绝行使其权利并不导致这些权利终止。

3. 民事法律关系的主体必须诚信地行使其权利和义务，不得因其作为（不作为）而对他人造成伤害。

4. 如果不符合本条第3款规定的要求，法院可以拒绝保护该人的权利。

5. 如果法律规定民事权利的保护取决于这些权利是否以善意和合理的方式行使，则应推定民事主体以善意和合理的方式行使民事权利。

第十条 民事权利的司法保护

1. 对被侵犯的或者有争议的民事权利依照诉讼法和合同规定的案件管辖由法院（经济法院、仲裁法院）进行保护。

2. 法律或合同可以调整向法院起诉前双方的争议。

3. 只有在法律规定的情况下才能通过行政程序保护公民权利。按行政程序做出的行政决定可以向法院提出诉讼。

第十一条　民事权利的保护方式

对民事权利的保护通过以下方式实现：

（1）确认权利；

（2）恢复原状、停止侵害、消除危险；

（3）确认法律行为无效并适用法律行为无效的后果；

（4）确认国家机关或者地方自治机关的文件无效；

（5）强制实际履行；

（6）民事权利的自卫；

（7）赔偿损失；

（8）支付违约金；

（9）赔偿精神损失；

（10）终止或变更法律关系；

（11）法院不适用国家机关或地方自治机关的违法立法文件；

（12）法律规定的其他方式。

第十二条　确认不符合法律的文件无效

国家机关或者地方自治机关制定的有关侵犯自然人或法人的民事权利及法律所保护的利益的文件，自始无效。

在法律确认该文件无效的情况下被侵害的权利应当被恢复，或者采用本法第11条规定的其他方式予以保护。

第十三条　民事权利的自卫

允许对民事权利自卫。

若主管机关未及时提供帮助，自卫的方式应当与侵害行为相适应，不应超出预防或者制止该侵害行为所必要的限度。

第十四条　赔偿损失

1. 被侵权人可以要求全额赔偿给其造成的损失，不允许根据协议预先排除请求赔偿损失的权利。

2. 损失是指被侵权人为恢复被侵害的权利已经花费的或者应当花费的开支、

财产损失或损害（实际损失），以及在其权利没有被侵害且在通常的民事流转条件下将会取得而没有取得的利益（可得利益损失）。

如果侵权人因此获得了收入，则权利受到侵犯的人有权要求赔偿利润损失和其他损失，其数额不低于收入。

第十五条　人身权和其他非物质利益的保护

依照本法和其他法律规定的情形和程序，并根据侵权性质及其损害后果的特点产生的民事权利保护方式的适用条件和适用范围对人身非财产权和其他非物质利益予以保护。

第十六条　对名誉、尊严和商业信誉的保护

1. 若所传播的信息不属实，自然人和法人有权要求法院反驳有损其名誉、尊严或商业信誉的信息。

在自然人死亡后允许按照利害关系人的要求保护公民的名誉和尊严。

2. 如果在大众媒体上传播损害自然人或法人的荣誉、尊严或商业声誉的信息，应当在大众媒体上予以澄清。

若上述信息包含在组织制定的文件中，则该文件应当被废止或者被撤销。

在其他情况下澄清程序由法院确定。

3. 针对大众信息传媒发布的损害其权利或者法律所保护的利益的信息，自然人或者法人有权在这些大众信息传媒上公开自己的答复。

4. 若尚未作出法院判决，法院有权对违法者根据诉讼法律规定的数额和方式处以罚款，作为国家收入。缴纳罚款并不免除违法者履行法院判决规定的作为义务。

5. 针对传播有损其名誉、尊严或者商业信誉的信息，自然人或者法人有权在驳斥这些信息的同时，要求赔偿因信息传播给其造成的损失和精神损害。

6. 若不能查明传播有损自然人或者法人名誉、尊严或者商业信誉的信息的人，则其信息被传播的人有权向法院提出确认所传播的信息不符合实际的申诉。

第十七条　肖像权保护

未经任何人的同意，任何人不得发布或传播已发布的任何人的形象。当公开和传播的形象与法院、预审和侦查机关的要求有关时，当拍照或者以其他方式取得形象是在公开场合进行或者法律规定的其他情况时，则不要求取得他人同意。

若被拍照人是因付费而摆姿势供人拍照，则推定该人同意公开和传播自己的形象。

第十八条　隐私权

1. 自然人有个人生活秘密保护权，以下内容应被保护：通信秘密、日记、札记、回忆录、私生活、出生、收养、治疗或者律师秘密、存款秘密等。

只有在法律另有规定的情况下才能披露个人生活秘密。

2. 只有经过作者同意，才能公开日记、回忆录、札记等，而只有经过作者和收信人的同意才能公开信件。若其中任何一人死亡，上述文件经死者在世的配偶和子女同意后可予以公开；若均不在世，经其他近亲属同意后可予以公开。

第二分编　民事主体

第一章　自然人

第十九条　自然人的概念

自然人是指土库曼斯坦共和国的公民、外国人和无国籍人。

第二十条　自然人的权利能力

1. 所有自然人平等地拥有民事权利和履行义务的能力（民事权利能力）。

2. 自然人的权利能力始于出生，终于死亡。

3. 成为继承人的权利从受孕时产生，其实现取决于出生。

第二十一条　自然人的姓名

1. 自然人以自己的姓名取得权利和履行义务，姓名包括姓和自己的名字，以及按其意愿包括父称，法律或者本国习惯另有规定的除外。

依照法律规定的情形和程序，自然人可以使用化名（虚构的名字）。

2. 自然人有权依照法定程序变更自己的姓名。自然人变更姓名不构成终止或变更其以原姓名取得的权利和义务的理由。

自然人有必要采取必要的措施通知自己的债务人和债权人其姓名变更的事实并承担因上述人不知道其姓名变更的信息而引发的法律后果的风险。

变更姓名的自然人有权要求自费更改以其原姓名所办理的文件。

3. 自然人出生时取得姓名，以及姓名变更应当依照民事身份登记规定的程序进行登记。

4. 不允许以他人名义取得权利与义务。

第二十二条　自然人的住所

1. 住所是自然人永久或者主要居住的地方。

2. 未满14周岁的未成年人或者被监护人的住所为其父母、养父母或监护人的住所。

3. 若自然人因强制程序或履行国家义务而不得不在一定时间内离开其住所，其住所未丧失。

第二十三条　自然人的行为能力

1. 自然人按照自己的意志以自己的行为取得和行使民事权利，为自己设定并履行民事义务的能力（民事行为能力）自成年时，即年满18周岁时完全产生。

2. 在法律允许未满18周岁结婚的情况下，未满18周岁的自然人自结婚之日取得完全民事行为能力。

通过婚姻获得的行为能力在18周岁以前解除婚姻关系的情况下仍然完全有效。

在宣告婚姻无效时，法院可以判决未成年配偶自法院判决确定之日起丧失完全民事行为能力。

3. 未满7周岁的未成年人是无民事行为能力人。

第二十四条　不得剥夺和限制权利能力和行为能力

1. 禁止剥夺自然人的权利能力。

2. 非依法定情形和程序，任何人不得限制和剥夺自然人的权利能力和行为能力。

3. 违反法定条件和程序限制自然人的行为能力或其从事经营活动或者其他活动的权利，将导致国家机关或者其他机关规定该限制的文件无效。

4. 自然人全部或者部分放弃权利能力或者行为能力和旨在限制权利能力或者行为能力的法律行为无效。

第二十五条　未成年人的限制行为能力

1. 年满7周岁不满18周岁的未成年人为限制民事行为能力人。

2. 为了使限制民事行为能力人实施的法律行为有效，必须经其法定代理人同意。限制民事行为能力人实施的是纯获利益的法律行为除外。

第二十六条　宣告自然人为无民事行为能力人

1. 因精神障碍（精神疾病或者智障者）不能辨认或者控制自己行为的自然人

可以由法院确认为无民事行为能力人。对该自然人设立监护。

2. 监护人以被确认为无民事行为能力人的公民的名义实施法律行为。

3. 若认定自然人为无民事行为能力人的依据已消失，则根据法院判决撤销对其监护。

第二十七条　自然人行为能力的限制

1. 因酗酒或滥用毒品而使家庭陷入经济困境的自然人，法院可以限制其行为能力，并对该自然人设立监护。除一些日常性质的微小法律行为外，该自然人只有在经监护人同意后才能实施处分财产，以及取得并处分劳动工资、退休金或者其他收入的法律行为。

2. 若限制自然人行为能力人的依据已消失，则根据法院判决撤销对其的监护。

第二十八条　自然人的经营活动

1. 自然人有权从事经营活动，无须设立法人。

2. 自然人没有法人资格实施的经营活动，相应地适用本法典调整法人活动的规则。

第二十九条　自然人的财产责任

自然人以属于其的全部财产承担责任，依照法律不被追偿的财产除外。

不被追偿的自然人财产清单由民事诉讼法规定。

第三十条　个体工商户的破产

1. 个体工商户无力清偿债权人在其经营活动中的债权，可以根据法院判决破产。

2. 在宣布个体工商户破产程序中，与经营活动无关的债务的债权人也有权提出自己的请求。

上述债权人未依该程序提出请求，在个体工商户破产程序完成后债权仍然有效。

3. 在宣告个体工商户破产时，其债权人债权的实现以其所属可以追偿的财产按照下列顺序进行：

第一顺序——通过将相应定期支付资本化的方式，清偿个体工商户对之承担的损害生命或者健康责任的自然人的请求，以及追索抚养费、赡养费的请求；

第二顺序——对按照劳动合同工作的人结算支付离职补偿金和劳动报酬，但不超过3个月；

第三顺序——以个体工商户所有的财产抵押，满足债权人的债权；

第四顺序——清偿预算和预算外基金强制缴纳的债务；

第五顺序——根据法律与其他债权人进行结算。

在前一顺序债权人的请求清偿后再清偿后一顺序债权人的请求。

4. 在完成与债权人的清算后，被认定破产的个体工商户将被解除与其经营活动有关的剩余债务和破产经营者的其他履行要求。

被宣告破产的人对生命或者健康造成损害的索赔以及其他人身性质的索赔仍然有效。

5. 法院宣告个体工商户破产或个体工商户自己申请破产的理由和程序由破产法规定。

6. 被宣告破产的自然人依照法院判决可在一定期间内被禁止从事经营活动，但不得超过破产法规定的最长期限。

第三十一条　保护与监护

1. 监护和托管是为保护无民事行为能力人或者限制民事行为能力人的权利和利益而设定的。

2. 托管人和监护人无特别授权即可在与包括法院在内的任何人和组织的关系中维护被监护人的权利和利益。

3. 在未成年自然人丧失父母、养父母、法院剥夺其父母的父母权利以及其因其他原因没有父母监护的情况下，包括父母拒绝抚养或者保护未成年人权利和利益的情况下，应对未成年人设定监护和托管。

第三十二条　监护

1. 对无民事行为能力人设立监护。

2. 监护人是被监护人的法定代理人，代表他们并为他们的利益进行一切必要的交易。

第三十三条　托管

1. 对限制民事行为能力人设立托管。

2. 托管人同意托管下的自然人无权独立进行的法律行为。

通过人协助被托管人行使自己的权利和履行义务，以及保护他们免受第三人的非法利用。

第三十四条　监护和托管机关

1. 地方自治政机关是监护和托管机关，而在居民点没有地方自治机关的，托管和监护机关则是城镇或长老。

2. 法院有义务在认定自然人为无民事行为能力人或者限制民事行为能力人的决定生效之日起 3 日内，通知该自然人住所的托管与监护机关为其设定托管或监护。

3. 被监护人住所的保护和监护机关监管其托管人和监护人的活动。

第三十五条　监护人和托管人

1. 只有具有行为能力的成年人才能担任托管人或监护人。被剥夺父母权利的自然人不能担任托管人或监护人。

2. 托管人或监护人只有经其同意后才能被任命。同时，还应考虑到道德和其他个人品质、履行托管人和监护人职责的能力、需要监护和托管的人之间的关系，以及在可能的情况下要考虑被监护人的意愿。

3. 被托管人或被监护人住所的托管和监护机关应自其知道为自然人设立托管和监护的必要性的 1 个月内指定托管人或监护人。在需予以关注的情况下，由被托管人或被监护人住所的保护和监护机关指定托管人或监护人。若在 1 个月内未指定，则托管人或者监护人的职责将暂时由保护和监护机关承担。利害关系人可向法院对于托管人或监护人的指定提起诉讼。

4. 需要托管或监护并被安置在相应的教育、医疗机关、社会福利机关或者其他类似机关中的人的托管人或监护人是这些机关。

第三十六条　托管人和监护人的职责

1. 履行托管或监护职责是无偿的。托管人或监护人有权要求补偿与履行托管或监护职责有关的费用。

2. 未成年人的托管人或监护人必须与被托管人或被监护人共同生活。经托管和监护机关的允许，监护人与已满 16 周岁的被监护人可分开居住，前提是不会对维护和保护被监护人的权益产生不良影响。

托管人或监护人必须将住所变更情况通知保护和监护机关。

3. 托管人和监护人有义务照顾被监护人，为他们提供护理和医疗，保护他们的权益。

对未成年人的托管或监护应当关心他们的教育和培养。

4. 被法院认定为限制民事行为能力的成年人的托管人不承担本条第 3 款所规定的义务。

5. 若自然人因酗酒或滥用毒品被确认为无民事行为能力人或者限制民事行为能力人的依据已消失，则托管人或监护人有义务向法院申请确认被监护人为完全民事行为能力人，并撤销托管或者监护。

第三十七条 被监护人财产的分配

1. 被监护人的收入，包括被监护人因财产管理所获得的收入，除被监护人有权独立管理的收入外，托管人或者监护人仅能为被监护人的利益并经托管或监护机关事先许可，才能使用被托管人或被监护人的收入。

未经托管和监护机关事先许可，托管人或者监护人有权以被监护人的收入支出为照料被监护人所需的必要费用。

2. 未经托管和监护机关的事先许可，托管人无权实施、监护人不得同意涉及转让的法律行为，包括交换或捐赠被监护人的财产、出租、无偿使用或抵押、涉及放弃被监护人权利的法律行为、分割其财产或分割财产份额、涉及减少被监护人财产的任何其他法律行为。

管理被监护人财产的程序由法律规定。

3. 监护人、托管人及其配偶和近亲属不得与被监护人进行法律行为，但作为礼物或无偿使用而转让给被监护人的财产除外，也不得代表被监护人与托管人或监护人的配偶及其近亲属之间缔结法律行为或在诉讼中代表被监护人。

第三十八条 被监护人财产的委托管理

1. 如果需要经常管理被监护人的不动产和有价动产，保护和监护机关应与该机关确定的管理人签订财产委托管理协议。在这种情况下，托管人或者监护人对未转让给管理人的被监护人财产保留其权限。

管理人行使管理被监护人财产的权限时，应当遵守本法第 37 条第 2 款和第 3 款的规定。

2. 被监护人财产的委托管理应以法律规定的委托管理协议终止的理由以及保护和监护终止的理由终止。

第三十九条 监护人和托管人职责的解除

1. 在未成年人父母或者养父母返回的情况下，解除保托管和监护机关的职责。

当被监护人被放置在相应的教育、医疗机关、社会福利机关或其他类似机关中时，若不违背被监护人的利益，托管和监护机关应解除先前任命的托管人或者监护人的职责。

2. 若有正当理由（疾病、财产状况变更、与被监护人缺乏相互理解等），则托管人或者监护人可请求解除其职责。

3. 若托管人或者监护人不正当履行其职责，包括利用其托管或监护资格谋取私利或者在没有监督和必要协助的情况下遗弃被监护人，托管和监护机关可以撤销托管人或者监护人职责并采取必要的措施追究犯罪者的法律责任。

第四十条　保护和托管的终止

1. 对成年人的保护和监护的终止由法院经其托管人、监护人或者保护和监护机关申请作出认定被监护人为完全民事行为能力人或者撤销对其行为能力的限制的判决。

2. 在未成年儿童年满7周岁时，对其保护权终止，而履行保护职责的人成为未成年人的监护人，无须另行决定。

3. 未成年被监护人年满18周岁、结婚（本法第23条第2款）以及在成年前获得完全完全民事行为能力的其他情况下，无须特别决定即可终止对其的监护。

第四十一条　对有行为能力自然人的庇护

1. 按照完全行为能力自然人的要求，因健康状况不能独立进行和保护自己权利和履行义务的，可以以庇护形式设立托管。

2. 具有完全行为能力的成年自然人的托管人，只有在征得其同意的情况下，才能由托管机关指定。

3. 处分属于完全行为能力成年被监护人的财产，由托管人依据与被监护人签订的委托或者信托管理合同进行。实施日常的和其他旨在维持和满足被监护人日常需求的法律行为，由其托管人经被监护人同意后进行。

4. 依照本条第1款规定的对具有行为能力的成年人的托管，应依被托管人的请求而终止。

本法典第39条规定的情况下，受庇护的自然人的托管人可以免除其职责。

第四十二条　宣告自然人失踪

如果自然人的下落不明，并且在1年内在其住所没有关于其居留地的消息，法院可依利害关系人的申请确认其为失踪人。

在不能查明取得失踪前最后消息的日期时，确认失踪的期限从取得失踪人最后消息的当月的次月1日开始计算，而在不能查明该月份时，从次年的1月1日开始计算。

第四十三条　宣告自然人失踪的后果

1. 被宣告为失踪人的财产需要长期管理时，依照法院判决移交给托管和监护机关确定的人，由该人依照与该机关签订的委托管理合同进行管理。以该财产向失踪人有赡养义务的人支付赡养费和根据失踪人负有的其他义务清偿债务。

2. 保护和监护机关也可以自取得失踪人的居留地消息之日起1年届满前任命财产管理人。

3. 本条未作规定的宣告失踪的后果由法律确定。

第四十四条　撤销宣告自然人失踪的判决

在被宣告失踪人出现或者发现其居留地的情况下，法院撤销宣告其为失踪人的判决。依据法院判决取消对该自然人的财产管理，其无权要求返还管理财产的必要费用，但有权要求赔偿因不当管理造成的损失。

第四十五条　宣告自然人死亡

1. 如果在自然人住所地没有该自然人行踪信息满5年，或其在生命受到威胁或者有理由推定其因特定不幸事件下落不明满6个月，法院可宣告其死亡。

2. 服役人员或者其他因军事行动而下落不明的自然人，法院自军事行动结束之日起满3年可以宣告其死亡。

3. 被宣告死亡的自然人的死亡日期，是法院宣告其死亡判决生效之日。宣告生命受到威胁或者有理由推定其因特定不幸事件死亡的失踪人死亡的，法院可以确认该自然人的死亡日期为推定死亡的日期。

第四十六条　被宣告死亡的自然人出现的后果

1. 被宣告死亡的自然人出现或发现其居住地，法院应撤销宣告死亡的判决。

2. 无论何时出现，自然人均可要求任何人返还在该自然人被宣告死亡后无偿转移给其保存的财产，本法典第211条第2款规定的情况除外。

3. 通过有偿的法律行为取得被宣告死亡的自然人的财产的人，若能被证明在取得财产时，取得人知道被宣告死亡的自然人存活，则有义务返还该财产。在不能返还原物时，应赔偿其价值。

4. 如果被宣布死亡的人的财产转移国有并出售，则在宣告自然人死亡的判决被法院撤销后1个月内返还因出售财产所得金额。

第四十七条　户籍登记

1. 下列户籍信息应当进行国家登记：

（1）出生；

（2）结婚；

（3）离婚；

（4）收养子女；

（5）确认亲子关系；

（6）更名；

（7）死亡。

2. 民事登记由民事登记机关进行，在民事登记簿（登记簿）中作相应的记录，并根据这些记录签发证书。

3. 在有充分理由且与利害关系人之间不存在争议的情况下，应由民事登记机关对民事登记进行修正和变更。

利害关系人之间存在争议或民事登记机关拒绝修正和变更记录的，应由法院解决。

民事登记机关根据已经生效的法院判决撤销和恢复民事行为的登记。

4. 进行民事登记的机关、民事登记的程序、民事登记记录的修改、恢复和注销程序、民事登记簿和证书的形式以及民事登记簿的保存程序和期限由法律规定。

第二章　法　　人

第一节　一　般　规　定

第四十八条　法人的概念

1. 法人是有独立财产并以其财产承担责任的组织，可以自己的名义取得和行使财产权利和人身非财产权利、承担义务，在审判中担任原告和被告。

2. 国家作为法人参加民事法律关系时，国家权力由国家机关行使。国家成立的法人依照一般原则参加民事法律关系。

第四十九条　法人的权利能力

1. 非营利法人有权从事与其目的相适应的和由其设立文件所规定的活动。营利法人有权从事任何法律不禁止的活动。

某些经营类型、经营清单由法律确定，法人只能依照特别许可（许可证）行使权利。法人自取得特别许可（许可证）之时产生进行此类活动的权利。

2. 法人的权利能力自其进行国家登记之时产生，并在其清算登记完成时终止。

3. 只能依照法定情形和法定程序限制法人的权利。

第五十条　营利法人

以营利作为经营（商业）活动的目的法人是营利法人。营利法人的设立依照法律规定。

第五十一条　非营利法人

1. 不以营利作为经营（商业）活动的目的法人是非营利法人。具有援助性质的经营活动不改变非营利法人的性质。

非营利法人以社会团体和基金会的形式设立。

2. 由多人设定共同目标且其存在不受成员组成变更影响的法人是社会团体。社会团体的建立必须不少于5个人。

3. 一个或者多个创办人为实现公益目的将专门财产所有权转移给没有成员的独立主体，该法人为基金会。

第五十二条　法人的国家登记

1. 法人应当依照法定程序进行国家登记。国家登记的资料包括对商业组织而言的企业名称，载入国家统一法人登记簿，以供公众查看。

拒绝国家登记或逃避这样的登记均可向法院提起诉讼。

2. 法人自国家登记之日起设立。

第五十三条　法人的设立文件

1. 法人依照章程活动。法人的设立文件由其发起人签订，而章程由其发起人批准。

依照本法由一个发起人设立的法人，依据该发起人批准的章程活动。

2. 法人章程和其他设立文件中应当规定法人名称、住所地、法人活动的管理方式以及法律规定的相应法人类型的其他信息。

发起人一方在设立文件中确定设立程序和法人活动、其财产转移条件、入伙。合同也可以规定股东之间的利润和亏损的分配、法人活动的管理、发起人（股东）退出的条件和程序。根据发起人的一致意见可以将其他条款纳入设立文件。

3. 设立文件的变更自国家登记之时对第三人生效。而在法律另有规定的情况下自登记机关通知此类变更之时起对第三人生效。但是法人及其发起人无权在与已经按照这些变更行事的第三人的关系中援引没有登记的变更事项。

第五十四条　法人机关

1. 法人通过依照法律和设立文件行事的机关取得民事权利和承担民事义务。法人机关的任命和选任程序由法律和设立文件规定。

2. 依照法律或者法人的设立文件以法人的名义行事的人，应当善意且合理地为其所代表的法人的利益进行活动。

第五十五条　法人的名称与所在地

1. 法人有自己的表明其法律组织形式的名称。

2. 法人所在地是其行政所在地。法人可能只有一个所在地（法定地址）。其他法人所在地被认为是分支机关所在地。

3. 法人的名称和所在地要在其设立文件中指出。

4. 营利法人应当有企业名称。

企业名称已经按照规定程序登记的法人享有企业名称专有使用权。

登记程序和企业名称的使用程序由本法规定。

非法使用他人已经登记的企业名称的人，按照企业名称权利持有人的要求有义务终止使用并赔偿损失。

第五十六条　代表机关和分支机关

1. 代表机关是位于法人所在地之外的实施保护和代表法人利益的职能，以法人的名义实施法律行为和其他法律行为的机关。

2. 分支机关是位于法人所在地之外的且履行全部或者部分法人职能的机关，包括具有代表职能的机关。

3. 代表机关和分支机关不是法人。由设立它们的法人拨给财产并依据设立法人制定的规定行事。

代表机关和分支机关的管理人由法人任命并依据委托书行事。

第二节　关于社会团体和基金会的一般规定

第五十七条　社会团体和基金会的登记

1. 社会团体和基金会从登记之时起以法人的身份开始进行活动。阿达拉特部门办理社会团体和基金会的登记。以政治或者其他社会意义为目的社会团体（政党、宗教组织、工会等）的登记程序由特别法规定。

2. 若章程符合法律要求且法人登记的目的不违背现行法律、公共道德标准或者土库曼斯坦的宪法原则，则有权要求登记。基金会财产的用途应当符合预定目的。

3. 登记必须有所有发起人和董事会成员签字的申请书和章程。

4. 阿达拉特部门应当自申请之日起1个月内办理登记。

5. 拒绝登记必须有正当理由、起诉可能性和程序的规定。可以就拒绝登记向法院提起诉讼。

第五十八条　社会团体和基金会的章程

1. 社会团体和基金会的组织和结构由章程规定。

2. 章程应当包含：

（1）经营目的；

（2）名称；

（3）所在地（法人地址）；

（4）财产的清算和分配程序；

（5）全体董事会成员的名字和姓氏，其出生地点和日期，住所，任命董事会会议和通过决议的程序；

（6）社会团体（基金会）的成员权利。

3. 章程还应包含：

（1）其他管理机关和监督机关的职能；

（2）社会团体成员会议的权利。

4. 除本条第2款规定的规则外，对于基金会，章程还应包含：

（1）最低资本和捐助形式；

（2）金额使用说明。

5. 章程必须经过公证程序认定。

第五十九条　信息登记

1. 登记包含以下信息：法人名称及其所在地、经营目的、章程通过日期、发起人的身份、董事会成员的身份以及对其代表权利的限制。

2. 信息登记应当公开。

3. 任何人都有权了解登记簿中的登记和要求书面摘录。

第六十条　变更登记

对登记事实的变更应当以董事会认定的形式提交至阿达拉特部门。将变更事项载入登记簿并予以公开。

第六十一条　社会团体和基金会活动的国家监管

1. 由司法部对社会团体和基金会活动的合法性进行监管。

2. 若社会团体或者基金会主要转向从事经营活动或者章程规定的目的无法实现，则由司法部取消其登记。

第六十二条　管理与代理权

1. 董事会成员有管理权，而在个别情况下特别代表拥有管理权。这同时也是他们的义务。

2. 领导范围由符合社会团体和基金会目的的章程确定。

3. 章程可规定一人独任或规定两个或者几个人共同管理。

4. 章程可以规定活动清单，其执行须经其他监察机关同意。

第六十三条　董事会对第三人的权限

1. 董事会在与第三人的关系中代表社会团体或者基金会。章程应当载明关于授权代表人将单独行事、部分联合行事还是全部联合行事的规定。

2. 章程可以限制代表权。除第三人知道该限制外，这些限制仅在其已被登记在登记簿上时对第三人有效。

3. 章程可规定任命社会团体和基金会的特别代表。规章应当规定这类代表的权限及其形式，该类代表也应进行登记。

第六十四条　责任

1. 社会团体和基金会应对董事会成员或者其他代理人在履行其职责时对第三人造成的损害承担赔偿责任。

2. 有代理权的人必须诚信地开展业务。在其违反这项义务的情况下，应当对社会团体或者基金会造成的损害承担责任。若赔偿对于清偿第三人的请求是必须的，则拒绝赔偿损失是无效的。

3. 社会团体或者基金会的债务，其成员不承担任何责任。社会团体和基金会也不对其成员的债务承担任何责任。

第六十五条　社会组织或者基金会的终止和清算

1. 在章程规定的情况下，因实现或者无法实现目的而对社会组织和基金会进行清算，并停止运作，由阿达拉特部门取消其登记。

2. 在清算时应当按规定要求已结案，完成日常事务，确定剩余财产的货币价值，清偿债权人债权和在权利人之间分配剩余财产。

3. 有权接受财产的人可由章程确定。在没有此规定的情况下，阿达拉特部门根据审查将剩余财产转让给与被清算的社会团体或基金会有相同或相似目的一个或者几个社会团体或基金会。在没有此类组织的情况下，可以决定将该财产转移给慈善机关或国家。

4. 清算信息应予公布。只有在公布1年后才允许分配财产。

5. 由董事会进行清算。在特殊情况下阿达拉特部门可以任命其他清算人。清算人以董事会成员的身份承担责任。

第三节　关于社会团体的专门规定

第六十六条　董事会

1. 除非章程另有规定，社会团体的董事会由全体成员大会选举产生，任期4年。任期届满后，在新董事会选出前，由董事会继续行使权力。

2. 选举董事会的决定可随时取消。取消选举可能与存在的重要情况有关。

第六十七条　全体会议

1. 社会团体的全体会议由董事会召集。在章程规定的情况下或者在社会团体利益要求时，必须至少每年召开1次。此外，若1/10的成员以书面形式说明议事日程，也应当召开会议。

2. 会议召开应在会前至少两周通过向全体成员发送书面通知或者在公共刊物上发布通知。

3. 成员会议就不属于董事会职权范围的事项做出决定。只有在会议召开时宣布了该事项的议程的情况下，该决定才有效。

4. 决定应由出席会议的成员以多数票通过，变更章程的决定应以3/4以上多数票通过。决定变更社会团体的目的，需要全体成员的4/5以上多数通过。未出席会议的成员可以书面投票方式参加。

第六十八条　委员会

全体成员会议可以根据章程成立委员会，可以将非会期间的会议职能移交给委员会，特别是对社会团体活动的监管。委员会成员只能是社会团体的成员。

第六十九条　专门机关

为了在执行社会团体任务的过程中提供建议，若章程规定，成员会议可以成立专门机关（咨询委员会、管理机关、行政委员会）。非社会团体成员的个人也可以联合在这类机关中。

第七十条　社会团体的成员资格

1. 董事会根据有意者的书面申请接收社会团体的成员。

2. 每个成员都有权退出社会团体。章程可以规定特定的退出期限，该期限不得超过两年。因重大情况引起的退出不受退出期限的限制。

3. 除非章程另有规定，否则成员资格不得转让给他人，也不得继承。

4. 在存在充分理由的情况下，全体成员大会可开除社会团体中的成员。被开除的成员有权就该决定向法院提起诉讼。

5. 为了使有意者加入社会团体在实现社会、文化或者其他任务中履行重要职务，若不违背社会团体基本原则，该人有权要求成为社会团体的成员。

第四节　基金会的专门规定

第七十一条　受益人基金会

基金会的目的可以是资助某些个人或者特定的某些群体。若得到司法部的支持，所有有权获得基金会财产份额的人（受益人），经董事会全体成员同意后可以取消基金会或者改变基金会的目的，在受益人之间分配剩余财产。

第七十二条　缴纳基金份额的担保义务

1. 设立人（多个发起人）按照经过公证的关于成立基金会的文件应当向基金会承担实现基金会目的所必须的财产金额的出资责任。若财产不足，则应当拒绝许可设立基金会。

2. 在登记之前随时可以拒绝转让财产。在登记后1个月内必须将财产全部转让，否则登记失效。

3. 若章程没有其他规定，则实现基金会的目的应当依靠财产获得的收入。若在一定时间内收入不足，基金会的活动应当适当减少或者暂停，并将这些收入增加到财产中。

4. 关于基金会的财产状况，每年应当以相应形式进行报告。

第七十三条　监督机关

1. 为了任命、罢免并监督董事会和专门代表，章程可以规定成立监督机关（监事会），其成员由基金会发起人邀请。在发起人死亡之后，可以根据捐助人决定或者章程规定的程序由新成员补充监督机关的组成。

2. 在其他情况下，为了依照法律和章程管理基金会，司法部对其进行监管。司法部可以随时获得基金会活动的信息并检查其文件。

3. 如果董事会的决定和行为违反法律或章程，监督机关可以暂停、宣布无效或要求取消董事会的决定和行为。

4. 监督机关确保董事会和其他机关的任命符合章程规定。如果章程未作出充分规定，监督机关可以作出补充规定。

第七十四条　基金会目的变更

若没有捐助人就无法实现预期的目的或者存在其他基金会清算的原因，阿达拉特部门可以在章程没有相应规定的情况下不进行清算，而是要求基金会改变目的或者同其他基金会合并，以保持与原定目的相似。若至少一位发起人在世，则必须征得其同意。

第三分编　法律行为和代理

第一章　一般规定

第七十五条　法律行为的概念和种类

1. 法律行为是指自然人和法人以自己的意思表示设立、变更或者终止民事权利与民事义务的行为。

2. 法律行为可以是单方的、双方的或多方的（合同）。

单方法律行为仅在法律规定或者各方协议约定的情况下可以设定其他人的义务。

第七十六条　意思表示的有效性

1. 若在对方缺席的情况下作出与对方有关的意思表示，则自对方收到意思表示之时生效。

2. 若对方事先或者立即声明拒绝，则意思表示无效。

3. 如果做出意思表示的人死亡或者丧失行为能力发生在意思表示之后，不影响意思表示的有效性。

第七十七条　意思表示的解释

在解释意思表示时，必须遵循真实的意志，而不必拘泥于表达的字面意义。

第七十八条　意思表示的内容无法确定

若通过外部表达和通过其他情况均不能准确确定意思表示表达的内容，则不发生法律行为。

第七十九条　违反法治原则和道德原则的法律行为无效

违反法律规定、违反公共利益和道德标准的法律行为无效。

第八十条　滥用自己地位的法律行为无效

若某些法律行为的实施和实施该法律行为将得到的报酬之间存在明显不相符合，以及若仅因一方当事人滥用自己在市场上的优势地位或者利用对方处于危困状态达成协议，则该法律行为是无效的。

第八十一条　虚构的法律行为无效

1. 仅为在形式上完成而没有意图产生相应法律后果的法律行为无效（虚构法律行为）。

2. 若虚构法律行为之下掩盖了其他目的的法律行为（伪装法律行为），则适用有关掩盖法律行为的规则。

第八十二条　缺乏真实的意图

1. 没有真实意图且希望缺乏真实意图不被发现所作出的意思表示无效。

2. 做出意思表示的人，如果不知道或不可能知道不真实的意图，则应当赔偿因信赖该意思表示而造成的损害。

第八十三条　意思表示的无效

1. 无民事行为能力人的意思表示无效。

2. 在无意识或者精神暂时失常的状态下作出的意思表示无效。

3. 在精神疾病患者未被认定为无民事行为能力人的情况下，其意思表示无效。

第八十四条　违反规定形式的法律行为无效

1. 未遵守法律规定的形式所做出的法律行为无效。不遵守协议条款所确定的形式将导致存在疑问的法律行为无效。

2. 若可能受到质疑的法律行为有争议，则法律行为自始被视为无效。抗辩向对方提出。

3. 任何利害关系人均有抗辩权。

第八十五条　法律行为转换

如果无效法律行为的条件符合另一法律行为的要求，知道法律行为无效后，双方均希望其有效，则适用有关另一法律行为的规定。

第八十六条　无效法律行为的确认

1. 若实施无效法律行为的人确认其法律行为，则其确认是另一法律行为。

2. 若有争议的法律行为已被有抗辩权的人确认，则不允许再提出异议。

3. 若无效的合同被双方确认，则在存在疑问的情况下双方有义务相互转交其自一开始在合同有效时所获得的一切。

4. 只有在法律行为不违反法律和道德原则的情况下，确认才有效。

第八十七条　法律行为的部分无效

1. 如果除去无效的部分可认为法律行为已经完成，法律行为部分无效不引起其他部分无效。

2. 若法律行为中的一部分涉及合同的格式条款，这些条款无效并且是合同的非必要组成部分，则合同总体上仍然有效。

第二章　作为法律行为有效条件的行为能力

第八十八条　未成年人实施法律行为的有效性

1. 若未成年人未经法定监护人的必要同意签订合同，则合同的有效性取决于监护人的事后追认，但未成年人单纯获益的法律行为除外。

2. 如果未成年人成为完全民事行为能力人，则由其本人解决自己意思表示有效性的问题。

第八十九条　撤销未成年人订立的合同

1. 在未成年人签订的合同被追认以前，对方有权撤销合同。

2. 若对方知道其为未成年人，只有在未成年人误导其陷入错误认知，并声称自己已经得到监护人同意的情况下，对方才可以申请撤销。

第九十条　未成年人获得完全民事行为能力

1. 未成年人未经法定代理人同意而签订的合同，如果为了履行合同未成年人处分了法定代理人授予的资金，或经法定代理人同意，第三人为此目的给他的资金或第三人自由处分的资金，则该合同应被视为有效。

2. 若法定代理人赋予未成年人独立经营企业或者独立参加劳动关系的权利，则未成年人在这些领域的普通关系中被视为完全民事行为能力人。这些规则既适用于企业的设立，也适用于其清算以及劳动关系的开始或结束。

3. 允许管理企业要求法定代表人同意，并与监护机关协商。

第九十一条　未经法定代理人必要同意实施的法律行为无效

1. 未成年人未经法定代理人同意实施的单方法律行为无效。

2. 若获得了法定代理人的同意，但未成年人未出示确认该法律行为的书面文件，因此与其进行法律行为的一方即时撤销了该法律行为，则该法律行为无效。若已将法定代理人的同意告知对方，则不允许撤销。

第九十二条　限制行为能力前实施法律行为需经许可的必要性

对于在限制行为能力之前实施的法律行为，若确定在完成法律行为的过程中显然存在限制行为能力产生的原因，则需要取得许可。

第三章　法律行为的形式

第九十三条　遵守法律行为有效条件的形式

为了确保法律行为的有效性必须遵守法律规定的形式。若未规定形式，则双方可以自行决定其形式。

第九十四条　法律行为的形式

1. 在普通书面形式下，法律行为股东的签字就足够证明法律行为的有效性。

2. 在通常被接受的情况下，对大量发行的有价证券进行签名，允许借助机械手段恢复、重复和复制签名。

3. 若协议形式要求其应按照公证程序进行，则在订立协议时应当有公证人或者法律规定的其他人在场。

第九十五条　委托签名

因文盲、生理残障或者疾病无法亲自签署协议的人可以委托他人签署协议。受托人的签名必须经官方认证。同时，应当说明缔结协议之人不能亲笔签署协议的原因。

第九十六条　通过签署多份文件实施法律行为

如果在法律行为过程中起草了几份内容相似的文件，则每一方都要在各自准备的副本上签字。

第四章　可撤销的法律行为

第一节　因重大误解实施的法律行为

第九十七条　一般规定

可以撤销根据重大误解作出的意思表示的法律行为。

第九十八条　重大误解

以下情况认为是重大误解：

（1）当事人实施的法律行为与意思表示不同；

（2）当事人对想实施的法律行为内容有误解；

（3）根据诚信原则推定当事人不存在进行法律行为基础的情况。

第九十九条　意思表示内容的误解

对意思表示内容的误解是涉及对在民事流转中存在的人或者物这种性质的重大误解。

第一百条　法律行为动机的误解

对法律行为动机的误解不是重大误解，但动机是协议对象的除外。

第一百零一条　法律误解

如果对法律误解是实施法律行为唯一且主要的原因的情况下，则法律误解是重大误解。

第一百零二条　法律行为相对人的同意

如果一方同意按照存在重大误解的另一方的意愿执行法律行为，则重大误解不能被撤销。

第一百零三条　微小错误

在统计或书面形式的意思表示中的微小错误有权更正，但不得质疑。

第一百零四条　可撤销的效力

1. 自知道可撤销理由之日起 1 个月内提出请求，撤销才有效。

2. 若法律行为有争议，并且重大误解是由有权提出撤销的人的过失引起，则重大误解方有义务赔偿对方因无效的法律行为产生的损失。如果对方知道重大误解或者因自身疏忽而未意识到该误解，则不产生赔偿损失的义务。

第一百零五条　因居间人错误的误解

以在本法第 98 条所规定的重大误解影响下实施的法律行为为理由，可以对居间人错误传达的意思表示提出撤销。

第二节　因受欺诈实施的法律行为

第一百零六条　一般规定

1. 以欺骗手段被胁迫做出意思表示的人有权要求确认该法律行为无效。

2. 如果一方未披露一些情况，而这些情况一旦披露就会影响另一方表达其意愿，则另一方可要求宣布法律行为无效。只有当另一方有善意期望时，一方才有披露义务。

第一百零七条　确认以欺诈方式实施的法律行为无效

对于通过欺诈手段进行的法律行为被确认无效，没有意义，一方当事人提供虚假信息的目的是获取任何利益或者给另一方当事人造成伤害。

第一百零八条　第三人欺诈

若法律行为中的获利一方知道或者应当知道第三人的欺诈行为，则受欺诈方可以请求确认法律行为无效。

第一百零九条　撤销期间

可以在1年内对法律行为提出撤销。该期间自撤销权人知道存在撤销理由之日起计算。

第三节　因暴力或暴力威胁实施的法律行为

第一百一十条　概念

如果在暴力或以暴力威胁来自第三方的情况下，则对进行法律行为的人施加暴力或以暴力威胁，则其有权要求确认法律行为无效。

第一百一十一条　暴力或者以暴力威胁的性质

1. 暴力或者以暴力相威胁引起法律行为无效。暴力按其性质可能会对人施加影响，并暗示个人或者其财产遭受真正的危险。

2. 在评估暴力或者暴力威胁的性质时，应当考虑到对人的年龄和性别、生活状况的影响。

第一百一十二条　对亲属的暴力或者以暴力相威胁

在针对一方配偶、其他家庭成员或者近亲属实施暴力或者以暴力相威胁的情况下，暴力和以暴力相威胁是请求确认法律行为无效的理由。

第一百一十三条　以合法手段进行的暴力或者暴力威胁

在理解本法第110条至第112条的上述规定时，除非手段与目的不相符合，否则不应将既非以违法目的，也非采取非法手段的行为视为暴力或者暴力威胁。

第一百一十四条　撤销期间

以暴力或者暴力相威胁实施的法律行为可以自暴力或者暴力威胁结束之时起1年内提出撤销。

第五章　附条件的法律行为

第一百一十五条　概念

当权利和义务的产生或者终止取决于未来预期的未知事件时，实施法律行为延缓至其产生或者法律行为在该事件发生时终止，被认为是附条件的法律行为。如果权利和义务的产生或终止取决于将来预期的和未知的事件，法律行为的执行被推迟到该事件发生之前，或法律行为在该事件发生后终止，则该法律行为被视为附条件。

第一百一十六条 违反法治和道德原则的条件无效

违背法制和道德原则或者无法实现的条件无效。此类条件决定的法律行为完全无效。

第一百一十七条 取决于意志的条件

若条件的发生或者不发生取决于法律行为的一方当事人，则认为该条件为取决于意志的条件。在这种条件下实施的法律行为无效。

第一百一十八条 积极条件

1. 如果以在规定时间内发生某事为条件实施法律行为，若该期限届满而事件并未发生，则认为该条件失效。

2. 若期限未确定，则可以随时满足条件。当明显不可能再发生事件时，则可以认定条件失效。

第一百一十九条 消极条件

1. 如果以在规定时间内不发生某事为条件实施法律行为，则在该期限届满之前而明显不可能发生事件时，认为该条件已达成。

2. 若期限未确定，仅在明显事件不可能发生时，认定条件已达成。

第一百二十条 禁止对条件的成就施加影响

1. 在特定条件下实施法律行为的人无权在条件发生前实施任何干扰其义务履行的行为。

2. 若条件在规定时间发生且该人进行了上述行为，则其有义务赔偿对方因此行为产生的损害。

第一百二十一条 附延缓条件的法律行为

若协议书规定的权利或义务的产生取决于未来预期的和未知的事件或者已经发生但尚不为各方所知的事件，则法律行为被认为是附延缓条件。

第一百二十二条 附解除条件的法律行为

若此条件出现引起法律行为终止并恢复至法律行为实施前的存在状态，则被认为是附解除条件的法律行为。

第一百二十三条　条件成就时善意的意义

1. 若条件成就对其不利的一方恶意延迟条件成就的，则该条件应视为已发生。
2. 若条件成就对其有利的一方恶意促成条件成就的，则该条件视为未发生。

第六章　法律行为中的同意

第一百二十四条　概念

1. 若法律行为的有效取决于第三人的追认，则无论是追认还是拒绝追认既可向一方表达，也可向另一方表达。
2. 追认的表达不要求遵守法律行为形式的规定。
3. 如果法律行为的有效性取决于第三方的追认，则应适用本法典第 91 条第 2 款的规则。

第一百二十五条　事先同意（许可）

若双方没有达成协议，在法律行为完成前可以撤销条件事先同意（许可）。撤销必须通知双方当事人。

第一百二十六条　事后同意（批准）

若没有另外规定，则事后追认（批准）的效力追溯至实施法律行为之时。

第一百二十七条　无权处分

1. 若经权利人许可，无权处分行为有效。
2. 处分行为在以下情况下有效：享有处分权的人同意处分；处分人自己获得该物；处分人从享有处分权的人处继承该物，并根据遗嘱承担全部责任。后两种情况下，如果对物作出了几项相互冲突的处分决定，则最初的处分决定有效。

第七章　代理和委托

第一百二十八条　代理

可以通过代理人实施法律行为。代理权产生于法律或授权。

若根据法律行为的性质是应当直接由本人完成或者法律禁止通过代理人实施的法律行为，则不适用该规则。

第一百二十九条　代理人的行为

1. 代理人在其权限范围内以被代理人的名义实施的法律行为，权利和义务由被代理人承受。

2. 以他人名义实施法律行为，如果被代理人创造了使相对方善意推定存在代理权的情况，则法律行为不能对相对方适用无权代理。

3. 若在实施法律行为时代理人未出示自己的授权委托书，则只有在对方应当推测出是代理行为的情况下，代理人实施的法律行为直接由被代理人承担。不涉及进行法律行为的另一方身份的，同样适用该规则。

第一百三十条　代理人的限制行为能力

若代理人是限制民事行为能力人，代理人实施的法律行为也有效。

第一百三十一条　意思表示瑕疵、明知、知情义务

1. 若意思表示的法律后果受意志缺陷、知道或者应当知道某些情况的义务的影响，则要考虑的身份是代理人，而非被代理人。

2. 如果被授权的代理人根据委托人的指示行事，则后者无权以代理人不了解委托人熟知的情况为借口。

第一百三十二条　委托授权

1. 授予委托书是通过向受托人或者与其从事代理行为的第三人表达意愿实现的。

2. 意思表示不要求遵守授权委托书所规定的进行法律行为的形式。若规定有特殊形式则不适用此规则。

第一百三十三条　委托的变更与撤销

委托书的变更或者撤销必须通过相应方式通知第三人。若未遵守该要求，委托书的变更和撤销不能针对第三人，但在缔结合同时第三人知道或应当知道的除外。

第一百三十四条　委托终止的原因

委托终止的原因包括：

（1）受托人辞去委托；

（2）委托人取消委托；

（3）委托人死亡或者为无民事行为能力人，法律另有规定的除外；

（4）事务完成；

（5）授权期限届满。

第一百三十五条　委托书的交还

委托终止后受托人必须将委托书交还委托人；受托人无权继续持有委托书。

第一百三十六条　无代理权的法律行为

1. 若某人在没有代理权的情况下以他人名义签订合同，则该合同效力取决于被代理人是否追认该合同。

2. 若对方请求被代理人追认，则追认声明只能向请求方作出。被代理人自收到追认请求后两周内进行追认，若请求方未得到追认，则视为拒绝。

第一百三十七条　退出合同的权利

在被追认前，对方有权退出合同，除非其在订立合同时明知无授权。声明退出合同也可向代理人作出。

第一百三十八条　无权代理的代理人责任

1. 若被代理人拒绝追认合同，无代理权人签订的合同必须依据相对方选择，或履行合同或赔偿损失。

2. 如果代理人不知道缺乏授权，只负责赔偿另一方因相信存在授权而遭受的损失。

3. 若相对方知道或者应当知道代理人无代理权，则应免除代理人责任。代理人的行为能力受到限制的，代理人不承担责任，但经其法定代理人同意的行为除外。

第一百三十九条　禁止自己代理

除非得到明确授权，否则代理人不得代表被代理人以自己的名义或作为第三人的代理人与自己进行法律行为，但该法律行为纯粹为了履行义务的除外。

第四分编　期　　间

第一章　期间的计算

第一百四十条　期间计算规则的适用

法律、法院判决和法律行为中载明的期间应遵守本节的规定。

第一百四十一条　期间的开始

1. 若期间的开始是由当天发生的某事件或者时刻确定的，则发生该事件或者时刻的当天不包括在该期间中。

2. 若期间的开始是以某天的开始确定的，则当天包括在该期间中。该条适用于生日年龄的计算。

第一百四十二条　期间届满

1. 以日计算的期间应在该期间的最后 1 天届满。

2. 以周、月、年、半年、季计算的期间符合本法第 141 条第 1 款规定的，期间届满日应在其名称或编号与事件或时间点所在的日期相对应的最后 1 周或最后 1 个月的对应日；在本法第 141 条第 2 款规定的，根据其名称或编号与该期间的起始日相对应的最后 1 周或最后 1 个月的前 1 日届满。

3. 若期间以月计算，且在最后 1 月没有该期间的开始日期，则期间自该月最后 1 日届满。

第一百四十三条　半年、季度、半月

1. 半年是指 6 个月的期间，季是指 3 个月的期间，半月是指 15 天的期间。

2. 期间由一个或多个整月和半个月组成，15 天计入期间结束。

第一百四十四条　期间的延长

在延期的情况下，新期间自上 1 个期间届满之时计算。

第一百四十五条　月度和年度期间的计算

1. 若以不要求连续期间方式用月或者年为单位计算期间，则月度被视为 30 天，年度被视为 365 天。

2. 月初是指月的第 1 天，月中即月的第 15 天，月末是指月的最后 1 天。

第一百四十六条　周末和节假日

若意思表示和履行债务应当在确定的某 1 天或者某个期间内进行，而该日或者该期间最后 1 天恰逢周末或者国家节假日或其他非工作日，则期间的终结日期为最近的下 1 个工作日。

第二章　诉讼时效期间

第一百四十七条　诉讼时效的概念

1. 诉讼时效是指要求他人为一定行为或者不为一定行为的请求权的时效限制。

2. 诉讼时效期间不适用于：

（1）人身权利，法律另有规定的从其规定；

（2）他人生命损害赔偿请求权或者健康损害赔偿请求权，但自该损害赔偿请求权产生之时起 3 年后提起的请求，自提起诉讼之日起赔偿不超过 3 年的损害；

(3) 存款人对存入银行或其他金融机关的存款的请求权。

3. 一般诉讼时效期间是 10 年。

第一百四十八条　合同债权的诉讼时效期间

1. 合同债权的时效期限为 3 年，不动产合同债权的时效期限为 6 年。

2. 因应定期履行义务产生的请求权的诉讼时效为 3 年。

3. 在个别情况下，法律可能规定其他诉讼时效期间。

第一百四十九条　诉讼时效期间的开始

1. 诉讼时效期间自请求权产生之时开始。

2. 若请求权包含必须不为某种行为，则诉讼时效期间自指定行为完成时开始。

第一百五十条　请求权的产生

若请求权的产生取决于债权人的行为，则诉讼时效期间自债权人可以进行该行为时开始。

第一百五十一条　因法定原因诉讼时效期间中止

1. 诉讼时效期间应在推迟履行义务（延期偿债）时期中止。

2. 本条第 1 款规定的程序不适用于债权人有权提出的反诉。

第一百五十二条　因实际情况诉讼时效期间中止

1. 权利人因司法机关活动被中止而失去通过法院捍卫自己权利的可能发生在诉讼时效期间的最后 6 个月内的，诉讼时效期间中止。

2. 若阻碍为不可抗力，同样适用该规定。

3. 自引起诉讼时效中止的事由消失之日起，其诉讼时效期间继续。若诉讼时效剩余期间少于 6 个月，则延长至 6 个月。

第一百五十三条　因家庭状况诉讼时效期间中止

夫妻之间请求权的诉讼时效期间在夫妻婚姻存续期间中止。父母与子女之间的相互请求权在子女是未成年时期中止，而托管人（监护人）和被监护人之间的相互请求权在托管（监护）期间中止。

第一百五十四条　中止行为

诉讼时效期间中止的时间段不计入时效期间。

第一百五十五条　限制民事行为能力人诉讼时效的中止

1. 若无民事行为能力人或者限制民事行为能力人没有法定代理人，则针对此类人的诉讼时效期间仅在此类人被认定为完全民事行为能力人或者被指定法定代理人之后经过 6 个月结束。若诉讼时效期间少于 6 个月，则应适用规定的 6 个月诉讼时效期间。

2. 若限制民事行为能力人有民事诉讼行为能力，则不适用本条第 1 款的规定。

第一百五十六条　因债务确认的诉讼时效中断

若债务人通过支付部分债务或者利息，提供担保或者以其他方式承认权利人的请求权，则诉讼时效期间中断。

第一百五十七条　因向法院起诉诉讼时效期间中断

若权利人起诉要求清偿或者确认债权，或者以其他方式试图清偿自己的债权，如通过向国家机关申请确认债权，向法院申请执行其他法院判决或者履行执行行为，则诉讼时效期间中断。

上述情况相应地适用本法第 158 条和第 159 条。

第一百五十八条　诉讼时效期间中断届满和延长

1. 诉讼时效期间通过提起诉讼至判决生效之时或者因以其他方式调整双方当事人的关系而中断。

2. 若诉讼程序因双方当事人的同意或者未进行法律诉讼而中断，则诉讼时效期间的中断将自双方当事人或者法院最后一次起诉之时结束。中断后开始的新时效期间以一方当事人恢复诉讼程序、提起诉讼的方式中断。

第一百五十九条　撤诉时诉讼时效期间中断

1. 若已经生效的法院判决撤回诉讼或者驳回未据事实审理的诉讼，则不发生诉讼时效期间的中断。

2. 如果有资格的人在六个月内再次提起诉讼，时效期限应视为第一次诉讼中断。

该期间适用本法典第 154 条至第 156 条的相应规定。

第一百六十条　诉讼时效期间中断的后果

若诉讼时效期间中断，则中断以前的时间不再计算；诉讼时效期间仅从中断结束后重新计算。

第一百六十一条　具有法律约束力的请求权诉讼时效期间

1. 法院判决确认的具有法律约束力的请求权应在 10 年内清偿，即使为此类请求权规定了较短的诉讼时效期间。

2. 若被承认的请求权以周期性重复行为进行，则适用为此类请求权设置的较短诉讼时效期间。

第一百六十二条 权利继承的诉讼时效

如果第三人继承了财产要求所涉及的物项，则前人占有该物时已过的时效期限的一部分，应以有利于继承人的方式计算。

第一百六十三条 时效期间届满的后果

1. 时效期间届满，债务人有权拒绝履行。

2. 即使在履行时债务人不知道诉讼时效届满，已经履行的债务不得要求返还。该规定同样适用于确认合同债务和担保债务。

第一百六十四条 附随义务的时效期间

即使附随义务的特殊诉讼时效期间尚未届满，主请求权诉讼时效届满的，与之有关的附随义务的诉讼时效也随之届满。

第一百六十五条 变更诉讼时效期间的协议无效

诉讼时效期间及其计算方式不能由双方协议变更。

第五部分　乌兹别克斯坦共和国民法典总则

（李世杰　译　邓社民　周盛杰　校对）

乌兹别克斯坦共和国民法典总则于 1995 年 12 月 21 日（163－Ⅰ）批准通过，1997 年 3 月 1 日起生效。2015 年 8 月 20 日进行了修改。此文本是根据 2015 年修改的文本翻译而成。

目　录

第一编　总则
　　第一分编　基本规定
　　　　第一章　民法
　　　　第二章　民事权利和义务的产生，民事权利的实现与保护
　　第二分编　民事主体
　　　　第三章　公民（自然人）
　　　　第四章　法人
　　　　　　第一节　一般规定
　　　　　　第二节　商业组织
　　　　　　第三节　非商业组织
　　　　第五章　国家作为民事法律关系的参加者
　　第三分编　客体
　　　　第六章　一般规定
　　　　第七章　物质利益
　　　　第八章　非物质利益
　　第四分编　法律行为和代理
　　　　第九章　法律行为

第一节　法律行为的概念、种类和形式
第二节　法律行为的无效
第十章　代理和委托
第五分编　期间和诉讼时效
第十一章　期间的计算
第十二章　诉讼时效

第一编　总　　则

第一分编　基 本 规 定

第一章　民　　法

第一条　民法的基本原则

民事法以其所调整关系的参加者一律平等、财产不可侵犯、合同自由、不允许何人任意干涉私人事务，必须保障民事权利的实现，保障被侵害权利的恢复和司法救济。

公民（自然人）和法人以自己的意志，为了自身利益取得和实施民事权利。

民事主体拥有根据合同设立自身权利和义务的自由，以及有权订立任何不与法律相抵触的合同条款。

商品、服务和资金可以在乌兹别克斯坦全境内自由流通。

在为保障安全、托管人民生命和健康、保护自然环境和文化珍品的必要情况下，可根据法律规定限制商品、服务的流通。

第二条　民法所调整的关系

民法确定民事主体的法律地位，规定所有权和其他物权、智力活动成果专属权（知识产权）产生的基础和实现的程序，调整合同之债和其他权利义务关系，以及调整其他财产关系和与之相关的人身关系。

民事主体包括公民、法人和国家。

民法适用于外国公民、无国籍人和外国法人，但法律另有规定的除外。

人身非财产关系和与财产无关的人身关系由民法调整，但其他法律另有规定的或与此类关系实质不同的除外。

对于家庭关系、劳动关系、自然资源利用、环境保护关系，以及与本条第 1 款所述特征相同的关系，在无特别法规定时适用民法。

民法不适用于一方当事人对另一方因行政从属而产生的财产关系，包括税收关系、财政关系和其他行政关系，但法律另有规定的除外。

第三条　民法的渊源

民法由本法，其他法律以及其他调整本法第 2 条第 1 款、第 4 款和第 5 款所述关系的法令组成。

包含在其他法律和其他法令中的民法准则必须符合本法。

各部委、机关和其他国家机关可在本法、其他法律和其他法律另有规定的情况和范围内颁布规范民事关系的法令。

第四条　民法的时间效力

民法无溯及力，仅对法律公布后产生的关系适用。但在法律明文规定的情况下，法律效力可以延伸至公布前产生的关系。对于在民法法案颁布之前产生的关系，仅适用于该法生效后产生的权利和义务。

如果在合同订立后通过新的法律，而新法规定了对当事人具有强制力的规则且与订立合同时的规则不同，则订立的合同条款依然有效，但新法规定其效力及于以前订立的合同除外。

第五条　民法类推适用

如果本法第 2 条第 1 款、第 4 款、第 5 款所规定的关系在法律中没有明文规定或没有双方协商规定，则适用调整类似关系的民法规定（法律类推）。

如无法适用法律类推，则依据民法的一般原则和精神（规则类推）、善良风俗、法理，从公平公正的角度确定当事人的权利和义务关系。

不得以类推方式适用限制公民权利和增加公民义务的条款。

第六条　交易习惯，当地习俗和传统

法律行为习惯是指在某一经营活动范围内形成的，并广泛适用的，未被法律明确规定的行为规范，并不要求以书面形式确立。

民法没有规定适合的法律的，适用当地习俗和传统。

法律行为习惯、当地习俗和传统如违反对当事人的法律规定或合同约定，不得适用。

第七条　民法与国际协定和条约

如果一项国际条约或协定所确立的规则与民法所规定的规则不同，则应适用该国际条约或协定的规则。

第二章　民事权利和义务的产生，民事权利的实现与保护

第八条　民事权利和义务产生的根据

民事权利和义务基于民法产生，也基于公民和法人的行为而产生，此类行为虽然没有法律规定，但依据民法的基本原则和法理产生民事权利和义务。

民事权利和义务产生于：

（1）法律规定的合同和其他法律行为，以及虽未经法律规定，但不与法律相抵触的合同和其他法律行为；

（2）国家机关和地方自治机关颁布的，法律规定作为民事权利和义务产生根据的文件；

（3）规定民事权利和义务的法院判决；

（4）按照法律准许的根据而取得财产；

（5）科学、文学、艺术作品的创作，发明和其他智力活动的成果的创作；

（6）给他人造成损害；

（7）不当得利；

（8）公民和法人的其他行为；

（9）法律规定能产生民事法律后果的事件。

应进行国家登记的财产权利，自进行相应权利的登记之时起产生，但法律另有规定的除外。

第九条　民事权利的实现

公民和法人可以根据自己的意志处分其民事权利，包括民事权利受到保护的权利。

公民和法人拒绝行使其权利不导致这些权利的终止，但法律另有规定的除外。

民事权利的行使不得侵犯他人受法律保护的权利和利益，民事主体的行为以诚实、合理、公正为前提。

公民和法人在行使其权利时必须尊重社会的道德原则和道德规范，经营者也必

须遵守商业道德规则。

公民和法人不得采取旨在伤害他人、以其他形式滥用权利或行使与权利用途相抵触的行为。

如行为人违反本条第 3 款、第 4 款和第 5 款的要求，法院可拒绝保护该行为人的权利。

第十条　民事权利的司法保护

民事权利的保护应根据诉讼法或合同、法院、经济法院或仲裁庭规定的案件管辖权进行。

只有在法律另有规定的情况下，民事权利的保护才可以依照行政程序进行。对依照行政程序作出的裁决，可以向法院提出申诉。

第十一条　民事权利的保护方式

民事权利的保护通过以下方式实现：

（1）确认权利；

（2）恢复侵权前存在的状态，制止侵权行为或造成侵权威胁的行为；

（3）确认法律行为无效并适用无效的后果；

（4）确认国家机关或地方自治机关的文件无效；

（5）自力救济；

（6）判决用实物履行义务；

（7）损害赔偿；

（8）赔偿违约金；

（9）精神损害赔偿；

（10）终止或变更法律关系；

（11）法院不适用国家权力机关或地方自治机关的与法律相抵触的文件；

（12）法律规定的其他方式。

第十二条　确认国家权力机关或公民自治机关的文件无效

国家机关或公民自治机关不符合法律和违反民法、侵犯公民或法人受法律保护的利益的法令，可由法院宣布无效。

法院确认法令无效时，受到侵犯的权利应采用本法第 11 条规定的方式予以保护。

第十三条　民事权利自力救济

允许民事权利自力救济。

自力救济的方式应当与受到侵犯的程度相当，并且不得超过为制止侵犯所必要的行为限度。

第十四条　损害赔偿

被侵权人有权要求赔偿对他造成的全部损失，但法律或合同规定赔偿较少数额的除外。

损失是指：被侵权人为恢复其遭到侵犯的权利而花费的或应该花费的金额，其财产的灭失或损坏（实际损害），以及被侵权人未能得到，而如其权利未受到侵犯在民事流转的通常条件下可能得到的收入（预期的利益）。

如果侵权人因侵权而得到收入，被侵权人在请求赔偿其他损失的同时，有权请求赔偿不少于上述收入的预期的利益。

第十五条　国家权力机关和公民自治机关造成损失的赔偿

国家机关、公民自治机关或这些机关的官员的非法行为（不作为）而对公民或法人造成的损失，包括国家机关或公民自治机关发布不符合法律的行为，由国家或公民自治机关赔偿。根据法院的裁决，损害赔偿可以由造成损害的国家机关和公民自治机关的官员承担。

第二分编　民　事　主　体

第三章　公民（自然人）

第十六条　公民（自然人）的概念

公民是指乌兹别克斯坦共和国公民、其他国家公民以及没有公民身份的人。

除非法律另有规定，本法的规定应适用于所有公民。

第十七条　公民的权利能力

所有公民均被承认平等具有享有民事权利和承担民事义务的能力（民事权利能力）。

公民的权利能力自其出生之时产生，因其死亡而终止。

第十八条　公民民事权利能力的内容

公民可以有以下权利：

（1）财产所有权；

(2) 继承和遗嘱财产；

(3) 拥有银行储蓄；

(4) 从事商业，农业（农场）经济活动和法律不禁止的其他活动；

(5) 使用雇佣劳动力；

(6) 设立法人；

(7) 进行法律行为并设立义务；

(8) 要求损害赔偿；

(9) 选择职业和居住地；

(10) 享有对科学、文学和艺术作品、发明和其他受法律保护的智力活动成果的著作者权利；

(11) 公民还享有其他财产权利和人身权利。

第十九条 公民的姓名

公民以自己的名义取得权利和义务并行使权利和承担义务。公民的姓名包括姓、名以及父名，但法律或民族习惯有不同规定的除外。

在法律另有规定的情况下并依照法定程序，公民可以使用化名（假名）。

公民有权按照法律规定的程序更改姓名。公民变更姓名不构成终止或变更其以原姓名取得的权利和义务的理由。

公民有义务采取必要措施将自己更改姓名的情况通知其债务人和债权人，并承担由于其债务人和债权人不知悉其更改姓名而发生的风险。

已经更改姓名的公民，有权要求在按其原姓名办理的文件中做相应的变更，费用自负。

公民在出生时获得的姓名以及姓名的变更，均应按户籍登记办法进行登记。

不允许冒用他人姓名取得权利和义务。

第二十条 姓名保护

公民对适用其姓名权利产生异议或因其姓名被滥用而损害其利益的，可以要求侵权人停止侵害并消除影响。如果侵权行为是出于故意，受害者可以要求额外的损害赔偿。赔偿数额可以是侵权人获得的收入。在故意侵权的情况下，受害人也有权获得精神损害赔偿。

本条第 1 款所述的停止侵害或消除影响的请求也可以不由姓名权人或个人荣誉的持有人提出，但必须根据亲属关系对停止侵害和消除影响的请求具有利害关系。

该利害关系人还可在当事人死亡后提出保护其姓名和荣誉的请求。本条第 1 款所述的停止侵害或消除影响的要求也可由不具有姓名或名誉的人提出，但因婚姻状况而对停止侵害或消除影响具有值得保护的利益的人提出。该人也可以要求在另一人死亡后保护其姓名和名誉。

对死后侵犯姓名和名誉的损害赔偿要求不予承认。

第二十一条　公民的住所地

公民的住所地是公民经常或主要居住的地点。

不满 14 周岁的未成年人的住所地或处于监护下的公民的住所地以其法定代理人——父母、养父母或监护人的住所地为准。

第二十二条　公民的行为能力

公民自成年起，即自年满 18 周岁之时起，完全具有以自己的行为取得并行使民事权利，为自己设立义务并履行民事义务的能力（民事行为能力）。

如在获得完全民事行为能力之前进行登记结婚，则未满 18 周岁的公民自结婚之时起即取得完全的行为能力。

因结婚而获得的行为能力即使在年满 18 周岁之前又离婚的情况下仍完全保留。

在法院确认婚姻无效时，法院可以判决未成年一方自法院确定的时间起丧失完全的行为能力。

第二十三条　不得剥夺和限制公民的权利能力和行为能力

除非在法律另有规定的情况下和依照法律规定的程序，任何人的行为能力和权利能力均不得受到限制。

国家机关或其他机关限制公民的行为能力及限制公民从事经营活动或其他活动的权利的文件，如违反法律规定作出有关限制条件和程序，一律无效。

公民全部或部分放弃权利能力或行为能力，以及旨在限制权利能力和行为能力的其他法律行为，自始无效，但法律允许实施这种法律行为的情形除外。

第二十四条　公民的经营活动

公民有权以个体企业名义取得国家注册并从事经营活动。

公民以非法人组织形式从事的经营活动，适用本法，但法律中有不同规定或法律关系的实质不同的除外。

以非法人组织形式从事经营活动的公民，如违反本条第 1 款的规定，对在这种情况下缔结的法律行为中产生的关系不得援引非经营者进行抗辩。法院可以对这样的法律行为适用本法关于从事经营活动的债的规则。

第二十五条　公民的财产责任

公民以其所有的财产对自己的债承担责任，但依法不能强制执行的财产除外。

第二十六条　个体工商户的破产

个体企业如果无法清偿其在经营活动中的债权，可根据既定程序宣布破产（资不抵债）。

在确认个体工商户为破产人的程序中，与其从事经营活动无关的债权人也有权提出自己的请求。对于上述债权，即使他们未按此程序提出，在经营者破产程序办理完毕之后仍然有效。

个体工商户被宣告破产的，其债权人的债权依照本法第 56 条规定的程序清偿。

法院确认个体工商户为破产人或者个体工商户宣告自己破产的根据和程序由法律规定。

第二十七条　年满 14 周岁不满 18 周岁的未成年人的行为能力

年满 14 周岁不满 18 周岁的未成年人，除本条第 2 款规定法律行为外，在实施其他法律行为时须取得其父母、养父母或监护人的书面同意。上述未成年人实施的法律行为，如事后得到其父母、养父母或监护人的书面赞同，亦属有效。

年满 14 周岁不满 18 周岁的未成年人，有权独立地，即不经父母、收养人和监护人的同意：

（1）处分自己的工资、奖学金和其他收入；

（2）行使科学、文学或艺术作品、发明或其他受法律保护的智力活动成果的著作者的权利；

（3）依照法律规定在信贷机关存款并处分这些存款；

（4）实施小额的日常生活性法律行为和第 29 条第 2 款规定的其他法律行为。

年满 14 周岁不满 18 周岁的未成年人对他们依照本条第 1 款和第 2 款规定实施的法律行为独立承担财产责任。上述未成年人依照本法的规定对他们造成的损害承担责任。

在有充分根据时，法院根据父母、养父母或监护人的申请，或监护和保护机关的申请可以限制或剥夺年满 14 周岁不满 18 周岁的未成年人独立处分其工资、奖学金或其他收入的权利，但未成年人依照本法第 22 条第 2 款或第 28 条完全获得行为能力的情形除外。

第二十八条 完全民事行为能力

年满16周岁的未成年人，如果依照劳动合同工作，或经父母、养父母或监护人的同意从事经营活动，可以被宣告具有完全的行为能力。

宣告未成年人为完全民事行为能力人（取得完全民事行为能力），经父母双方、收养人或监护人的同意，根据监护和保护机关的决议进行；没有取得父母、养父母或监护人的同意时，须根据法院的判决进行。

对已取得完全民事行为能力的未成年人的债务，包括致人损害而发生的债务，其父母、养父母或监护人不承担责任。

第二十九条 未满14周岁未成年人的行为能力

除本条第2款规定的法律行为外，只有其法定代理人——父母、养父母或监护人才能以未满14周岁的未成年人的名义代替他们实施法律行为。

年满6周岁不满14周岁的未成年人有权独立实施以下法律行为：

（1）小额的日常生活性法律行为；

（2）无须公证证明的或无须进行任何国家登记的旨在无偿获利的法律行为；

（3）为了确定的目的或被允许自由使用而处分由法定代理人提供的或经法定代理人同意由第三人提供的资金的法律行为。

对于未成年人法律行为产生的财产责任，包括不满14周岁的未成年人独立实施的法律行为产生的财产责任，如果不能证明债权债务关系的违反不是由于不满14周岁的未成年人的过错，则由其父母、养父母或监护人承担，他们还应依法对不满14周岁的未成年人造成的损害承担责任。

第三十条 确认公民为无行为能力

由于精神病（心理疾病或痴呆）而不能理解自己行为的意义或不能控制自己行为的公民，可以由法院依照法律规定的程序确认为无民事行为能力人，应并对其设立监护。

被确认为无民事行为能力人的公民的监护人可以无民事行为能力人的名义实施法律行为。

如果确认公民无行为能力的根据不复存在，法院应确认该公民具有行为能力。依照法院的判决可撤销对该公民的监护。

第三十一条 公民行为能力的限制

因酗酒或吸毒而使其家庭物质状况艰难的公民，可以由法院依照民事诉讼法规定的程序限制其行为能力。对该公民应设立保护，其有权独立实施小额的日常生活性法律行为。只有取得监护人的同意，他才能实施其他法律行为，包括领取工资、赡养金和其他收入以及处分上述收入。但是，这样的公民应对其实施的法律行为和其造成的损害独立承担财产责任。

如果限制公民行为能力的根据不复存在，法院应撤销对其行为能力的限制。

根据法院判决，被设立的公民保护措施亦予以撤销。

第三十二条　监护和托管

监护和托管的设立是为了保护无行为能力的公民和不具有完全民事行为能力的公民的权利和利益。为了对未成年人进行教育也可以对未成年人设立监护和保护。监护人和托管人与此相关的权利和义务由立法规定。

在被监护人与他人产生的关系中，监护人和托管人应保护被监护人的权利和利益，包括在诉讼活动中，无须得到特别授权。

在未成年人如果没有父母、收养人，或其父母被法院剥夺亲权以及因其他原因而没有父母保护的情况下，其中包括在其父母逃避对未成年公民的教育和逃避保护其权利和利益的义务时，对未成年人应设立监护和托管。

第三十三条　宣告公民失踪

如果在公民的住所地已逾1年没有其下落的消息，可以根据利害关系人的申请由法院确认该公民失踪。

在无法确定得到失踪人下落信息的最后日期时，则认为得到其最后下落信息之月的下个月的第1日为计算确认失踪的期间开始之时，如果无法确定该月份，则认为下一年的1月1日为计算确认失踪的限期开始之时。

第三十四条　宣告公民失踪的后果

对于被确认失踪的公民的财产，如果有必要对它进行经常性管理，则应依照法院的判决交付监护和保护机关确定的并依照与该机关签订的委托管理合同进行工作的人员实行委托管理。

从上述财产中应给付根据法律规定失踪人有义务供养的公民的生活费，以及清偿失踪人应缴的税费和其他债务。

监护和保护机关也可以在自得到失踪人最后下落信息之日起尚不满1年时指定失踪人财产的管理人。

本条未规定的确认公民失踪的其他后果，由法律规定。

第三十五条　宣告公民失踪判决的撤销

在被确认失踪的公民重新出现或发现其下落时，法院应撤销关于确认其失踪的判决。依据法院的判决，对该公民财产的管理亦予以撤销。

第三十六条　宣告公民死亡

如果在公民的住所地已逾3年没有关于被宣告死亡人下落的信息，法院根据利害关系人申请宣告其死亡，而如果被宣告死亡人在有引起死亡危险的情况下或者在有理由推断其由于某一不幸事故而死亡的情况下失踪，则过6个月没有其下落时可以由法院宣告其死亡。

军人或其他因军事行动而失踪的公民，应在军事行动结束之日起至少满2年后，才能由法院宣告其死亡。

法院宣告公民死亡的判决生效之日是被宣告死亡的公民的死亡之日。在有死亡威胁的情况下或有理由推断其死于某一不幸事故的情况下失踪的公民，法院可以将推定死亡的日期确认为死亡日期。

宣告公民死亡对该公民的权利和义务产生与该公民自然死亡相同的后果。

第三十七条　被宣告死亡的公民重新出现的后果

被宣告死亡的公民重新出现或发现其下落时，法院应撤销宣告死亡的判决。

宣告公民死亡的判决被撤销后，公民有权在3年内通过司法程序要求在宣告死亡后无偿得到其财产的任何人返还尚存在的财产。但本法第229条第2款和第4款规定的情况除外。

被宣告死亡公民的财产已被其权利继承人让与第三人，而第三人在该被宣告死亡人重新出现时尚未完全支付受让价款，未支付价款的请求权转移至被宣告死亡的公民。

根据有偿法律行为获得被宣告死亡公民财产的人，如果能够证明在取得财产时其明知被宣告死亡的公民尚在人世，则应当返还原物。如不可能返还原物，则应照价赔偿。

如果被宣告死亡人的财产由国家继承并变卖，则在被宣告死亡判决被撤销后，变现财产的价款应退还。

第三十八条　户籍登记

以下各项户籍状况应进行国家登记：

（1）出生；

（2）死亡；

（3）结婚；

（4）离婚。

户籍登记由户籍机关进行，办法是通过在户籍登记簿（户口簿）上作相应记载并根据这些记载给公民颁发户籍证件。

事件和事实——收养、父子关系的确定、姓氏、名字、父名的改变、性别的改变——应在本条第1款规定的民事登记簿中作出相应修改。

在有充足理由且利害关系人之间没有争议的情况下，由户籍登记机关进行更正和变更户籍登记。

如果利害关系人之间存在争议，或者户籍机关拒绝更正或变更户籍登记，争议由法院解决。

由户籍登记机关对户籍状况记录进行宣告无效和恢复。如果利害关系人之间有争议或户籍记录存在重大差异，则需依据法院判决，由户籍登记机关对户籍记录进行宣告无效和恢复。

进行户籍登记的机关，户籍登记的程序，户籍登记项目的变更、恢复和取消，户口簿和户籍证件的形式，以及户口簿的保存办法和期限，由法律规定。

第四章 法　　人

第一节　一　般　规　定

第三十九条　法人的概念

凡对独立财产享有所有权、经营权或业务管理权并以此财产对自己的债务承担责任，能够以自己的名义取得和实现财产权利和人身权利并承担义务，能够在法院起诉和应诉的组织是法人。

法人应具有独立资产负债表或预算。

第四十条　法人的类型

法人可以是以营利为目的的组织（营利法人），也可以是不以营利为基本目的的组织（非营利法人）。

营利法人以商业公司、生产合作社、单一制企业和其他法律规定的形式成立。

非营利法人以社会团体、公共基金、由财产所有权人拨款的机关，以及法律规定的其他形式成立。

非营利法人可以从事经营活动，但仅以为达到其成立宗旨而服务并以符合该宗旨为限。

依照法律规定，法人可以成立联合会（联盟）和其他形式的联合体。

法人行为由本法、其他法律以及章程和其他组织文件规定。

第四十一条　法人的权利能力

法人能够享有符合其设立文件所规定的活动宗旨的民事权利。

法人的完全民事行为能力在其成立时产生，在其清算完成时终止。

法人的特殊权利能力由其章程、条例或法律确定。

对法律明文列出的某些种类的活动，法人须取得专门许可（许可证）方能从事。

只有在法律另有规定的情况下和依照法律规定的程序，法人的权利才能受到限制。对限制法人权利的决定可以向法院提出申诉。

第四十二条　法人的产生

法人由所有者或其授权的人或根据授权机关的命令或法律规定的程序设立。

法人的发起人是财产所有人、享有经营管理权或执行管理权的主体或法人的授权人。

第四十三条　法人的设立文件

法人根据章程，或依设立文件和章程，或仅根据设立文件进行活动。

在法律另有规定的情况下，非商业组织的法人，可以根据该类组织的共同章程从事活动。

法人的设立文件由其发起人订立，章程由其发起人批准。

由一名发起人根据本法设立的法人应根据该发起人批准的章程从事活动。

法人的章程和其他设立文件应当规定法人的名称、住所（通信地址）、法人活动的管理程序，以及有关类型法人的法律规定的其他信息。在非营利组织和单一制企业的设立文件中，以及在法律另有规定的情况下，在其他营利组织的设立文件中，应该规定法人活动的目标和宗旨。

在设立文件中应规定：发起人承担设立法人义务，为设立法人而进行共同活动的程序，向法人转让财产的条款以及参与法人活动的条款。设立文件还应规定股东分配利润和分担亏损的条件和办法，法人活动的管理程序，发起人（股东）退出法人的条件和程序。经设立人批准的其他条件也可列入公司章程。

设立文件的变更自法人进行国家注册时起对第三人生效，在法律另有规定的情况下，自将变更情况通知进行国家注册的机关之时起生效。法人及其发起人在与按这些变更条款进行活动的第三人的关系中无权援引这些尚未进行过国家注册的变更条款。

第四十四条 法人的国家登记

法人应当按照法律规定的程序进行国家登记。国家注册的资料应列入向公众开放的统一的法人国家登记簿。

违反法律规定的法人成立程序或其设立文件不符合法律规定的，应当拒绝对法人进行国家注册。拒绝法人注册应进行通知程序，该程序根据法律规定进行。不得以不适宜设立法人为由拒绝登记。

申请国家注册被拒绝的以及违反注册时限的，可以向法院提出申诉。

法人自其完成国家登记之日起被视为成立。

只有在法律另有规定的情况下，法人才能被重新登记。

第四十五条 法人的机关

法人通过其依照法律和设立文件规定的执行机关取得民事权利和承担民事义务。法人机关的任命或选举程序由法律和设立文件规定。

在法律另有规定的情况下，法人可以通过其股东取得民事权利，承担民事义务。

依照法律或法人设立文件以法人的名义进行活动的人，应该为所代表的法人的利益认真而合理地进行工作。如果法律或合同没有不同的规定，法定代表人应当根据法人发起人（股东）的请求赔偿其给法人造成的损失。

第四十六条 法人的名称和住所地

法人有自己的名称，名称中应注明法人的组织法形式。非商业组织、单一制企业以及法律规定的其他商业组织，还应注明法人活动的性质。

根据乌兹别克斯坦共和国政府规定的程序，可以在法人名称中标注正式全称或简称（国家名称），并在法人的文件或广告材料中列入这种名称或国家标志的要素。

法人的住所地由其国家登记地确定，但法律规定在法人设立文件中另有规定的除外。

法人的名称和住所地应在其设立文件中予以载明。

作为商业组织的法人应该有企业名称。

法人对其企业名称享有专属使用权。

滥用他人企业名称的，经企业名称权人请求，应当停止使用该企业名称，并赔偿由此造成的损失。

法人应有通信地址，并有义务将其通信地址的变化通知经授权的国家机关。

第四十七条　代表机关和分支机关

法人的代表机关是设立在法人住所地之外，代表和维护法人利益的独立部门。

法人的分支机关是设立在法人住所地之外并行使法人的全部或部分职能，包括代表机关职能的独立部门。

代表机关和分支机关不是法人，但法律另有规定的除外，它们拥有由设立它们的法人划拨的财产并根据该法人批准的章程进行工作。

代表机关和分支机关的领导人由法人任命并根据其委托书进行履职。

第四十八条　法人的责任

法人以其所有财产承担债务。

国有企业和由财产所有权人拨款的机关，依照本法第 72 条第 5 款、第 76 条第 3 款规定的程序和条件对自己的债务承担责任。

法人的发起人（股东）或者其财产的所有人不承担法人的债务，法人不承担发起人（股东）或者所有人的债务，但本法另有规定的或法人设立文件另有规定的除外。

如果破产是法人的发起人（股东）或有权作出对该法人具有约束力的指示的人所致，则在法人财产不足以清偿债务时，由该人对法人的债务承担补充责任。

仅当法人章程规定该权利时，发起人（股东）或法人的财产所有人有权发布具有约束力的命令。

仅在发起人（股东）或所有者使用了对法人行为指示的权利且明知这将导致法人破产的情况下，法人破产将被认为是发起人（股东）或所有者造成的。

第四十九条　法人的重组

法人的重组（合并、加入、分立、分出、改变组织法形式）可以依照其发起人（股东）的决议或根据其设立文件享有此权限的法人机关的决议进行。

在法律另有规定的情况下，法人的重组如果是进行分立或者是从中分出一个或几个法人，应根据授权的国家机关的决议或法院的判决进行。

如果法人的发起人（股东）、法人授权的机关或者其设立文件授权对法人进行重组的法人机关，在授权的国家机关决定的期间内未能对法人进行重组，则法院可根据上述国家机关的请求任命法人的管理人并委托其对该法人进行改组。自任命管理人之时起，法人事务的管理权移交给该管理人。外部管理人以法人的名义在法院起诉和应诉，编制分立资产负债表并将分立资产负债表连同因法人重组而新产生的法人的设立文件一并提交法院审议。经法院批准的上述文件是新产生的法人进行国家注册的根据。

在法律另有规定的情况下，合并、加入或改变组织法形式等形式的法人重组，只有经被授权的国家机关的同意方能进行。

除加入形式的改组外，自新产生的法人进行国家注册之时起，法人即被认为已完成重组。

在一个法人加入另一个法人而对法人进行重组时，自将后加入的法人终止活动的事项载入统一的法人国家登记簿之时起，法人即被视为已经完成重组。

第五十条　法人重组时的权利继受

法人合并时，各法人的权利和义务应根据移交文件转移给新成立的法人。

当一个法人加入另一法人时，该法人的权利和义务根据转移文件转移到后者。

法人分立时，其权利和义务按照分立资产负债转移给新成立的法人。

当从法人中分离出一个或多个法人时，重组后的法人的权利和义务将根据分立资产负债转移给每个法人。

在一种类型的法人改组成为另一种类型的法人（改变其组织法形式）时，被改组法人的权利和义务依照移交文书移转给新产生的法人。

第五十一条　移交文件与分割资产负债表

移交文件和分割资产负债表应该包含关于被重组法人对其所有债权人和债务人的全部债权债务继受的规定，包括对双方有争议的债权债务的继受的规定。

移交文件和分割资产负债表由法人的发起人（股东）批准或由作出法人重组决议的机关批准，并且连同设立文件一并提交进行新成立法人的国家注册或对现有法人的设立文件进行修订。

如未同设立文件一并提交移交文件或分割资产负债表，以及在移交文件或分割资产负债表中未说明被重组法人债权债务的继受关系，则对新成立的法人不予国家注册。

第五十二条　法人重组时其债权人权利的保障

法人的发起人（股东）或者作出法人重组决议的机关，应将此情况书面通知被重组法人的债权人。

被重组法人的债权人有权要求终止或提前履行该法人所欠债务,并且要求赔偿损失。

如果根据分割资产负债表不可能确定被重组法人的权利继受人,则新产生的法人对被重组法人的债务向其债权人承担连带责任。

第五十三条　法人的清算

法人清算的后果是法人的终止,而其权利和义务并不依照权利继受方式转让给他人。

法人清算的根据是:

(1) 法人发起人(股东)的清算决议或法人设立文件授权的法人机关的清算决议;

(2) 法人成立期间届满、实现其成立目的;

(3) 法院因法人实施不可补救的违法行为而宣布其注册无效;

(4) 根据法院命令,法人未取得应有的许可证(执照)而从事活动或者从事法律禁止的活动,或6个月内未在银行账户上进行货币交易的金融和经济活动(就商业和贸易中介企业而言,为3个月),但农民经济体、农场经济体、非国有非营利组织除外;

(5) 自国家注册之日起在1个月内没有形成其设立文件中规定数额的法定资本,但法律另有规定的除外,本法规定的其他情况除外。

法院关于清算法人的判决可以责成法人的发起人(股东)或法人设立文件规定的进行法人清算的机关进行法人的清算。

第五十四条　作出法人清算决定人的义务

法人的发起人(股东)或者机关在作出法人清算的决议后,必须立即书面将此情况通知授权的国家机关以便将法人正处在清算过程的信息记入统一的法人国家登记簿。

法人的发起人(股东)或者机关在作出法人清算的决议后,应依照本法和其他法律的规定任命清算委员会或者清算人,确定清算的办法和期限。法院作出法人清算决定的,应当与法人登记机关协商指定清算人。

自清算委员会任命之时起,法人事务的管理权限移转给清算委员会。清算委员会以被清算法人的名义在法院起诉和应诉。

第五十五条 法人清算的程序

清算委员会应按立法规定的程序在公布法人国家注册信息的出版物上公布法人清算的消息以及债权人提出请求的办法和期限。

该期限不得少于自公布清算消息之时起的 2 个月。

清算委员会应采取措施查明债权人和收取的债务人的欠款，并以书面形式将法人清算的事宜通知债权人。

债权人提出请求的期限届满后，清算委员会应编制过渡阶段的清算资产负债表，该资产负债表应包含被清算法人的财产构成，债权人所提出请求的清单以及关于审议这些请求情况的信息资料。

过渡阶段的清算资产负债表由作出法人清算决议的法人发起人（股东）或机关批准。法院作出法人清算决定的，应当与法人国家登记机关协商批准临时清算资产负债表。

如果被清算法人（机关除外）现有的资金不足以清偿债务，则清算委员会应按法院判决确定的执行程序对法人的财产进行公开拍卖。

清算委员会按照本法第 56 条规定的顺序，依照过渡阶段的清算资产负债表，自该资产负债表被批准之日起向被清算法人的债权人付款。

清算人与债权人结清后，编制清算资产负债表，由法人发起人（股东）或者作出法人清算决定的机关批准。法院作出法人清算决定的，应当经法人国家登记机关批准。

如果被清算的国有企业的财产或被清算机关的资金不足以清偿债务，债权人有权向法院起诉，要求用该企业或机关财产所有权人的财产清偿其余的部分。

在清偿债务之后法人所余财产应交付对该财产享有物权或对该法人享有债权的法人发起人（股东），但法律、其他法规或法人的设立文件有不同规定的除外。

自国家登记之日起非实施金融、经济活动的企业以及没有发起人的企业的清算程序和特点由法律规定。

将法人已清算的事项记入统一的法人国家登记簿之后，法人的清算即认为已经完成，该法人便消灭。

第五十六条 债权人债权的清偿

法人在清算时，首先清偿公民因雇佣关系、赡养费和版权合同下的报酬而产生的债权，以及清算法人对公民的生命、健康损害负有责任的债权，其办法是一次给付原应分期给付的款项。

其他债权人的债权应当按照法律规定的程序和条件得到清偿。

第五十七条　法人的破产

除国有企业以外的作为商业组织的法人，以及以消费合作社、慈善基金会或其他基金会形式进行活动的法人，如果无力清偿债务，可以根据法院的判决被认定为破产。

法人被宣布破产，即须对其进行清算。

作为商业组织的法人，以及以消费合作社、慈善基金会或其他基金会形式进行活动的法人，可以同其债权人一起作出宣告自己破产并进行自愿清算的决议。

法院确认法人破产或法人宣告自己破产的根据，以及该法人清算的程序由法律规定。

第二节　商业组织

第五十八条　商事合伙与商事公司的基本规定

拥有由其发起人（股东）按股份出资（投资）组成的注册资本（共同投资）的营利法人为商事合伙与商事公司。

用发起人（股东）的投资建立的财产，以及商事合伙与商事公司在其活动过程中生产和获得的财产，归商事合伙与商事公司所有。

商事合伙与商事公司可以采取无限公司、有限无限公司、有限责任公司或补充责任公司、股份公司的形式。

无限公司的股东和有限无限公司中的无限责任股东可以是个体工商户和（或）商事组织。

商事公司的股东和有限无限公司的出资人可以是公民和法人。

除非法律另有规定，国家公权力机关无权成为商事公司的股东和有限无限公司的出资人。

由财产所有权人拨款的机关，经财产所有权人批准，可以成为商事公司的股东和商事合伙的投资人，但法律另有规定的除外。法律可以禁止或限制特定公民参加商业公司，但参加股份公司除外。

商业公司可以成为其他商业公司的发起人（股东），但本法和其他法律另有规定的除外。

对商业公司出资可以是金钱、有价证券、其他物或者财产权利以及可以用货币估价的其他权利。

根据公司发起人（股东）之间的协议对公司股东出资进行货币估值，在法律另有规定的情况下，由评估机关进行估值。

商业公司（股份公司除外）不得发行股票。

第五十九条　商事合伙或商事公司参加者的权利和义务

商业公司的股东有权：参与合伙或公司事务的管理，法律另有规定的除外；获得关于商业公司活动情况的信息和按设立文件规定的程序查看账簿及其他文件；参与利润分配；在商业公司清算时获得清偿债务后的剩余财产或者剩余财产的价值。

商业公司的股东还可享有本法和其他法律、商业公司设立文件规定的其他权利。

商业公司股东的义务：

依照设立文件规定的程序、数额、方式和期限投资；

不泄露关于商业公司活动的机密信息；

商业公司的股东还可以承担其设立文件规定的其他义务。

第六十条　无限公司

无限公司是指公司的股东根据他们之间签订的合同以公司的名义从事经营活动并以属于他们的财产对公司的债务承担责任的公司。

一个人只能成为一个无限公司的股东。

无限公司的商业名称应该包含其全部股东的姓名（名称）和"无限公司"字样，或者包含一个或几个股东的姓名（名称）并加上"和公司"及"无限公司"字样。

第六十一条　两合公司

两合公司是指股东中除了有以公司的名义从事经营活动并以自己的财产对公司的债务承担无限责任的股东（无限责任股东），还有一个或几个股东（出资人、投资人）以其投资额为限对公司的损失承担风险，但不参与公司的经营活动的公司。

两合公司的无限责任股东的权利和承担无限公司债务的责任，依照本法的规定确定。

一个人只能是一个两合公司的无限责任股东，无限公司的股东不成为有限无限公司的无限责任股东。

两合公司中的无限责任股东不得成为同一无限公司的债权人，也不得成为另一无限公司的股东。

两合公司的企业名称或商业名称应包含所有无限责任股东的姓名（名称）以及"两合公司"字样，或者包含至少一个无限责任股东的姓名（名称），并加上"公司"和"两合公司"字样。

有限无限公司的企业名称中包括出资人姓名的，该出资人应为无限责任股东。

有限无限公司适用本法中关于无限公司的规则，本法对有限无限公司另有规定的，从其规定。

第六十二条　有限责任公司

由一人或多人设立，其注册资本依设立文件的规定分成一定数额股份的公司是有限责任公司；有限责任公司的股东不对公司的债务承担责任，而是以其缴纳的出资额为限对与公司活动有关的亏损承担风险。

未足额出资的股东，在每个股东尚未缴纳部分的价值范围内对公司的债务承担连带责任。

有限责任公司的商业名称应包括公司的名称和"有限责任"字样。

有限责任公司的法律地位及股东的权利和义务由本法和有限责任公司法规定。

第六十三条　补充责任公司

补充责任公司是由一个或多人建立的公司，其法定注册资本被划分为一定规模的股份，在设立文件中指明。公司的股东按公司设立文件规定的份额比例以自己的财产对公司的债务承担补充责任。在某一股东无偿债能力（破产）时，该股东对公司的债务由其余股东按其投资的比例分担，但公司设立文件另有规定的，从其规定。

补充责任公司的商业名称应包括公司名称和"补充责任"字样。

本法关于有限责任公司的规则适用于补充责任公司，本条另有规定的除外。

第六十四条　股份公司

股份公司是把注册资本分成一定数量的股票，公司的股东（股东）不对公司的债务承担责任，但以其拥有的股票的价值为限对公司的亏损承担风险的公司。

未付清股款的股东，以尚未付清股款的那一部分的股票价值为限对股份公司的债务承担连带责任。

股份公司的商业名称应包括其名称，并标出该公司系股份公司。

股份公司的法律地位及股东的权利和义务依照本法和股份公司法规定。

第六十五条　已废止

第六十六条　已废止

第六十七条　子公司

子公司是指另一商事公司（母公司）或主要参与其法定基金商事合伙组织，或根据它们之间签订的合同，或以其他方式有权决定该公司作出决定的经济公司。

子公司为法人。

子公司不对母公司的债务承担责任。

子公司在由于母公司的过错而发生破产的情况下，母公司对子公司的债务承担补充责任。

子公司的股东（股东）有权要求母公司赔偿因母公司的过错而使子公司遭到的损失，但公司法有另有规定的除外。

第六十八条　附属公司

如果另一参股公司拥有经济组织20%以上的有表决权的股份（股权），则该经济组织是附属公司。

附属公司为法人。

参股公司应当依照法律规定的程序，立即公布其收购的附属公司相关法定资本的信息。

公司相互持股的最大限额以及一个公司在另一个公司股东大会上所能拥有的表决权票数，由法律规定。

第六十九条　生产合作社

生产合作社被认为是公民在个人参与的基础上自愿从事联合生产或其他经济活动，并由其成员缴纳财产股金进行联合的组织。

法律和生产合作社的设立文件可以规定法人参加生产合作社的活动。

生产合作社社员依照生产合作社法和合作社章程规定的数额和程序对合作社的债务承担补充责任。

合作社的企业名称应当包括其名称以及"生产合作社"字样。

生产合作社的法律地位及其成员的权利和义务由本法和其他法律确定。

第七十条　单一制企业

单一制企业是指对其财产所有权人划拨给它的财产不享有所有权的商业组织。

单一制企业的财产是不可分财产，并且不得按照投资（股份、股金）进行分配，包括不得在企业的工作人员中进行分配。

单一制企业的章程除应包含本法第 43 条第 4 款、第 5 款规定的内容外，还必须包含关于企业设定基金数额、其形成程序和来源的信息。

单一制企业享有经营权或业务管理权。

单一制企业的商业名称应指出其财产所有权人。

单一制企业的机关是由其财产所有权人任命或由其财产所有权人授权的机关任命的并向他们报告工作的企业领导人。

单一制企业以属于它的全部财产对自己的债务负责。

单一制企业对其财产所有人的债务不承担责任。

单一制企业的法律地位由本法法典和其他法律规定。

单一制企业的财产所有人对企业债务不承担责任，本法第 48 条第 3 款和第 4 款规定的除外。这一规则也适用于设立子公司的单一制企业对子公司债务的赔偿责任。

第七十一条　以经营权为基础的单一制企业

根据企业主或其授权人的决定可设立以经营权为基础的单一制企业。

按照规定程序批准的企业章程是以管理权为基础的企业的组织文件。

基于经营权设立的单一制企业可以按照既定程序将其部分财产转移到其经济管理部门（子公司），以法人的形式建立另一个单一制企业。

由发起人批准子公司章程并任命负责人。

第七十二条　以业务管理权为基础的国有单一制企业

在法律另有规定的情况下，根据乌兹别克斯坦共和国政府的决定，以国家所有的财产作为基础，可以成立以业务管理权为基础的单一制企业（国有企业）。

国有企业的创设文件是其章程。

以业务管理权为基础的单一制企业的商业名称应标明其是国有企业。

国有企业对划拨给它的财产所享有的权利依照本法第 178 条、第 179 条的规定确定。

国家对国有企业的财产不足以清偿的债务承担补充责任。

国有企业可以根据成立其国家机关的决定进行重组或清算。

第三节 非商业组织

第七十三条 消费合作社

消费合作社被认为是公民在成员基础上自愿结社，目的是满足成员的物质（财产）需要，以成员将财产（股金）汇集的方式产生的自愿联合组织。

消费合作社章程除本法第43条第4款、第5款规定的事项外，还应当载明下列事项：

合作社成员缴纳的出资份额；

合作社社员股金的构成和社员缴纳股金的办法以及社员违反缴纳股金义务的责任；

合作社管理机关的构成和权限以及通过决议的程序，包括需要全票或多数票通过决议的问题；

社员弥补合作社所受亏损的程序。

消费合作社的名称应说明其活动的主要目的，以及包括"合作社"、"消费联社"或"消费合作社"字样。

消费合作社社员必须在每年的资产负债表被批准之后的3个月内缴纳补充股金以弥补已形成的亏损。如不履行这一义务，消费合作社可以经债权人的请求依据司法程序进行清算。

消费合作社社员对合作社的债务承担连带补充责任，但以每个社员未缴纳的那部分额外股金为限。

消费合作社的经营活动适用本法关于商业组织的规定。

消费合作社的法律地位以及消费合作社社员的权利和义务应根据本法和其他法律确定。

第七十四条 社会团体

社会团体是公民在其利益一致的基础上为满足精神需要或其他非物质需要而按法定程序成立的自愿联合组织。

社会团体有权从事生产和其他经营活动，但以其章程规定的内容为限。

社会团体的股东（成员）对其移交给这些组织的归其所有的财产，包括会费，不再保留权利。他们不对其参加的社会团体的债务承担责任，而上述团体也不对自己成员的债务承担责任。

社会团体法律地位的特点由法律规定。

第七十五条　社会基金

社会基金是由公民和（或）法人在自愿缴纳财产的基础上，追求慈善的、文化的、教育的和其他有益于社会的目的而成立的没有会员的非国有非营利组织。

社会基金的（一个或若干）发起人或遗嘱捐赠人移交给社会基金的财产是基金会的财产。

根据遗嘱设立基金会时，基金会的发起人（单一发起人）或遗嘱执行人不应对基金会的义务负责，基金会也不应对发起人（单一发起人）或遗嘱执行人的义务负责。

社会基金会的财产用于基金会的法定目的和宗旨，并用于支付行政费用。

基金会可根据法律规定，在与其法定目的相适应的范围内从事企业活动。基金会对商业组织的法定基金（设立资本）的参与应符合法律规定的程序。

社会基金会有义务每年发表一份关于其活动的报告。

社会基金的管理程序及其机关的组成程序由其章程规定。

除本法第43条第4款规定的情况外，社会基金会的章程还应包括下列内容：基金会机关的结构、权力和组成程序；基金会各机关主席团成员的任命（选举）和解职程序；基金会财产形成的来源；基金会、其代表处和分支机关在财产管理方面的权利和义务；设立基金会代表处和分支机关的程序；基金重组和清算程序；基金资产清算时的使用程序；修改和补充基金章程的程序。

社会基金会的章程可载有对必须按照规定程序登记的基金会标志的说明，以及不违反法律的其他规定。

社会基金会法律地位的特点由法律规定。

第七十六条　机关

财产所有权人为行使管理职能、社会文化职能或其他非商业性职能而成立的并由财产所有权人完全或部分拨款的组织是机关。

机关对其持有和获得的财产的权利，依照本法第178条和第180条的规定确定。

机关以归其处分的资金对自己的债务承担责任。在资金不足时，有关财产的所有权人对机关的债务承担补充责任。

某些种类的国家机关或其他机关法律地位的特点由法律确定。

第七十七条　法人的联合会

为了协调其商业活动以及代表和保护共同的财产利益，商业组织可以组成协会

（联盟）和其他非营利组织。如果股东决定委托协会（联盟）和其他协会从事商业活动，则该协会（联盟）和其他协会应按照本法规定的程序转变为经济公司或无限公司，或者可以成立或参加经济公司从事商业活动。

非营利组织为了协调其活动以及代表和保护共同利益，可以以联合会的形式成立协会。

协会（联盟）和其他协会是法人。

协会（联盟）和其他协会的成员保留其独立性和法人资格。

协会（联盟）不对自己成员的债务负责。

协会（联盟）的成员依照协会设立文件规定的数额和程序对协会（联合会）的债务承担补充责任。

协会（联盟）和其他协会的名称应包括对其主要活动主题的说明，并应包括"协会""联盟"或表明协会类型的词语。

由法律规定法人协会法律地位的特点。

第七十八条 公民自治机关

公民自治机关作为法人，是民事法律关系的参加者。

公民自治机关创造或者取得的财产是其财产。

公民自治机关的法律地位由法律确定。

第五章 国家作为民事法律关系的参加者

第七十九条 国家参与民事法律关系

国家在平等的基础上与其他股东进行由民事法律调整的行为。

国家权力机关和行政机关以及它们特别授权的其他机关代表国家参与民事法律行为。

国家应以其拥有的资金履行其民事义务。

第八十条 国家责任和法人责任的区分

国家设立的法人不负担国家的义务。除法律另有规定的情况外，国家不负担其设立的法人的义务。

一国根据其缔结的合同为法人的义务承担担保（保证），或该法人为一国的义务承担担保（保证）的情况不适用本法规则。

第三分编 客 体

第六章 一 般 规 定

第八十一条 民事权利客体的种类

民事权利的客体包括物；金钱和有价证券；其他财产，包括财产权利、作品和服务、发明创造、工业设计、科学成果、文学成果、艺术作品成果和其他智力活动成果；人身权利和其他物质及非物质利益。

第八十二条 民事权利客体的流通性

民事权利的客体，如果未被禁止流通或被限制流通，可以依照权利概括继受程序（继承、法人改组）或以其他方式自由让渡或者自由地从一方移转给另一方。

不允许流通的民事权利客体（不流通物）的种类应在法律中明文规定。

民事客体只能在确定的股东之间流通或者需特别许可才能流通（限制流通物）的规则，依照法律规定的程序确定。

第七章 物 质 利 益

第八十三条 财产种类

民事权利客体的财产分为不动产和动产。

不动产包括地块、地下资源、建筑物、构筑物、长期种植和其他与土地紧密相连的财产，即在不对其用途造成过度损害的情况下不可能移动的物体。

法律还可将其他财产归类为不动产。

不动产权利的取得和终止由法律规定。

不动产以外的财产是动产。除法律另有规定的情况外，动产权利不需要进行不动产登记。

第八十四条 不动产国家登记

不动产的所有权和其他物权的限制、产生、转让和终止，应进行国家登记。

对不动产权利和与不动产有关的法律行为进行国家登记的机关，必须根据权利人的请求，以颁发所登记权利或法律行为的证书的方式，或者在提交登记的文件上签名的方式证明所进行的登记。

对不动产权利和与不动产有关的法律行为进行国家登记的机关，有义务向任何人提供关于进行登记和所登记权利的信息。

登记信息应由任何不动产登记机关提供，获取登记信息不限于登记地的登记机关。

有关机关对不动产和与不动产有关的法律行为不予进行国家登记或违反登记时限的，可以向法院提起诉讼。

国家登记程序和不予国家登记的根据由法律规定。

第八十五条 企业

企业整体上是财产综合体，被视为不动产。

企业在整体上以及企业的一部分可以是买卖、抵押、租赁和与设立、变更、终止物权有关的其他法律行为的客体。

作为财产综合体的企业包括各种用于其活动的财产，包括土地、建筑物、构筑物、设备、器材、原料、产品、请求权、债务，以及对使企业、企业产品、工程和服务个性化的标志（商业名称、商标、服务标志）的权利和其他专属权，但法律或合同有不同规定的除外。

第八十六条 物的分类

作为民法客体的物分为：

特定物和种类物；

可分物和不可分物；

消耗物和非消耗物；

主物和从物；

复杂物。

第八十七条 特定物和种类物

特定物指具有特殊、独有特征的物，这些特征将其与大量同质的物品区分开来，从而使该物特定化。特定物是独一无二的、唯一的物，以独有特点（如印章、特殊标记、编号、数字等）确定的物。

特定物是不可替代的。

种类物是以数量、质量和度量衡确认的一类具有共同特征的物。

种类物是可替代的。

第八十八条 可分物和不可分物

可分物是指物分割后，其每一部分都保留了整体的属性，并且不失去其经济（目标）价值。

不可分物是指物分割后，其各部分失去了原物的属性，改变了其经济（目标）价值。

第八十九条 消耗物和非消耗物

消耗物是指由于一次使用而归于消灭或不以原物形态存在的物（如原油、燃料、食物等）。

非消耗物指用于重复使用的物品，这些物品可在很长一段时间内保持其原有的外观，并逐渐磨损的物（如建筑物、设备、车辆等）。

第九十条 主物和从物

主物是指独立存在，在使用过程中与另一物（从物）相联系并起主要作用的物。

从物是指服务与共同经济用途有关联的主物的物。

所有权随主物，但法律或合同另有规定的除外。

第九十一条 复合物

如果不同种类的物构成一个按共同用途进行使用的统一的整体，则它们被视为一个物（复合物）。

复合物法律行为的效力，适用于其所有组成部分，但合同另有规定的除外。

第九十二条 孳息权和收益权

除法律或合同另有规定外，物所产生的孳息和收益归该物所有权人所有。

第九十三条 动物

对动物适用关于财产的一般规则，但法律另有规定的除外。

在行使权利时，不许虐待动物。

第九十四条 金钱（货币）

乌兹别克斯坦共和国的货币单位是苏姆。

苏姆是法定货币，应按面值接受。

付款以现金或非现金的方式进行。

使用外国货币结算的场合、程序和条件由法律规定。

第九十五条 外汇价值

外汇价值认定的财产种类和法律行为程序由法律规定。

外汇的所有权按一般规则受到保护。

第九十六条　有价证券

有价证券是具备规定形式和必要要件的证明财产权利的书据,只有在持有有价证券的情况下才可能行使和移转它所证明的财产权利。

随着有价证券的移转,它所证明的全部权利亦随之移转。

有价证券包括债券、期票、支票、存款和储蓄证、提单、股票和其他被法律视为证券的单据。

第八章　非物质利益

第九十七条　智力活动成果

在本法和其他法律另有规定的情况和程序下,应认定公民或法人客观上对产生的智力活动成果的专属权利、使法人个性化的相关方法权利、公民或法人在工作和服务过程中的产品的专属权利（商号、商标、服务标志等）。

第三人经权利人同意方能使用作为专属权客体的智力活动成果和特定化手段。

第九十八条　职务秘密和商业秘密

民法保护含有职务秘密和商业秘密的信息。仅在该信息第三人无法知悉而具有实际的或潜在的商业价值,对该信息不能依法随意知晓并且信息持有人采取措施保护其秘密性的情况下。

第九十九条　人身权和其他非物质利益

公民与生俱来的或依法享有的生命权和健康权,个人尊严权,人身不受侵犯权,人格与名誉权,商业信誉,私人生活不受侵犯权,个人秘密和家庭秘密,姓名权,著作权,其他人身权利和其他非物质利益是不可转让的,并且不得以其他方式移转。

在法律另有规定的情况下和依照法律规定的程序,属于死者的人身权利和其他非物质利益可以由他人行使和保护,包括由权利人的继承人实现和保护。

第一百条　名誉、尊严和商业信誉的保护

公民有权请求法院对损害其名誉、尊严或商业信誉的信息进行澄清,但该信息传播人证明属实的除外。

根据利害关系人的请求,对死者的名誉和尊严进行保护。

如果损害公民名誉、尊严或商业信誉的信息是通过大众信息媒体传播的,则应通过相同的大众信息媒体进行澄清。

如果上述信息包含在组织发出的文件中，则该文件应被纠正或收回。

在其他情况下澄清的程序由法院规定。

在大众媒体公布损害公民权利或受法律保护的利益的信息时，涉及的公民有权通过相同的大众信息媒体为自己辩解。

如果法院的判决没有得到执行，法院有权对侵权人处以罚金，数额和程序由法律规定。缴纳罚款并不免除侵权人执行法院判决所规定的行为的义务。

损害名誉、尊严或商业信誉的信息所涉及的公民，除要求澄清外，还有权要求赔偿由于这种信息的传播而受到的损失和精神损害。

本条关于保护公民商业信誉的规则相应地适用于对法人商业信誉的保护。

第四分编　法律行为和代理

第九章　法　律　行　为

第一节　法律行为的概念、种类和形式

第一百零一条　法律行为的概念

法律行为是公民和法人旨在确立、变更或终止民事权利和义务的行为。

第一百零二条　法律行为的类型

法律行为可以是单方、双方或多方（合同）行为。

依照法律或当事人的协议必须而且也仅需要一方的意思表示即可实施的法律行为是单方法律行为。

订立合同必须有双方一致的意思表示（双方法律行为）或三方以及更多方一致的意思表示（多方法律行为）。

第一百零三条　单方法律行为的法律调整

单方法律行为给相对人设立义务。只有在法律规定或与相对人协商的情况下，单方法律行为才能给他人确立义务。

在不违反法律和法律行为性质的情况下，有关义务和合同的一般规定（本法第三编）适用于单方法律行为。

第一百零四条　附条件的法律行为

如果双方规定权利与义务的产生取决于尚不知悉是否会发生的事实，则该法律

行为被视为附延缓条件的法律行为。

如果双方规定权利与义务的终止取决于尚不知悉是否会发生的事实,则该法律行为被视为附解除条件的法律行为。

如果一方故意阻止对其不利的条件发生,则视为该条件已经发生。

如果一方故意促使对其有利的条件发生,则视为该条件没有发生。

第一百零五条　法律行为形式

法律行为以口头形式或书面形式(普通形式或公证形式)实施。

在法律或双方协议规定的情况下,默示可视为实施法律行为的意思表示。

第一百零六条　口头形式的法律行为

法律或双方协议未规定使用书面形式的,可以用口头形式,包括当场履行的法律行为。当行为人以行为表明意愿时,法律行为视为已完成。

除法律另有规定外,发行货币、票据或其他普遍接受的确认交付法律行为以口头方式进行。

履行以书面形式签订的合同中的法律行为,如果不违反法律和合同规定,可以依照双方的协议以口头形式实施。

第一百零七条　书面形式的法律行为

以书面形式进行的法律行为必须由当事人或其代表人签名,但法律行为习惯另有规定的除外。

在实施法律行为过程中,不违反法律或当事人一方的规定的情况下,允许以传真的方式使用、复制签名。

双方法律行为可以通过交换文件来进行,每份文件带有发出文件一方的签名。

除法律或双方协议另有规定外,信件、电报、电话、电传打字机、传真或其他确定民事主体和意思表示的文件,视为以书面形式实施的法律行为。

法律和双方当事人的协议可以对法律行为的形式要件作出补充规定［如采用规定格式订立,盖章(存在公章的情况下)等］,并规定违反此类要件的后果。

如果公民由于身体缺陷、疾病或不识字而不能亲笔签字,则法律行为可以依照他的请求由其他公民代签。后者的签字应经公证员公证或其他有权实施该公证行为的公职人员见证,并注明不能亲笔签字的原因。

在以书面形式实施法律行为的过程中,一方有权请求另一方提供履行证明文件。以口头形式进行法律行为的一方也享有该权利,但当场履行的法律行为除外。

第一百零八条　以普通书面形式实施的法律行为

除要求公证的法律行为外，下列法律行为应用普通书面形式实施：

（1）法人之间的法律行为和法人与公民之间的法律行为；

（2）公民之间的法律行为，价款高于法定最低劳动报酬额的 10 倍的，但在法律另有规定的情况下，不论价款多少均应以书面形式进行。

本法第 106 条规定以口头形式实施的法律行为，不要求使用普通书面形式。

第一百零九条　违反普通书面形式的法律行为后果

违反普通书面形式的法律行为并不使其无效，但在发生纠纷时，当事人无权通过证人证言证明法律行为的实施、内容或履行。

双方有权以书面证据或其他证据证明法律行为的实施、内容或履行。

在法律或双方协议有明文规定的情况下，违反普通书面形式的法律行为无效。

第一百一十条　需公证的法律行为

法律行为的公证证明由公证员或其他有权实施公证行为的公职人员对本法第 160 条规定的文件以认证签名的方式进行公证。

在以下情况下，法律行为必须进行公证：

（1）在法律另有规定的情况下；

（2）在一方要求的情况下。

第一百一十一条　法律行为的国家登记

进行与土地和不动产有关的法律行为（如转让、抵押、长期租赁、继承等）必须进行国家登记。

不动产登记的程序和登记项目由法律规定。

法律可以规定涉及动产的法律行为要进行国家登记。

第一百一十二条　违反法律行为公证形式和登记要求的后果

如法律行为违反公证形式或在法律另有规定的情况下违反国家登记的要求，则法律行为无效，该法律行为自始无效。

如果一方已经全部或部分履行了要求公证的法律行为，而另一方逃避法律行为的公证，则法院有权根据履行方的要求认定法律行为有效。在这种情况下，不要求再进行公证。

如果法律行为应进行国家登记，但一方逃避国家登记，则法院有权根据另一方的请求作出法律行为应进行国家登记的判决。在这种情况下，法律行为应依照法院的判决进行登记。

在本条第 2 款和第 3 款规定的情况下，无理逃避公证证明或国家登记的一方应赔偿因拖延法律行为的实施或注册而给另一方造成的损失。

第二节　法律行为的无效

第一百一十三条　可撤销法律行为与自始无效法律行为

依据本法规定，法律行为无效分为由法院确认无效（可撤销的法律行为）或不由法院确认无效（自始无效的法律行为）。

有权请求撤销法律行为的请求权人由本法规定。

任何利害关系人均可请求自始无效的法律行为无效。法院依职权判决法律行为无效。

第一百一十四条　无效法律行为后果的一般规定

无效法律行为不产生法律后果，除与后果无效的法律行为外，自始无效。

法律行为无效的，各方必须返还依照该法律行为所获的全部所得，而在不可能用实物返还其所得时（包括其所得表现为对财产的使用、已完成的工作或已提供的服务），如果法律没有规定法律行为无效的其他后果，则应该用金钱赔偿其价值。

第一百一十五条　违反法律规定的法律行为形式

仅在法律明文规定的情况下，违反法律规定的法律行为形式无效。

第一百一十六条　不符合法律要求的法律行为无效

如果民事行为的内容不符合法律规定，而且其目的显然与法制或道德背道而驰，则该法律行为无效。本法第 114 条第 2 款的规定应适用于此类法律行为。

第一百一十七条　不满 14 周岁的未成年人实施的法律行为无效

不满 14 周岁的未成年人（不满 14 周岁的未成年人）实施的法律行为，除本法典第 29 条第 2 款规定的法律行为外，自始无效。

该法律行为下，双方都有义务全部返还因法律行为所得的原物，如果无法返还原物，则以货币等价偿还。此外，具有完全民事行为能力的一方如果知道或应该知道另一方无行为能力，应对无行为能力的一方所遭受的实际损失进行赔偿。

第一百一十八条　已满 14 周岁不满 18 周岁的未成年人实施的法律行为无效

已满 14 周岁不满 18 周岁的未成年人未经其父母、养父母或监护人的同意而实施的，根据本法第 27 条规定的需要同意的法律行为，父母、养父母或监护人有权请求由法院确认法律行为无效。如果法律行为被宣布无效，则适用本法第 117 条第

2 款的规定。

在本法第 22 条第 2 款和第 28 条规定的情况下，本条的规则不适用于已具有完全民事行为能力的未成年人实施的法律行为。

第一百一十九条　被宣告无行为能力的公民实施的法律行为无效

因精神失常（精神疾病或痴呆症）而被宣布无行为能力的公民所作的法律行为无效。此类法律行为适用本法第 117 条第 2 款的规定。

第一百二十条　限制行为能力公民实施的法律行为无效

因酗酒或吸毒而导致行为能力限制的公民在未经监护人同意的情况下实施的法律行为，可由法院宣布无效。此类法律行为适用本法第 117 条第 2 款的规定。

本条规则不适用本法第 29 条第 2 款规定的小额家事法律行为。

第一百二十一条　不能理解自己行为的意义或不能控制自己行为的公民实施的法律行为无效

具有行为能力，但在实施法律行为时处于不能理解自己行为的意义或不能控制自己行为的状态下的公民实施的法律行为，可以根据该公民的请求，或者法律行为的实施使其权利和受法律保护利益受到侵害的人的请求，由法院确认为无效。

实施法律行为之后才被确认为无行为能力的公民所实施的法律行为，如果证明在实施法律行为时其已不能理解自己行为的意义或不能控制自己的行为，则可以根据其监护人的请求由法院确认该行为无效。

法律行为依据本条被确认无效的，适用本法第 117 条第 2 款的规定。

一方当事人实施法律行为时不能理解自己行为的意义或不能控制自己行为，如果另一方在知道或应该知道该情况下进行民事法律行为，应偿还实际产生的费用、对财产的损失或损坏进行赔偿。

第一百二十二条　因误解而实施的法律行为无效

因重大误解而实施的法律行为，可以依照受误解影响一方的请求由法院确认为无效。

对于法律行为性质、标的物的混淆和使用标的物的预期目的与实际有极大的差距的误解是重大误解。对法律行为动机的误解不是重大误解。

如果法律行为作为因误解而实施的法律行为被确认为无效，则适用本法第 114 条第 2 款的规定。

此外，请求确认法律行为无效的一方，如果能够证明误解系因相对方的过错而发生，有权要求相对方赔偿对其造成的实际损失。如果这一点不能得到证明，即使误解系误解方意志以外的原因，确认法律行为无效的一方也能向另一方的提出请求赔偿对其造成的实际损失。

第一百二十三条 在欺诈、暴力、威胁、一方代理人与另一方恶意串通或迫不得已情况下实施的法律行为无效

在欺诈、暴力、威胁、一方代理人与另一方恶意串通影响下实施的法律行为，以及当事人的困难处境被对方所利用而被迫在条件对自己极端不利的情况下实施的法律行为（显失公平的法律行为），可以根据受害人的请求由法院确认为无效。

如果法律行为由于本条第1款规定的理由之一被确认为无效，则另一方应将依照法律行为所获的全部所得返还给受害人，在不能以实物返还所得时，应该照价赔偿。受害人根据该法律行为从另一方所得的财产，以及应给付给另一方的补偿和转让给另一方的财产，应收归国家所有。不能收缴实物归国家所有的，应收缴实物价款。此外，另一方还应向受害人赔偿给其造成的实际损失。

第一百二十四条 虚构法律行为无效

仅具有形式而实施，并无意产生与之相应的法律后果的法律行为，是无效的（虚构法律行为）。

如果法律行为的目的是掩盖另一项法律行为（伪装法律行为），则根据当事人实际意图适用有关规则。

第一百二十五条 超越法人权利能力范围的法律行为无效

法人在违背其法定目标或没有从事相关活动的许可证的情况下实施的法律行为，可由法院根据其发起人（股东）或被授权的国家机关提起的诉讼宣布无效。

第一百二十六条 法律行为实施权能限制的后果

如果公民进行法律行为的权利受到合同的限制，或者法人机关的权利受到其组成文书的限制，该限制在授权书中、法律中都有规定或者在实施法律行为中显而易见，公民或法人机关在进行法律行为违反这些限制时，只有证明另一方知道或应该知道该限制的情况下，法院才可以根据设置限制的利害人的请求宣布该法律行为无效。

第一百二十七条 法律行为被视为无效时刻

被认定无效的法律行为，自法律行为发生之日起无效。如果从法律行为内容上看，法律行为只能在未来时间内终止，则无效法律行为的效力在未来时间内终止。

第一百二十八条　法律行为部分无效的后果

如果法律行为不包括其无效部分也可以实施，则法律行为的部分无效不引起法律行为其他部分的无效。

第十章　代理和委托

第一百二十九条　代理

根据委托书、法律规定、法院判决书或地方自治机关文件规定而产生的权限，行为人（代理人）以他人（被代理人）的名义所实施的法律行为，设立、变更和终止的民事权利和义务直接由被代理人承担。

按其性质只有本人才能实施的法律行为，以及法律规定的其他法律行为，均不得通过代理人实施。

代理人不得自己代理，也不得双方代理，但职务代理的情形除外。

第一百三十条　为行为能力人的代理

具有民事行为能力的人可以通过其选择的代理人进行法律行为，但根据法律行为的性质只能亲自实施，以及法律另有规定的除外。

第一百三十一条　为无行为能力人的代理

父母、养父母和监护人以无行为能力的公民的名义进行法律行为。

第一百三十二条　无权代理

未被授权或超越代理权限的人以他人名义实施法律行为，只有在被代理人追认该法律行为的情况下，才能设立、变更和终止被代理人的权利和义务。如果被代理人实际接受履行，则该法律行为视为追认。

被代理人追认后，法律行为自设立之日起生效。

第一百三十三条　商业代理

代表企业经常独立签订合同的代表人（商业代理人）应根据明确代表权限的书面协议进行代理活动，协议中未明确代理的，应根据授权书进行代理活动。

商业代理人只有在征得合同各方的同意并在法律另有规定的情况下，才可以同时代表合同的不同当事人的利益。

商业代理人有权要求合同双方均摊服务报酬和因执行委托而产生的费用，但双方另有约定的除外。

商业代理人即使在完成委托之后仍有义务对他知悉的关于商业法律行为的信息保守秘密。

商业务代理在具体商业活动领域的特点由法律规定。

第一百三十四条　委托书

委托书是一方（委托人）委托另一方（受托人）与第三人之间进行代理行为的书面授权。受托人在代理授权范围内行事。

授权法人实施法律行为和代表法人的委托书不得违反法人章程中规定的法人宗旨。

第一百三十五条　委托书形式

委托书采用普通的书面形式或公证形式。

要求公证形式的法律行为或者对于法人进行的法律行为权书必须经过公证，但本法典第 136 条、第 137 条、第 138 条规定的情况以及法律另有规定以其他形式制作委托书的除外。

第一百三十六条　与公证证明同等效力的委托

下列情况应视为经公证的：

在医院、疗养院和其他军事医疗机关接受治疗的军人和其他人的委托书，经上述机关的主任、医疗单位的副主任、高级医生和值班医生确认的，但管理和处置机动车辆的委托书除外；

军事人员的授权书，以及军事单位、编队、机关和军事教育机关的部署点，如果没有公证处和其他机关进行公证，以及工人和雇员、其家属和军事人员家属的委托书，经由上述单位、编队、机关和机关的指挥官（首长）确认的，但管理和处置机动车辆的委托除外；

被剥夺自由场所或被拘留场所人员的委托，经由相关机关负责人确认的，但管理和处置机动车辆的委托除外。

第一百三十七条　其他形式的委托

接收信件，包括现金和包裹、接收工资和其他与雇佣关系有关的款项、接收作者和发明者的报酬、养老金、津贴和补贴以及银行机关的款项的委托书，可由委托人工作或学习的组织、经营其居住的建筑物的住房管理组织、其居住地的公民自治机关或公民居住的医疗机关的管理部门证明。

第一百三十八条　法人委托

以法人名义（如有印章）签发的委托，由负责人签署，并加盖该法人的印章（如有印章）。

代表基于国有财产的法人接收或交付货币和其他财产价值的委托也必须由该法人的首席（高级）会计师签署。银行法律行为的签发程序和授权书的形式由法律规定。

第一百三十九条　委托书的期限

委托书的有效期不得超过3年。如果委托书上未注明期限，则委托书自作出之日起的1年内有效。

未注明签发日期的委托书无效。

经公证的在乌兹别克斯坦共和国境外生效的委托书，未注明其有效期的，在委托书签发人撤销之前有效。

第一百四十条　转委托

受托人应亲自实施被委托的行为。如果委托书授权转委托或在紧急情况下为保护委托人利益，可以转委托给他人。

依照转委托程序授予的委托书，应该进行公证证明，本法第136条、第137条、第138条规定的除外。

依照转委托程序授予的委托书的有效期限，不得超过作为其依据的原委托书的有效期限。

受托人应将复代理人的必要信息和住址告知委托人。未告知的，受托人将对复代理人的行为负责，视为自己委托的行为。

第一百四十一条　委托书的终止

委托书的效力因下列情形之一而终止：

（1）委托书期限届满；

（2）委托人撤销委托书；

（3）受托人辞职；

（4）授予委托书的法人终止；

（5）作为受托人的法人终止；

（6）委托人死亡、被确认为无民事行为能力人、限制民事行为能力人或失踪人；

（7）作为受托人的公民死亡、被认定为无民事行为能力人、限制民事行为能力人或失踪人。

委托人有权随时撤销委托书或转委托书，而受托人有权随时辞去委托。放弃该权利的协议无效。委托终止转委托随即失效。

第一百四十二条　委托终止人的通知

委托人有义务告知受托人和知晓委托代理的第三人委托终止的信息。委托书因本法第141条第4~7款规定的理由终止的，委托人的继承人应承担通知义务。

第一百四十三条　委托终止后受托人的行为

受托人知道或应当知道委托终止之前的行为，对委托人或委托人的继承人和第三人有效。

受托人知道或应当知道委托终止之后的行为，不对委托人产生权利和义务的负担。

第三人知道或者应当知道委托书的效力已经终止的，不适用本条规则。

第一百四十四条　返还委托书的义务

授权书终止后，受托人或其继承人（法定继承人）应立即归还授权书。

第五分编　期间和诉讼时效

第十一章　期间的计算

第一百四十五条　期间的确定

法律、其他法律、契约规定的或法院指定的期限按日历日期确定或者以年、月、星期、日或小时计算的期间确定。

期限也可以通过指明必然要发生的事件来确定。

第一百四十六条　确定期间的起算点

期间从日期的次日开始计算或从确定期间起算的事件发生的次日开始计算。

第一百四十七条　期间届满

按年计算的期间，到该期间最后一年的相应月和日截止。

对确定为半年的期间，适用按月计算期间的办法。

按季度计算的期间，适用按月计算期间的规则。在这种情况下，一季度等于3

个月，而季度从年初开始计算。

按月计算的期间，到期间最后一月的相应日截止。

按半月确定的期间，视为以日计算的期间，并一律算作15天。

如果按月计算的期间没有对应相应月份的日期，则该期间到该月的最后一日截止。

按星期计算的期间，到期间最后一星期的相应日期截止。

第一百四十八条　期间最后一日实施行为的程序

如果为了实施某一行为规定期间，则该行为可以在期间最后一日的24点之前完成。

如果这一行为应该在某一个组织中实施，则截止时间为该组织规定的停止业务活动的时间。

所有书面声明和通知以及转账汇款在截止日期最后一天的24点前交付邮局或通过其他通信手段交付的，应视为按期完成。

第十二章　诉　讼　时　效

第一百四十九条　诉讼时效的概念

诉讼时效是被侵权人为维护自己的权利而提起诉讼的期间。

第一百五十条　一般诉讼时效

一般诉讼时效为3年。

第一百五十一条　特殊诉讼时效期间

对于某些种类的请求权，法律可以规定特殊的诉讼时效期间，即较一般期间缩短的或更长的期间。

除法律另有规定外，本法第152条至第162条的规则适用于特别诉讼时效。

第一百五十二条　变更诉讼时效期间的协议无效

诉讼时效期间及其计算办法不得由双方当事人协议变更。

中止和中断计算诉讼时效期间的根据由本法规定。

第一百五十三条　诉讼时效的适用

对于维护被侵犯权利的请求，不论诉讼时效是否届满，法院均应受理。

法院仅根据当事人在法院作出判决之前提出的申请适用诉讼时效。

当事人主张诉讼时效届满，是法院作出驳回诉讼请求的判决的根据。

第一百五十四条 诉讼时效期间的开始

诉讼时效期间自当事人知道或应该知道自己的权利被侵犯之日起计算。本法的例外情况由本法和其他法律规定。

对于有一定履行期间的债务，诉讼时效期间自履行期间届满之时起计算。

对履行期间未作规定或规定为请求之时的债务，则其诉讼时效自债权人有权提出履行债务的请求权之时起计算，而如果给债务人提供了履行该请求的宽限期间，则诉讼时效的计算自该宽限期间届满之时开始。

代位权诉讼的诉讼时效自主债务履行期届满开始计算。

第一百五十五条 债的当事人变更时诉讼时效

债的当事人的变更并不引起诉讼时效期间及其计算办法的变更。

第一百五十六条 诉讼时效期间的中止

在下列情况下诉讼时效期间中止：

（1）在当时条件下发生的不可避免的非常事件阻碍提起诉讼（不可抗力）；

（2）由于乌兹别克斯坦共和国政府规定中止履行义务（暂停履行义务）；

（3）原告或被告是处于战争状态武装部队、边防部队和内务部队的成员的；

（4）无完全民事行为能力人没有法定代理人的；

（5）调整有关关系的法律的效力中止的。

如果本条规定的情况在时效期间的最后 6 个月内发生或持续存在，诉讼时效期间中止。

自引发诉讼时效中止的情况消除之日起，诉讼时效期间继续计算。剩余部分的期间延长到 6 个月，而如果诉讼时效期间等于或少于 6 个月，则延长为相应诉讼时效期间。

第一百五十七条 诉讼时效期间的中断

按规定程序提起诉讼以及债务人实施承认债务的行为，则诉讼时效期间中断。

在诉讼时效期间中断结束之后，诉讼时效期间重新计算，中断前的时间不计入新的诉讼时效期间。

第一百五十八条 在驳回诉讼的情况下诉讼时效期间

如果法院对诉讼不予审理，则在提起诉讼前开始的诉讼时效期间按一般规则继续计算。

如果法院对于在刑事案件中提起的附带民事诉讼未予审理，则在提起诉讼前已开始的诉讼时效期间，中止至附带民事未予审理的刑事判决生效之时；诉讼时效中止期的时间，不计入诉讼时效期间。在这种情况下，如果剩余的期间少于6个月，则该期间延长至6个月。

第一百五十九条　诉讼时效期间的恢复

法院认定因具有正当理由而错过诉讼时效的，应进行司法保护。以下情况被认为是具有正当理由：错过诉讼时效的事由发生在诉讼时效届满前的最后6个月内的；如果诉讼时效期间等于6个月或少于6个月，错过诉讼时效的事由发生在诉讼时效期间内的。

第一百六十条　特殊诉讼时效期间的中止、中断和恢复

除非法律另有规定，关于时效期间的中止、中断和恢复的规则（本法第156条、第157条、第159条）也应适用于特殊诉讼期间。

第一百六十一条　诉讼时效期间届满义务的履行

诉讼时效期间届满后履行债务的公民即使履行时不知道时效届满，也无权请求返还已经履行的债务。

第一百六十二条　诉讼时效适用于从债权

随着主债权时效期间届满，从债权（罚金、质押、担保等）的时效期间届满。

第一百六十三条　不适用诉讼时效的请求权

诉讼时效不适用于：

除法律另有规定外，请求保护人身非财产权利和其他非物质利益；

存款人要银行支付存款的请求；

公民生命或健康受到损害而要求赔偿的请求，如果在损害赔偿权利产生之时起的3年后才提出请求，则只能要求赔偿请求之日起前3年内的损害；

犯罪造成的损害的索赔；

所有者或其他所有者要求消除侵犯其权利的行为，包括与剥夺所有权无关的违规行为（本法231条）；

要求归还具有历史、文化、科学、艺术价值的财产以及在宣布独立之前被带出国境的其他有价值的物品；

法律规定的其他请求。

第六部分　乌克兰共和国民法典总则

（周盛杰　译　邓社民　周盛杰　校对）

乌克兰民法典总则于 2003 年 1 月 16 日（435 – Ⅳ）颁布生效，2016 年 2 月 18 日进行了修改。此文本是根据 2016 年修改的文本翻译而成。

目　　录

第一部分　总则

　　第一编　基本规定

　　　　第一章　乌克兰民法

　　　　第二章　民事权利和义务产生的根据，民事权利的行使和民事义务的履行

　　　　第三章　民事权利和利益的保护

　　第二编　人

　　　　第一分编　自　然　人

　　　　第四章　自然人的一般规定

　　　　第五章　自然人经营者

　　　　第六章　监护和托管

　　　　第二分编　法人

　　　　第七章　法人的基本规定

　　　　第八章　企业公司

　　　　　　第一节　商业公司

　　　　　　　　第一分节　基本规定

　　　　　　　　第二分节　无限公司

第三分节　两合公司

第四分节　有限责任公司

第五分节　股份公司

第二节　生产合作社

第三分编　国家、克里米亚自治共和国、社区参加民事关系

第九章　国家、克里米亚自治共和国、社区参加民事关系的法律形式

第十章　国家、克里米亚自治共和国、地方社区通过机关和代表参与民事关系

第十一章　国家、克里米亚自治共和国、社区的债务责任

第三编　民事权利客体

第十二章　民事权利客体的基本规定

第十三章　物和财产

第十四章　有价证券

第十五章　非物质利益

第四编　法律行为和代理

第十六章　法律行为

第一节　法律行为的基本规定

第二节　当事人在实施法律行为时不遵守法律规定的法律后果

第十七章　代理

第五编　期间与诉讼时效

第十八章　期间的确定和计算

第十九章　诉讼时效

第二部分　自然人的人身权

第二十章　自然人人身权的基本规定

第二十一章　保障自然人生存的人身权

第二十二章　保障自然人社会生活的人身权

第一部分　总　　则

第一编　基 本 规 定

第一章　乌克兰民法

第一条　民法所调整的关系

1. 民法调整基于民事主体法律地位平等、意思自治和财产自决而产生的财产关系和人身关系。

2. 民法不适用于基于一方对另一方的行政从属关系或基于权力从属关系而产生的财产关系，包括税收关系及其他财政关系和行政关系，但法律另有规定除外。

第二条　民事关系的参与者

1. 民事关系的参与者是自然人和法人。

2. 民事关系的参与者还可以是乌克兰共和国、乌克兰克里米亚自治共和国、地方自治组织，外国法人和其他公法主体也可以参与民法所调整的关系。

第三条　民法的基本原则

民法的基本原则：

（1）不允许任何人随意干涉私人事务；

（2）财产不受侵犯，除宪法和法律另有规定的情况外；

（3）合同自由；

（4）法律未禁止的商业自由；

（5）对于合法的民事权利要给予司法保护；

（6）公平原则、诚实守信原则、合理原则。

第四条　乌克兰民法渊源

1. 乌克兰民法以乌克兰宪法为基础。

2. 乌克兰民法典是乌克兰民法的主要法律。

根据乌克兰宪法和本法颁布的其他乌克兰法律也是民事法律。

如果有立法提议权的主体向乌克兰最高拉达提交的法律草案与本法规定的民事关系不同，应同时提交修改乌克兰民法典的法律草案。所提交的法律草案与相应的乌克兰民法典修正法草案由乌克兰最高拉达同时审议。

3. 依照乌克兰宪法的规定，总统令可以调整民事关系。

4. 乌克兰内阁的决议也有民法规范的效力。

如果内阁的决议与本法或其他法律相抵触，适用本法或其他法律的有关规定。

5. 乌克兰其他国家权力机关和乌克兰克里米亚自治共和国当局可颁布含有民法规范的法律法规，但以乌克兰宪法和法律另有规定的情况和范围为限。

在乌克兰共和国领域内的民事活动，一律平等适用乌克兰民法。

第五条　民法的时间效力

1. 民法适用于其生效之后产生的关系。

2. 原则上民法没有溯及力，仅适用于其生效之后产生的关系，除非溯及既往对各方当事人都是有利的，即减轻或免除了公民的民事责任。

3. 对于民事法律生效前产生的关系，民事法律仅适用于在其生效之后产生的权利和义务。

第六条　民事法律与合同

1. 各方当事人有权订立合同，该合同可以在民法中没有明确规定，但必须符合民法的基本原则。

2. 各方当事人有权依法在合同中规定民法中未规定的关系。

3. 各方当事人可自行决定偏离民法的规定并协商调整其关系。

如果民法明文规定，以及民法条款的约束力源于民法内容或当事人之间关系的性质，则当事人不得偏离民法条款。

4. 本条第1款、第2款和第3款的规定也适用于单方法律行为。

第七条　习惯

1. 民事关系由习惯调整，特别是商业惯例。

2. 习惯是一种行为规则，不是由民事法律文件规定的，但在民事关系的特定领域是可持续的。

3. 习惯可以规定在相应的文件中。

4. 习惯与合同或民事法律文件相抵触的，不得适用。

第八条　民法的类推适用

1. 如果民事关系未在本法、其他民法法规或者当事人的协议中有明文规定的，适用调整类似关系的民法规范（条文类推）。

2. 如民事关系无法适用法律类推，则根据民法的基本原则调整民事关系（法律类推）。

第九条　乌克兰民法典适用于调节经济活动、自然资源利用、环境保护以及劳动和家庭关系等领域的关系

1. 本法的规定适用于自然资源管理和环境保护领域出现的民事关系，以及劳动和家庭关系，除非另有其他法律规定。

2. 法律可以对规范经济领域的财产关系作出特殊规定。

第十条　国际法条约

1. 乌克兰最高拉达签署的有关民事关系的国际条约是乌克兰民法体系的组成部分。

2. 如果按照法律规定的程序签署的乌克兰现行国际条约与民法相关法律不同，则适用国际条约的规则。

第二章　民事权利和义务产生的根据，民事权利的行使和民事义务的履行

第十一条　民事权利和义务产生的根据

1. 民事权利和义务由民法和其他相关民法法律文件的规定产生，或者这种行为虽然未经法律或其他法律规定，但能类推产生相应的民事权利和义务。

2. 民事权利和义务产生的根据是：

（1）法律规定的合同及其他法律行为；

（2）科学、文学、艺术作品的创作，发明和其他智力活动的成果和创作；

（3）给他人造成物质损害和精神损害；

（4）其他法律事实。

3. 民事权利和义务可以直接由民法产生。

4. 在民法限定的范围内，民事权利和义务可以直接依国家权力机关和地方自治机关以及乌克兰克里米亚自治共和国的规定而产生。

5. 在民法限定的范围内，民事权利和义务可以由法院的判决所产生。

6. 在民法或合同的限定范围内，民事权利和义务可以因某一事实的变化而产生。

第十二条　民事权利的行使

1. 民事主体可以根据自己的意志行使民事权利。

2. 民事主体放弃行使所有的民事权利并不导致这些权利的终止，但法律另有规定的除外。

3. 民事主体可以根据自己的意志放弃所有的民事权利。

放弃对车辆、动产和不动产的所有权，要依照民法规定的法定程序进行。

4. 民事主体可通过有偿或无偿方式将其财产权转让给其他人，但法律另有规定的除外。

5. 如果法律规定了民事主体不公平或不合理行使其权利的法律后果，则其行为应被推定为善意和合理行为，但法律另有规定的除外。

第十三条　民事权利行使的界限

1. 民事主体应在民法或合同规定的限度内行使民事权利。

2. 民事主体在行使权利时，负有防止侵犯他人权利、损害环境或文化遗产的义务。

3. 民事主体不得实施仅以致人损害为目的行为，也不得以其他形式滥用权利。

4. 在行使公民权利时，民事主体必须遵守社会的道德准则。

5. 不准许以限制竞争或不公平竞争的目的而行使民事权利，也不准许滥用在市场上的优势地位。

6. 在本条第 2 款至第 5 款的要求未得到遵守的情况下，法院可命令民事主体停止滥用其权利，并适用法律规定的后果。

第十四条　民事义务的履行

1. 民事主体应在民法或合同法的规定下履行义务。

2. 不得强迫民事主体履行不属于他的义务。

3. 由合同或民法所规定的民事责任激励保障民事义务的履行。

4. 在合同或民法规定的范围内，可以免除当事人的民事责任或命其履行民事责任。

第三章　民事权利和利益的保护

第十五条　民事权益保护权

1. 每个民事主体都有权在其民事权利受到侵犯、否认或异议时得到保护。

2. 在不违反民法的基本原则下，每个民事主体都有权保护自己的利益。

第十六条　民事权益的司法保护

1. 每个民事主体都有权向法院申请保护其财产权利或非财产权利和利益。

2. 民事权利保护的方式有：

（1）确认权利；

（2）确认法律行为无效；

（3）制止侵权行为；

（4）恢复侵权前存在的状态；

（5）强制执行；

（6）变更法律关系；

（7）终止法律关系；

（8）赔偿损失或以其他方式对财产损害进行赔偿；

（9）赔偿精神损失；

（10）确认国家权力机关、乌克兰克里米亚自治共和国权力机关或其他地方自治机关及其领导官员的非法作为或不作为。

3. 违反本法第13条第2款至第5款的规定，法院有权拒绝保护自然人权利。

第十七条　乌克兰总统、国家权力机关、克里米亚自治共和国和地方自治机关的民事权益保护

1. 乌克兰总统在乌克兰宪法所授权的范围内保护民事主体的民事权利。

2. 在乌克兰宪法和法律另有规定的情况下，民事主体有权向国家权力机关、克里米亚自治共和国权力机关、地方自治机关申请保护其民事权利。

3. 据乌克兰宪法和法律规定，国家权力机关、乌克兰克里米亚自治共和国权力机关或地方自治机关在其权限范围内保护民事主体权利。

上述权力机关作出的保护民事权利的决定，不影响民事主体向法院提出申诉的权利。

第十八条　民事权益的公证保护

公证人在法律另有规定的情况下，按照法律规定的程序，通过在债务文件上加盖行政标记，从而保护民事权利。

第十九条　民事权利的自力救济

1. 民事主体有权为自己的权利和他人的权利进行自卫，使其免受侵犯和非法

攻击。

自卫是指民事主体使用不受法律禁止或不违反社会道德的手段，来维护自己的权利不受侵害。

2. 自力救济的方式应与受到侵犯的程度相当。

自力救济方式可以由民事主体自己选择，也可以由条约或民法规定。

第二十条　保护权的行使

1. 民事主体自主行使保护权。

2. 民事主体未行使保护权利的，不导致权利消失，但法律另有规定的除外。

第二十一条　确认国家权力机关、克里米亚自治共和国权力机关或地方自治机关的法律文件非法

1. 国家权力机关、克里米亚自治共和国权力机关或地方自治机关颁布的单个活动的法律文件，如果单个活动的法律文件与民事法律文件相抵触或者侵犯民事权利或利益的，法院宣布该文件非法并予以废除。

2. 国家权力机关、克里米亚自治共和国权力机关或地方自治机关颁布的法律法规，如果侵犯了自然人或法人的民事权利和受法律保护的利益，法院可撤销法律，宣布该法律无效。

第二十二条　赔偿损失和财产损害的其他赔偿方式

1. 被侵权人有权要求赔偿对其造成的损失。

2. 损失是指：

（1）被侵权人因物品被毁或损坏而遭受的损失，以及为恢复其被侵犯的权利而花费的或应该花费的开支（实际损害）；

（2）被侵权人未能得到的，而如其权利未受到侵犯时可能得到的收入（预期的利益）。

3. 如果合同或法律未规定赔偿的最少金额和最大金额，则应全额赔偿损失。

如果侵权人因侵权而得到收入，被侵权人在请求赔偿其他损失的同时，有权请求赔偿不少于上述收入的预期的利益。

4. 根据被侵权人的要求和财产受损失程度，被侵权人受到的损害也可以通过其他方式得到赔偿，特别是对财产造成的损害，可以用实物补偿（比如赔偿同样质量的物品，修复损坏的物品等）。

第二十三条　精神损害赔偿

1. 被侵权人有权就其权利受到侵犯所造成的精神损害获得赔偿。

2. 精神损害包括：

（1）自然人因受伤或其他健康损害而遭受的痛苦；

（2）自然人因其本人、其家庭成员或近亲的不法行为而遭受的精神痛苦；

（3）自然人因财产被损毁或损坏而遭受的精神痛苦；

（4）对自然人尊严和名誉的诋毁，以及损害自然人或法人的商业名誉。

3. 精神损害赔偿金、其他财产或其他方式。

精神损害赔偿金额由法院根据侵权的性质、身体与精神受伤害程度确定，如果过失是赔偿的理由，那么在其他重要的情况下，被侵权人行为能力的下降或丧失，对精神伤害的过失程度也是确定精神赔偿金额的要素。在确定精神赔偿金额时，应考虑到合理和公平的要求。

4. 精神损害赔偿与财产损害赔偿无关，与财产赔偿的数额也无关。

5. 精神损害应一次性赔偿，条约或法律另有规定除外。

第二编　人

第一分编　自　然　人

第四章　自然人的一般规定

第二十四条　自然人的概念

自然人是作为民事关系参加者的人。

第二十五条　自然人的权利能力

1. 所有自然人都具有享有民事权利和承担民事义务的能力。

2. 自然人的权利能力自其出生之时产生，在法律另有规定的情况下，应保护未出生的胎儿的权利。

3. 在法律另有规定的情况下，自然人享有某些民事权利和承担民事义务的能力可能与自然人是否达到相应年龄有关。

4. 自然人的民事权利能力在其死亡时终止。

第二十六条　自然人权利能力的范围

1. 所有自然人在行使民事权利和承担民事义务方面一律平等。

2. 自然人享有乌克兰宪法和本法规定的所有人身权利。

3. 自然人可以根据本法和其他法律享有财产所有权。

4. 自然人有权享有乌克兰宪法、本法和其他法律未规定的其他自然人权利，但不得违反法律和社会道德。

5. 自然人在民事关系中能够负担义务。

第二十七条　防止对自然人享有公民权利和承担义务之能力的限制

1. 限制自然人依法享有的民事权利和民事义务的文件是无效的。

2. 乌克兰总统、国家权力机关、克里米亚自治共和国权力机关和地方自治机关及其公职人员的法律，不得限制自然人依法享有的自然人权利和义务，但是乌克兰宪法规定此类限制的除外。

第二十八条　自然人的姓名

1. 自然人以自己的名义享有权利和义务并行使权利和承担义务。

乌克兰自然人的姓名，由姓氏、名字和父称组成，除非法律和少数民族习俗另有规定。

2. 在法律另有规定的情况下，行使某些自然人权利时，自然人可依法使用化名（假名）。

3. 自然人的姓名依法公开。

第二十九条　自然人的住所地

1. 自然人的住所地是永久或暂时居住的地点。

2. 年满14周岁的自然人可自由选择住所地，但法律有限制的除外。

3. 10周岁至14周岁的自然人的居住地是其父母（养父母）的住所地或与其共同生活的父母（养父母）之一的住所地、其监护人的住所地或自然人所处的教育或医疗保健机关所在地，但未成年人与父母（养父母、监护人）或对未成年行使监护职能的机关达成协议确定了其他住所地的除外。

如果发生争议，10周岁至14周岁的自然人的居住地应由监护机关或法院确定。

4. 10周岁以下的自然人的住所地应为其父母（养父母）或与其居住在一起的父母（养父母）之一的住所地、其监护人或其居住的教育或医疗机关所在地。

5. 无行为能力的人的住所是其监护人的住所地或监护机关的所在地。

6. 自然人可以有数个住所地。

第三十条 自然人的民事行为能力

1. 了解其行为的意义并能支配其行为的自然人有民事行为能力。

自然人的民事行为能力是通过自己的行为获得民事权利并独立行使这些权利的能力，以及有能力通过自己的行为独立履行民事义务，并在不履行这些义务的情况下承担责任。

2. 自然人民事行为能力的范围由本法规定，只有在法律另有规定的情况下并按照法律规定的程序才能加以限制。

第三十一条 未满14周岁的自然人的部分民事行为能力

1. 未满14周岁的自然人有权实施以下行为：

（1）小额的日常生活性法律行为；

小额的日常生活性法律行为是指为了满足自然人的生活需要，与个人身体发育、精神或社会发展相适应，并涉及价值较低的物品的法律行为；

（2）行使受法律保护的知识和创造性劳动成果的人身权利。

2. 未成年人对造成的损害不承担责任。

第三十二条 已满14周岁至18周岁的自然人的不完全行为能力

1. 除本法第31条规定的法律行为外，年龄在14周岁至18周岁之间的自然人（未成年人）有权实施以下行为：

（1）独立处分自己的工资、奖学金或其他收入；

（2）独立行使科学、文学或艺术作品、发明或其他受法律保护的智力活动成果的著作者的权利；

（3）如果法律或与法人相关的法律法规未禁止，可成为法人的股东（发起人）；

（4）独立签订银行存款合同（账户），支配自己的存款（支票）。

2. 未成年人在父母（养父母）或监护人的同意下可进行其他法律行为。

未成年人的运输工具或不动产法律行为必须得到父母（养父母）或监护人经公证的书面同意，或监护机关的批准。

3. 未成年人在征得监护机关和父母（养父母）或监护人的同意后，可以支配他人以未成年人名义在金融机关存入的全部或部分资金。

4. 未成年人的法律行为必须得到父母（养父母）或者监护机关根据法律作出的同意。

5. 在有充分根据时，法院可根据父母（养父母）或者监护人的申请及监护和保护机关的申请限制或剥夺年满 14 周岁不满 18 周岁的未成年人独立处分其工资、奖学金或其他收入的权利。

如果情况不存在，法院应撤销其限制或剥夺这项权利的决定。

6. 限制未成年人民事行为能力的程序由乌克兰民事诉讼法规定。

第三十三条　未成年人的民事责任

1. 未成年人对违反自己依法签订的合同承担责任。

2. 未成年人对其违反父母（养父母）或托管人同意的协议承担责任。如果未成年人的财产不足以弥补损失，则由其父母（养父母）或托管人承担责任。

3. 根据本法第 1179 条的规定，未成年人对他人造成损害应承担责任。

第三十四条　完全民事行为能力

1. 年满 18 周岁的自然人有完全民事行为能力。

2. 如果未成年人进行结婚登记，则自婚姻登记之日起被视为具有完全民事行为能力。

如果在自然人达到法定年龄之前婚姻终止，则其完全民事行为能力将继续存在。

如果以未成年人违法行为以外的理由宣布婚姻无效，则其完全民事行为能力将继续存在。

第三十五条　完全民事行为能力的取得

1. 年满 16 周岁的未成年人，在父亲或者母亲的书面公证下，根据劳动合同从事工作可获得完全民事行为能力。

2. 完全民事行为能力的取得须经父母（养父母）或者监护和保护机关书面同意，根据监护机关的决议进行，没有父母（养父母）或者监护和保护机关同意时，须根据法院的判决进行。

3. 年满 16 周岁并愿意从事商业活动的自然人可以获得完全民事行为能力。

在父母（养父母）、监护和保护机关书面同意的情况下，年满 16 周岁的自然人可以从事商业活动，在这种情况下，该自然人在完成国家登记之日起即获得完全民事行为能力。

4. 对已取得完全民事行为能力的自然人,可享有所有民事权利并履行民事义务。

5. 在终止劳动合同、终止企业经营的情况下,自然人的完全民事行为能力将继续存在。

第三十六条　自然人民事行为能力的限制

1. 如果自然人患有精神病,不能理解自己行为的意义或严重影响控制自己行为的能力,则法院可以限制自然人的民事行为能力。

2. 因酗酒、吸毒或赌博等行为而使自己或者其家庭,以及法律规定有义务抚养的人的物质状况艰难,法院可以限制自然人的民事行为能力。

3. 限制自然人民事行为能力的程序由乌克兰民事诉讼法规定。

限制自然人民事行为能力的决定自法院的相关判决生效之时起生效。

第三十七条　自然人民事行为能力限制的法律后果

1. 对限制民事行为能力人应设立监护。

2. 限制民事行为能力人只能独立进行小额的日常生活性法律行为。

3. 不属于小额的日常生活性法律行为的财产管理和其他法律行为,在限制民事行为能力人的监护人同意后可以实施。

监护人不同意小额的日常生活性法律行为以外的法律行为,限制民事行为能力人可向监护和保护机关或法院提出异议。

4. 限制民事行为能力人的收入、养老金、奖学金和其他收入由监护人领取和处分。监护人可以书面授权限制民事行为能力人自己领取和处分收入、养老金、助学金和其他收入。

5. 未经监护人同意订立合同的行为,以及对他人造成的利益损害由限制民事行为能力人单独承担责任。

第三十八条　自然人民事行为能力的恢复

1. 当限制民事行为能力人恢复健康,或其精神状况得到改善,了解其行为的意义并能行使民事权利,法院应恢复其民事行为能力。

2. 当自然人停止酗酒、吸毒或赌博等时,法院应恢复其民事行为能力。

3. 对自然人监护权的终止之日,为法院关于恢复民事行为能力的裁决生效之日。

4. 恢复民事限制民事行为能力人的程序由乌克兰民事诉讼法规定。

第三十九条　宣告自然人无行为能力

1. 由于长期、持续的精神病而完全不能理解自己行为的意义或完全不能控制自己行为的自然人，可以由法院确认其为无民事行为能力人。

2. 确认自然人无行为能力的程序由乌克兰民事诉讼法规定。

3. 如果法院驳回了宣布无行为能力的申请，并且发现该要求是在没有充分理由的情况下恶意提出的，那么因该行为而受到精神损害的人有权要求申请人赔偿损失。

第四十条　宣告自然人无行为能力的时刻

1. 法院的判决生效时，公民即被确认为无完全民事行为能力人。

2. 如果无行为能力的发生时间决定了婚姻、合同或其他法律行为的无效，则法院可根据法医精神检查的结论和其他关于个人精神状态的证据，在上述行为中确认无行为能力的日期。

第四十一条　宣告自然人无行为能力的法律后果

1. 对无民事行为能力人设立监护权。

2. 无民事行为能力人无权进行任何法律行为。

3. 以无民事行为能力人的名义并为其利益而进行的法律行为，由其监护人实施。

4. 监护人对无民事行为能力人造成的损害承担责任。

第四十二条　恢复无民事行为能力人的民事行为能力

1. 由于无民事行为能力人的心理健康状况已经得到恢复或改善，其已恢复了理解自己行为的意义或能控制自己行为的能力，根据监护人或监护机关的申请，法院应恢复被认定为无民事行为能力人的自然人民事行为能力，并终止保监护。

2. 恢复民事行为能力的程序由乌克兰民事诉讼法规定。

第四十三条　宣告自然人失踪

1. 如果在自然人的住所地已逾 1 年没有关于他下落的消息，由法院宣告该自然人失踪。

2. 如果无法确定知晓失踪人下落的最后日期，则其失踪的开始时间应为知晓下落的次月的第一天，如果无法确认该月份的，则应将次年的 1 月 1 日视为其失踪的开始时间。

3. 确认失踪的程序由乌克兰民事诉讼法规定。

第四十四条　对被宣告失踪和下落不明自然人的财产管理

1. 根据宣布自然人失踪的法院判决，其最后居住地的公证人应记录属于失踪人的财产并进行管理。

2. 应利害关系人或监护和保护机关的要求，公证人可对居住地不明的自然人的财产进行管理，直至法院作出宣布其失踪的判决。

3. 被宣告失踪的自然人或居住地不明的自然人的财产管理人，应履行对失踪人有益的民事义务，清偿失踪人的债务，并为其利益管理该财产。

4. 根据当事人的申请，被宣布失踪的自然人或居住地点不明的自然人财产的监护人应以该财产的名义向其依法有义务扶养的人提供扶养费。

5. 一旦法院宣布自然人失踪的判决被撤销，以及居住地不明的自然人出现，财产管理即告终止。

第四十五条　法院宣告自然人失踪判决的撤销

在被宣告失踪的自然人重新出现或发现其下落时，则应前往其所在地的法院或认定此人失踪的法院，根据本人或其他相关人的申请，法院应撤销宣告失踪的判决。

第四十六条　宣告自然人死亡

1. 如果在公民的住所地已逾 3 年没有关于其下落的信息，可以由法院宣告自然人死亡，而如果他是在有死亡威胁的情况下失踪或者在有理由推断其由于某一不幸事故而死亡的情况下失踪，则过 6 个月没有其下落时可以由法院宣告其死亡。

2. 因军事行动而失踪的自然人，应在军事活动结束之日起满 2 年后，才能由法院宣告其死亡。根据案件的具体情况，法院可在期限届满之前宣告其死亡，但不得早于 6 个月。

3. 自然人自法院宣告死亡判决生效之日起即被宣告死亡。

宣告自然人死亡的程序由乌克兰民事诉讼法规定。

第四十七条　自然人被宣告死亡的法律后果

1. 自然人被宣告死亡的法律后果等同于自然人自然死亡时的法律后果。

2. 被宣告死亡自然人的继承人在 5 年内不得处分因继承而获得的不动产。

向继承人出具继承证书的公证员应规定禁止其转让该不动产。

第四十八条　被宣告死亡的自然人重新出现的法律后果

1. 被宣告死亡的自然人重新出现或发现其下落时，自然人所在地的法院或宣布自然人死亡的法院，根据该自然人或其他利害关系人的申请，应撤销关于宣告其死亡的判决。

2. 无论何时重新出现，该自然人均有权要求在其死亡后无偿得到其财产的任何人返还尚存在的财产，除了时效财产、现金和不记名证券。

3. 根据有偿法律行为获得被宣告死亡自然人财产的人，如果能证明在取得财产时明知被宣告死亡的自然人尚在人世，则必须将财产返还原主。

如不能返还原物，则应照价赔偿。

4. 如果被宣告死亡的自然人的财产已成为国家、乌克兰克里米亚自治共和国或地方自治区的财产，则应返还该自然人出售该财产所得的款项。

第四十九条　户籍登记

1. 户籍登记是与自然人密不可分的事件和行为，这些事件和行为开始、变更、补充或终止可能影响公民的权利和义务。

2. 户籍登记内容包括：自然人的出生地、籍贯，取得、放弃和丧失国籍，达到相关年龄，赋予完全民事行为能力，认定限制民事行为能力、无行为能力，结婚，离婚，收养，剥夺和恢复亲权，更改姓名，残疾，死亡等。

3. 自然人的出生地、血统、国籍、婚姻、在法律规定下解除婚姻、更改姓名、死亡都必须进行国家登记。

4. 民事登记是依法进行的：

自然人的出生和其血统、收养、剥夺和恢复父母权利、婚姻、离婚、更改姓名，死亡必须按照乌克兰内阁规定的程序，在国家司法机关登记自然人身份文件。

第五章　自然人经营者

第五十条　自然人从事经营活动的权利

1. 具有完全民事行为能力的自然人有权从事法律未禁止的商业活动。

对自然人从事商业活动的权利的限制由乌克兰宪法和法律规定。

2. 自然人可以行使其经营权，但须按照法律规定的程序进行国家登记。

关于企业和法人的国家登记资料是公开的。

3. 自然人虽然没有进行国家登记，但已经开始从事经营活动并签订了相关合同，他无权以自己不是经营者为由对这些合同提出抗辩。

第五十条之一　已废止

第五十一条　调整法人经营活动的规范性文件适用于自然人经营活动

调整法人经营活动的规范性法律文件适用于自然人的经营活动，但法律另有规定或关系的实质不同的除外。

第五十二条　自然人经营者的民事法律责任

1. 自然人经营者以其所有的财产承担与企业有关的债务，但依法不得处分的财产除外。

2. 已婚的自然人经营者以其所有的个人财产和在财产分割时属于夫妻共同财产的份额承担经营债务。

第五十三条　自然人经营者的破产

无法清偿与经营活动相关债务的自然人，根据法律规定的程序宣告破产。

第五十四条　监护和委托机关管理经营活动中的财产

1. 如果自然人经营者被宣布失踪、无行为能力或其民事完全民事行为能力受到限制，或用于商业活动的财产的所有者是未成年人或不满 14 周岁的未成年人，监护机关与管理人签订管理该财产的合同。

2. 在行使财产管理权时，管理人应以自己的名义为财产所有人的利益对财产进行管理。

3. 财产管理协议应确定管理人的权利和义务。

监护和保护机关根据监管活动的规定，对财产管理人的活动进行监督。

4. 如果缔结合同所依据的情况消灭，则财产管理合同终止。

第六章　监护和托管

第五十五条　监护和托管的任务

监护和托管是为了保护不满 14 周岁的未成年人、未成年人和由于健康状况不能独立行使其权利和履行其义务的成年人的人身非财产权、财产权利和利益。

第五十六条　监护和托管机关

1. 监护和托管机关包括基辅市和塞瓦斯托波尔市的区级国家行政机关，市、市辖区、村、居民委员会的执行机关。

2. 受委托的监护和托管机关在保障被监护自然人的权利和利益方面的权利和义务由法律和其他规范性文件规定。

第五十七条　需要监护和托管的自然人的报告义务

任何人在发现需要被监护和托管的自然人时，有义务立即通知监护和托管机关。

第五十八条　被设立监护的自然人

对孤儿或被剥夺父母照顾的不满 14 周岁的未成年人，以及被宣布为无民事行为能力人设立监护。

第五十九条　被设立托管的自然人

监护适用于孤儿或被剥夺父母照顾的未成年人，以及限制民事行为能力的自然人。

第六十条　法院设立监护和托管

1. 如果自然人被宣布为无行为能力，则法院对其设立监护，并根据监护机关的建议指定监护人。

2. 在自然人的民事行为能力受到限制的情况下，法院对其设立监护人，并根据监护和托管机关的建议指定监护人。

3. 如果在审查案件时发现未成年人被剥夺了父母的照顾，法院将对其设立监护，并根据监护机关的建议指定监护人。

4. 如果在审查案件时确定未成年人被剥夺了父母的照顾，则由法院设立对未成年人的监护，并根据监护和托管机关的建议指定一名监护人。

第六十一条　监护和委托机关设立监护和托管

监护和托管机关为不满 14 周岁的未成年人和未成年人设立监护和托管，但本法第 60 条第 1 款和第 2 款规定的情况除外。

第六十二条　监护和托管设立的地点

监护设立在需要监护的自然人的居住地或监护人或托管人的居住地。

第六十三条　监护人或托管人的指定

1. 除本法第 60 条规定的情况外，监护人或托管人应由监护和托管机关指定。

2. 只有具有完全民事行为能力的公民才能成为监护人或托管人。

3. 公民只有在提出书面申请后才能被指定为监护人或托管人。

4. 监护人或托管人主要从与被监护人有家庭或亲属关系的人中指定，同时考虑他们之间的个人关系，以及该人履行监护人或托管人职责的能力。

在指定不满 14 周岁的未成年人的监护人和指定未成年人的托管人时，要考虑被监护人的意愿。

5. 一个自然人可以被指定一个或多个监护人或托管人。

第六十四条 不能成为监护人或托管人的自然人

不能成为监护人或托管人的公民：

（1）被剥夺了父母权利的人，如果该权利没有得到恢复；

（2）其行为和利益与需要监护或托管的自然人利益相冲突。

第六十五条 对未被指定监护人或托管人的自然人的监护或托管

在设立监护或托管并指定监护人或托管人之前，对该自然人的监护权或托管权由监护和保护机关行使。

第六十六条 在专门机关中自然人的监护或托管

在教育机关、保健机关或社会保护机关的自然人没有建立监护或保护，或没有被指定监护人或托管人时，则由该机关对其行使监护或保护权。

第六十七条 监护人的权利和义务

1. 监护人有义务照顾被监护人，为其创造必要的生活条件并为其提供照顾和医疗服务。

不满14周岁的未成年人的监护人有义务照顾其成长、教育和发展。

2. 监护人有权要求被监护人从非法滞留的人那里返回。

3. 监护人代表被监护人并为其利益进行法律行为。

监护人有义务采取措施保护被监护人的民事权利和利益。

第六十八条 监护人不能实施的法律行为

1. 监护人、其妻子、丈夫和近亲属（父母、子女、兄弟姐妹）不得与被监护人签订合同，除非根据捐赠协议将财产转让给被监护人，或根据借款协议无偿使用。

2. 监护人不得代表被监护人进行捐赠，也不得以其名义承担担保。

第六十九条 托管人的权利和义务

1. 未成年人的托管人有义务为其提供必要的生活条件，使其得到抚养、教育和发展。

限制民事行为能力人的托管人有义务照顾其治疗并为其创造必要的生活条件。

2. 托管人可以同意被托管人按照本法第32条和第37条的规定进行法律行为。

3. 托管人有义务采取措施保护被托管人的民事权利和利益。

第七十条　托管人不能同意实施的法律行为

托管人不得同意被托管人与其妻子（丈夫）或近亲属签订合同，但无偿赠与财产或无偿使用的合同除外。

第七十一条　监护和托管机关许可实施的法律行为

1. 未经监护机关的许可，监护人无权进行：

（1）放弃被监护人的财产权利；

（2）代表被监护人签发书面义务；

（3）签订须经公证证明和（或）国家登记的协议，包括分割或交换住宅或公寓的协议；

（4）签订有关其他有价值的财产的协议。

2. 托管人有权执行本条第1款规定的法律行为，但必须得到监护机关的许可。

第七十二条　被监护人的财产管理

1. 监护人有义务为被监护人的利益管理其财产的维护和使用。

2. 如果未成年人能独立决定其需要和利益，监护人在管理财产时，必须考虑被监护人的意愿。

3. 监护人独立承担满足被监护人需求的必要费用，包括养老金、赡养费、失去抚养人的补偿、对被监护人子女的援助，以及根据乌克兰法律分配给被监护人子女的其他社会款项、被监护人财产的收入等费用。

4. 如果被监护人是不动产或需要长期管理的财产的所有者，监护人可以在监护机关的许可下管理该财产或通过合同将其转让给其他人管理。

第七十三条　监护人和托管人因履行其职责而获得报酬的权利

监护人和托管人的服务产生报酬权，其数额和支付程序由乌克兰内阁规定。

第七十四条　财产的监护

如果被监护人有位于另一地点的财产，则由监护和保护机关根据该财产的位置确定对该财产的管理。

在法律规定的其他情况下，也会设立对财产的管理。

第七十五条　监护人和托管人的解除

1. 如果法院已经指定了监护人或托管人，则法院或监护和保护机关可根据当事人的申请，解除其监护人或托管人的职责。该申请由法院或监护机关在1个月内审查。

行使监护人或托管人的权利的人，直至作出解除其监护人或托管人权利的决定前，或自提交申请之日起1个月内未被审查的情况下，继续行使该权利。

2. 如果法院已经指定了监护人，或者根据被监护人的申请监护和托管机关可以解除监护人的权利。

3. 根据监护和托管机关的申请，法院可以在某人不履行其职责、侵犯被监护人的权利以及被监护人被安置在教育机关、医疗机关或社会保障机关的情况下解除其监护人或托管人的权利。

第七十六条　监护的终止

1. 监护在未成年人被移交给其父母（养父母）时终止。

2. 监护在被监护人年满14周岁时终止。在这种情况下，行使监护人职责的人无须专门决定成为托管人。

3. 监护在被宣布为无民事行为能力的自然人恢复民事行为能力时终止。

第七十七条　托管的终止

保护在以下情况下终止：

（1）自然人达到成年年龄；

（2）未成年人进行婚姻登记；

（3）赋予未成年人完全民事行为能力；

（4）限制民事行为能力的自然人民事行为能力得到恢复。

第七十八条　协助有民事行为能力的自然人行使其权利和履行义务

1. 有民事行为能力的自然人，如因健康状况而不能亲自行使其权利和履行其义务，有权选择一名助理。

有民事行为能力的自然人的名字由监护和保护托管机关登记，并有适当的文件为证。

2. 助理有权领取属于需要帮助的自然人的养老金、赡养费、工资、邮政信件。

3. 助理根据授予的权利，有权为需要帮助的自然人的利益进行小额的日常生活性法律行为。

4. 助理是在国家机关、乌克兰克里米亚自治共和国机关、地方自治机关和组织中服务居民代表。

助理只能根据独立委托书代表自然人出庭。

5. 助理的服务是有偿的，除非双方的协议另有规定。

6. 助理在任何时间可以被需要帮助的人撤回。在此情况下助理权力终止。

第七十九条 对监护人的行为、监护和托管机关的决定起诉

1. 利害关系人，包括被监护人的亲属，可以就监护人的行为向监护和托管机关或法院提起诉讼。

2. 对监护和托管机关的决定，可以向隶属于监护和托管机关的相关机关或法院提起诉讼。

第二分编　法　　人

第七章　法人的基本规定

第八十条　法人的概念

法人是根据法律规定的程序成立和注册的组织。

法人是享有民事权利能力和完全民事行为能力，能够在法院起诉和应诉的组织。

第八十一条　法人的类型

法人根据其成立方式分为私法法人和公法法人。

私法法人根据本法典第87条成立文件设立。私法法人可以根据法律规定的章程范本设立和运作。

根据乌克兰总统、国家权力机关、乌克兰克里米亚自治共和国或地方自治机关的命令设立公法法人。

第八十二条　公法法人参与民事关系

公法法人在民事关系中适用本法典的规定，法律另有规定的除外。

第八十三条　法人的法律组织形式

1. 法人可以公司、社团和法律规定的其他形式建立。

2. 公司是由有权参与管理该公司的人（股东）共同建立的组织。除非法律另有规定，否则公司可以由一个人成立。

公司应分为营利公司和非营利公司。

3. 社团是由一个或几个不参与管理的人（发起人）建立的组织，通过（分配）他们的财产，依靠这些财产以实现发起人确定的目标。

某些类型的社团的法律地位的特点将由法律规定。

4. 如果法律没有为不同类型的公司和社团制定其他规则，本章的规定应适用于所有公司和社团。

第八十四条　营利公司

营利公司是指为赚取利润之后在股东之间进行利润分配而开展经营活动的公司（商业公司），只能以商业公司（无限公司、两合公司、有限责任公司或补充责任公司）或生产合作社的形式成立。

第八十五条　非营利公司

1. 非营利公司是指不以营利为目的，也不在其股东中分配所获利润的组织。
2. 特定的非营利公司的法律地位由法律规定。

第八十六条　非营利公司和机关从事经营活动

作为非营利公司的法人（除生产合作社、自然人团体以外的合作社），除非法律另有规定，可以在其从事核心活动的同时从事经营活动，但仅为达到其成立宗旨并以符合该宗旨为限。

第八十七条　法人的设立

1. 成立法人，其设立人（股东）必须制定书面的设立文件，并由所有设立人（股东）署名，法律另有规定的除外。

私法人可根据乌克兰内阁批准的章程范本成立和运作，章程范本一经设立人（股东）通过，即成为创始文件。

根据章程范本成立的法人团体，可以依法批准组织文件的章程，并根据章程开展活动。

2. 法人的设立文件为经各成员批准的章程或各成员约定的条约，除非法律另有规定。

由一人成立的组织根据该人批准的章程开展活动。

3. 设立法人的依据是公民或共同股东起草的设立文件，组成文书也可载入文件，在法人成立之前，由一人或多人起草的设立文件可以由发起人废除。

4. 法人自完成国家登记之日起成立。

第八十八条　对设立文件内容的要求

1. 法人的设立文件应该规定法人的名称、公司的管理机关、权限、决策程序、加入和退出公司的程序，如果本法或其他法律未对本章程的内容作补充规定。

2. 在设立文件中应规定为设立法人而进行共同活动的程序，向法人移交自己财产的条件，如果本法或其他法律未对设立文件的内容作进一步规定。

3. 机关的设立文件应记载其目的，确定为实现这一目的将财产转移给机关，以及机关的管理结构。如果机关的设立文件中不包含上述某些规定，则由进行国家登记的机关确定。

第八十九条　法人的国家登记

1. 法人应依法律规定的程序进行国家登记，国家登记的资料应列入向公众开放的统一的法人国家登记簿。

2. 法律规定了拒绝法人进行国家登记的理由。不得以法律规定以外的理由拒绝法人国家登记。

3. 拒绝和延误进行国家登记的，可以向法院起诉。

4. 统一的法人国家登记簿应登记法人的组织形式、名称、所在地、管理机关的资料，各分支机关和代表处、各机关的宗旨以及法律规定的其他资料。

5. 对法人组织文件中与国家统一登记册所列资料有关的修改，自进行国家登记时起对第三人生效。但是法人及其发起人（股东）在同这些变更条款进行活动的第三人的关系中无权援引这些尚未进行过国家登记的变更条款。

第九十条　法人的名称

1. 法人有自己的名称，名称中应指明法人的法律组织形式和字号。

法人名称应指明其活动的性质。

法人除全称外，还可拥有简称。

2. 作为营利公司的法人应该有商业名称。

营利公司的公司名称可以按照法律规定的程序登记。

3. 法人名称应在其设立文件中注明，并列入统一的国家登记簿。

4. 已废止。

5. 法人不得使用另一法人的名称。

第九十一条　法人的民事权利能力

1. 法人与自然人一样具有民事权利和义务，除天然属于自然人的权利和义务外。

2. 法人的权利能力只能根据法院的裁决加以限制。

3. 在获得特别许可后，法人可从事法律规定的某些活动。

4. 法人的民事权利能力自成立之日起生效，自向统一的国家登记册提交终止登记的记录之日起终止。

第九十二条　法人的民事行为能力

1. 法人通过依照法律、其他法律和设立文件进行工作的机关取得民事权利和承担民事义务。

法人机关的任命或选举程序由法律和设立文件规定。

2. 在法律另有规定的情况下，法人可以通过自己的股东取得民事权利和承担民事义务。

3. 依照法律或法人设立文件以法人的名义进行活动的人，应该为其所代表的法人的利益认真合理且不超越权限地进行工作。

在与第三人的关系中，对法人代表权的限制不具法律效力，除非法人证明第三人知道或在所有情况下都不可能不知道这些限制。

4. 如果法人机关的成员和根据法律或设立文件代表法人行事的其他人，违反其代表义务，则对法人遭受的损失负有连带责任。

第九十三条　法人的住所地

法人的营业地是指法人的日常管理活动（主要是管理层所在地）以及实施管理和会计的实际营业地或办公地点。

第九十四条　法人的人身权利

法人的商业信誉权、通信秘密权、信息权和其他可能属于其人身非财产权利不受侵犯。

法人的人身非财产权应根据本法典第 3 章的规定予以保护。

第九十五条　分支机构和代表机关

1. 法人的分支机构是设立在法人住所地之外并行使法人的全部职能或部分职能的独立部门。

2. 法人的代表机关是设立在法人住所地之外，代表和维护法人的利益的独立部门。

3. 代表机关和分支机构不是法人。它们拥有由设立它们的法人划拨的财产并根据该法人批准的章程进行工作。

4. 代表机关和分支机构的领导人由法人任命并根据其授权工作。

5. 关于法人的分支机构和代表机关的资料应列入统一的国家登记簿。

第九十六条　法人的责任

1. 法人独立承担其责任。

2. 法人以属于它的全部财产对自己的债务承担责任。

3. 法人的发起人（股东）或其财产所有权人不对法人的债务承担责任，而法人也不对其发起人（股东）或财产所有权人的债务承担责任，法人设立文件和法律另有规定的除外。

4. 法人的发起人对进行国家登记前产生的义务负有连带责任。

只有在得到法人有关机关的追认的情况下，法人才对其发起人（股东）的债务承担责任。

第九十七条　公司管理

1. 公司由公司机关管理。

2. 公司的管理机关是股东大会和执行机关，除非法律另有规定。

第九十八条　公司股东大会

1. 公司股东大会有权就公司经营活动的一切问题作出决定，包括大会授权执行机关处理的事项。

2. 大会的决定应根据出席会议的多数成员意见作出，除非法人设立文件或法律另有规定。

关于修改公司设立文件、处分金额为50%或以上的公司财产、解散公司的决定应以不少于3/4的多数票通过，法律另有规定的除外。

3. 公司股东对于公司股东大会所作出的与公司进行法律行为和公司与公司之间的争议的决定，无表决权。

4. 召开股东大会的方式由公司设立文件规定，公司股东如持有至少10%的表决票，可要求召开股东大会。

如果没有满足召开股东大会的要求，这些股东有权自己召开股东大会。

5. 股东可向法院对股东大会的决定提起诉讼。

第九十九条　公司执行机关

1. 公司股东大会通过决议设立执行机关，并确定其职权范围和组成。

2. 公司的执行机关可由一人或多人组成。由多人组成的执行机关应按照本法第98条第2款第1项规定的程序作出决定。

3. 执行机关成员的职权可随时终止或可以暂时停止行使自己的职权。

4. 根据公司章程或法律规定，公司执行机关的名称可以是"管理局""董事会"等。

第一百条 公司股权

1. 公司股东权是人身非财产权，不得单独转让给他人。

2. 公司股东有权退出公司，如果公司章程没有规定，股东有义务在不超过一年的规定期限内书面通知退出公司。

3. 在法律另有规定的情况下和按照法律规定的程序，公司股东可以被除名。

第一百零一条 管理机关

1. 机关的发起人不参与机关的管理。

该机关必须设立董事会，本法典第 99 条的规定适用于董事会。

设立文件还可规定设立其他机关，并确定这些机关的组织程序和其组成。

2. 监事会监督机关的活动。监事会负责监督机关财产的管理，遵守机关的宗旨，以及根据设立文件开展的其他活动。

第一百零二条 财产移交给机关

发起人（在其死亡的情况下——义务人）必须将设立文件中规定的财产进行国家注册后移交给机关。

第一百零三条 机关目标和管理结构的变更

1. 如果该机关的目标不可能实现，或者对公共利益构成威胁，有关的国家权力机关应经机关管理部门同意，向法院申请与该机关管理部门协商确定机关的其他目标。

2. 改变机关的宗旨，法院必须考虑到创办人的意图，并确保在机关财产的使用中获得的利益符合发起人的意志。

3. 如果由于机关目标的改变或其他必要的正当原因，法院可以改变该机关的管理结构。

4. 如果机关的目的或管理结构发生变化，其董事会有义务以书面形式将对这一问题的意见通知法院。

第一百零四条 法人的终止

1. 法人因重组、合并、分离、转换或清算而终止。在法人重组的情况下，财产、权利和义务转移给继承人。

2. 法人自向国家统一登记册提交终止登记之日起即告终止。

3. 法人在恢复偿付能力或破产过程中终止的程序由法律规定。

4. 银行法人终止的特点由法律规定。

第一百零五条　法人终止决定的执行

1. 法人股东、决定终止法人资格的法院或机关，必须在法人终止决定通过之日起3个工作日内以书面形式通知办理国家登记的机关。

2. 已废止。

3. 法人股东、决定终止法人资格的法院或机关，根据本法任命清算法人委员会（重组委员会、清算委员会）并且确定清算的办法和期限。

法人终止委员会（重组委员会、清算委员会）的职能可由法人管理机关承担。

4. 自清算委员会任命之时起，法人事务的管理权限转移给清算委员会。清算委员会以被清算法人的名义在法院起诉和应诉。

5. 债权人对破产法人提出债权的期限不得少于2个月，也不得超过自法人终止决定通知发布之日起6个月。

6. 债权人的每一项单独债权，特别是税款、规费、国家强制性社会保险金，向乌克兰养恤金基金、社会保险基金提供的保险资金都要进行审查。

第一百零六条　法人的合并、兼并、解散和改组

1. 法人的改组（合并、兼并、解散和改组）可以依照其发起人的决议或根据其设立文件享有此权限的法人机关的决议进行，在法律另有规定的情况下，根据授权的国家机关的决议或法院的判决进行。

2. 在法律另有规定的情况下，通过合并或兼并的方式终止法人需要得到政府相关部门的同意。

第一百零七条　法人的合并、兼并、解散和改组的程序

1. 债权人可以要求被终止的法人履行其未被担保的义务，终止或提前履行义务，或担保履行义务，但法律另有规定的情况除外。

2. 在债权人申报债权或清算委员会清偿或拒绝清偿该债权的期限届满后，法人终止委员会应起草一份转让书（在合并、兼并或改组的情况下）或分配资产负债表（在兼并的情况下），其中应包含清算法人的财产、权利和义务的继受规定，涉及其所有债权人和债务人，包括各方有争议的债务的规定。

3. 除法律规定外，转让行为和分配资产负债表应得到法人的股东或作出终止决定的机关的批准。

4. 违反本条第2款、第3款规定的，不得在国家统一登记册中登记终止法人，禁止继承人创建法人。

5. 因解散而形成的法人，对已不存在的法人的债务承担补充责任，根据分配资产负债表，这些债务已转移给法人的继承人。如果因解散而形成的法人有两个以上，则这些继承人应共同承担责任。

6. 如果一个法人的继承人不止一个，而且不可能准确地确定已终止的法人的具体义务的继承人，则继承法人对已停止的法人的债权人负有连带责任。根据法律或设立文件被终止法人的参与者（发起人）履行其债务，如果法律或其设立文件没有规定参与者（创始人）对继承法人义务的更大责任，则对法人终止前产生的继承法人义务承担相同程度的责任。

第一百零八条　法人改组

1. 法人的改组是其组织形式和法律形式的改变。

2. 在一种类型的法人改组成另一种类型的法人时，被改组法人的权利和义务依照移交文书转移给新产生的法人。

第一百零九条　分立

1. 分立是指按照分配资产负债表将法人财产、权利和义务的一部分转移到一个或多个新成立的法人。

2. 在作出分立的决定后，法人的股东或作出分立决定的机关应起草并批准分配表。

作出分立决定的法院在其决定中确定法人的股东或有义务起草和批准分配资产负债表的法人最高权力机关（所有者）。

3. 根据分配资产负债表，因分立而成立的法人应承担原法人的债务责任，虽然债务尚未转移给分立后的法人。对于根据资产负债表已转移给因分立而成立的法人的债务，分立法人应承担责任。如果有两个或两个以上的法人因分立而成立，它们共同承担连带责任。

4. 在分立之后，如出现不能确定的原法人的债务责任，则发生分立的法人和因分立而形成的法人应对该债务承担连带责任。

第一百一十条　法人的清算

1. 法人清算的依据。

（1）法人清算的依据是：法人发起人的决议或法人设立文件授权的法人机关的

决议，也可以是法人设立的期限届满、法人成立的目的已经达到或者其他组织文件规定的情况。

（2）或者由于法人成立时违反法律，而这些问题具有不可消除的性质，法人或有关国家权力机关成员提起诉讼，因而法院作出判决。

（3）根据法院关于在法律规定的其他情况下解散法人的决定，应向有关国家权力机关提起诉讼。

2. 如果一个法人向国家权力机关提出清算要求，如果该机关有权清算，则可以指定该机关为清算人。

3. 如果法人的财产不足以清偿债务人的债权，法人应根据重整和破产法的规定采取一切必要行动。

4. 银行法规定了银行清算的特点。

第一百一十一条　法人的清算程序

1. 清算委员会（清算人）有义务采取一切必要措施，收回被清算的法人的应收款项，并在本法规定的期限内，从法人、自然人经营者和公共组织在国家统一登记册上登记之日起，以书面形式通知每个债务人该法人的终止。

清算委员会（清算人）宣布向法人的债务人收取债务的要求和诉讼。

2. 清算委员会（清算人）有义务通知法人的股东、法院或作出终止法人决定的机关，关于被终止法人参与其他法人的情况和（或）提供关于其成立的商业公司、子公司的信息。

3. 在法人清算期间，在债权人提交索赔的最后期限之前，清算委员会（清算人）应关闭在金融机关开设的账户，但在法人清算期间用于与债权人结算的账户除外，法律另有规定的情况除外。

4. 清算委员会（清算人）采取措施清点被终止的法人财产，以及其分支机关和代表机关、子公司、商业公司的财产，以及确认其在其他法人中的法人权利的财产，确定并采取措施归还由第三人持有的财产。

在法律另有规定的情况下，清算委员会（清算人）应确保对被终止的法人的财产进行独立评估。

5. 清算委员会（清算人）应采取措施关闭法人的独立分支机关（分支机关、代表机关），并根据劳动法对被终止的法人的雇员进行解雇。

6. 清算委员会（清算人）应向国家机关、地方自治机关归还许可证、许可文件和其他文件，以及需要归还的印章和印记。

7. 为了进行检查和确定是否存在拖欠应支付给国家或地方预算、乌克兰养老基金、社会保险基金的税款、费用、强制性国家社会保险金和其他款项，清算委员会（清算人）应确保及时提交法人（其分支机关、代表机关）的文件给收入和征收机关以及乌克兰养老基金、社会保险基金，其中包括主要文件、会计和税务登记册。

在清算资产负债表获得批准之前，清算委员会（清算人）应编制并向收入和费用、乌克兰养老基金和社会保险基金机关提供最近报告期的报告。

8. 清算委员会（清算人）在债权人提出索赔的最后期限后，制定临时清算资产负债表，包括被清算的法人的财产组成、清算人、债权人提出的索赔清单及其审议结果的信息。

中期清算资产负债表由法人的股东、法院或作出法人清算决定的机关批准。

9. 向被清算法人的债权人支付货币金额，包括应支付给国家或地方预算、乌克兰养老基金、社会保险基金的税款、费用、强制性国家社会保险金和其他款项，并按照本法第112条规定的优先顺序进行。

如果正在清算的法人没有足够的资金来清偿债务，则清算委员会（清算人）将组织出售法人的财产。

10. 在批准清算资产负债表之前，清算委员会（清算人）应准备并向收入和征收当局、乌克兰养老基金和社会保险基金提交最后报告期的账目。

11. 在完成与债权人的结算后，清算委员会（清算人）起草一份清算资产负债表，确保其得到法人的成员、法院或决定终止法人的机关的批准，并提交给税收和税务部门。

12. 在清偿债务后（应支付给国家或地方预算、乌克兰养老基金、社会保险基金的税款、费用、强制性国家社会保险金和其他款项）法人的剩余财产，应分配给法人的股东，但法人的设立文件或法律另有规定的除外。

13. 需要强制保存的文件应按照既定程序移交给适当的档案机关。

14. 清算委员会（清算人）应在法律规定的期限内，向国家登记员提供法律规定的法人终止的国家登记文件。

第一百一十二条　债权的清偿

1. 有偿债能力的法人清算时，其债权人的债权应按以下优先顺序进行清偿：

（1）第一顺位，应清偿造成伤残、损害健康或死亡损害的债权，以及由担保或其他方式保证的债权；

（2）第二顺位，应清偿雇员因劳动关系而提出的债权，以及著作权人因使用其知识或创造性作品而提出的偿付债权；

（3）第三顺位，应清偿对税收、费用（强制性付款）的债权；

（4）第四顺位，清偿其他债权，同一顺位的债权按照比例对每一位债权人进行清偿。

2. 保险合同的债权的清偿顺序由法律规定。

3. 如果清算委员会拒绝清偿债务人的债权或规避债权人申报债权的申请，债权人有权在其知道或应该知道拒绝之日起1个月内向法院对清算委员会提起诉讼。根据法院的决定，债权人的债权可以从法人清算后的剩余财产中得到清偿。

4. 在清算委员会规定的申报期限之后申报的债权，清偿按期申报的债权之后，从被清算法人的剩余的财产中进行清偿。

5. 未被清算委员会承认的债权，如果债权人在收到全部或部分拒绝承认其债权的通知后1个月内没有向法院提起诉讼，被法院判决不再清偿的债权，以及由于被清算的法人没有财产而无法清偿的债权，都被视为债权消灭。

第八章　企　业　公　司

第一节　商　业　公　司

第一分节　基　本　规　定

第一百一十三条　商业公司的概念和类型

1. 商业公司是法定资本（股本）在股东之间划分为股份的法人。

2. 商业公司可以以是无限公司、两合公司、有限责任公司或者补充责任公司、股份公司的形式设立。

第一百一十四条　商业公司的股东

1. 商业公司的股东可以是公民或法人。

对加入商业公司的限制可由法律规定。

2. 商业公司，除了无限公司和两合公司外，也可以由成为唯一股东的一个自然人设立。

第一百一十五条　商业公司的财产

1. 商业公司对以下财产具有所有权：

公司股东作为注册资本（股本）转让给公司的财产；

公司通过经营活动生产的产品；

盈利；

通过法律未禁止的其他方式获得的财产。

2. 除非法律另有规定，对商业公司出资可以是金钱、有价证券、其他物或者财产权利以及可以用金钱估价的其他权利。

对商业公司股东出资的估价根据公司发起人的协议进行，在法律另有规定的情况下还应进行独立的专家鉴定。

第一百一十六条 商业公司的股东权利

1. 按照公司设立文件及法律规定的程序，商业公司股东有以下权利：

（1）以公司章程规定的方式参与公司的管理，但法律另有规定的除外；

（2）参与利润的分配；

（3）按规定程序离开公司；

（4）根据法律规定的程序，转让在公司法定资本（股本）中所占的股份，转让证明入股公司的有价证券；

（5）按设立文件规定的程序获得商业公司活动情况的信息和其他文件。

2. 商业公司的股东还可以拥有公司设立文件和法律规定的其他权利。

第一百一十七条 商业公司的股东义务

1. 商业公司股东的义务：

（1）遵守公司设立文件，履行大会决议；

（2）履行其对公司的义务，包括依据财产份额产生的义务，并按公司章程规定的金额、方式和方法履行出资（支付股金）；

（3）不泄露公司活动的机密信息。

2. 商业公司的股东应承担设立文件规定的其他义务。

第一百一十八条 附属公司

1. 附属公司是指如果某一（主要）商业公司拥有有限责任公司或补充责任公司20%或更多的注册资本，或拥有股份公司20%或更多的普通股份，则该商业公司为附属公司。附属公司组成形式是商业公司（有限责任公司或附加责任公司、股份公司）。

2. 商业公司如果积攒或以其他方式获得另一有限或补充责任公司的20%或更

多的注册资本，或股份公司的20%或更多的普通股份有义务按照法律规定的方式披露该信息。

第二分节　无 限 公 司

第一百一十九条　无限公司的概念

1. 无限公司是指其股东根据他们之间达成的协议，代表公司开展经营活动，并以属于他们的所有财产对公司的债务承担连带（补充）责任。

2. 公民只能成为一个无限公司的股东。

3. 无限公司的股东无权不经其余股东的同意以自己的名义和为了自己的利益或者为了第三人的利益实施与公司同业竞争的法律行为。

违反这一规则时，公司有权选择向该成员要求赔偿公司的损失或向公司转交从该法律行为中获得的所有利益。

4. 无限公司的商业名称或者应该包含其全部股东的姓名（名称）和无限公司字样，或者包含一个或几个股东的姓名（名称）并加上"公司"或"无限公司"字样。

第一百二十条　无限公司设立合同

1. 无限公司依照设立合同创立和开展活动。设立合同应让所有股东签字。

2. 无限公司设立合同除包括除本法第88条规定的内容外，还应包含以下条款：公司共同投资的数额和构成；每一股东在共同资本中的数额和变更股份的程序；股东出资的数额、构成和期限。

第一百二十一条　无限公司的管理

1. 无限公司活动的管理依照全体股东的一致同意进行。公司的设立文件可以规定在何种情况下可以由股东的多数决通过。

2. 无限公司的每一个股东拥有一票，但设立文件规定了确定其股东拥有票数的不同的除外。

3. 无限公司的每一个股东，无论是否被授权管理公司事务，均有权了解公司事务管理的全部文件。放弃或限制这一权利，包括依照股东的协议放弃或限制这一权利，均属无效。

第一百二十二条　无限公司的经营

1. 如果设立合同没有规定全体股东共同经营，或者委托个别股东经营，则无限公司的每一个股东均有权以公司的名义进行工作。

在全体股东共同经营时，每一项法律行为的实施均要求取得公司全体股东的同意。如果公司的经营委托给一个或几个股东，则剩余股东须取得承担责任的管理公司事务的（一个或几个）股东的授权书方能以公司的名义实施法律行为。

在同第三人的关系中，无限公司无权援引设立合同中限制公司股东权限的规定，除非公司能够证明第三人在实施法律行为时知道或应该知道无限公司的该股东无权以无限公司的名义进行工作。

2. 无限公司股东为共同利益活动，但没有被授权，如果其行为没有被其他股东批准的情况下有权要求公司返还其实施行为的支出，如果其证明，由于其行为公司保存或获得的财产超过支出价值。

3. 在公司股东之间发生纠纷的情况下，只要有充分的理由，特别是由于负责公司事务的股东严重违反其职责或被发现不适合合理处理其事务，法院可以根据其他一个或多个股东的要求，终止执行股东的职权。公司的设立合同应根据法院的判决作必要的变更。

第一百二十三条　无限公司利润和亏损分配

1. 无限公司利润与亏损均在其股东中按各自投资的比例进行分配，但设立文件或股东的其他协议有不同规定的除外。

2. 不得以协议方式排除任何股东参与利润的分配或亏损的承担。

第一百二十四条　无限公司股东对公司债务的责任

1. 如果整个无限公司的财产不足以清偿债权人的债权，无限公司股东可以以自己的财产对公司的债务承担连带补充责任。

2. 无限公司股东不是公司发起人的，对其加入公司之前公司已经发生的债务同其他股东承担同样的责任。

3. 退出公司的原股东，对公司在其退出公司之前发生的债务，在自其退出公司的那1年的年度决算报告批准之日起的3年内同其他股东一样承担责任。

4. 全额偿还公司债务的公司股东有权再向其他股东提出追偿要求，由股东按自己在公司资本中所占的比例承担责任。

第一百二十五条　无限公司股东构成的变更

1. 在下列情况下，无限公司股东的组成可发生变更：

（1）公司的某个股东退出公司；

（2）股东除名；

（3）由于股东无法控制的原因辞职。

2. 公司全体股东员变更程序由本法、其他法律和公司设立文件规定。

第一百二十六条　股东退出无限公司

1. 可以随时退出没有存续期限的无限公司，并在实际退出无限公司之前至少3个月提出申请。

对于有一定存续期限的无限公司，股东须有正当理由方能提前退出公司。

2. 无限公司股东关于放弃退出公司这一权利的协议一律无效。

第一百二十七条　无限公司股东在共同资本中的股份的转让

1. 无限公司的股东有权经公司其余股东的同意将自己在共同投资中的股份或部分股份转让给公司其他股东或者第三人。

2. 在将原股份（部分股份）转让给他人时，原属于股份（部分股份）转让人的权利也完全或者相应部分地转移给他人。接受股份（部分股份）的人应按照本法第124条第2款规定的程序对无限公司的债务承担责任。

3. 股东如将全部股份转让给他人，则终止其无限公司股东的身份并产生本法124条第3款规定的后果。

第一百二十八条　无限公司股东的除名

1. 公司股东如果经常地不履行或不适当地履行公司对其规定的义务，或以其行动（不作为）阻碍公司目标的实现，可根据公司章程规定的程序将其从公司除名。

2. 对开除公司股东的决定被除名人可以向法院提起诉讼。

第一百二十九条　退出无限公司

1. 在下列情况下，无限公司可决定批准股东退出：

（1）股东死亡或被宣告死亡——在没有继承人的情况下；

（2）作为公司股东的法人解散，包括承认其破产；

（3）宣告股东无行为能力，限制其民事行为能力，或宣告失踪；

（4）由法院下令对作为公司股东的法人进行强制重组，特别是因其无偿付能力而作出的决定；

（5）对股东所有的无限公司法定资本份额进行回收。

2. 利害关系人可向法院对承认无限公司的成员退出公司的决定提起诉讼。

3. 如果股东根据本条第1款规定的理由退出公司，公司可以继续经营，除非公司设立文件或者剩余股东之间的协议另有规定。

第一百三十条 退出无限公司的后果

1. 根据本法第 126 条、第 128 条和第 129 条规定的理由退出、除名或被公司清退的股东，应按该股东在公司注册资本中的份额比例支付公司财产的部分价值，但设立协议另有规定的除外。

2. 如果作为公民的无限公司股东的继承人或法人的合法继承人不加入无限公司，应根据本条第 1 款规定进行结算。

3. 股东在无限公司财产中所占份额的确定程序和支付期限由公司设立协议和法律规定。

第一百三十一条 对无限公司部分财产的追偿

1. 只有在其他财产不足以清偿债务的情况下，才允许对无限公司的股东在注册资本中所占的份额进行追索，以履行债务。在无限公司的股东的财产不足以清偿债务的情况下，他们可以按照规定的方式要求获得无限公司的部分财产，其比例为债务人在公司注册资本中所占的份额。

2. 根据股东退出公司时编制的资产负债表，以货币或实物形式分配该股东债务人在公司注册资本所占份额的公司财产。

第一百三十二条 无限公司的清算

1. 无限公司应根据本法第 110 条规定的理由进行清算，如果仅剩一个股东在公司中，也应进行清算。该唯一股东有权在 6 个月内依照本法的规定将无限公司改组为其他商业公司。

2. 如果某一股东退出公司、被公司除名、死亡、法人股东被清算或者股东的债权人按其在注册资本中的份额进行追索，如果在公司设立协议规定或有其余股东之间的协定的情况下，公司可以继续其活动。

第三分节 两 合 公 司

第一百三十三条 关于两合公司的基本规定

1. 两合公司是指在公司的股东中除了以公司的名义从事经营活动并以自己的财产对公司的债务承担责任的股东（无限责任股东）之外，还有一个或几个股东——投资人（有限责任股东）以其投资金额为限对与公司活动有关的损失承担风险，但并不参与公司经营活动的公司。

2. 两合公司的商业名称应包含或者是所有无限责任股东的姓名（名称）以及

"人资两合公司"或"两合公司"字样，或者包含至少一个无限责任股东的姓名（名称），并加"和公司"和"人资两合公司"或"两合公司"字样。

如果两合公司的商业名称包含了投资人的姓名，则该投资人应为无限责任股东。

3. 除非本法或其他法律另有规定，否则无限公司的一般规定适用于两合公司。

第一百三十四条　两合公司的设立文件

1. 两合公司的成立和运作是以公司章程为基础的。公司章程应由所有正式成员签署。

2. 两合公司的设立文件除了本法第88条规定的内容外，还应包含以下内容：公司注册资本和构成；各股东在股本中的股份数额和变更程序；出资人的出资总额。

3. 如果由于退出、被除名或被清退出两合公司，但仍有一个无限责任股东，则公司的设立文件将转化为由该无限责任股东签署的独资声明书。如果两合公司是由一个无限责任股东成立，那么公司的设立文件是独资声明书（报告书），其中应包含本条中规定的两合公司的所有信息。

第一百三十五条　两合公司的股东

1. 两合公司全体股东的法律地位及其对公司义务的责任适用本法对于无限公司股东的规定。

2. 民事主体仅能成为一个两合公司的无限责任股东。

两合公司的无限责任股东不能成为无限公司的股东。

无限公司的股东不得成为两合公司的无限责任股东。

3. 股东的股份不应超过两合公司可持有资本的50%。

4. 组成资本由公司股东在公司进行国家注册之日起的第1年内支付。

第一百三十六条　两合公司的管理

1. 两合公司活动的管理由无限责任股东进行。无限责任股东对两合公司的管理及业务进行的办法由他们依照本法关于无限公司的规则予以规定。

2. 两合公司的有限责任股东无权参与公司的管理及业务进行，除非有授权书作为依据，否则不得使用公司的名义行事。他们无权对无限责任股东管理公司和进行公司业务的行为提出异议。

第一百三十七条　两合公司中出资人的权利和义务

1. 两合公司的出资人有义务认缴注册资本。出资是参与两合公司的证据。

2. 两合公司出资人有权：

（1）根据公司成立协议规定的程序和其在公司注册资本中所占的股份获得公司的部分利润；

（2）在委托授权或者根据委托书代表公司行事；

（3）根据本法典第 147 条的规定在第三人之前优先获得公司注册资本中转让的股份；

如果多个出资人表示愿意购买股份（其一部分），则上述股份应根据其在公司注册资本中的份额分配给他们；

（4）要求在公司清算时优先返还出资；

（5）了解公司年度报告和资产负债表；

（6）在会计年度结束时退出公司并依照设立文件规定的程序收回自己的投资；

（7）将自己在公司注册资本中的股份（部分股份）转让给其他出资人或第三人，并通知公司。

3. 两合公司的设立文件还可以规定出资人的其他权利。

第一百三十八条　两合公司出资人的责任

1. 如果两合公司的出资人在没有适当授权的情况下代表公司并为了公司的利益进行法律行为，如果公司批准了他的行为，那么他就可以免除对该法律行为的债权人的责任。

如果没有得到公司的批准，出资人应对法律行为第三人以自有的财产承担责任，该财产可以依法进行追索。

2. 未按公司设立文件出资的两合公司股东，按照公司设立文件程序对公司承担责任。

第一百三十九条　两合公司的清算

1. 两合公司在所有出资人退出时进行清算。在所有出资人退出的情况下，无限责任股东有权将两合公司改组为无限公司。两合公司的清算，根据本法典第 132 条的规定进行。

但是如果两合公司中尚有至少一个无限责任股东和一个出资人，则两合公司仍然保留。

2. 在两合公司清算时，清偿债务后，出资人有优先权按照本法、其他法律和设立文件（章程）规定的程序和条件出资人应优先于无限责任股东收取出资。在公司资金不足以向出资人全额返还其出资的情况下，应按出资人的份额的比例分配可用资金。

第四分节 有限责任公司

第一百四十条 有限责任公司的基本规定

1. 由一个或数个民事主体设立，其注册资本依设立文件的规定分成一定数额股份的公司是有限责任公司。

2. 有限责任公司的股东不对公司的债务承担责任，而是以其缴纳的出资额为限对与公司活动有关的亏损承担风险。

3. 未足额出资的股东，在每个股东尚未缴纳部分的价值范围内对公司的债务承担连带责任。

4. 有限责任公司的商业名称应包括公司的名称和"有限责任"字样。

第一百四十一条 有限责任公司的股东

1. 有限责任公司的股东数量不得超过有限责任公司法规定的限额。否则，应在1年内改组成为股份公司，而在该期限届满后，如其股东的数量仍未减少到法定限额之下，则应按司法程序进行清算。

2. 有限责任公司不能作为另一个商业公司的唯一股东。

3. 民事主体只能成为一个一人有限责任公司的股东。

第一百四十二条 有限责任公司的设立文件

1. 如果有限责任公司由多人设立，如果有必要确定公司成立时人员与公司设立的相互关系，则应签订书面协议，确定公司成立的程序、公司成立时共同经营的条件、注册资本的数额、每位股东在注册资本中的份额、出资的条件和程序及其他条件。

2. 成立有限责任公司的协议不是设立文件。不需要在进行国家注册时提交该协议。

第一百四十三条 有限责任公司章程

1. 有限责任公司的设立文件为章程。

除本法第88条规定的内容外，有限责任公司章程应规定：注册资本数额并确定每个股东的股份；公司管理机关的构成、权限和决策的程序；公积金的数额和提取方式以及法定资本中的股份转让（转移）程序。

2. 有限责任公司章程及随后的一切修改，应保存在国家注册机关，并应向公众开放。

第一百四十四条　有限责任公司的注册资本

1. 有限责任公司的注册资本由股东的出资组成。注册资本的数额应与实际出资额相一致。

注册资本决定保障债权人利益的公司财产最低数额。

2. 有限责任公司的股东不得被解除向公司法定资本出资的义务，包括以抵销对公司的债权的方式。

3. 有限责任公司注册资本应由其股东在公司经营的第 1 年内缴足。

如果股东自公司进行国家注册之日起第 1 年年底前没有缴足出资，则股东大会应作出下列决定之一：

（1）开除（未全部出资的）股东，并重新确定法定资本份额的分配方式；

（2）减少注册资本和确定注册资本份额重新分配的方式；

（3）清算公司；

（4）修改章程，如涉及法定资本数额的变更和（或）股东构成的变更，须依法进行国家登记；

（5）决定减少公司注册资本的，应在该决议通过之日起 3 天内，通过邮寄方式发给公司的所有债权人。

4. 如果在第二个会计年度结束时或每一个会计年度结束时有限责任公司的净资产价值少于注册资本，则公司应宣告减少其注册资本并按规定程序进行登记。如果公司的上述净资产的价值少于法律规定的最低数额，则公司应进行清算。

5. 有限责任公司的注册资本允许在通知其所有债权人之后予以减少。在这种情况下，其债权人有权请求公司提前终止或履行公司的有关债务并向他们赔偿损失。

6. 在所有股东缴足出资之后，允许增加公司的注册资本。增资的程序由法律和公司章程规定。

第一百四十五条　有限责任公司的管理

1. 有限责任公司的最高权力机关是其股东大会。

2. 在有限责任公司内设立委员制的和（或）独任的执行机关。该机关对公司的活动进行日常领导并向股东大会报告工作。公司的独任管理机关也可以不从其股东中选举产生。

3. 公司管理机关的权限以及他们通过决议和代表公司的程序由有限责任公司法、公司章程依照本法规定。

4. 有限责任公司股东大会的专属权限包括：

（1）确定公司的主要经营活动，批准公司的年度决算和执行报告；

（2）修订公司的章程，变更其注册资本的数额；

（3）成立公司的执行机关和提前终止其权限；

（4）确定监督执行机关活动的方式，建立和确定有关监督机关的权限；

（5）批准公司的年度决算和会计资产负债表，分配公司的利润和亏损；

（6）决定公司股东获得的份额；

（7）开除股东；

（8）决定解散公司，任命清算委员会，批准清算资产负债表。

根据公司章程和法律，股东大会也可以在其专属权限范围内决定其他事项。

属于公司股东大会专属权限的问题，股东大会不得移交给公司的执行机关决定。

召开股东大会的程序由公司章程和法律规定。

第一百四十六条　对有限责任公司执行机关的监督

1. 有限责任公司执行机关的活动应按照章程和法律规定的程序进行。

2. 有限责任公司大会可以设置对执行机关的财务和经营活动进行持续监督的机关。

监督机关的设立程序和职权由公司股东大会确定。

3. 根据有限责任公司大会的决定，监督有限责任公司的财务活动，以及在其他情况下，根据公司章程和法律规定，可以进行审计。

4. 有限责任公司的活动和决算的审计程序由公司章程和法律规定。

根据公司股东的要求，可以通过专业审计师对公司的不涉及财产利益或社会成员的年度财务报表进行审计。

除公司章程另有规定外，审计费用应由要求审计的股东承担。

5. 除法律另有规定的情况外，不要求有限责任公司公开报告其事务进行的结果。

第一百四十七条　股东将其在有限责任公司法定资本中的股份（或部分股份）转让给他人

1. 有限责任公司的股东有权出售或以其他方式将其在法定资本中的份额（或

部分股份）转让给该公司的一个或几个股东。

2. 允许公司股东将股份（部分股份）转让给第三人，但公司章程有不同规定的除外。

公司股东享有按照自己股份的比例购买其他股东股份（部分股份）的优先权，但公司章程或股东的协议另有规定的除外。

如果公司股东在自知悉之日起的 1 个月内或者在公司章程及股东协议规定的其他期限内不行使这一权利，则股份可以转让给第三人。

3. 有限责任公司股东的股份在全额出资之前仅能转让已经缴纳出资的部分。

4. 在有限责任公司自己购买公司股东的股份（部分股份）时，公司必须按照有限责任公司法和公司设立文件规定的程序和期限向公司的其他股东及第三人出售该股份，或者依照本法第 144 条的规定减少其注册资本。

5. 有限责任公司注册资本中的股份可以移交给作为公司股东的公民的继承人和法人的权利继受人，但如果设立文件规定这种移交必须取得公司其余股东同意的除外。股东的继承人（权利继承人）未加入公司的，结算应按照本法第 148 条的规定进行。

第一百四十八条　股东退出有限责任公司

1. 有限责任公司股东在退出公司至少 3 个月前通知公司；除非公司章程另有规定。

2. 股东离开有限责任公司时，有权按其在公司法定资本中的股份比例获得那部分财产的价值。

根据股东与公司之间的协议，部分公司财产的价值可以用实物代替。

如果通过转让财产使用权对法定资本作出了贡献，则有关财产应归还股东而不需支付任何报酬。

确定部分财产价值的程序和方法按股东在法定资本中所占比例确定，支付方式和期限由公司章程和法律规定。

3. 股东退出有限责任公司引起的争议，包括确定法定资本份额的方式、数额和支付期限的争议，由法院确定。

第一百四十九条　按公司股东在注册资本中股份比例追偿有限责任部分财产

1. 只有在其他财产不足以清偿债务的情况下，才允许追索公司股东在注册资本中的份额，以偿还股东个人债务。该股东的债权人有权要求公司按债务人在公司法定资本中的份额进行支付，或要求将适当部分的财产分离出来，以保证追索。应分配的部分财产或其价值的金额，应根据债权人提出债权之日的资产负债表确定。

2. 股东在有限责任公司注册资本中所占的全部股份被追缴的，其在公司中的参与即告终止。

第一百五十条 有限责任公司的清算

1. 有限责任公司可根据股东大会的决议解散，包括因公司成立的期限届满而解散。此外，在法律另有规定的情况下，由法院裁决。

2. 有限责任公司可转变为股份公司或生产合作社。

第一百五十一条 补充责任公司的基本规定

1. 补充责任公司是由一人或多人成立的公司，其注册资本按设立文件规定的份额分配。

2. 补充责任公司的股东应以其财产共同承担对公司债务的补充（附属）责任，其数额由公司章程规定，是各股东出资额的倍数。在一个股东宣布破产的情况下，他对公司债务的责任应在公司的其他股东中按其在公司法定资本中的股份比例分配。

3. 补充责任公司名称应包括公司名称及"补充责任公司"字样。

4. 本法关于有限责任公司的规定适用于补充责任公司，除非公司章程和法律另有规定。

第五分节 股份公司

第一百五十二条 股份公司的基本规定

1. 股份公司是把注册资本分成一定数量的股票，公司的股东以属于他的股票的价值为限享有权利。

2. 股份公司以其所有财产对债务独立承担责任。股东不对公司的债务承担责任，但以其所拥有的股份的价值为限承担公司活动造成的损失风险。

未付清股款的股东，以尚未付清股款的那一部分股票价值为限对股份公司的债务承担连带责任。

法律规定了保护股东财产权的保障措施。

3. 股份公司名称应包括其名称并指出该公司是股份公司。

4. 在国有企业私有化过程中成立的股份公司的法律地位由法律规定。

公司投资基金的设立、经营和终止适用合资企业法。

5. 公开发行股票的股份公司必须每年公布年度预算、年度财务报表、关于利润和损失的资料以及法律规定的其他资料，以供公众查阅。

6. 股份公司类型分为开放式股份公司和封闭式股份公司。开放性和封闭式股份公司的法律地位由法律规定。

第一百五十三条　股份公司的成立

1. 股份公司可由法人和（或）公民设立，也可由国家通过授权机关、地区协会的授权机关设立。

2. 如果股份公司是由若干人成立的，则他们应签订一项协议，规定为建立公司而共同开展活动的方式。

该协议不是股份公司设立文件。

成立股份公司的协议应以书面形式订立，如果公司是公民设立的，合同应以公证方式订立。

3. 成立股份公司的人对公司进行国家注册前产生的债务负有连带责任。

只有在股东大会批准后，股份公司才对股东与公司成立有关的债务承担责任。

4. 股份公司可由一人设立，或在一名股东购买公司全部股份的情况下由一人组成。与此有关的信息应登记并予以公布，以供公众查阅。

股份公司不得以另一个一人公司作为其唯一股东。

5. 股份公司的成立程序和期限，包括成立大会的方式和权限，由法律规定。

第一百五十四条　股份公司章程

1. 股份公司的设立文件是其章程。

2. 除本法第88条规定的信息外，股份公司的章程应包含以下信息：法定资本数额；公司发行的各类股份的条款和条件，其面值和数量；股东的权利；公司管理机关的组成和权限以及它们的决策程序。股份公司的章程也应包含法律规定的其他信息。

第一百五十五条　股份公司的注册资本

1. 股份公司的注册资本由股东所购买的公司股票的票面价值构成。

公司的注册资本决定保障公司债权人利益的公司财产的最低限额。注册资本不得少于股份公司法规定的数额。

2. 在成立股份公司的过程中，其股份将通过私人配售的方式仅在发起人之间配售。在收到第一次发行股份的登记证书后进行公开配售股份。

3. 如果在第二个会计年度结束时或在每后一个会计年度结束时公司的净资产少于注册资本，则公司应宣告减少其注册资本并按规定进行注册。如果公司的上述净资产的价值少于法律规定的最低数额，公司应进行清算。

第一百五十六条　股份公司注册资本的增加

1. 股份公司有权根据股东大会的决定通过增加股份的面值或发行额外的股份来增加其注册资本。

2. 股份公司注册资本全额缴纳之后允许增加注册资本，不允许为弥补公司的亏损而增加注册资本。除非法律另有规定。

3. 在公司章程和法律另有规定的情况下，可以确立股东购买公司额外发行的股票的优先购买权。

第一百五十七条　股份公司注册资本的减少

1. 股份公司有权通过股东大会的决议，为了减少注册资本总数，通过降低股份的面值或由公司购买部分已发行的股份减少注册资本。

在按照法律规定的方式通知所有债权人后，应允许减少股份公司的股本。同时，公司的债权人有权要求公司提前终止或履行相关义务并赔偿损失。

2. 如果公司的章程有相关的规定，则允许通过收购和注销部分股票的方式减少公司的注册资本。

3. 股份公司的股本减少到法律规定的数额以下时，将导致公司的清算。

第一百五十八条　对股份公司发行有价证券和支付股息的限制

1. 在股份公司注册资本总量中，优先股的份额不得超过25%。

2. 股份公司在注册资本全部到位后有权发行债券，债券的总额不得超过注册资本数额或第三人提供给公司的担保数额。

3. 有下列条件之一者，股份公司无权宣布和支付股息：

（1）在全额支付所有注册资本之前；

（2）股份公司净资产低于注册资本和储备基金的数额；

（3）在法律规定的其他情况下。

第一百五十九条　股东大会

1. 股东大会是股份公司的最高权力机关。所有股东不论其持有的股份数量和类型，均有权参加股东大会。

2. 出席股东大会的股东代表，应按参加股东大会的每个股东拥有的表决票数进行登记。

股东大会的专属权限包括：

（1）修订公司章程，包括变更公司注册资本数额；

（2）成立和解散监事会和其他社会机关，任免监事会成员；

（3）批准公司年度决算；

（4）决定公司清算。

3. 股东大会的表决程序由法律规定。

股东有权指定自己的代表出席会议。代表可以是长期代表，也可以是指定时间段的代表。股东有权随时通知股份公司执行机关更换其在公司最高权力机关的代表。

4. 股东大会的决定，应以至少 3/4 的多数股东出席股东大会的表决票作出，内容如下：

（1）修改公司章程；

（2）清算公司，除非法律另有规定；

（3）关于成立、经营和终止股份公司的法律规定的事项；

（4）其他问题的决定由出席会议的股东以多数票作出。

5. 股东大会至少每年召开一次。

在公司破产的情况下，以及在公司章程规定和其他任何情况下，如果公司的整体利益需要，应召开特别股东大会。

召集和举行股东大会的程序，以及召集和举行特别会议和通知股东的条件，应由公司的章程和法律规定。

第一百六十条　股份公司监事会

1. 股份公司可设立股份公司监事会，享有监督其执行机关的活动并保护公司股东的权利。

股份公司强制设立监事会的情况由法律规定。

2. 公司章程和法律规定监事会的专属权限。公司章程所规定的监事会专属职权范围内的问题，不得提交公司执行机关解决。

3. 股份公司监事会成员不得为执行机关成员。

4. 股份公司监事会确定其执行机关活动的监督方式。

第一百六十一条　股份公司执行机关

1. 董事会或章程规定的其他机关是股份公司的执行机关，执行机关承担对公司日常活动进行领导的责任。

执行机关决定股份公司活动的所有问题，但属于股东大会和监事会职权范围的事务除外。

执行机关对股东大会和股东监事会负责，并组织执行其决定。执行机关应在股份公司章程和法律规定的范围内代表股份公司行事。

2. 股份公司的执行机关可以是委员制的（管理会、经理会），和（或）独任的（经理、总经理）。

第一百六十二条 审计

1. 股份公司，如依照本法或股份公司法向公众公布本法第 152 条所规定的文件，每年应吸收与公司及其股东无财产利害关系的专业审计人员检查和确认公司年度财政报表的正确性。

2. 对于没有义务向公众公布文件的股份公司，应根据共同持有至少 10% 的股份的股东的要求，随时进行审计。

对股份公司进行审计的程序由公司章程和法律规定。

审计的费用应由要求审计的人承担，股东大会另有决定的除外。

第二节 生产合作社

第一百六十三条 生产合作社的概念

1. 生产合作社是为了从事共同的生产活动或其他经济活动而根据社员制原则成立的公民自愿联合组织，其活动的基础是社员亲自或以其他方式参加劳动并缴纳财产股金进行联合。

2. 生产合作社的成员应合作社章程和合作社法规定的数额和程序对合作社的债务承担补充责任。

3. 生产合作社名称应包括合作社名称和"生产合作社"字样。

4. 生产合作社的法律地位及其成员的权利和义务由生产合作社依照本法予以规定。

5. 生产合作社的成立和经营可以由法律规定。

第一百六十四条 生产合作社的设立文件

1. 生产合作社的设立文件是由其社员大会批准的合作社章程。

2. 生产合作社章程除包含本法第 88 条规定的内容外，还应包括以下条款：合作社社员的股金的数额；股金的构成和合作社成员缴纳股金的办法以及他们违反缴纳股金义务的责任；社员参加合作社劳动的性质和程序以及他们违反亲自参加劳动这一义务的责任；合作社利润和亏损分配的办法；社员对合作社债务承担补充责任的数额和条件；合作社管理机关的构成和权限以及他们通过决议的程序。

3. 合作社的成员人数不得低于法律规定的人数。

第一百六十五条　生产合作社的财产

1. 生产合作社拥有的财产应根据合作社的章程划分为其成员的股份。

2. 生产合作社的成员有义务在合作社进行国家注册之日前缴纳不少于其份额的10%，其余部分在国家注册之日后的1年内缴纳，合作社章程中规定了不同的期限的除外。

生产合作社成员出资的程序由合作社的章程和法律规定。

3. 生产合作社无权发行股票。

4. 如果合作社章程没有规定其他程序，生产合作社的利润，应按照成员的劳动参与程度在成员之间分配。

5. 生产合作社清算和清偿其债权人的债权后的剩余财产，如果合作社章程没有规定其他程序，应按其成员的劳动参与程度进行分配。

第一百六十六条　合作社社员资格的终止和股份转让

1. 生产合作社成员有权退出合作社。在这种情况下，应向他支付其份额的价值或与其份额大小成比例的财产，以及合作社章程规定的款项。

向退出合作社的成员发放分红、支付与其股份相当的财产和其他款项时，应按照合作社章程和法律规定的程序进行。

2. 在合作社社员不履行或不正确履行合作社章程规定的义务时，以及在合作社章程和法律规定的其他情况下，可以根据大会的决定将社员开除。

被开除的生产合作社成员有权根据本条第1款的规定要求获得股金或该合作社章程规定的其他款项。

3. 生产合作社的社员有权将其全部股份或部分股份转让给合作社的其他社员，除非合作社章程和法律另有规定。

只有在征得合作社同意的情况下，才允许将股份（或部分股份）转让给非生产合作社的成员。在这种情况下，合作社的其他成员享有优先购买该股份（或其部分）的权利。将股份或部分股份转让给合作社另一成员或第三人的程序由合作社的章程和法律规定。

4. 如果生产合作社社员死亡，其继承人可以被吸收为合作社社员，除非合作社章程另有规定；否则，合作社应将死亡社员的股份价值付给其继承人。

5. 只有在合作社社员的其他财产不足以偿还其私人债务时，才允许依照法律和合作社章程规定的程序对其股份进行追索。

6. 当质权人对生产合作社社员已出质的股份实现质权时，适用本条第 3 款的规定。

第三分编　国家、克里米亚自治共和国、社区参加民事关系

第九章　国家、克里米亚自治共和国、社区参加民事关系的法律形式

第一百六十七条　国家参与民事关系的法律形式

1. 国家依照平等原则参与民法所调整的关系。

2. 国家可根据乌克兰宪法和法律规定的情况和方式创建公法人（国有企业、教育机关等）。

3. 国家可以设立私法人（商业公司等），以平等的原则参与民法所调整的关系，法律另有规定的，从其规定。

第一百六十八条　克里米亚自治共和国参与民事关系的法律形式

1. 乌克兰克里米亚自治共和国在民事关系中与其他主体享有平等权利。

2. 乌克兰克里米亚自治共和国可根据乌克兰宪法和法律规定的情况和方式创建公法人（国有企业、教育机关等）。

3. 乌克兰克里米亚自治共和国可以设立私法人（商业公司等），以平等的原则参与民法所调整的关系，法律另有规定的，从其规定。

第一百六十九条　社区参与民事关系的法律形式

1. 地方自治组织在民事关系中与其他关系主体享有平等权利。

2. 地方自治组织可根据乌克兰宪法和法律规定的情况和方式创建公法人（国有企业、教育机关等）。

3. 地方自治组织可以设立私法人（商业公司等），以平等的原则参与民法所调

整的关系，法律另有规定的，从其规定。

第十章 国家、克里米亚自治共和国、地方社区通过机关和代表参与民事关系

第一百七十条 国家通过机关参与民事关系

国家应在法律规定的权限范围内通过国家权力机关获得民事权利和履行民事义务。

第一百七十一条 克里米亚自治共和国通过机关参与民事关系

乌克兰克里米亚自治共和国在法律规定的权限范围内，通过克里米亚自治共和国当局，获得民事权利和履行民事义务。

第一百七十二条 社区通过机关参与民事关系

社区在法律规定的权限范围内通过地方政府获得和行使民事权利和义务。

第一百七十三条 国家、乌克兰克里米亚自治共和国、社区代表

在法律和其他规范性法律文件有规定的情况下，根据专门授权，公民和法人、国家权力机关、乌克兰克里米亚自治共和国政权机关和地方自治机关可以代表国家和乌克兰克里米亚自治共和国、社区出席。

第十一章 国家、克里米亚自治共和国、社区的债务责任

第一百七十四条 国家的债务责任

国家应以其财产承担债务责任，但根据法律规定不得追偿的财产除外。

第一百七十五条 社区的债务责任

社区应以其财产承担债务责任，但根据法律规定不得追偿的财产除外。

第一百七十六条 国家、克里米亚自治共和国、社区和他们设立的法人的债务责任的划分

1. 国家、克里米亚自治共和国、社区不对其设立的法人的债务承担责任，但法律另有规定的除外。

2. 国家、克里米亚自治共和国和地方自治组织设立的法人不对国家、克里米亚自治共和国和地方自治组织的债务承担责任。

3. 国家不对克里米亚自治共和国和地方自治组织的债务承担责任。

4. 克里米亚自治共和国不对国家和地方自治组织的债务承担责任。

5. 社区不对克里米亚自治共和国和国家的债务承担责任。

第三编　民事权利客体

第十二章　民事权利客体的基本规定

第一百七十七条　民事权利客体的种类

民事权利的客体有：物，包括金钱和有价证券；其他财产，包括财产权利；工作和服务；信息；智力活动成果，包括智力活动成果的专属权（知识产权）以及其他物质和非物质利益。

第一百七十八条　民事权利客体的可流通性

1. 如果民事客体未被禁止流转或限制流转，或不属于公民或法人不可分割的权利，则民事权利的客体可以通过权利继受、继承或其他方式自由移转或从一方转让给另一方。

2. 不允许流通的民事权利客体（禁止流通）的种类，应在法律中明文规定。

只能属于流通参加者或者经特别许可可以在民事流通中流通（限制流通的客体）的民事权利客体由法律规定。

第十三章　物　和　财　产

第一百七十九条　物的概念

物是物质世界的物体，在这个物体上可能产生民事权利和义务。

第一百八十条　动物

1. 动物是民事权利的特殊客体。除法律另有规定的情况外，受物的法律制度约束。

2. 动物流转的规则由法律规定。

3. 列入乌克兰濒危物种红色名录的动物只有在法律另有规定的情况下和按照法律规定的程序才可以成为民事法律行为的物。

第一百八十一条　动产和不动产

1. 不动产包括土地和所有与土地牢固地吸附在一起的物，即一经移动便使其用途受到损害的物。

不动产的制度可以通过法律扩展到航空器和航海船只、内水航行的船只、太空工程，以及权利需要国家登记的其他物。

2. 动产是可以在空间内自由移动的物。

第一百八十二条　不动产的国家登记

1. 不动产的所有权和其他物权，其权利的限制、产生、转让和终止均须进行国家登记。

2. 国家对不动产权利的登记是公开的，由相关部门进行，该部门有义务以法律规定的方式提供有关登记和注册权利的信息。

3. 拒绝不动产权利国家登记，逃避登记，拒绝提供登记信息的，可以向法院提起诉讼。

4. 国家对不动产权利进行登记的程序和拒绝登记的理由由法律规定。

第一百八十三条　可分物与不可分物

1. 可分物是指可以分割而不丧失其指定用途的物。

2. 不可分物是指在不丧失其预定用途的情况下不能分割的物。

第一百八十四条　特定物和种类物

1. 特定物是指某物被赋予了固有的特征，使其有别于其他同类事物，使其个性化。

特定物是不可替代的。

2. 种类物是指某物具有所有同类事物所固有的属性，以数量、重量、长度来衡量的物。种类物是可以替代的。

第一百八十五条　消耗物与非消耗物

1. 消耗物指一次使用而造成原始形式毁坏或消失的物品。

2. 非消耗品是一种可重复使用的物品，在使用中可长期保持其原始形态。

第一百八十六条　主物和从物

1. 从物是指一个旨在为另一个（主要）物服务并通过共同用途与之相连的物。

2. 除非合同或法律另有规定，否则从物随主物移转。

第一百八十七条　物的组成部分

1. 物的组成部分，除非损害或彻底破坏它，否则是无法与物的主体分开的。

2. 物权转移时，其组成部分不能分离。

第一百八十八条 复合物

1. 如果不同种类的物构成一个按共同用途进行使用的统一整体，则他们被视为一个物（复合物）。

2. 就复合物订立的契约的效力，适用于其所有组成部分，但合同有不同规定的除外。

第一百八十九条 产品、孳息和收益

1. 由于使用财产而获得的物（孳息、产品、收益）称为孳息。

2. 孳息属于依法使用该财产的人，但法律和合同有不同规定的除外。

第一百九十条 财产

1. 作为特殊客体的财产是单独物，集合物以及财产权利和义务。

2. 财产权利是非消耗物。财产权被视为物权。

第一百九十一条 作为单一的财产综合体的企业

1. 作为权利客体的企业是用以从事经营活动的财产综合体。

2. 作为财产综合体的企业包括各种用于其活动的财产，包括土地、建筑物、设施、设备、财物清单、原材料、产品、请求权、债务以及对使企业、企业产品、工程和服务个性化的标志（商业名称、商标、服务标志）的权利和其他专属权利，但法律或合同有不同规定的除外。

3. 作为财产综合体的企业在整体上是不动产。

属于企业统一财产综合体的土地和其他不动产设施的权利，须在各机关进行国家登记，国家对不动产权利进行登记的机关必须进行国家登记。

4. 企业在整体上或企业的一部分可以作为买卖、抵押、租赁和作为其他法律行为的客体。

第一百九十二条 金钱（货币）

1. 在乌克兰全境内，格里夫纳是应按其票面价值接受的法定支付手段。

2. 在法律另有规定的情况下，可在乌克兰使用外国货币。

第一百九十三条 外汇

被视为外汇的财产种类和实施使用外汇的法律行为的程序由法律规定。

第十四章 有 价 证 券

第一百九十四条 有价证券的概念

1. 有价证券是具备规定形式和必要要件的证明财产权利的书据，在持有有价

证券的情况下才可能行使和转移它所证明的财产权利。

2. 已废止。

第一百九十五条　有价证券的种类和类型

1. 在乌克兰全境内，下列各类证券可在民事领域流通：

（1）证明参股的股权证券，使其持有人有权参与发行人的管理，并获得部分利润，特别是股息形式，以及发行人清算时获得部分剩余财产；

（2）证明贷款关系的债务证券，规定发行人有义务在一定的时间内支付资金、转移货物或提供服务；

（3）衍生证券，其配售和流通机制与在合同规定的期限内购买或出售证券或其他金融和（或）商品资源的权利相关；

（4）可转让证券，使其持有人有权处置这些文件中的财产。

其他类别的证券也可由法律规定。

2. 证券的类型和流通程序由法律规定。

3. 已废止。

第一百九十六条　对有价证券的要求

1. 有价证券所证明的权利的种类、有价证券的必要要件、对有价证券形式的要求和其他必要要求，由法律规定。

2. 有价证券不具备必要要件或者不符合为之规定的形式的一律无效。

第一百九十七条　有价证券所证明的权利的主体

1. 获得有价证券权利的人应同时获得由其证券证明的所有权利（证券项下的权利）。

2. 证券可以是不记名、记名或凭证形式。

证券权利和以单据形式存在的证券权利属于：

（1）有价证券的持有人（不记名证券）；

（2）有价证券中标明的人（记名证券）；

（3）有价证券中指定的人，他可以自己行使这些权利，或根据他的命令指定另一个被授权人行使这些权利（授权证券）。

第一百九十八条　有价证券的履行

1. 有价证券的出票人和所有的背书人，向合法占有人承担连带责任，除非法律另有规定。

2. 不得以债权无效或债权没有根据为由拒绝履行有价证券所证明的债。

有价证券的占有人，如发现有价证券是虚假或伪造的，有权对向他交付证券的人提出正确履行有价证券并赔偿损失的请求。

第十五章　非物质利益

第一百九十九条　智力创作成果

智力创作活动成果和其他知识产权客体根据本法典第四章及其他法律设立民事权利和义务。

第二百条　信息

1. 信息指可存储在有形媒介上或以电子形式记录的任何信息和（或）数据。

2. 信息领域的关系主体可以要求消除对其权利的侵犯，并对这种侵权行为造成的财产和精神损失进行赔偿。

3. 信息的使用和保护由法律规定。

第二百零一条　人身非财产利益

1. 受民法保护的人身非财产利益包括：健康、生命、荣誉、人格和商业声誉；姓名；著作、文学、艺术、科学和技术创作的自由以及受民法保护的其他利益。

2. 根据乌克兰宪法，人的生命和健康、人格和尊严、不可侵犯和安全具有最高的社会价值。

第四编　法律行为和代理

第十六章　法　律　行　为

第一节　法律行为的基本规定

第二百零二条　法律行为的概念和类型

1. 法律行为是民事主体获得、改变或终止民事权利和义务的行为。

2. 法律行为可以是单方法律行为也可以是双方法律行为。

3. 单方法律行为是仅需一方的意思表示即可实施的法律行为，可以由一人或多人代表实施。

单方法律行为给实施法律行为的人确立义务。

只有在法律或同他人的协议规定的情况下，单方法律行为才能给他人确立义务。

4. 多方法律行为是两个或两个以上当事人一致同意的行为。

5. 对单方法律行为相应地适用关于债和合同的一般规定，但以不与法律、法律行为的单方性质和法律行为的实质相抵触为限。

第二百零三条 法律行为有效必需的一般要求

1. 法律行为不得违背本法、其他法律、国家和社会的利益及其道德原则。

2. 作出法律行为的主体必须具有必要的民事行为能力。

3. 作出法律行为的主体双方应自由地表达其内部意愿。

4. 作出法律行为必须以法律规定的形式进行。

5. 作出法律行为的目的必须是真实地带来法律后果。

6. 父母（养父母）的法律行为不能损害未成年人或残疾儿童的权利和利益。

第二百零四条 法律行为合法性的推定

如果法律没有明确规定或者法院没有宣布法律行为无效，则法律行为是有效的。

第二百零五条 法律行为的形式

1. 法律行为可以口头形式或书面形式进行（公证形式）实施，当事人有权选择实施法律行为的形式，除非法律另有规定。

2. 法律未规定必须使用书面形式的法律行为，如果当事人的行为表明了产生相关法律后果的意愿，则视为已经实施。

3. 在协议或法律另有规定的情况下，默示可视为实施法律行为的意思表示。

第二百零六条 口头法律行为

1. 可以用口头形式实施一切即时履行的法律行为，但规定应使用公证形式的法律行为以及不使用普通书面形式即导致无效的法律行为除外。

2. 根据口头法律行为而支付货物和服务费用的法人应获得一份证明付款和所收到的资金数额的票据证明。

3. 根据书面合同进行的法律行为，经当事人协议，可以改为口头法律行为，法律或合同另有规定的除外。

第二百零七条 法律行为的书面形式

1. 如果法律行为的内容包含在一份或多项文件中，包括电子通信在内的信件、电报中，法律行为即被视为以书面形式进行的法律行为。

如果当事人的意思表示是通过电报、电子通信或其他技术通信手段进行的，该法律行为即视为以书面形式进行的。

2. 法律行为如果由双方签字，即视为以书面形式完成。

法人进行的法律行为应由其设立文件、授权书、法律或其他民法文件授权的人签署。

法律行为必须盖章的，可根据双方当事人的书面协议确定。

3. 在法律、其他民法文件或双方当事人协议规定的情况下，允许在实施法律行为时借助机械复制手段或其他复制手段、电子数码签名或者代替本人亲笔签字的其他类似办法，但应保存有与其手写签字相应的样本。

4. 如果公民因疾病或身体缺陷不能亲手签名，则可以依照他的请求由其他公民代表他签名。

后者的签字应经公证员证明或其他有权实施该公证行为的公职人员的公证证明，并注明实施法律行为的人不能亲笔签字的原因。

在法律行为上签字的人的签字还可以由不能亲笔签字的公民的工作机关予以证明或由治疗他的住院医疗机关的行政部门予以证明。

第二百零八条　必须以书面形式实施的法律行为

必须以书面形式行使的法律行为：

（1）法人之间的法律行为；

（2）公民与法人之间的法律行为，但本法第 206 条第 1 款规定的法律行为除外；

（3）金额不少于最低劳动报酬额 20 倍的公民之间的法律行为，但本法第 206 条第 1 款规定的法律行为除外；

（4）法律规定以书面形式的实施其他法律行为。

第二百零九条　公证证明的法律行为

1. 以书面形式达成的法律行为，只有在法律另有规定的情况下或在当事人之间达成协议的情况下，才需要进行公证。

2. 法律行为的公证应由公证员或其他依法有权执行此类公证行为的公职人员进行，通过在需要公证的文件上进行署名的方式进行公证。

3. 只有在符合本法第 203 条规定的一般要求的情况下，才能对法律行为的文本进行公证证明。

4. 应公民或法人的要求，可对该公民或法人参与的任何法律行为进行公证。

第二百一十条　法律行为的国家登记

1. 只有在法律规定下的法律行为才需要进行国家登记。这种法律行为应被视为从其国家登记的那一刻起就已经完成。

2. 进行国家登记的机关名单、登记的程序以及保存相关登记册的程序应由法律规定。

第二百一十一条　法律行为的实施地点

如果法律行为未指明其执行地点，则：

（1）当事人意思表示的地点是单方法律行为实现的地点；

（2）双边或多边法律行为的实现地点根据本法典第647条规定确定。

第二百一十二条　附条件的法律行为

1. 如果双方规定权利与义务的产生取决于尚不知悉是否发生的情况，则法律行为被视为附延缓条件的法律行为。

2. 如果双方规定权利与义务的终止取决于尚不知悉是否发生的情况，则法律行为被视为附解除条件的法律行为。

3. 如果一方恶意地阻止对其不利的条件发生，则该条件视为已经发生。

4. 如果一方恶意地促使对其有利的条件发生，则该条件视为没有发生。

第二百一十三条　对法律行为的解释

1. 法律行为的内容可以由法律主体双方来解释。

2. 根据一方或双方法律主体的要求，法院可对法律行为内容作出解释。

3. 在解释法律行为内容时，应考虑到法律行为的所有词语和概念的相同含义，以及相关关系中公认的术语含义。

如果这些词语和概念的字面含义以及相关关系中普遍接受的术语含义不足以确定法律行为此部分的内容，则应则通过将法律行为的相关部分与其他部分的内容、整体内容以及各方的意图进行比较来确定其内容。

4. 如果根据本条第3款的规定无法确定当事人的真实意思表示，则应考虑法律行为的目的、初步谈判的内容、当事人之间关系的既定惯例、商业法律行为的习惯、当事人的进一步行为、示范协议的文本和其他具有重要意义的情况。

第二百一十四条　拒绝法律行为

1. 除非法律另有规定，否则实施单方法律行为的人有权拒绝法律行为。如果他人的权利因该法律行为而受到侵犯,这些权利应受保护。

2. 双方或多方法律行为的各方应有权在各方同意和法律另有规定的情况下拒绝法律行为,即使其已完全满足法律行为的条件。

3. 拒绝法律行为的形式应与实施法律行为的形式相同。

4. 拒绝法律行为的法律后果应由法律或当事人的协议规定。

第二节 当事人在实施法律行为时不遵守法律规定的法律后果

第二百一十五条 法律行为的无效

1. 法律行为的无效是基于一方(或多方)在实施法律行为时违反了本法第203条第1款—第3款、第5款和6款的规定。

2. 如果一项法律行为的无效是由法律规定的(自始无效),那么在这种情况下,不需要法院宣告该法律行为无效。

在本法规定的情况下,法院可宣布法律行为无效。

3. 如果法律没有直接规定法律行为的无效,但其中一方或利害关系人根据法律规定的理由对法律行为的有效性提出异议,则该法律行为可由法院宣布无效(可撤销的法律行为)。

第二百一十六条 法律行为无效的后果

1. 无效的法律行为除了产生与其无效相关的法律后果外,不应产生任何其他法律后果。

在法律行为无效的情况下,每一方当事人都有义务返还另一方因实施法律行为获得的全部所得,在不可能用实物返还其所得时,包括所得表现为对财产的使用、已完成的工作或已提供的服务,则应该用金钱赔偿其价值。

2. 如果一项无效法律行为给另一方或第三人造成了损失和精神损害,则应由责任方赔偿。

3. 除法律规定了其适用的特殊条件或某些类型的无效法律行为的特殊法律后果外,本条第2款规定的法律后果应予适用。

4. 法律规定无效的法律行为的后果不能通过当事人各方的协议而改变。

5. 任何利害关系人均可要求适用无效法律行为的后果。

法院可以主动适用自始无效的法律行为的后果。

第二百一十七条 法律行为部分无效的法律后果

如果可以推测在不包括无效的部分,法律行为也可以完成的情况下,法律行为部分无效不应导致法律行为的其他部分和整个法律行为无效。

第二百一十八条　不遵守法律行为书面形式要求的法律后果

1. 当事人不遵守法律规定的书面形式，不应导致法律行为无效，但法律另有规定的情况除外。

2. 一方当事人否认法律行为或对法律行为某些部分提出异议，可以用书面证据、音像手段、录像带和其他证据加以证明。法院的裁决不能以证人的证词为依据。

3. 如果法律规定在不符合书面形式要求的情况下法律行为无效，当法律行为是以口头形式约定的，而且其中一方已经实施了某项行为，另一方也确认了其行为，特别是接受了履行，则在出现争议的情况下，这种法律行为可被法院宣告为有效。

第二百一十九条　不遵守单方法律行为公证证明法律要求的法律后果

1. 如果违反对单方法律行为进行公证的法律规定，这种法律行为应是无效的。

2. 如果确定该法律行为符合当事人的意思表示，但在非因自身意愿的情况下，法律行为的公证被阻止，法院可以承认该法律行为是有效的。

第二百二十条　不遵守合同公证证明法律要求的法律后果

1. 如果当事人违反对合同进行公证的法律规定，则合同无效。

2. 如果双方已经就协议的所有重要条件达成一致，并有书面证据确认，而且已经全部或部分履行了协议，但其中一方逃避了对协议的公证，则法院可以承认这种协议是有效的。在这种情况下，不需要随后对合同进行公证。

第二百二十一条　幼儿在其民事行为能力之外实施法律行为的法律后果

1. 幼儿在其民事行为能力范围之外实施的法律行为，可经其父母（养父母）或与之生活在一起的监护人的同意后实施。如果上述人在得知该法律行为后，没有在 1 个月内向另一方提出异议，则该法律行为视为已获批准。

2. 如果法律行为未获批准，则该法律行为无效。如果法律行为是为了幼儿的利益而实施，经当事人请求，法院可以宣布该法律行为有效。

3. 如果涉及幼儿的法律行为是由具有完全民事行为能力的公民进行，则该公民有义务将幼儿获得的全部利益归还本条第 1 款列举的民事主体。

4. 如果在实施法律行为时知道或可能知道另一方当事人的年龄，则有行为能力的一方也有义务赔偿因订立无效法律行为而造成的损失。幼儿的父母（养父母）或不满 14 周岁的未成年人的监护人有义务将其在该法律行为中获得的所有实物归还有行为能力的一方，如果无法归还实物，则应照价赔偿。

5. 如果实施法律行为的双方均为幼儿，则每一方都有义务将该法律行为所得的全部实物归还对方。如果不能收回财产且因为父母（养父母）或监护人的过错行为导致了法律行为或法律行为标的财产的损失，则由父母（养父母）或监护人赔偿财产价值。

6. 未成年人与幼儿进行法律行为时，应适用本法第 222 条第 3 款规定的后果。

第二百二十二条　未成年人在其民事行为能力之外实施的法律行为的法律后果

1. 未成年人未经其父母（养父母）或监护人同意，在其民事行为能力之外进行的法律行为，可在合理期间内根据本法第 221 条规定的程序予以批准。

2. 未成年人未经父母（养父母）、监护人同意在其民事行为能力之外实施的法律行为，法院可在当事人提起诉讼时宣布无效。

3. 如果实施法律行为的双方均为未成年人，则每一方都有义务将其在法律行为中实际获得的一切归还对方。在无法收回实物收益的情况下，应照价赔偿。

4. 如果未成年人没有足够的赔偿资金，父母（养父母）或监护人的过失行为促成了交易的完成或交易标的财产的损失，则父母（养父母）或监护人有义务赔偿所造成的损失。

第二百二十三条　限制民事行为能力的自然人在民事行为能力以外实施的法律行为的法律后果

1. 限制民事行为能力的人未经其监护人同意而在其民事行为能力之外实施法律行为的，按照本法第 221 条规定，其法律行为可以在合理期间内获得追认。

2. 如果没有追认，法院可宣布法律行为无效，如果发现有损害限制民事行为能力人、其家庭成员或对其依法有义务抚养的人的利益，则应予以赔偿。

第二百二十四条　未经监护和托管机关许可而实施的法律行为的法律后果

1. 未经监护和保护机关（本法第 71 条规定）批准而实施的法律行为无效。

2. 如果发现法律行为符合被确定监护或被监护的自然人的利益，则根据利害关系人的要求，法院可宣告其有效。

第二百二十五条　不能理解自己行为的意义或不能控制自己行为的自然人实施的法律行为的后果

1. 有行为能力的自然人在不能理解自己行为的意义或不能控制自己行为时实施的法律行为，可以根据该自然人的请求，或者根据法律行为的实施使其权利和为法律保护的利益受侵害的人的请求，由法院宣布为无效。

2. 在实施法律行为之后才被确认为无民事行为能力人的，其所实施的法律行为，可以根据其监护人的请求由法院确认其无效。

3. 在实施法律行为时了解公民状况的一方当事人有义务赔偿实施法律行为造成的精神损害。

第二百二十六条　无民事行为能力人实施的法律行为的法律后果

1. 监护人可以按照本法第221条规定，批准无民事行为能力人进行的小额的日常生活性法律行为。

如果没有批准，该无民事行为能力人的法律行为和实施的其他法律行为无效。

2. 根据监护人的请求，如果法院确定无民事行为能力人实施的法律行为有利于无民事行为能力人，则法院可以宣布该法律行为有效。

3. 有行为能力的一方应向无民事行为能力人的监护人归还在该法律行为中得到的所有财产，如果无法返还原物，则按赔偿时的财产价值进行金钱赔偿。

监护人应将无民事行为能力人在无效法律行为中得到的所有财产归还有完全民事行为能力的一方。如果财产不存在，监护人对法律行为的实施或造成的损失有过错，则监护人有义务对其价值进行赔偿。

4. 如果一方知道或应当知道另一方不具有行为能力，则有完全民事行为能力的一方有义务对无民事行为能力人的监护人或其家庭成员进行精神损害赔偿。

第二百二十七条　法人超越其权限实施的法律行为的后果

1. 法人在未经相应授权（许可）的情况下进行的法律行为，由法院宣布无效。

2. 如果法人实施法律行为的权利误导了另一方，则应对该法律行为造成的精神损害进行赔偿。

第二百二十八条　以破坏国家和社会利益为目的而实施的违反公共秩序的法律行为的法律后果

1. 违反公共秩序是指法律行为的目的是侵犯个人和自然人的宪法权利和自由，破坏、损害自然人或法人、国家、乌克兰克里米亚自治共和国、领土社区的财产，非法扣押上述财产的行为。

2. 违反公共秩序的法律行为无效。

3. 在法律行为不符合国家和社会利益及其道德原则的要求的情况下，如果法院发现该法律行为是明知违反国家和社会利益的目的而进行的，则可宣告该法律行为无效。在这种法律行为中双方均存在故意且都履行了法律行为的情况下，则依照该法律行为对双方全部所得进行追缴，收归国家所有；一方履行的，应根据法院的判决，将其收到的所有款项和应给付另一方的所有款项收归国家所有。如果在只有一方存在故意的情况下，法律行为中的全部所得都应归还另一方，而另一方所得的或因法院判决而应当向其给付的财物，应收归国家。

第二百二十九条　因误解而实施的法律行为的法律效力

1. 因重大误解而实施的法律行为，法院可宣布该法律行为无效。

对于法律行为性质的误解，对标的物的混淆和对标的物可能大大降低其使用价值的品质的误解是重大误解。对法律行为动机的误解不是重大误解。

2. 如果法律行为被宣布无效，误解系因对方过错发生，则有权要求相对方赔偿对他造成的实际损失。

一方当事人因过失造成误解，有义务向另一方当事人赔偿其所遭受的损失。

第二百三十条　欺诈法律行为的法律后果

1. 如果实施法律行为的一方当事人故意误导另一方当事人，则法院应认定该法律行为无效。

如果一方当事人否认存在可能阻碍法律行为进行的情况，或者如果该方当事人对法律行为的存在保持缄默，即为欺诈。

2. 欺诈一方当事人有义务向另一方当事人赔偿因该法律行为而造成的双倍损失和精神损害。

第二百三十一条　胁迫法律行为的法律后果

1. 一方对另一方施加身体或精神压力而使其违背其真实意愿进行的法律行为，应由法院宣布无效。

2. 有过错的一方（其他人）对另一方施加身心压力的，有义务赔偿因实施该法律行为而造成的两倍损失和精神损害。

第二百三十二条　一方代理人与另一方代理人恶意串通所实施的法律行为的法律后果

1. 一方代理人与另一方恶意串通所实施的法律行为法院认定为无效。

2. 受托人有权要求其代理人和另一方连带赔偿由于双方之间的恶意串通而造成的共同损失和精神损害。

第二百三十三条　乘人之危实施的法律行为的法律效果

1. 乘人之危和极其不利的条件下进行的法律行为，不论由谁发起的，该法律行为都可以被法院宣布为无效。

2. 如果认定这种法律行为无效，则适用本法第216条规定的后果。一方当事人乘人之危实施法律行为，有义务赔偿另一方当事人因该法律行为而遭受的损失和精神损害。

第二百三十四条　虚假法律行为的法律后果

1. 虚假法律行为是指仅具形式而实施的，并无意产生与之相应的法律后果的法律行为。

2. 由法院宣布虚假法律行为无效。

3. 宣布虚假法律行为无效的法律后果应由法律规定。

第二百三十五条　伪装法律行为的法律后果

1. 伪装法律行为是指旨在掩盖另一法律行为而实施的法律行为。

2. 如果确定法律行为是当事人为了掩盖他们实际进行的另一项法律行为，则当事人之间的关系按照当事人实际进行的法律行为规则调整。

第二百三十六条　法律行为无效的起算点

1. 无效的法律行为或被法院宣布为无效的法律行为，自其法律行为实施之日起即为无效。

2. 如果在无效的法律行为中，权利和义务在未来之日生效，则将终止未来的规定。

第十七章　代　　理

第二百三十七条　代理的概念和根据

1. 代理是指一方（代理人）以他人的名义所实施的法律行为。

2. 虽然为他人的利益，但以自己的名义从事活动的人，以及授权出席关于未来可能的法律行为的谈判人，均不是代理人。

3. 代理是根据授权书、法律规定或者被授权的国家机关的文件规定和其他理由而产生的权限。

第二百三十八条　代理人可实施的法律行为

1. 代理人只能被授权进行其所代理的人有权进行的法律行为。

2. 按其性质只有本人才能实施的法律行为，不得通过代理人实施。

3. 代理人不得以被代理人的名义与本人实施法律行为，代理人不得以被代理人的名义与他同时所代理的其他人实施法律行为，但商事代理的情形除外。

第二百三十九条　代理人实施法律行为的法律效力

代理人直接设立、变更、终止被代理人的民事权利和义务。

第二百四十条　转委托

1. 被授予委托的人，必须亲自处理授权事项。如果代理人与被代理人之间的合同或法律有此规定，或者为了维护委托人的利益而迫不得已时，可以委托他人实施。

2. 将代理权转让给他人时，应将此情况通知原委托人并向他说明转受委托人的必要情况。不履行该义务的转委托人应将转受托人的行为作为自己行为承担责任。

3. 受委托的转代理人设立、变更、终止被代理人的民事权利和义务。

第二百四十一条　越权实施法律行为

1. 代理人越权进行的法律行为，只有在被代理人事后同意该法律行为的情况下，才会设立、变更、终止被代理人的民事权利和义务。特别是被代理人以行动表明他已接受法律行为的履行，则应视为已获同意。

2. 被代理人事后同意的法律行为，自法律行为实施之时起对该被代理人设立、变更和终止民事权利和义务。

第二百四十二条　法定代理人

1. 父母（养父母）是其幼年和未成年子女的法定代理人。

2. 监护人是无行为能力人和不满14周岁的未成年人的法定代理人。

3. 在法律另有规定的情况下，法定代理人可以是其他人。

第二百四十三条　商事代理

1. 商事代理人指在企业家签订企业业务领域的合同时，长期和独立地代表经营者的人。

2. 法律行为的当事方同意或在法律规定的其他情况下，允许在同一时间对数个当事人进行商事代理。

3. 商事代理人的权限可以根据商事代理人和被代理人之间的书面合同或授权

书确定。

4. 在某些经营活动领域中，商事代理的特点由法律规定。

第二百四十四条　授权书

1. 基于合同的代理权可通过授权书实施。

2. 代理权可以根据法人机关文件行使。

3. 授权书是一方发给另一方使其在第三人面前代表他的书面授权。被代理人可以直接向有关的第三人提交由代理人实施法律行为的书面授权。

第二百四十五条　授权书的形式

1. 授权书的形式必须符合法律规定的实施法律行为的形式。

2. 以转委托形式产生的授权书，除本条第4款规定的情况外，应以公证方式予以确认。

3. 在军队医院、疗养院和其他军事医疗机关接受治疗的军人和其他人员的授权书由该机关院长、医务副院长、主治医生或值班医生进行公证。

在不设国家公证处和不办理公证业务的部分军事驻地、联合会、军事机关和军事院校驻地点的职工及其家属和军人家属的授权书，由这些部队、联合会、机关和院校指挥员（首长）进行公证。

被关押在刑罚执行机关或审前拘留所的人的授权书可由刑罚执行机关或审前拘留所的负责人进行公证。

居住在没有公证人的地方的人的授权书可以由当地政府授权的官员进行公证，但处置不动产的授权书、管理和处置公司权利的授权书以及使用和处置交通工具的授权书除外。

获得免费二级法律援助的权利主体的授权书，在决定提供这种援助时，可以由法律授权的提供免费法律援助的机关（机关）的官员进行公证。

经上述人员认证的授权书应视为经公证的授权书。

4. 领取工资和其他与劳动关系有关的款项的授权书，领取著作人和发明人报酬、赡养金、补助金和奖学金、自然人银行存款的授权书，以及领取包括汇款和包裹在内的邮件的授权书，可以由委托人工作或学习的单位、其住所地的房管部门和其住院医疗机关的行政部门予以公证。

5. 由公民签发的参加股东大会和进行表决的授权书，应按照法律规定的程序进行公证。

第二百四十六条　法人授权书

以法人名义发出的授权书，应由其机关或其设立文件授权的其他人签发。

第二百四十七条　授权书的期限

1. 授权书的期限由授权书规定。如果未确定授权书的期限，则在授权书终止之前继续有效。

2. 转授权书不得超过所依据的基础授权书的期限。

3. 未指明制作日期的授权书一律无效。

第二百四十八条　授权书的终止

1. 授权书的效力因下列情形之一而终止：

（1）授权书期限届满；

（2）颁发授权书的人撤销授权书；

（3）受托人辞却委托；

（4）授予授权书的法人终止；

（5）作为受托人的法人终止；

（6）授予授权书的公民死亡，被确认为无民事行为能力人、限制民事行为能力人或失踪人；

如果授权人死亡，代理人应保留其授权书中的权利，以便处理不履行义务可能造成损失的紧急案件或采取紧急行动；

（7）作为受委托人的公民死亡，被确认为无民事行为能力人、限制民事行为能力人或失踪人。

2. 随着授权书的终止，代理失去效力。

3. 代理人根据授权书终止代理时，应立即归还授权书。

第二百四十九条　撤销授权书

1. 除不可撤销的授权书外，授权人可在任何时候撤销授权书或重新授权。放弃这一权利是无效的。

2. 授权人在撤销授权书后必须立即通知代表人以及知道授权的第三人。

3. 代理人在知道或应当知道终止授权书之前实施的法律行为，对第三人产生的权利和义务对授权书的签发人及其所有继承人仍然有效。如果第三人知道或应当知道授权书已终止，则不适用本条规则。

4. 法律可以规定民事主体有权在一定时间内签发不可撤销的授权书。

第二百五十条　代理人拒绝执行委托书规定的行为

1. 代理人有权拒绝实施授权书所规定的行为。

2. 代理人应立即将拒绝执行授权书的信息通知其授权人。

3. 如果授权行为是在紧急情况下或旨在防止造成被代理人或其他人损失的情况下做出的，代理人不得拒绝执行授权书所规定的行为。

4. 代理人如违反本条第2款、第3款的规定，应对委托人的损失承担责任。

第五编　期间与诉讼时效

第十八章　期间的确定和计算

第二百五十一条　期间和期日的概念

1. 期间是一段时间，期间届满与具有法律意义的行为或事件相关。

2. 期日是一个特定的时间点，具有法律意义的行为或事件的发生与此有关。

3. 期日和期间可由民法、法律行为或法院裁决确定。

第二百五十二条　期间和日期的确定

1. 期间由年、月、周、日或小时确定。

2. 日期是由日历或指定的事件一定发生的日期确定。

第二百五十三条　期间的开始

期间是从日期的次日或作为期间开始的事件发生的次日起计算。

第二百五十四条　期间的结束

1. 按年计算的期间，到该期间最后一年的相应月和日截止。

2. 对确定为半年的期间以及按季度计算的期间，适用按月计算期间的规则。季度从一年的开始计数。

3. 按月计算的期间，到期间最后一月的相应日截止。

按半月确定的期间，视为以日计算的期间并一律算作15天。

如果按月计算的期间在没有相应日期的月份截止，则该期间到该月的最后一日截止。

4. 按星期计算的期间，到期间最后一星期的相应日期截止。

5. 如果期间的最后一日适逢非工作日，则期间终止的日期为该非工作日之后的第一个工作日。

第二百五十五条　期间最后一日的计算方法

1. 如果对某一行为的实施规定了期间，则可在期间届满的最后一天实施。如果行为是在机关进行的，那么当该机关的相关业务按规定终止时，期间即届满。

2. 在期限的最后一天之前交付给邮局的书面声明和通知视为按时交付。

第十九章　诉　讼　时　效

第二百五十六条　诉讼时效的概念

诉讼时效是被侵权人为维护自己的权利而向法院提起诉讼的期间。

第二百五十七条　普通诉讼时效

诉讼时效的一般期间为 3 年。

第二百五十八条　特殊诉讼时效

1. 法律可以为某些类型的请求规定特殊的时效，即缩短或延长一般诉讼时效。

2. 以下请求诉讼时效期间为 1 年：

（1）罚款追偿（罚金、滞纳金）。

（2）驳斥媒体的不真实报道。

在这种情况下，诉讼时效期间应从大众媒体发布此类信息之日或者当事人知道或应当知道此类信息之日起算。

（3）侵害优先购买权的情况下，将买方的权利和义务转移给共同所有权人。

（4）因所售货物存在缺陷（本法第 681 条规定）。

（5）宣告赠与合同无效（本法第 728 条规定）。

（6）与货物运输有关的损失（本法第 925 条规定）。

（7）对遗嘱执行人行为的诉讼（本法第 1293 条规定）。

第二百五十九条　诉讼时效延长的变更

1. 法律规定的诉讼时效可经当事人协议延长。

延长诉讼时效的合同应以书面形式订立。

2. 法律规定的诉讼时效不得经当事人协议缩短。

第二百六十条　诉讼时效的计算

1. 诉讼时效期间应根据本法第 253 条和第 255 条规定的确定期间的一般规则进

行计算。

2. 诉讼时效的计算方式不得经当事人约定而改变。

第二百六十一条　诉讼时效期间的开始

1. 诉讼时效期间自当事人知道或应当知道其权利被侵犯之日起计算。

2. 胁迫导致法律行为无效的诉讼时效从胁迫行为结束之日起计算。

3. 适用无效法律行为后果的诉讼时效法律行为开始实施之日起计算。

4. 如果未成年人的民事权利或利益受到侵犯，则诉讼时效自其成年之日起计算。

5. 对于有明确履行期的债务，诉讼时效从债务到期日起算。如果债务的履行期限没有明确规定或以债权人请求时确定，则诉讼时效从债权人有权提出履行要求之日起算。如果债务人有履行宽限期，诉讼时效应从宽限期届满时起算。

6. 担保债务的诉讼时效期间自主债务履行之日起算。

7. 本条第 1 款、第 2 款规定的规则的例外情况可由法律规定。

第二百六十二条　债的当事人变更时的诉讼时效

债的当事人的变更并不引起诉讼时效期间及其计算办法的变更。

第二百六十三条　诉讼时效的中止

1. 在下列情况下诉讼时效期间中止：

（1）在当时条件下发生的不可避免的非常事件阻挠了诉讼的提起（不可抗力）；

（2）根据法律而规定的债务延期履行（缓期履行）；

（3）调整有关关系的法律或其他法律的效力中止；

（4）原告或被告正在处于战争状态的乌克兰武装部队或其他依法成立的军事单位中服役。

2. 如果发生本条第 1 款所规定的事由，诉讼时效期间在这些事由持续存在时即予中止。

3. 自时效期间中止事由消除之日起，诉讼时效应从中止前的诉讼时效继续计算。

第二百六十四条　诉讼时效的中断

1. 按规定程序提起诉讼以及义务人实施证明其承认债务的行为，则诉讼时效期间中断。

2. 如果一人对一个以上的债务人提起诉讼，而且该诉讼的标的只是索赔人有权享有的部分，则时效期间中断。

3. 在诉讼时效期间中断结束后，诉讼时效期间应重新开始计算。诉讼时效期间中断前的时间不计入新的诉讼时效期间。

第二百六十五条　驳回诉讼时的诉讼时效期间

1. 如果法院对诉讼不予审理，则在提起诉讼前开始的诉讼时效期间按一般规则继续计算。

2. 如果法院在刑事诉讼中驳回了民事诉讼请求，则从提起诉讼请求之日到驳回诉讼请求的判决生效的期间不计入诉讼时效期间。

如果剩余的期间不足6个月，则该期间延长至6个月。

第二百六十六条　从债权的诉讼时效

从债权（违约金、抵押金、保证金等）的时效期随主债的时效期的届满而届满。

第二百六十七条　诉讼时效期满的后果

1. 在时效期间届满后偿还债务的人，即使在履行时不知道诉讼时效已届满，也无权请求返还已清偿的债务。

2. 无论诉讼时效如何，法院都必须接受保护民事权利或利益的申请。

3. 法院仅应根据争端当事方在判决前所作请求而适用诉讼时效。

4. 争端当事人一方提出诉讼时效期间届满，应构成驳回起诉的理由。

5. 如果法院认为有正当理由不适用诉讼时效，则应保护被侵犯的权利。

第二百六十八条　不适用诉讼时效的请求权

1. 诉讼时效不适用：

（1）因侵犯人身非财产权利而提出的请求，但法律另有规定的除外；

（2）存款人要求银行（金融机构）支付存款的请求；

（3）对人身伤害、其他身体伤害或死亡造成的损害提出赔偿要求，但因作为动产的货物，包括作为包括电力在内的其他动产或不动产组成部分的货物的缺陷而造成的损害除外；

（4）已废止；

（5）投保人（被保险人）向保险人提出保险费的要求（保险赔偿）；

（6）根据乌克兰国家物资储备法规定的义务执行国家物资储备领域政策的中央

行政机关的请求。

2. 法律规定的不受时效限制的其他请求。

第二部分　自然人的人身权

第二十章　自然人人身权的基本规定

第二百六十九条　人格权的概念

1. 每个自然人自出生时自然享有人格权或依法享有人格权。

2. 自然人的人格权不具有财产内容。

3. 人格权与自然人紧密相关。自然人不得放弃人格权，该权利也不得被剥夺。

4. 自然人终身享有人格权。

第二百七十条　人格权的种类

1. 根据乌克兰宪法，自然人享有生命权，健康保护权，获得有利于生命和健康的安全环境的权利，自由和人身不被侵犯的权利，自然人的家庭生活不被侵犯的权利，尊严与荣誉受尊重的权利，通信、通话、电报及其他信件保密的权利，住所不被侵犯的权利，自由选择住处以及变换住处的权利，自由创作文学、艺术、科学、技术作品的权利。

2. 本法和其他法律可以规定自然人的其他人格权。

3. 乌克兰宪法、本法和其他法律中规定的人格权的种类并非穷尽列举。

第二百七十一条　人格权的内容

人格权的内容包括自然人按照自己的意志在自己生活的范围内安排自己的行为。

第二百七十二条　人格权的行使

1. 自然人独立地行使人格权。依据年龄或健康状态不能独立行使人格权的幼儿、未成年人以及成年人，由其父母（养父母）、监护人、托管人按照有利于其的方式行使人格权。

2. 自然人为了保障其人格权的行使，有权请求职务人员和公务人员实施相应的行为。

第二百七十三条 人格权行使的保障

1. 国家权力机关、克里米亚自治共和国的权力机关、地方自治机关应当在自己的权力范围内保障自然人人格权的行使。

2. 法人、法人的劳动者、职责涉及自然人人格权的单个的自然人不得实施损害人格权的行为。

3. 自然人和法人的活动不得损害人格权。

第二百七十四条 人格权的限制

1. 乌克兰宪法规定的自然人的人格权只能在宪法规定的情况下才能被限制。

2. 本法和其他法律规定的自然人的人格权只能在该法律另有规定的情况下才能被限制。

第二百七十五条 人格权的保护

1. 自然人有权保护自己的人格权免受他人的侵害。人格权可以通过本法第 3 章规定的方式进行保护。

2. 根据人格权的内容、被损害的方式和该损害导致的后果,可以通过其他的方式托管人格权。

第二百七十六条 侵犯的人格权的恢复

1. 国家权力机关、克里米亚自治共和国的权力机关、地方自治机关、自然人或法人的决定以作为或不作为的方式侵犯了自然人的人格权的,应当及时实施恢复人格权的必要的行为。

2. 如果未实施立即恢复自然人的人格权的必要的行为,法院可以作出有关恢复权利以及有关该损害导致的精神损害赔偿的判决。

第二百七十七条 驳斥不实信息

1. 因传播有关自然人本人和(或)其家庭成员的不真实信息而侵犯其人格权的,该自然人有权答辩和反驳该信息。

2. 答辩以及反驳死者的不真实信息的权利属于其家庭成员、近亲属和其他利害关系人。

3. 已废止。

4. 对不真实信息的反驳由被传播信息的人进行。

公务人员在履行职责时传播信息的,视其工作单位为传播人。

如果传播不真实信息的人不明,权利受到侵犯的自然人可以向法院提出申请,要求确定该信息所表明的事实不真实并予以反驳。

5. 如果法人采用（出版）的文件中包含不真实的信息，应当撤销该文件。

6. 在印刷品或其他大众媒体上人格权被侵犯的自然人，有权以法律规定的方式在同一大众媒体上对不真实的信息作出答辩和反驳。

如果由于大众媒体终止而无法在同一媒体上进行答辩和反驳，则被散布不真实信息的人的答辩和反驳应当在另一种媒体上发布。

反驳不真实信息不取决于传播它的人有无过错。

7. 反驳不真实信息的方式与传播不真实信息的方式相同。

第二百七十八条　禁止传播侵犯人格权的信息

1. 如果即将出版的报纸、书籍、电影、电视、广播节目等侵犯了自然人的人格权，法院可以禁止传播相应的信息。

2. 如果已经出版的报纸、书籍、电影、电视、广播节目等的发行（发布）中侵犯了自然人的人格权，则法院可以禁止（停止）其传播，直到消除侵权影响，如果侵权行为的消除是不可能的，则没收并销毁已发行的报纸、书籍等。

第二百七十九条　不执行保护人格权法院判决的法律后果

1. 如果已被法院责令采取适当行动以消除侵犯人格权影响的人逃避法院裁判的执行，则法院可根据乌克兰民事诉讼法对其处以罚款。

2. 罚款的支付并不能免除执行法院裁判的义务。

第二百八十条　人格权受到侵犯的自然人损害赔偿权利

如果自然人因其人格权受到侵犯而遭受财产和（或）精神损害，则这种损害应得到赔偿。

第二十一章　保障自然人生存的人身权

第二百八十一条　生命权

1. 自然人享有不可剥夺的生命权。

2. 不可剥夺自然人的生命。

自然人有权通过法律允许的任何方式来保护自己和他人的生命和健康免受非法侵害。

3. 医学、科学和其他实验只能在成年人自愿同意的情况下进行。

药物的临床试验须依法进行。

4. 禁止满足自然人终止其生命的要求。

5. 绝育只能在成年人有意愿时进行。

6. 如果怀孕不超过12周，可以应妇女的要求进行人工流产。

在法律允许的情况下，可以在怀孕12—22周期间进行人工终止妊娠。

允许在怀孕12周后终止妊娠的理由由法律规定。

7. 根据法律规定的程序和条件，成年妇女或男子有权因健康原因在其治疗方案中使用辅助生殖技术。

第二百八十二条　消除威胁生命和健康危险的权利

自然人有权要求消除在经营活动或其他活动中存在的威胁生命和健康的危险。

第二百八十三条　健康保护权

1. 自然人有权保护自己的健康。

2. 根据乌克兰宪法和法律规定，国家和其他组织的体系活动应保护健康。

第二百八十四条　医疗救助权

1. 自然人有权要求为其提供医疗服务。

2. 年满14周岁并已就医的自然人有权选择医生并根据其建议选择治疗方法。

3. 向未满14周岁的自然人提供医疗服务必须征得其同意。

4. 有完全民事行为能力的成年人在了解其行为的意义并可以控制自己行为的情况下，有权拒绝接受治疗。

5. 在紧急情况下，如果自然人的生命出现威胁，则可在未经本人或其父母（养父母）、监护人、托管人同意的情况下提供医疗援助。

6. 向自然人提供精神病治疗需依法进行。

第二百八十五条　自身健康状况的信息权

1. 成年人有权获得关于其健康状况的可靠和完整的信息，包括与其健康有关的医学文件。

2. 父母（养父母）、监护人、托管人有权获得有关子女或被监护人健康状况的信息。

3. 如果有关自然人疾病的信息可能使其健康状况恶化，或使本条第2款所定义的自然人的健康状况恶化，对治疗过程造成损害，医务工作者有权不提供有关自然人健康状况的完整信息，限制病人熟悉某些医疗文件。

4. 如果自然人死亡，其家庭成员或由其授权的其他自然人有权调查其死因，查询有关死因的结论，并有权向法院提起诉讼。

第二百八十六条　健康状况保密权

1. 自然人有权对自己的健康状况，寻求的医疗帮助，在诊断以及身体检查过程中获得的信息保密。

2. 禁止在工作和学习场所，要求或提供有关自然人诊断和治疗方法的信息。

3. 自然人有义务不散布本条第 1 款规定的其在工作和由其他途径获得的信息。

4. 在法律另有规定的情况下，可以要求自然人接受体检。

第二百八十七条　自然人在医疗机构住院治疗的权利

1. 在医疗机关住院治疗的自然人有权面见其他医务人员、家庭成员、监护人、托管人、公证员和律师。

2. 在医疗机关住院的自然人有权接见为其祈祷和进行宗教仪式的牧师。

第二百八十八条　自由权

1. 自然人享有自由权。

2. 禁止对自然人施加任何形式的身体或精神压力，诱使（劝）他人饮酒，使用麻醉剂和精神药物，或进行其他侵犯自由权的行为。

第二百八十九条　人身安全权

1. 自然人享有人身安全权。

2. 自然人不得遭受酷刑、残忍、不人道或者尊严被侮辱的待遇或处罚。

3. 不允许父母（养父母）、监护人、托管人、幼儿机关对未成年儿童和被监护人、被托管人进行体罚。

如果一自然人对处于无助状态的另一自然人实施残忍、不人道的行为，则适用本法和其他法律规定的措施。

4. 自然人有权在其去世后将器官和他身体的其他部分解剖移交给科学、医学或教育机关。

第二百九十条　捐献权

1. 完全民事行为能力的成年人有权成为血液、组织、器官和其他解剖材料以及生殖细胞的捐献供体，未满 18 周岁的自然人可以依法活体捐献血细胞。

血液、组织、器官和其他解剖材料以及生殖细胞的捐献必须依法进行。

2. 除法律规定的情形和方式外，禁止从死者的身体中获取器官和其他解剖材料。

3. 自然人死亡时可以书面同意捐献器官或其他解剖材料，也可以禁止他人捐赠。

除非接受人和捐献人是夫妻或是近亲，否则接受人不应该知道捐献人的面孔，捐献人的家人也不应该知道接受人的身份。

第二百九十一条　家庭权

1. 自然人不论其年龄和健康状况如何，均有权享有家庭权。
2. 除非法律另有规定，否则不得违反自然人意愿将其与家人分开。
3. 无论自然人身在何处，自然人均有权与其家人和亲属保持联系。
4. 除乌克兰宪法规定的情形外，没有人有权干涉自然人的家庭生活。

第二百九十二条　监护权或托管权

不满14周岁的未成年人、未成年人以及在法律上无民事行为能力或限制民事行为能力的自然人，有权获得监护权或保护权。

第二百九十三条　生命健康安全环境权

1. 自然人有权享有生命安全和环境健康权，有权获得有关环境状况、食品和家庭用品质量的可靠信息，以及收集和传递该信息的权利。
2. 自然人和法人破坏环境、毁坏环境、污染环境的活动是非法的。人人有权要求停止此类活动。

自然人和法人的活动致使环境造成损害的，可以由法院判决终止。

3. 自然人有权购买对自己安全的必需品（食品和生活用品）。
4. 自然人有权享有适当的（必要的）、安全的和健康的工作条件、住宿、培训等。

第二十二章　保障自然人社会生活的人身权

第二百九十四条　姓名权

1. 自然人享有姓名权。
2. 自然人有权依照自己的民族传统登记自己的姓氏和名字。
3. 如果自然人的姓名被歪曲，则必须予以更正。如果在文件中对姓名进行了歪曲，则该文件应予替换。如果姓名在媒体上被歪曲，则应在同一媒体上更正姓名。

第二百九十五条　姓名变更权

1. 年满16周岁的自然人有权自行决定更改自己的姓氏和（或）名字。

2. 如果父母中的一方死亡，宣布失踪，宣布死亡，被认定为限制行为能力、无行为能力，被剥夺对该孩子的亲权的情况下，以及如果有关父亲（母亲）的信息子女的出生登记不包括在子女出生登记册上，或者如果根据母亲的申请将男子作为子女父亲的身份列入子女出生登记册上，年满 14 周岁的自然人有权在父母或其中一方同意的情况下改变自己的姓氏和/或自己的名字。

年满 14 周岁的自然人，如果父母中的一方已经死亡，被宣告失踪，被宣告死亡，被认定为限制民事行为能力、无民事行为能力或被剥夺亲权，或者如果有关该子女父亲（母亲）的信息从该子女出生的记录中删除，或者根据该自然人母亲的要求将关于该自然人父亲的信息列入出生登记，经父母或其中一方同意，有权更改自己的姓氏和（或）名字。

如果被监护人已满 14 周岁，则应在监护人的同意下对姓氏和（或）名字进行变更。

3. 年满 14 周岁的自然人，如果其父亲变更自己的姓名或者从该自然人出生记录中删除了有关他父亲的姓名，则该自然人有权更改其父称。

4. 如果收养依法被宣告无效或依法撤销，自然人的姓名和父称可以变更。

5. 结婚、离婚或婚姻无效的情况下，自然人的姓氏可以更改。

6. 拒绝更改姓名的理由：

（1）对申请人提起刑事诉讼或行政拘留；

（2）申请人存在的犯罪记录未经法律程序取消或撤回；

（3）外国执法机关正式发出对申请人的通缉令；

（4）申请人提供关于自己的虚假资料。

7. 更改自然人姓名（姓氏、名字、父称）的申请程序，由乌克兰内阁规定。

第二百九十六条 姓名使用权

1. 自然人有权在其所有活动领域中使用自己的姓名。

2. 在文学作品和除文件性质的作品外的其他作品中，只有在征得自然人的同意后，才能将自然人的名字用作人物（演员），在自然人死亡后，必须征得其子女、遗孀（鳏夫）的同意，如果没有，必须征得父母、兄弟姐妹的同意才可以使用。

3. 为了报道自然人活动或者工作、学习活动使用自然人的姓名，根据相关文件（记录、逐字记录、记录、音频、视频、档案材料等），未经其同意，允许使用。

4. 被拘留、涉嫌犯罪或被指控犯有刑事罪行的自然人的姓名，或犯有行政处罚的自然人的姓名，只有在法院对其定罪或对行政处罚作出裁决和法律规定的其他情况下可以公开。

5. 只有经受害者同意，才能公开其姓名。

6. 涉及自然人生活的民事纠纷当事人的姓名只有在其同意的情况下才能使用。

7. 在媒体、文学作品中使用自然人姓氏的首字母并不侵犯其权利。

第二百九十七条　尊严和荣誉尊重权

1. 每个人有尊严和荣誉权。

2. 自然人的尊严和荣誉不可侵犯。

3. 自然人有权向法院申请保护其尊严和荣誉。

第二百九十八条　尊重死者

1. 每个人须尊重死者的遗体。

2. 每个人须尊重安葬死者的地方。

3. 对死者的遗体或者死者家人安葬其地点进行侮辱，死者近亲属有权要求财产和精神损害赔偿。

第二百九十九条　商业信誉不受侵犯权

1. 自然人有权维护其商业信誉不受侵犯。

2. 自然人可以向法院申请保护其自身商业信誉。

第三百条　个性权

1. 自然人享有个性权。

2. 自然人有权维护其民族、文化、宗教和语言特性，有权自由选择体现其个性的形式和方法，只要这些形式和方法不为法律所禁止，也不违背社会道德原则。

第三百零一条　隐私权

1. 自然人享有隐私权。

2. 自然人自主决定私人生活并且决定是否与他人分享。

3. 自然人有权对自己的隐私状况保密。

4. 自然人的隐私情况只有在涉嫌犯罪并经法院判决确认的情况下，或在征得其同意的情况下，才可向其他人披露。

第三百零二条　信息权

1. 自然人有权自由收集、存储、使用和传播信息。

未经允许不得收集、存储、使用和传播关于自然人隐私的信息，除非是为了国家安全、经济利益和人权。

2. 信息传播者须确保信息真实性。

自然人传播来源于政府的（国家机关、地方政府信息、报告、记录等）信息时，不必核实其真实性，对其质疑时也不承担责任。

自然人传播来源于政府的信息时，须指明其出处。

第三百零三条　个人资料权

1. 个人资料（文件、照片、日记、其他记录、自然人档案材料等）属于自然人所有。

2. 只有经个人同意才能查询、使用其资料，包括发表的资料。

3. 如果自然人资料与他人隐私有关，则必须征得对方的同意才可以使用，包括出版。

4. 在本条第 2 款和第 3 款规定自然人死亡的情况下，个人资料只能在征得其子女、遗孀（鳏夫）同意的情况下使用，包括通过公开方式使用，如果没有，则必须征得父母、兄弟姐妹的同意。

第三百零四条　个人资料的处理

属于自然人个人的资料，自然人可以口头或者书面形式，包括通过遗嘱处理。

第三百零五条　馆藏个人资料的查阅权

自然人有权自由查阅和使用（尤其是出版）存放在图书馆或档案馆的任何个人资料，但须遵守本法第 303 条第 3 款和第 4 款的规定，除非存放个人资料所依据的合同另有规定。

第三百零六条　通讯秘密权

1. 自然人有权对信件、电报、电话交谈、电报信息和其他类型的信件保密。信件、电报等应为收件人的财产。

2. 信件、电报和其他信函只有在征得发信人和收信人的同意后方可使用，特别是用于出版。

如果信件涉及另一自然人的个人生活，则使用时必须征得该人的同意，特别是用于出版。

3. 如果发送信件的自然人和收信人死亡，只有在征得本法第 303 条第 4 款规定的自然人的同意后，方可使用信件，特别是用于出版。

发送信件的自然人和收件人死亡，以及在本法第 303 条第 4 款规定的情况下，具有科学、艺术或历史价值的信件可以按照法律规定的程序进行公布。

4. 只有当个人信件的内容载有涉及与案件判决有关的证据时，才可以附在法院案件中。此类信件中包含的信息不应披露。

5. 在法律规定的情况下，为了防止犯罪或在刑事诉讼程序中，如果无法以其他方式获得信息，法院可以允许侵犯通信保密。

第三百零七条　在拍摄照片、电影、电视和录像时保护自然人的利益

1. 经本人同意，自然人可以拍摄照片、电影、电视或录像。如果在街道、大会、代表会议、集会和其他公共活动中公开拍摄，则允许个人同意拍摄照片、电影、电视或录像。

2. 同意拍摄其照片、电影、电视或录像的自然人，可以要求停止公开展示与其隐私有关的内容。停止展览或记录的费用由该自然人偿还。

3. 只有在法律规定的情况下，才能未经自然人同意以照片、电影、电视或录像带（包括秘密拍摄）的形式拍摄自然人。

第三百零八条　在照片和其他艺术作品中展示自然人利益的保护

1. 自然人的照片和其他艺术作品可以公开展示、复制和发行，但须经本人同意。如果该自然人死亡，须经本法典第303条第4款所指人员同意。

在照片、其他艺术作品中展示的该自然人同意，可由本法第303条第4款规定的人员在其死亡后撤回。公开展示、复制或分发照片或其他艺术作品的人的费用由这些人偿还。

2. 如果自然人付费给作者，则可在未经作者同意的情况下公开展示、复制或发行照片和其他艺术作品。

自然人付费展示作者的照片和其他艺术作品的，在作者去世后，其子女和遗孀（鳏夫）、父母、兄弟姐妹可以要求停止公开展示、复制或发行照片或其他艺术作品，但须向作者或他人赔偿其他相关损失。

3. 如果为了保护自然人的利益或其他人的利益，可以不经照片中的自然人许可而发表照片。

第三百零九条　文学、艺术、科学和技术创作自由权

1. 自然人有权自由从事文学、艺术、科学和技术创作。

2. 自然人有权自由选择创作的领域、内容和形式（方法、技巧）。

不允许对创作过程和创作活动成果进行审查。

第三百一十条 居住权

1. 自然人有居住权。

2. 自然人有权自由选择和变更居住地,除非法律另有规定。

第三百一十一条 住宅不受侵犯权

1. 自然人的住宅不受侵犯。

2. 自然人的住宅不受侵犯。只有根据法院判决,才能进入、检查或搜查自然人的住宅或其他财产。

3. 在涉及拯救生命和财产或直接起诉犯罪嫌疑人的紧急情况下,法律可以规定进入、检查和搜查自然人住宅或其他财产的其他方式。

4. 除法律另有规定的情况外,不得将自然人驱逐或以其他方式强行剥夺其住宅。

第三百一十二条 职业选择权

1. 自然人有选择和更换职业的权利。

2. 法律规定在某些情况下可以禁止自然人从事某些工作或担任某些职务。

3. 禁止强迫自然人劳动。

4. 不被视为强迫劳动的有:兵役或可替代性的(非军事)服务、工作;根据法院判决或其他裁决需要履行的责任;在军事和紧急状态下法律规定的工作或服务。

第三百一十三条 迁徙自由权

1. 自然人有行动自由的权利。

2. 年满 14 周岁的自然人有权在乌克兰境内自由独立迁徙并选择其住所。

未满 14 周岁的自然人只有在父母(养父母)同意的情况下才有权在乌克兰境内旅行,并且要有监护人的陪同,或者专人的保护,法律另有规定的除外。

3. 拥有乌克兰国籍的自然人有权自由返回乌克兰。

年满 16 周岁的自然人有权自由独立离开乌克兰。

未满 16 周岁的自然人只有在其父母(或养父母)或监护人的同意下,并在他们的陪同下或由他们授权的人的陪同下才能离开乌克兰,但法律另有规定的除外。

4. 只有在法律另有规定的情况下,才能限制自然人行使迁徙自由权。

5. 不得将自然人驱逐出其所选择的不被法律禁止的居住地。

6. 如果为了维护国家安全、公共秩序、生命和健康的利益,法律可以规定特定进入某些领域的特殊规则。

第三百一十四条　结社自由权

1. 自然人有自由参加政党和社会组织的权利。

2. 自然人是否属于某一政党或社会组织，不应构成限制其权利、给予其优待或特权的理由。

第三百一十五条　和平集会权

1. 自然人有权自由参加和平集会、代表会议、内部会议、庆典等。

2. 对行使和平集会权的限制可由法院依法律确定。

第七部分　白俄罗斯共和国民法典总则

（王　静　译　邓社民　周盛杰　校对）

白俄罗斯共和国民法典总则于1998年10月28日经众议院通过，1998年11月19日经共和国委员会通过，1998年12月7日（218-3）生效。2016年1月5日进行了修改。此文本是根据2016年修改的文本翻译而成。

目　录

第一编　总则
　第一分编　一般规定
　　第一章　民法
　　第二章　民事权利和义务的产生，民事权利的行使和保护
　第二分编　人
　　第三章　公民（自然人）
　　第四章　法人
　　　第一节　基本规定
　　　第二节　商业公司
　　　　一、一般规定
　　　　二、无限公司
　　　　三、两合公司
　　　　四、有限责任公司
　　　　五、补充责任公司
　　　　六、股份公司
　　　第三节　生产合作社
　　　第四节　单一制企业
　　　第四节之一　农户（农场）

第五节 非商业组织

第六节 国家联合会

第五章 白俄罗斯共和国和地方自治组织参与民法所调整的关系

第三分编 民事权利的客体

第六章 一般规定

第七章 有价证券

第八章 非物质利益及其保护

第四分编 法律行为和代理

第九章 法律行为

第一节 法律行为的概念、种类和形式

第二节 法律行为的无效

第十章 代理和委托书

第五分编 期间和诉讼时效

第十一章 期间的计算

第十二章 诉讼时效

第一编 总 则

第一分编 一 般 规 定

第一章 民 法

第一条 民法所调整的关系

1. 民法规定民事流通参加者的法律地位，规定了所有权和其他物权、智力活动成果权的产生依据及实现程序，调整从事经营活动的人之间的关系或者他们参加的合同或者其他债权债务关系，以及其他财产和与财产有关的人身非财产关系。

经营活动是指法人和自然人以自己的名义、自担风险、自负财产责任，在民事范围内开展的独立活动，其目的是通过使用、销售、生产、加工财产，获取用于销售的物品，以及通过完成工作或提供服务（如果这些工作或服务是为他人提供的，不用于自己消费）。

手工艺活动是指自然人根据劳动合同和（或）民法合同，在没有其他自然人参与的情况下，以满足公民家庭需求为目的，利用手工劳动和工具（包括电动工具）独立开展的制造和销售商品、完成工作、提供服务的活动。

不属于经营活动：

手工业活动；

农业生态旅游服务活动；

经营私人农场的白俄罗斯共和国公民生产、加工和销售自己生产的农产品的活动；

律师活动；

公证员的公证活动；

仲裁活动；

调解活动；

在临时的科学团体内开展的活动；

自然人使用自己的证券和银行账户作为支付手段或以储蓄和获得收入为目的的活动；

自然人在不涉及其他自然人的情况下根据劳动合同和（或）民事法律合同进行的下列活动：

在白俄罗斯共和国临时居住和暂时居住的外国公民和无国籍人在市场和（或）地方行政和管理机构确定的其他地方的商业场所销售绘画、图形、雕塑、民间工艺品，植物和养蜂产品，每个日历月不得超过 5 天（以下简称一次性销售）；

除本部分第 12 段规定的人外，自然人在市场和（或）地方行政和管理机构确定的自然人建立的其他地点的商业场所出售自然人创作的绘画、图形、雕塑、手工艺品；花卉生产，观赏植物，种子和幼苗，动物；药用植物、浆果、蘑菇、坚果、其他野生产品；如果有白俄罗斯共和国税法典第 294 条第 11 款第二部分和第三部分规定的文件，白俄罗斯共和国税法典第 294 条第 11 款第一部分第三段规定的产品；

提供农业生产服务；

提供打碎谷物服务；

放牧；

辅导（个别科目的咨询服务）、教学课程、教育领域、主题，包括帮助准备集中测试；

住宅清洁和整理；

儿童保育；

家政服务工作人员提供的服务：洗涤和熨烫床上用品及其他物品，宠物的养护和管理，购买食物，做饭，洗碗，从客户资金中支付住房和公用事业费；

为婚礼、纪念日和其他庆祝活动提供音乐和娱乐服务；

演员、舞者、音乐家、口语表演者的活动；

宴会主持人提供的服务；

摄影，摄像；

与生日、新年和其他节日有关的活动，不论在何处举行；

出售家养的小猫和幼犬（猫、狗）；

除农畜外，家畜的饲养、照料和训练服务；

复印、准备文件和其他专门的办公室事务；

笔译和口译活动；

由机器提供的用于测量体重、身高的服务；

修补缝纫品、针织品和帽子，不包括修理地毯和地毯类物品；

出租房屋，但提供短期住宿的除外。

符合本款第一部分和第二部分所述特征的家庭、劳动、土地关系、其他自然资源利用和环境保护关系，受民法调整，如果婚姻和家庭法、劳动和就业法、土地保护和使用法和其他专门立法没有规定的除外。

2. 与行使和保护不可剥夺的人权和自由及其他非物质财富（与财产无关的人身关系）有关的关系受民法调整，这些关系的实质内容另有规定的除外。

3. 白俄罗斯共和国的公民（以下称"公民"），白俄罗斯共和国的法人（以下称"法人"），白俄罗斯共和国，白俄罗斯共和国的行政区划单位（以下称"行政区划单位"）是民法调整的关系的参加者。

如果白俄罗斯共和国宪法、白俄罗斯共和国的国际条约及其他法律文件另有规定外，民法规定的规则适用于外国公民、无国籍人、外国和国际法人（非法人组织），根据这些国家法律是民事关系的参加者的外国国家及其国家行政区划实体参与的关系。

4. 除非法律另有规定，否则民法不适用于基于一方对另一方的行政从属关系的财产关系，包括不适用于税收和预算关系。

第二条　民法的基本原则

民法的基本原则是为界定和规范民事关系的原则体系。

民法具有以下原则：

包括国家、国家机关和官员在内的所有民事主体都在白俄罗斯共和国宪法和根据其立法行为建构的框架内行事（法律至上原则）；

国家为保证社会目的实现指导和协调国有和私人经济活动（经济活动调节的社会导向原则）；

权利的行使不应与公共利益和安全相抵触，不应损害环境、历史文化价值，不应侵犯受法律保护的他人权益（公共利益优先原则）；

民事法律主体平等地参与民事关系，民事法律主体在法律面前平等，不能享受违背法律的利益和特权，并且其权利和合法利益不受任何歧视地被平等保护（民事主体平等原则）；

个人合法取得的财产受法律和国家保护，保障其不可侵犯性，只有在符合法律规定的条件和程序的情况下，出于公共需要或根据法院的命令才能强制处分，对于被没收财产应当及时、充分补偿（财产不可侵犯原则）；

公民和法人可以自由签订合同，除非法律规定或自愿接受了订立合同的义务，否则不得强迫订立合同（合同自由原则）；

如无特殊情况，民事主体应当诚信、理智（民事主体的诚实信用和合理原则）；

禁止干涉私人事务，除非出于国家安全、公共秩序、道德、公共卫生、他人权利和自由的利益而根据法律规范进行干涉（禁止干涉私人事务的原则）；

公民和法人有权在法院以及通过法律规定的其他方式保护自己的权利，并有权在民事法律规范的界限内实现权利的自卫（不受阻碍地行使民事权利、获得补救和司法保护的原则）；

白俄罗斯共和国宪法和其他法律文件规定的，以及以下民事法律规范的内容和意义的其他原则。

民事法律关系的参加者以自己的意志和为了自己的利益取得和行使民事权利。他们可以自由地在合同的基础上确定自己的权利和义务，并可以自由地确定不违反法律的任何合同条件。

第三条　民法

1. 民法是一个包含民法规范的规范性法律行为体系，包括：

立法（白俄罗斯共和国宪法，本法典、白俄罗斯共和国法律、白俄罗斯共和国政令和法令）；

白俄罗斯共和国总统的指示；

白俄罗斯共和国政府根据法律颁布的决定；

白俄罗斯共和国宪法法院、白俄罗斯共和国最高法院和白俄罗斯共和国国家银行在其管辖范围内为调节白俄罗斯共和国宪法规定的民事关系而颁布的法令，以及根据宪法通过的其他法令；

各部委、其他国家行政机关、地方行政机关和自治机关在法律、白俄罗斯共和国总统令和白俄罗斯共和国政府决议规定的内容和范围内颁布的法规。

2. 如果法律与白俄罗斯共和国宪法不一致，则以宪法为准。

如果白俄罗斯共和国总统的法令或命令与本法或其他法律不一致，只有在法律授权颁布该法令或命令的情况下，才以本法或其他法律为准。

其他法律中的民法规则必须符合本法。如果上述法令与本法不一致，应适用本法。

如果其他民事法律规范与本法有冲突（分歧），则应适用白俄罗斯共和国关于规范性法律文件的法律规定。

第四条　民法的时间效力

除非《宪法》和根据《宪法》通过的其他法律另有规定，民事立法行为不溯及既往，适用于由下列原因引起的关系：

民法生效后；

民法生效前签订的合同当事人的关系根据本法典第 392 条调整。

第五条　民法的类推适用

1. 在本法典第 1 条规定的关系没有被法律或当事人协议明确规定的情况下，则调整类似关系的民法规则（法律类推）适用于这种关系，因为这与它们的实质不冲突。

2. 在不可能使用法律类推情况下，当事人的权利和义务根据民法的基本原则和含义确定（权利类推）。

3. 民事权利的限制和责任的确定不适用规则类推。

第六条 民法和国际法规范

白俄罗斯共和国承认公认的国际法原则的优先地位，并确保这些原则符合民法。

已生效的国际条约中的民法准则是白俄罗斯共和国境内现行民法的组成部分，可直接适用，除非根据国际条约的规定，适用这些准则需要颁布国内法，白俄罗斯共和国表示同意受有关国际条约约束的法律行为具有法律效力。

白俄罗斯共和国国际条约所载的尚未生效的民法规范可以由白俄罗斯共和国以白俄罗斯共和国国际条约所确立的方式暂时适用。

第二章 民事权利和义务的产生，民事权利的行使和保护

第七条 民事权利和义务产生的根据

1. 民事权利和义务由法律规定产生，也可以根据公民和法人的行为产生，尽管该行为未作事先规定，但依据民法的基本原则和精神也能够产生公民权利和义务。

因此，民事权利和义务产生的根据是：

（1）法律规定的合同和其他法律行为，以及虽未经法律规定，但不与法律相抵触的合同和其他法律行为；

（2）国家机关和地方自治机关颁布的，法律规定作为民事权利和义务产生根据的文件；

（3）规定民事权利和义务的法院判决；

（4）按照法律准许的根据而取得财产；

（5）科学、文学、艺术作品的创作，发明和其他智力活动的成果的创作；

（6）给他人造成损害；

（7）不当得利；

（8）公民和法人的其他行为；

（9）引起民事法律后果发生的立法事件。

2. 应进行国家登记的财产权利，自进行相应权利的登记之时起产生，但法律另有规定的除外。

第八条 民事权利的行使

1. 公民和法人根据自己的意志行使属于他们的民事权利。

2. 公民和法人放弃行使属于他们的民事权利并不导致这些权利的终止，但法律另有规定的情况除外。

第九条 民事权利行使的范围

1. 公民和法人不得实施仅以致人损害为目的的行为，也不得以其他形式滥用权利。

禁止为了限制竞争而行使民事权利以及滥用在市场上的优势地位。

2. 在本条第1款规定的要求未得到遵守的情况下，普通法院、仲裁庭可以驳回当事人保护其权利的请求。

3. 滥用权利的人有义务恢复受害人的状态，赔偿所遭受的损失。

4. 如果法律规定对民事权利的保护取决于是否善意和合理地行使了这些权利，则推定民事法律关系的当事人是善意和合理的。

第十条 民事权利的司法保护

1. 普通法院、仲裁庭（以下简称"法院"）根据诉讼法规定的管辖权，并在法律规定的情况下根据合同，保护被侵犯或有争议的民事权利。

2. 在不违反法律的情况下，可以根据法律或合同在诉诸法院之前解决当事人之间的纠纷。

除非本法、其他立法法令或合同另有规定，否则在向法院提起诉讼以解决法人实体和（或）个体企业之间发生的纠纷之前，必须提出索赔（自愿解决纠纷的书面提案）。提出索赔的程序由法律或合同规定。

3. 只有在法律另有规定的情况下，才能在行政程序中保护公民权利。可以向法院起诉行政决定。

第十一条 民事权利保护的方式

民事权利的保护通过以下方式实现：

（1）确认权利；

（2）恢复侵权前存在的状态；

（3）制止侵权行为或造成侵权威胁的行为；

（4）确认有争议的法律行为无效并适用其无效后果，确定法律行为无效的事实并适用其无效后果；

（5）确认国家机关或地方自治机关的文件无效；

（6）权利的自卫；

（7）判决用实物履行义务；

（8）赔偿损失；

（9）追索违约金；

（10）精神损害赔偿；

（11）终止或变更法律关系；

（12）法院不适用国家机关或地方管理和自治机关与法律抵触的文件；

（13）法律规定的其他方式。

第十二条　确认国家权力机关或地方管理和自治机关的文件无效

国家权力机关或地方管理和自治机关的非规范性文件，以及在法律另有规定的情况下上述机关的规范性文件，如果与法律不一致并侵犯了公民或法人的民事权利和受法律保护的利益，可以由法院确认为无效。如果法院认定该行为无效，则应以本法第 11 条规定的其他方式恢复或保护被侵犯的权利。

第十三条　民事权利的自力救济

民事权利可以通过权利受到侵犯的人的直接行为保护，如果这种行为不违法。

如果保护人的行为与侵权行为的性质和危险相当，并没有超出预防和制止侵权行为的界限，在紧急或必要防卫情况下实施民事权利自卫造成的损害不违反法律。

第十四条　赔偿损失

1. 被侵权人有权要求赔偿对他造成的全部损失，但法律另有规定的除外。

2. 损失是指：被侵权人为恢复其遭到侵犯的权利而花费的或应该花费的开支，其财产的灭失或损坏（实际损害），以及被侵权人未能得到的，而如其权利未受到侵犯时在民事流转通常条件下可能得到的收入（预期的利益）。

如果侵权人因侵权而得到收入，被侵权人在请求赔偿其他损失的同时，有权请求赔偿不少于上述收入的预期的利益。

第十五条　国家权力机关和地方管理和自治机关所造成损害赔偿

由于国家机关及其公职人员、地方自治机关及其公职人员的非法行为（不作为），包括国家机关或地方自治机关发布不符合法律规定的法令，给公民或法人造成的损害应由白俄罗斯共和国或相关行政区域单位按法律规定的方式予以赔偿。

第二分编 人

第三章 公民（自然人）

第十六条 公民的权利能力

所有公民平等地享有民事权利和承担民事义务的能力（民事权利能力）。

公民的权利能力始于出生，终于死亡。

第十七条 公民权利能力的内容

公民依法取得自己财产的所有权；继承财产和设立遗嘱处分财产；从事经营活动和法律不予禁止的任何其他活动；单独成立法人或者与其他公民或法人一起成立法人；实施不违反法律的行为和参与权利义务关系；选择居住地；享有科学、文学和艺术作品、发明或者其他智力成果的著作者权；享有其他财产权利和个人非财产权。

第十八条 公民的姓名

1. 公民以自己的名义取得权利和义务并行使权利和承担义务，公民的姓名包括姓、名和父称（如果有父称），法律另有规定的除外。

在法律有规定的情况下，公民可以使用化名（假名）。

2. 公民有权根据法律程序更改自己的姓名。公民更改姓名不是中止或变更以原名获得的权利和义务的根据。

公民有义务采取必要的措施将其姓名更改通知其债务人和债权人，并承担因债务人和债权人不知其姓名变更而造成的风险。

更改姓名的公民有权要求以其原名办理的文件作出相应的变更，费用自负。

3. 公民在出生时取得的姓名以及姓名的更改，应当按照户籍登记规定进行登记。

4. 不得冒用他人姓名取得权利义务。

5. 非法使用他人姓名造成损害的，应依照本法予以赔偿。

如果歪曲使用其姓名或以损害公民名誉、人格或商业声誉的方式或形式使用其姓名，则适用本法第 153 条规定。

第十九条 公民的住所地

1. 公民的住所地是公民依法享有所有权、处分权和（或）使用权的住房的所在地（地点），或者是该公民经常或主要居住地点，如无法以上述办法确定住所地

（如果没有住房，则住所地是逗留地），住所地是身份证明文件或其他登记文件中指明的居住地，或该人的财产所在地。

2. 未满14周岁的未成年人或受监护的公民的住所应为父母、养父母或监护人的住所。

第二十条　公民的行为能力

1. 公民自成年起，即年满18周岁时起，完全具有以自己的行为取得和行使民事权利，为自己设立民事义务并履行民事义务的能力（民事行为能力）。

2. 如果法律允许解放（本法典第26条）或未满18周岁结婚，则未满18周岁的公民自作出解放决定之日起或自结婚之日起获得完全行为能力。

因婚姻而获得的完全民事行为能力即使在解除婚姻的情况下也得以保留。

在确认婚姻无效时，法院可以判决未成年配偶自法院确定的时间起丧失完全行为能力。

3. 除法律另有规定外，所有公民具有平等的行为能力。

第二十一条　不得剥夺或限制公民的权利能力和行为能力

1. 除非在法律另有规定的情况下和依照法律规定的程序，否则任何人的行为能力和权利能力均不受到限制。

2. 公民全部或部分拒绝权利能力或行为能力和其他旨在限制权利能力和行为能力的法律行为，自始无效，法律允许这种法律行为的除外。

第二十二条　公民的经营活动

1. 自国家登记为个体经营户之日起，无法人资格的公民有权从事经营活动。为了从事经营活动个体经营户根据民事法律和（或）劳动合同招收从事经营活动的自然人的数量，以及为此目的使用财产的数量可能被法律文件限制。

2. 本法典调整作为商业组织法人活动的规则相应地适用于无法人资格公民的经营活动，除非有法律或法律关系的实质另有规定。

3. 无法人资格从事经营活动的公民，违反本条第1款的规定，无权以其不是个体工商户为理由进行法律行为。为经营活动法律规定的规则适用于此类法律行为。

第二十三条　公民的财产责任

公民以自己的全部财产对自己的债务承担责任，但依法不得对之进行强制追索的财产除外。

由民事诉讼法规定不得强制追索的公民财产清单。

第二十四条　个体工商户经济破产

1. 不能清偿与其经营活动有关的债权的个体工商户可以依照法院的判决被认定为资不抵债（破产人）。

2. 在确认个体工商户破产的程序中，与其经营活动无关的债权人也有权提出自己的请求，即使债权人未经此程序提出，在经营者破产程序办理完毕后也仍然有效。

3. 个体工商户如果被宣告破产，其债权则以其可以追索的财产予以清偿。

4. 与债权人结算完成后，被宣告破产的个体工商户免于履行剩余与其经营活动有关的债务以及确认经营者破产过程中的其他请求。

在被宣告破产或申请自己破产的个体经营者对其生命或健康以及其他人身造成损害承担责任的请求之前，公民请求权继续有效。

5. 法院宣告个人经营者在经济上破产或宣告破产的根据和程序以及清偿债务人要求的顺序应由本法和其他法律确定。

第二十五条　年满 14 周岁不满 18 周岁的未成年人的行为能力

1. 年满 14 周岁不满 18 周岁的未成年人除本条第 2 款规定的法律行为外，实施其他法律行为时必须有自己的法定代理人——父母、养父母或者托管人的书面同意。

此类未成年人实施的法律行为经其父母、养父母或监护人的书面批准后也应有效。

2. 年满 14 周岁不满 18 周岁的未成年人未经其法定代表人的同意，有权独立享有的权利有：

（1）处分自己的工资、奖学金和其他个人收入；

（2）行使科学、文学或艺术作品、发明或其他智力活动的成果的著作者的权利；

（3）依法将存款存入银行或非银行金融机关；

（4）实施小额的日常性法律行为和第 27 条第 2 款规定的其他行为。

年满 16 周岁的未成年人有权依照合作社法的规定成为合作社的成员。

3. 14 周岁至 18 周岁未成年人根据本条第 1 款从事法律行为的财产责任由未成年人承担，而书面同意进行法律行为的人负有连带责任。

14 周岁至 18 周岁未成年人根据本条第 2 款对其实施的法律行为独立承担财产责任。

根据本法第 58 章的规定，未成年人应对其造成的损害承担责任。

4. 如果有充分的理由，法院可以根据父母、养父母或监护人或监护机关的要求，限制或剥夺 14 周岁至 18 周岁的未成年人独立管理其工资、奖学金或其他收入的权利，但该未成年人依据本法第 20 条第 2 款的规定取得完全民事行为能力的情形除外。

第二十六条　完全民事行为能力

1. 如果未满 16 周岁的未成年人根据雇佣合同（合同）工作或在其父母、养父母、监护人的同意下从事经营活动，则视为具有完全民事行为能力。

在父母双方、养父母或监护人、监护机关的同意下，法院可以决定宣布未成年人具有完全民事行为能力（解除限制）。

2. 父母、养父母和监护人对具有完全民事行为能力的未成年人的债务，包括由于致人损害而引起的债务，不承担任何责任。

第二十七条　14 周岁以下未成年人（以下简称不满 14 周岁的未成年人）的行为能力

1. 除本条第 2 款规定的法律行为外，不满 14 周岁的未成年人只能由其法定代理人——父母、养父母或监护人代为行使法律行为。

除非白俄罗斯共和国住房法另有规定，否则本法第 35 条第 2 款、第 3 款规定的规则适用于未成年人的法定代理人实施有关财产的法律行为。

2. 14 周岁以下未成年人有权独立实施以下行为：

（1）小额日常生活性法律行为；

（2）无须公证或注册进行国家登记的无偿获利的法律行为；

（3）由法定代理人提供或由第三人代表出于特定目的或免费处置而提供的用于支配资金的法律行为。

3. 14 周岁以下未成年人的法律行为，包括本人独立完成的法律行为，由其父母、养父母或托管人承担赔偿责任。未满 14 周岁的未成年人造成损害的，应根据本法第 58 章的规定赔偿损失。

第二十八条　以未成年人名义处分银行存款（储蓄）的权利

行为人以及存款人在法律另有规定的情况下以未成年人名义进行的银行存款（储蓄）由其父母、养父母或托管人按照本法第 35 条的规定管理（在法律或合同规定的情况下）。

第二十九条 确认公民无行为能力

1. 由于精神病而不能理解自己行为的意义或不能控制自己行为的公民，可以由法院依照民事诉讼法规定的程序确认为无民事行为能力人，并对其设立监护。

2. 被确认为无民事行为能力人的公民的监护人以无民事行为能力人的名义实施法律行为。

3. 如果确认公民无行为能力的根据不复存在，则法院应确认该公民具有行为能力。依照法院的判决撤销对其的监护。

第三十条 限制公民的行为能力

1. 因酗酒或吸毒而使其家庭物质状况艰难的公民，可以由法院依照民事诉讼法规定的程序限制其行为能力，对其应设立托管。

其有权独立实施小额的日常生活性法律行为。

只有取得托管人的同意，被托管人才能实施其他法律行为，包括领取工资、赡养金和其他收入以及处分上述收入。但是，被托管人应对其实施的法律行为和造成的损害独立承担财产责任。

2. 如果限制公民行为能力的根据不复存在，法院应撤销对其行为能力的限制。依照法院的判决撤销对该公民设立的托管。

第三十一条 公民经营活动的限制

在立法规定的情况下，公民的经营活动（个体工商户、发起人、股东、财产所有人或法人的负责人等）可以根据法院判决而被限制。限制期限最多为3年。

在整个限制期内，经营活动受限制的公民不能从事的活动有：

在没有成立法人实体的情况下进行经营活动；

通过其行为获得和行使权利，为自己创设并履行法人财产所有人（发起人、股东）的职责；

在法人执行机关中担任职务；

担任企业管理者和其他用于经营活动的财产的管理者；

该公民拥有的企业和其他财产，在经营活动限制期间仅可将其转让给信托人使用。

第三十二条 监护

1. 对不满14周岁的未成年人以及因精神障碍（精神疾病或痴呆症）而被法院确认为无行为能力的公民应设立监护权。

2. 监护人依法为被监护人的法定代理人，可以被监护人的名义和为了被监护人的利益实施一切必要的法律行为。

第三十三条　托管

1. 对年满 14 周岁不满 18 周岁的未成年人以及因酗酒或吸毒而被法院限制民事行为能力人应设立托管。

2. 托管人对被托管人无权独立实施的法律行为作出同意或不同意实施的决定。

托管人对被托管人在行使权利和履行义务方面给予协助，并保护其不受第三人的不法利用。

第三十四条　作为被监护人代表的监护人和托管人

监护人和托管人是依照法定程序设立的，在与任何人和组织（包括法院）的关系中维护被监护人的权利和利益，无须特别授权。

第三十五条　被监护人财产的处分

1. 被监护和被托管公民的收入，包括因管理其财产而应付给他的收入，除被监护人和被托管人有权独立处分的收入外，其余均由监护人和托管人开支，但只能是为被监护人和被托管人的利益并且必须事先得到监护和保护机关的同意。

监护人或托管人有权无须经监护和保护机关的事先批准用应付给被监护人和被托管人的收入为维持其生活进行必要的开支。

2. 不经监护和保护机关的事先批准，监护人无权实施转让被监护人财产的法律行为，包括交换或赠与、出租、无偿使用或抵押被监护人财产的法律行为，无权实施放弃属于被监护人的权利、分割其财产或从中分出若干份额的法律行为以及导致被监护人财产减少的任何其他法律行为；而不经监护和保护机关的事先批准，托管人无权对实施上述法律行为表示同意。

被监护人和被托管人财产的管理办法由法律规定。

3. 监护人、托管人及他们的配偶和近亲属无权与被监护人或被托管人订立契约，但向被监护人或被托管人赠与财产或移交财产供其无偿使用的除外，也无权在被监护人或被托管人与监护人或托管人的配偶或其近亲属之间缔结契约时和进行诉讼案件时代表被监护人或被托管人。

第三十六条　被监护人财产的信托管理

1. 在有必要对被监护人和被托管人的不动产和贵重的动产进行经常性管理时，监护和保护机关应同该机关确定的管理人签订针对该财产的信托管理合同（本法第

53 章）。在这种情况下，监护人或托管人对未交付信托管理的被监护人和被托管人的财产仍保留自己的权能。

2. 在管理人行使其对被监护人和被托管人财产的管理权限时，对管理人适用本法第 37 条第 2 款、第 3 款规定的规则。

3. 本法第 903 条第 1 款规定对被监护人和被托管人财产的委托信托管理依照法律为终止财产信托管理合同规定的根据而终止，以及在监护或托管终止时终止。

第三十七条 对有行为能力公民的庇护

1. 对于因健康状况不能独立行使和保护自己权利和履行义务的具有行为能力的成年公民，可以根据其请求，对其设立庇护。

对公民设立庇护并不意味着限制公民的权利。

2. 具有行为能力的成年公民的帮助人（托管人）由监护和保护机关指定，但必须征得该公民的同意。

3. 属于具有行为能力的成年被庇护人的财产，由帮助人依照同被庇护人签订的委托合同或委托管理合同进行处分。为维持和满足受庇护公民的家庭需求而实施的其他法律行为，由帮助人征得被庇护人的同意后进行。

4. 依照本条第 1 款对具有行为能力的成年公民设立的庇护，根据受庇护公民的要求予以终止。

第三十八条 确认公民失踪

如果在公民的住所地已逾 1 年没有关于其下落的消息，法院可以根据利害关系人的申请宣布其为失踪公民。如果无法确定得到失踪人信息的最后日期，则认定失踪的开始日期应为次月的第一天，在无法确定月份的情况下，则认为次年的 1 月 1 日为计算失踪的期限开始之时。

第三十九条 公民被宣告失踪的后果

1. 被宣告失踪的公民的财产，如果有必要对其进行经常性管理，则依照法院的判决交付监护和保护机关确定的人员并由该人员依照与该机关签订的委托管理合同实行委托管理。

2. 失踪公民财产的信托管理人应当履行其义务，偿还债务，并为失踪公民的利益而管理财产。根据利害关系人的要求，向失踪者必须赡养的公民提供赡养费。

3. 监护和保护机关也可以在自得到失踪人最后下落信息之日起尚不满 1 年时指定失踪人财产的管理人。

4. 本条未规定的确认公民失踪的其他后果，由法律规定。

第四十条　宣告失踪的撤销

1. 被宣告失踪的公民重新出现或发现其下落时，法院应撤销宣告其失踪的判决。依据法院的判决，对该公民财产的管理亦予以撤销。

2. 如果自受托人任命之日起 3 年后，宣布公民失踪的决定没有被撤销，并且没有向法院提出宣告公民死亡的诉请，则监护机关必须向法院申请宣告公民死亡。

第四十一条　宣告公民死亡

1. 如果在公民的住所地超过 3 年没有该公民下落的信息，可以由法院宣告其死亡，如果该公民在有死亡威胁的情况下失踪或者在有理由推断其由于某一不幸事故而死亡的情况下失踪，则在超过 6 个月没有其下落时可以由法院宣告其死亡。

2. 军人或其他因军事行动而失踪的军人或者其他公民，应在军事行动结束后至少满两年，法院方可宣布其死亡。

3. 法院宣告公民死亡的判决生效之日被认为是被宣告死亡的公民的死亡之日。对处于有死亡威胁的情况下失踪或在有理由推断其死于某一不幸事故的情况下失踪的公民，法院可以将推定其死亡的日期确认为其死亡日期。

4. 宣告公民死亡对公民权利和义务关系的影响与死亡相同。

第四十二条　被宣告死亡的公民重新出现的后果

1. 在被宣告死亡的公民重新出现或发现其下落时，法院应撤销关于宣告其死亡的判决。

2. 无论何时重新出现，该公民均有权要求在宣告其死亡后无偿得到其财产的任何人返还尚存在的财产，但本法第 283 条第 3 款规定的情形除外。

根据有偿法律行为获得被宣告死亡公民财产的人，如果能够证明在取得财产时其明知被宣告死亡的公民尚在人世，则应返还原物。如不可能返还原物，则应照价赔偿。如果被宣告死亡的公民的财产已经转移到国家，并在符合本条规定的条件下被国家出售，则宣告死亡的判决被撤销后，应返还出售财产所得的价款。

第四十三条　户籍登记

1. 以下各项户籍状况应进行国家登记：

（1）出生；

（2）结婚；

（3）确定母亲和（或）父亲身份；

（4）收养子女；

（5）死亡；

（6）变更姓、名、父称；

（7）在婚姻和家庭法规定的情况下解除婚姻。

2. 户籍登记机关和户籍登记程序由法律规定。

第四章 法 人

第一节 基 本 规 定

第四十四条 法人的概念

1. 凡对独立财产享有所有权、经营权或业务管理权并以此财产对自己的债务承担责任，能够以自己的名义取得和实现财产权利和人身权利并承担义务，能够在法院起诉和应诉的组织，经正式国家登记或经法律承认的组织为法人。

2. 法人的发起人（股东）由于参与创立法人，能够对该法人享有债权或对其财产享有物权。

商业公司、生产合作社和消费合作社，属于其股东对其财产享有债权的法人。此类法人的股东仅对其转让给法人以用作对法定资本的出资的财产拥有财产权。

国有或自治地方所有的单一制企业，以及由财产所有权人拨款的机关，属于其发起人对其财产享有所有权和其他物权的法人。

3. 除本法、其他法律或白俄罗斯共和国总统法令另有规定外，社会团体和宗教团体（联合组织）、慈善基金会和其他基金会、法人的联合组织（协会和联合会），也属于其发起人（股东）对之不享有财产权利的法人。

在白俄罗斯共和国法律、白俄罗斯共和国总统立法行为规定的情况下，行政区域单位可以拥有与非营利组织有关的财产权，包括不存在发起人（股东）的情况。

4. 获得法律批准的国家机关以及国家法人的成立（创建），重组和撤销（清算）的特点，由批准此类机关和法人特殊法律地位的其他法律规定。

第四十五条 法人的权利能力

1. 法人能够享有符合其设立文件所规定的活动宗旨的民事权利并承担与该活动有关的义务。

对法律明文列出的某些种类的活动，法人须取得专门许可（执照）才能从事。

2. 只有在法律另有规定的情况下和依照法律规定的程序，法人的权利才能受到限制。对限制其权利的决定，法人有权向法院提起申诉。

3. 法人的权利能力自其成立之时产生（第47条第2款）并在其清算完成之时终止（第59条第8款）。

法人进行须取得专门许可（执照）方能从事的活动的权利，如果法律或其他法律未作不同规定，则自取得该执照之时产生或在执照规定的期限内产生，并在执照有效期届满时终止。

除非本法另有规定，否则国家机关和国家法人的法律行为能力自规定成立（创建）该机关或法人的法律生效之时起产生，自规定撤销（清算）该机关或法人的法律生效之时起终止。

依法设立的国家机关以及国家法人必须纳入国家统一法人和个体企业登记簿。考虑到此类机关和法人的成立（创造）的特殊性，将此类机关和法人纳入国家统一法人和个体企业登记簿的程序由白俄罗斯共和国政府决定。

第四十六条 商业组织与非商业组织

1. 法人可以是以获取利润为其活动基本宗旨的组织（商业组织），或者是不以营利为基本目的，也不在其股东中分配所获利润的组织（非商业组织）。

2. 作为商业组织的法人，可以商业公司、生产合作社、单一制企业、农民企业的形式以及本法规定的其他形式成立。

3. 作为非商业组织的法人，可以消费合作社、社会团体和宗教团体（协会）、由财产所有权人拨款的机关、慈善基金会和其他基金会的形式以及法律规定的其他形式成立。

建立非商业组织的目的可以是实现社会、环境、慈善、文化、教育、科学和管理等目标，保护公民健康，发展体育文化和运动，满足公民的精神和其他非物质需求，保护公民和法人实体的权利和合法利益，解决争端和冲突，根据法律提供法律援助，以及其他旨在实现公共利益的目的。

在本法和其他法律规定的情况下，可成立非商业组织以满足公民和法人的物质（财产）需求。

非商业组织只有在以下情况下才可以从事经营活动：经营活动符合非商业组织成的立宗旨，可以达到其成立目的；完成设立文件中规定的国家重要任务必须进行经营活动；对于某些形式的非商业组织，如果法律规定其只能通过成立商业组织和（或）参加商业组织来从事经营活动的，从其规定。

4. 允许成立商业组织和（或）个体企业协会，以及以协会和联合会形式成立商业和（或）非商业组织协会以及以国家协会形式成立的商业、非商业组织和（或）个体企业。

在法律规定的情况下，商业、非商业组织和（或）公民可以其他形式成立协会。

第四十七条之一　法人的国家注册

1. 除国家机关和国家法人外，法人应依照法人国家注册法规定的程序进行国家注册。除非法律另有规定，否则国家注册的资料应列入法人和个体企业国家统一登记簿。

不论以何种形式成立法人，立法都禁止对法人的组成文件进行更改和（或）添加。

执行、登记机关不进行法人的国家登记或拒绝法人的国家登记以及对法人设立文件的修改和（或）补充的，可向法院提起诉讼。

2. 除白俄罗斯共和国总统令另有规定外，一个法人自其完成国家注册之日起即视为成立。

3. 在法律另有规定的情况下，法人需重新注册。

4. 公民或法人有权以法律确定的方式接收法人和个体企业国家统一登记簿中包含的信息。

第四十七条之二　商业组织的注册资本

1. 商业组织应独立确定注册资本的规模，但法律规定最低注册资本的商业组织除外。商业组织的注册资本规模必须不低于法律规定的最小规模。

2. 对商业组织的注册资本的出资可以是包括金钱和有价证券在内的物，也可以是包括财产权在内的其他财产或可进行价值评估的其他可转让权利。

对商业组织注册资本的非货币财产的估价应当在法律另有规定的情况下和依照法律规定的程序对其可靠性进行鉴定。

商业组织的注册资本不能是受法律或者合同限制的转让权利。

立法行为也可以对作为商业组织的注册资本的出资作出限制。

3. 如果在第二个会计年度及以后每一个会计年度结束时，一个商业组织的净资产价值低于注册资本的价值，则该组织有义务酌情将其注册资本减少到不超过其净资产价值的数额。如果法律规定法定最低注册资本数额的商业组织净资产价值缩减，根据第二个会计年度及以后每一个会计年度的结果，该组织将按规定的程序清算，但须低于注册资本的最低限额。

第四十八条　法人的设立文件

1. 法人根据章程和（或）设立文件进行活动。法人的设立文件由其发起人（股东）签订，其章程由发起人批准。本法和其他立法行为可为批准法人设立不同的程序。白俄罗斯共和国总统令可以规定批准法人据以活动的规定。

2. 法人的章程及法人的设立文件应该规定法人的名称、法人的住所地、法人的活动目的、法人活动的管理办法，还应含有本法为相应种类的法人所规定的其他内容。

在设立文件中应规定：发起人（股东）负责设立法人，为设立法人而进行共同活动的程序，向法人移交自己财产的条件和参加法人活动的条件。除此之外，设立合同还应规定股东分配利润和分担亏损的条件和办法，法人活动的管理程序，发起人（股东）退出法人的条件和程序。经发起人（股东）同意，其他条件也可包含在设立文件中。

非商业组织的设立文件以及在法律规定的情况下，商业组织的设立文件必须确定法人的经营主体。商业组织的设立文件也可以规定其经营主体。法人的活动目标非营利组织的组成文件中以及在法律规定的情况下在商业组织的设立文件中规定。如果法律法规没有强制性规定，商业组织的活动目标由设立文件规定。

3. 设立文件的变更自其进行国家注册时起对第三人生效，而在法律另有规定的情况下自将变更情况通知进行国家注册的机关之时起生效。但是法人及其发起人（股东）在同按这些变更条款进行活动的第三人的关系中无权援引这些尚未进行过国家注册的变更条款。

对共和国国家和社会团体章程的修改，自批准此类修改的法令生效之时起对第三人生效。

第四十九条　法人的机关

1. 法人通过其依照法律和设立文件进行工作的机关取得民事权利和承担民事义务。法人机关的任命或选举程序由法律和设立文件规定。

2. 在法律另有规定的情况下，法人可以通过财产所有人取得民事权利和承担民事义务（发起人、股东）。

3. 依照法律或法人设立文件以法人的名义进行活动的人，应该为所代表的法人的利益认真而合理地进行工作。如果法律或合同没有不同的规定，其应当根据法人发起人（股东）的请求赔偿其给法人造成的损失。

第五十条　法人的名称和住所地

1. 法人有自己的名称，名称中应指明法人的组织法形式。非商业组织的名称以及在法律另有规定的情况下的其他商业组织的名称，还应该指明法人的活动性质。

在法人的名称中应包括白俄罗斯共和国的正式全名或缩写名称的缩写，"国家"和"白俄罗斯"等字样，也可以按照白俄罗斯共和国总统确定的方式在法人的文件或广告资料中包含这种名称或国家符号的元素。白俄罗斯共和国官方全称或缩写词、"国家"和"白俄罗斯"字样列入法人名称中，按照白俄罗斯共和国总统确定的程序，此名称或者国家象征元素列入法人文件或宣传材料。

2. 法人实体的住所地由其常设执行机关［行政区划单位、居住区以及房屋、公寓或其他房舍（如有）］的所在地决定，如果没有常设执行机关，则以其他机关或个人在没有授权书的情况下代表法人工作的所在地为法人的住所地。

3. 法人的名称和住所地应在其设立文件中予以载明。

如果法人的住所地发生变化，则该法人应按照法律确定的程序，通知注册机关，法律另有规定的除外。

4. 已废止。

第五十一条　代表处和分支机构

1. 代表处是设立在法人住所地之外，代表和维护法人的利益的独立部门，代表它进行法律行为和其他法人活动。代表处是位于法人所在地以外的独立分支机构，保护和代表法人利益，代表法人进行交易和其他法律行为。

2. 分支机构是设立在法人住所地之外的独立部门，并行使法人的全部或部分职能，包括代表处职能。

3. 代表处和分支机构不是法人。它们拥有由设立它们的法人划拨的财产并根据该法人批准的章程进行工作。

法人代表处和分支机构的财产分别记入设立法人的资产负债表（适用简化税收制度的组织和个体经营者的收入和支出分类账）。

代表处和分支机构的领导人由法人任命并根据其委托书进行工作。

代表处和分支机构应在设立它们的法人的设立文件中作出规定。

4. 在确定银行和非银行金融组织、公共组织（协会）和共和国国有公共协会的组织结构的代表机关和分支机关（分支机关）的法律地位时要考虑到法律规定的特点。

第五十一条之一　外国组织代表处

1. 外国组织的代表处是位于白俄罗斯共和国境内的独立部门，该代表处保护和代表外国组织的利益，并代表外国组织的利益和其他不违反法律的职能。

不允许其活动旨在推翻或强行改变宪法，侵犯国家完整和安全，宣传战争、暴力，煽动民族、宗教和种族仇恨，或其活动可能对公民权利和合法利益造成损害的外国组织设立代表处。

2. 外国组织在白俄罗斯共和国境内设立代表处，应视为按照法律规定的程序获得授权后成立。

法律可对外国组织代表处的法律行为活动和其他活动加以限制。

3. 外国组织的代表处的名称应包含创建该组织的外国组织的名称。

第五十二条　法人的责任

1. 除所有权人出资的机构外，法人以自己的全部财产对自己的债务负责。

2. 国有企业和所有权人出资的机构，依照本法典第113条第8款、第115条和第120条规定的程序和条件对自己的债务承担责任。

3. 除法律或法人设立文件规定的情况外，法人的发起人（股东）或其财产所有权人不对法人的债务承担责任，而法人也不对其发起人（股东）或财产所有权人的债务承担责任。

如果法人的资不抵债（破产）系其财产所有权人、发起人（股东）、或有权对该法人发布强制性命令或以其他可能方式规定法人行为的人所致，则在法人财产不足以清偿债务时，可以由上述人对法人的债务承担补充责任。

第五十三条　法人的改组

1. 法人的改组（合并、加入、分立、分出、改变组织法形式）可以依照其财产所有权人（发起人、股东）的决议或根据其设立文件享有此权限的法人机关的决议进行。

2. 在法律另有规定的情况下，法人的改组如果是进行分立或者是从中分出一个或几个法人，则根据授权的国家机关的决议或法院的判决进行。如果法人的发起人（股东）授权的机关或者其设立文件授权对法人进行改组的法人机关，在授权的国家机关决定规定的期限内未能对法人进行改组，则由法院根据上述国家机关的请求从外部任命法人的管理人并委托其实现该法人的改组。自任命外部管理人之时起，法人事务的管理权移交给该管理人。外部管理人以法人的名义在法院进行起诉和应诉，编制分立资产负债表并将分立资产负债表连同因法人改组而新产生的法人的设立文件一并提交法院审议。经法院批准的上述文件是重新产生的法人进行国家注册的根据。

3. 在法律另有规定的情况下，合并、加入或改变组织法形式等形式的法人改组，只有经被授权的国家机关的同意才能进行。

4. 除加入形式的改组外，自新产生的法人进行国家注册之时起，法人即被认为已完成改组。

在一个法人加入另一个法人而对法人进行改组时，自将后加入的法人终止活动的事项载入统一的法人国家登记簿之时起，法人即被视为已经改组。

第五十四条　法人改组时的权利继受

1. 在几个法人进行合并时，每一法人的权利和义务依照移交文件移转给新产生的法人。

2. 在法人加入另一个法人时，后加入的法人的权利和义务依照移交文件移转给后者。

3. 在法人分立时，其权利和义务依照分立资产负债表移转给新产生的几个法人。

4. 在从一个法人中分出一个或几个法人时，被改组法人的权利和义务依照分立资产负债表移转给其中的每一个法人。

5. 在一种类型的法人改组成为另一种类型的法人（改变组织法形式）时，被改组法人的权利和义务依照移交文件移转给新产生的法人，但不能属于新产生法人的权利和义务的除外。

第五十五条　移交文书和分立资产负债表

1. 移交文书和分立资产负债表应该包含关于被改组法人对其所有债权人和债务人的全部债权债务继受的规定，包括对双方有争议的债权债务继受的规定。

2. 如果白俄罗斯总统令没有其他规定，移交文书和分立资产负债表由法人的财产所有权人（发起人、股东）批准或由作出法人改组决议的机关批准。

第五十六条　法人改组对债权人权利的保障

1. 被改组的法人或者作出法人改组决议的机关，应将此情况书面通知被改组法人的债权人。

2. 被改组法人的债权人有权要求终止或提前履行该法人所欠债务,并且要求赔偿损失。

3. 如果根据分立资产负债表不可能确定被改组法人的权利继受人,则新产生的法人对被改组法人的债务向其债权人承担连带责任。

第五十七条 法人的清算

1. 法人清算的后果是法人的终止,而其权利和义务并不依照权利继受的方式转让给他人,除非法律另有规定。

2. 法人可以通过以下决议清算:

(1) 财产所有人(发起人、股东)或公司章程授权的法人机关,包括法人设立的期限届满、其成立目的实现、商业组织违反法律规定的注册资金组成程序、法人的国家登记被法院确认无效;

(2) 法院在以下情况决定法人的清算:由于该法人成立的期限已满而未根据本款第1项作出清算决定,已经实现其成立目的,该商业组织的成立违反了法律规定的注册资金的组成程序,法院确认该法人的国家登记无效;

(3) 在未取得经营活动的特别许可证(执照)的情况下,或开展法律禁止的经营活动或在其他屡次或严重违反法律的情况下;

(4) 法人的破产;

(5) 法律规定法定最低注册资本数额的商业组织净资产价值缩减,根据第二个会计年度及以后每一个会计年度的结果,须低于注册资本的最低限额;

(6) 违反法律规定的清算程序和条款;

(7) 在本法和其他法律法规规定的其他情况下;

(8) 如果发现违反本款第2项、第3项、第5项和第6项的规定,则授权的国家机关应在其职权范围内向法院提起诉讼以清算该法人,除非法律另有规定;

(9) 如果发现违反本款第6项的规定,则清算法人的债权人应有权向法院提起诉讼以清算该法人;

(10) 法律规定的其他机关。

3. 根据法院关于清算法人的决定,法人财产所有人(发起人、股东)或法人设立文件授权清算法人的机关可以履行清算法人的义务。

4. 作为商业组织或以消费者合作社、慈善或其他基金形式运作的法人,在被确认为破产后，应根据本法第 61 条进行清算。

如果该法人的财产价值不足以清偿债权人的债权，则只能按照本法第 61 条规定的方式进行清算。

破产导致的法人清算的规定不适用于国有企业。

5. 在法律另有规定的情况下，只有获得授权的国家机关的同意才能进行法人的清算。

第五十八条 作出法人清算决议的人的义务

1. 除法律另有规定外，由法人的财产所有人（发起人、股东）或其设立文件授权的清算法人的机关任命清算委员会（清算人），在清算委员会的主席和成员之间分配职责（在任命清算委员会的情况下），确定清算的办法和期限。法人的清算最长期限由法律规定。

2. 如果被清算的法人实体对债权人负有债务，清算委员会主席（清算人）任命的法人负责人应符合法律规定要求，且不得是法人财产所有权人（创始人、参与人）。

3. 从清算委员会（清算人）任命之日起，管理法人事务的权限应移交给该清算委员会。清算委员会（清算人）以被清算法人的名义在法院起诉和应诉。

第五十九条 法人清算的程序

1. 清算委员会主席（清算人）必须以书面形式将此事通知法人的登记机关，以便在决定清算该法人之日起的 10 个工作日内，将法人正在进行清算的信息列入法人和个体企业国家统一登记簿。

在法律另有规定的情况和方式下由清算委员会将法人正在清算的信息、清偿债务人债权的程序和截止日期均发布在计算机网络上，并在大众媒体上发布。同时，被清算法人的债权人申请债权的期限不得少于两个月，从在因特网上发布该法人正处于清算过程的信息之日起算，但法律对起算点另有规定的除外。

清算委员会（清算人）应采取一切可能的措施来查明债权人和应收账款，并以书面形式将法人的清算通知债权人。

清算委员会（清算人）根据被清算法人的会计核算和财务报表以及其他确认债权存在的文件，依据本法第 60 条的规定确定第一顺位和第二顺位的债权数额。

禁止法人进行与清算无关的法律行为。

2. 在债权人提出索偿要求的期限届满之后，清算委员会（清算人）应拟定一份临时清算资产负债表，其中应包含有关清算法人的财产构成、债权人提出的索偿清单及其审议结果的资料。

除法律另有规定外，临时清算资产负债表由法人的财产所有人（发起人、股东）或作出清算法人决定的机关批准。

3. 如果清算法人（机关除外）可用的资金不足以清偿债务人的债权，则清算委员会（清算人）将以法律规定的方式公开拍卖法人的财产。

4. 清算委员会（清算人）按照本法第60条规定的优先顺序，从临时清算资产负债表被批准之日起，依照临时清算资产负债表向被清算法人的债权人支付货币，但第四顺序的债权人除外，该顺序债权人自临时清算资产负债表被批准之日起1个月后付款。

5. 除法律另有规定外，与债权人的结算完成后，由清算委员会（清算人）拟定清算资产负债表，该清算资产负债表须经法人的财产所有人（发起人、股东）或作出清算法人决定的机关的批准。

6. 如果国有企业的财产被清算，清算机关清算的资金应清偿债务，债权人有权向法院起诉，但由该企业或机关的财产所有人的财产清偿剩余部分。

7. 除非法律或法人的设立文件另有规定，否则在清偿债务后剩余的法人财产将转移给其财产所有人（发起人、股东），该财产所有人对该法人享有该财产的物权或相对于该法人的债权。

8. 自登记机关决定在国家法人和个体经营统一登记簿中将法人除名后，法人清算视为已完成。

第六十条　债务的清偿

1. 法人清算时，债务按以下顺序清偿：

（1）第一顺序是清偿被清算的法人对生命或健康造成的损害负有责任的公民的债务，通过一次性付清原应分期给付的款项总额的方式进行；

（2）第二顺序是支付职工的遣散费、依著作权合同给付的酬金、根据劳动合同以及（或者）民事合同支付工人的报酬；

（3）第三顺序是清偿国家预算和非预算基金的债务，并清偿以法人财产作为担保的债务，在出售该担保财产所得资金的范围内予以清偿；

（4）第四顺序是与被清算法人的其他债权人进行结算。

在法人因资不抵债而被清算的情况下，应根据破产法规定的程序清偿债务。

由于破产而对法人进行清算时，债权人对债权的清偿是根据破产法律确立的程序进行的。

2. 在完全清偿上一顺序的债务之后，才能清偿下一顺序的债务。

3. 除法律另有规定外，在清算法人财产不足的情况下，该财产应按数额按比例分配给相应优先权的债权人。

4. 如果清算委员会（清算人）拒绝清偿债务或规避其请求，债权人有权在批准该法人的清算资产负债表之前向法院对被清算法人提起诉讼。根据法院的判决，可以清算法人的剩余财产来清偿债务。

5. 债权人在清算委员会（清算人）规定的提出债权的期限届满后提出的债权请求，由被清算法人在清算完成后剩余的财产进行清偿。

6. 由于被清算法人的财产不足而未被清偿的债权人的债权被视为已经清偿，但本法第62条规定的情况除外。如果债权人未向法院提起诉讼，清算委员会不承认的债权以及法院判决驳回的债权也被视为已经清偿。

第六十一条 法人的破产

除国有企业外，消费合作社、慈善或其他基金形式运营的法人、商业组织如果不能清偿债务，可被法院认定为破产。

将法人确认为破产意味着必须对其进行重组，并且在不能继续经营或没有继续进行经营活动的根据的情况下进行清算。

法院确认法人破产的理由、重整的措施或清算的程序由破产法规定。

第六十二条 法人清算后对其财产的追偿

如果在法人清算完成之后被证明为逃避对债权人的债权，将自己的财产转移给其他人或以其他方式故意隐藏其部分财产，则在清算程序框架内未完全被清偿其债权的债权人有权追回未偿债权部分。在这种情况下，应相应地适用本法第284条的规定。如果该财产的转让人知道或应当知道该法人对债权人隐瞒该财产的意图，则应认为该转让人是非善意的。

第二节　商　业　公　司

一、一般规定

第六十三条 关于商合伙和商业公司的基本规定

1. 拥有由其发起人（股东）按股份出资（投资）组成的注册资本（共同投资）的商业组织为商合伙和商业公司。用发起人（股东）的投资建立的财产，以及商合伙和商业公司在其活动过程中生产和获得的财产，归商合伙和商业公司所有。

在本法典规定的情况下，商业公司可以由一人或者股东之一建立。由股东之一建立的商业公司的法律地位、创立、活动、重组和清算的特征由有关商合伙和商业公司的立法确定。

2. 商合伙和商业公司可以无限公司或两合公司的形式成立。

3. 商业公司可以股份公司、有限责任公司或补充责任公司的形式成立。

4. 无限公司的股东和两合公司的无限责任股东可以是个体工商户和（或）商业组织。

商业公司的股东和两合公司的投资人可以是公民和（或）法人。

除非法律另有规定，否则国家机关和地方自治机关无权成为商业公司的股东和两合公司的投资人。

经所有权人（所有权人授权的机关）许可，单一制企业、国家协会以及所有权人出资的机关可以成为商业公司的股东和两合公司的投资人，但法律另有规定的除外。

法律可以禁止或限制某些类别的公民参加商业公司。

5. 商业公司可以成为其他商业公司的发起人（股东），但本法和其他法律另有规定的除外。

6. 商业公司股东的非金钱投资应根据公司发起人（股东）的协议估价，在法律另有规定的情况下还应进行独立的鉴定估价。

7. 已废止。

第六十四条　商合伙和商业公司股东的权利和义务

1. 商合伙和商业公司股东的权利：

（1）参与合伙或公司事务的管理，但本法典第83条第2款和法律规定的情形除外；

（2）获得关于商合伙和商业公司活动情况的信息和按设立文件规定的程序查看账簿及其他文件；

（3）参与利润的分配；

（4）在商合伙和商业公司清算时获得同债权人结算后所余的那部分财产或者所余财产的价值。

商合伙和商业公司的股东还可以享有本法、关于商业公司的法律、商合伙和商业公司的组成文件规定的其他权利。

2. 如果商业公司的股东退出或被除名（股份公司股东除外），商业公司应向其支付其所占份额相对应的商业公司的部分净资产价值，但设立文件另有规定的除外，以及商业公司自该股东退出时起至结算期间所获得的部分利润。经退出的股东与商业公司的其余股东同意，可通过发放实物代替向其支付净资产价值。

商合伙和商业公司净资产中的属于退出的（或被除名的）股东的份额的价值由退出时制定的资产负债表（采用简化税制的组织和个体经营的收支簿）确定，而利润部分——以结算时确定。

向退出（被除名）的股东支付股份价值或发放其他资产，应在会计年度结束时并且在批准退出或确认除名的年度报告后，自申请退出或决定除名之日起12个月内进行支付，但设立文件另有规定的除外。

3. 商业组织或商业公司股东的义务：

（1）依照设立文件规定的程序、数额、方式和期限投资；

（2）不泄露关于商合伙和商业公司活动的机密信息；

（3）履行法律赋予他们的其他职责。

商合伙和商业公司的股东还可能承担其设立文件规定的其他义务。

第六十五条　商业公司的改组

1. 一种形式或一种类型的商合伙和商业公司，可根据法律规定的情况和程序，由股东大会决定转变为另一种形式或另一种类型的商业公司，或转变为无限公司、生产合作社或单一制企业，但一人公司除外，一人公司仅能转变为另一种形式或另一种类型的商业企业，或转变为单一制企业。

2. 在商业公司改组成为公司时，每一位无限责任股东在成为商业公司股东（股东）后在两年内以自己的全部财产对从商业组织移转给商业公司的债务承担补充责任。前股东转让属于他的股份（股票）并不免除他的这一责任。本款所规定的规则也相应地适用于商业组织改组成生产合作社和单一制企业的情形。

二、无限公司

第六十六条　无限公司的基本规定

1. 公司的股东（无限责任股东）根据他们之间签订的合同以公司的名义从事经营活动并以属于他们的财产对公司的债务承担责任的公司是无限公司。

2. 一个人只能成为一个无限公司的股东。

3. 无限公司的商业名称或者应该包含其全部股东的姓名（名称）和"无限公司"字样，或者包含一个或几个股东的姓名（名称）并加上"和公司"及"无限公司"字样。

第六十七条 无限公司的设立文件

1. 无限公司依照设立文件创建和开展活动。设立文件应由所有股东签字。

2. 无限公司的设立文件除包含本法第48条第2款规定的内容外，还应包含以下条款：公司共同投资的数额和构成；每一股东在共同资本中的数额和变更股份的程序；股东出资的数额、构成、期限和程序；股东违反投资义务的责任。

第六十八条 无限公司的管理

1. 无限公司活动的管理依照全体股东的一致同意进行。公司的设立文件可以规定哪些情况由股东的多数票通过决议。

2. 无限公司的每一个股东拥有一票，但设立文件规定了确定其股东拥有票数的不同办法的除外。

3. 无限公司的每一个股东，无论其是否被授权管理公司事务，均有权了解公司事务管理的全部文件。放弃或者限制此权利，包括依照公司股东的协议均无效。

第六十九条 无限公司业务的进行

1. 如果设立文件没有规定全体股东共同管理事务，或者委托个别股东管理事务，则无限公司的每一个股东均有权以公司的名义进行工作。

在全体股东共同管理事务时，每一项法律行为的实施均要求公司全体股东的同意。

如果将公司的管理委托给一个或几个股东，则其余股东须取得负责管理公司事务的股东（一个或几个）的委托书方能以公司的名义实施法律行为。

在同第三人的关系中，无限公司无权援引设立文件中限制公司股东权限的规定，除非公司能够证明第三人在实施法律行为时知道或应该知道无限公司的该股东无权以无限公司的名义进行工作。

2. 一个或几个股东所享有的管理公司的权限，在具有重大理由时，特别是被授权人严重地违反自己的职责，或者发现其没有能力合理地管理公司事务时，可以根据公司其他一个或几个股东的要求由法院予以终止。公司的设立文件应根据法院的判决作必要的变更。

第七十条 无限公司股东的义务

1. 无限公司的股东必须依照设立文件规定的条款参加公司的活动。

2. 已废止。

3. 无限公司的股东无权不经其余股东的同意以自己的名义和为了自己的利益或者为第三人的利益实施构成与公司活动对象的法律行为同类的法律行为。

违反这一规则时，公司有权根据自己的选择，要求该股东赔偿对公司造成的损失或者向公司移交通过该法律行为所得到的全部收益。

第七十一条 无限公司利润的分配和亏损的分担

1. 无限公司利润与亏损均在其股东中按各自投资的比例进行分配，但设立文件或股东的其他协议有不同规定的除外。不得以协议方式排除任何股东参与利润的分配或亏损的分担。

2. 如果由于公司亏损而其净资产少于共同投资的数额，则公司所得利润便不在股东中进行分配，直至净资产的价值超过注册资本的数额。

第七十二条 无限公司股东对公司债务的责任

1. 无限公司股东以自己的财产对公司的债务承担连带补充责任。

2. 无限公司股东不是公司发起人的，其对加入公司之前公司已经发生的债务同其他股东承担同样的责任。

3. 退出公司的原股东，对公司在其退出公司之前发生的债务，在自其退出公司的那一年的年度决算报告批准之日起的两年内同其他股东一样承担同等责任。

4. 无限公司股东关于限制或免除本条所规定责任的协议一律无效。

第七十三条 无限公司股东的变更

1. 无限公司人员的变更并不意味着无限公司的清算，除非无限公司的设立文件另有规定。

2. 无限公司人员的变更：

（1）无限公司股东的退出；

（2）无限公司股东被除名；

（3）将成员的股份转让给他人；

（4）接受新的股东；

（5）股东宣布破产；

（6）股东死亡、被宣告失踪、成为无行为能力或限制民事行为能力人，或者被确认为破产人以及法人股东进行清算。

3. 如果其中一名股东退出无限公司，则除非无限公司设立文件或其他合同另有规定，否则其余股东在无限公司法定资金中的份额将根据其对法定基金的出资比例进行更改。

第七十四条　股东退出无限公司

1. 无限公司的股东有权宣布自己不再参加公司而退出公司。退出没有存续期限的无限公司，股东至少应在实际退出公司的6个月前提出申请。对于有一定存续期限的无限公司，股东须有正当理由方能提前退出公司。

在设立文件明确规定的情况下，股东才能退出有固定存续期限的无限公司。如果有争议，退出问题由法院裁决。

2. 无限公司中股东放弃退出公司权利的协议一律无效。

第七十五条　退出无限公司的后果

1. 如果无限公司的股东不履行其职责或执行不当，则无限公司的其他股东应当有权在法庭上要求将这类股东排除在无限公司之外。

2. 在对无限公司股东的全部股份进行追偿的情况下无限公司股东退出。在此情况下不需要法院的退出判决。

第七十六条　无限公司的股东将其股份转让给其他人

1. 无限公司的股东经其他股东同意，有权将其在法定基金中的股份或其中的一部分转让给其他股东或第三人。

在这种情况下，无限公司的其他参与人按照章程确定的顺序，相较于第三人有优先购买股份（或部分股份）的权利。

2. 在将股份（股份的一部分）转让给他人时，股东的义务也（股份的一部分）随之转让。

无限公司的股东将全部股份转让给另一人的，将终止其对无限公司事务的参与。

第七十七条　新股东加入无限公司

新股东要征得无限公司的其他股东的同意才有权成为无限公司的股东，并根据无限公司的设立文件向无限公司的法定基金出资。

第七十八条　由于股东死亡、被宣告死亡、被宣告失踪、被宣告无民事行为能力或限制民事行为能力、法人被清算引起的无限公司人员变更

1. 如果无限公司的股东死亡或被宣告死亡，则其继承人有权（但没有义务）

在其他股东的同意下进入无限公司。

未进入无限公司的继承人应依照本法第64条第2款规定办理结算手续。

2. 因法人股东清算、确认股东失踪、无民事行为能力或限制民事行为能力的股东，应根据本法第64条第2款规定分配其在无限公司的份额。

第七十九条　对无限公司股东在共同投资中股份的追索

只有在无限公司股东的其他财产不足以清偿债务时，才允许因个人债务对其在无限公司共同投资中的股份进行追索。该股东的债权人有权要求无限公司划拨出与债务人在共同资本中的股份相当的那一部分公司财产，以便对该财产进行追索。

无限公司应划拨出来的财产或其价值由债权人提出划拨请求时的公司资产负债表（采用简化税制的组织和个体经营的收支簿）确定。

第八十条　无限公司的清算

无限公司依照本法第57条规定，在仅剩一个股东时进行清算。该股东有权自他成为公司唯一股东时起的3个月内依照法律规定的程序将无限公司改组成为单一制企业。

三、两合公司

第八十一条　关于两合公司的基本规定

1. 如果公司的股东中除了以公司的名义从事经营活动并以自己的财产对公司的债务承担责任的股东（无限责任股东）之外，还有一个或几个股东（出资人、投资人）以其投资额为限对与公司活动有关的损失承担风险，但并不参与公司的经营活动，这样的公司是两合公司。

2. 参加两合公司的无限责任股东的地位及他们对公司债务的责任，由本法中关于无限公司股东的规则予以规定。

3. 一个人仅能成为一个两合公司的无限责任股东。

无限公司的股东不得成为两合公司的无限责任股东。

两合公司的无限责任股东不得成为无限公司的股东。

4. 两合公司的商业名称应包含所有股东的姓名（名称）和"两合公司"字样，或者包含至少一个无限责任股东的姓名（名称），并加"和公司"和"两合公司"字样。

如果两合公司的商业名称包含了投资人的姓名，则该投资人应成为无限责任股东。

5. 对两合公司适用本法中关于无限公司的规则，以不违反本法中关于两合公司的规则为限。

第八十二条　两合公司的章程

1. 两合公司根据其章程成立和开展活动。章程应由所有无限责任股东签名。

2. 两合公司的章程除本法第48条第2款规定的信息外，应包含公司注册资本数额和构成条件；共同投资的数额和构成；每一无限责任股东在注册资本中的股份数额和变更程序；出资的金额、组成、期限和方式，违反出资义务的责任；出资人出资的总额。

第八十三条　两合公司的管理及业务的进行

1. 两合公司活动的管理由无限责任股东进行。无限责任股东对两合公司管理及业务进行的办法由其依照本法关于无限公司的规则予以规定。

2. 两合公司的出资人无权参与公司的业务管理。出资人根据授权委托书以公司的名义从事活动。出资人无权对无限责任股东管理和公司经营业务的行为提出异议。

第八十四条　两合公司中投资人的权利和义务

1. 两合公司的出资人有义务向注册资本出资。其投资由公司向投资人发放证明书予以证明。缴纳出资由两合公司发给出资人出资的证明。

2. 两合公司的投资人的权利：

（1）依照设立文件规定的程序，获得其在公司共同投资中的股份应得的那部分公司利润；

（2）了解公司的年度决算和年度会计（财务）报表（采用简化税制的组织和个体经营的收支簿）；

（3）在会计年度结束时退出公司并依照设立文件规定的程序收回自己的投资；

（4）将自己在共同投资中的全部或部分股份转让给其他投资人或者第三人。投资人较之第三人享有依照本法第92条第2款规定的条件和程序优先购买他人股份（部分股份）的权利，投资人如将全部股份转让给他人，则终止其投资人的身份。

两合公司的设立文件还可以规定投资人的其他权利。

第八十五条　两合公司的清算

1. 两合公司在所有投资人退出时进行清算。但是无限责任股东有权不进行清算而将两合公司改组成无限公司，并且在一个股东仍在公司的情况下，也可以将公司改为单一制企业。

两合公司也可以依照无限公司的清算根据进行清算（第 80 条）。但是，如果两合公司中尚有至少一个无限责任股东和一个投资人，则两合公司仍然可以保留。

2. 在两合公司清算的情况下，包括破产的情况下，投资人享有优先于无限责任股东获得两合公司清偿债务后剩余的财产的权利。

剩余的财产在无限责任股东与投资人之间按各自在公司共同投资中的股份所占比例进行分配，但设立文件或者无限责任股东与投资人之间的协议有不同规定的除外。

四、有限责任公司

第八十六条　关于有限责任公司的基本规定

1. 由一人或几人设立，其注册资本依设立文件的规定分成一定数额的股份的公司是有限责任公司；有限责任公司的股东不对公司的债务承担责任，而是以其缴纳的出资额为限对与公司活动有关的亏损承担风险。

未足额出资的股东，在每个股东尚未缴纳部分的价值范围内对公司的债务承担连带责任。

2. 有限责任公司的商业名称应包括公司的名称和"有限责任"字样。

3. 有限责任公司的法律地位及股东的权利和义务由本法和有限责任公司法规定。

第八十七条　有限责任公司的股东

1. 有限责任公司的股东数量不得超过有限责任公司法规定的限额。否则，该公司应在 1 年内改组成为股份公司，而在该期限届满后，如其股东的数量仍未减少到法定限额之下，则应按司法程序进行清算。

2. 有限责任公司可以由一个人成立，也可以由一个股东组成，包括因法人重组而成立的法人。

第八十八条　有限责任公司的设立文件

1. 有限责任公司的设立文件是由其发起人批准的章程。

2. 有限责任公司的章程，除本法第 48 条第 2 款规定的信息外，应包含公司注册资本的数额；每一股东股份的数额；股东出资的数额、构成、期限和办法；股东违反出资义务的责任；公司管理机关的构成和权限以及它们通过决议的程序，包括需要全票通过或者法定多数票通过的问题以及包括有限责任公司法规定的其他内容。

第八十九条　有限责任公司的注册资本

1. 有限责任公司的注册资本由其股东出资的价值构成。

注册资本确定公司财产的最小数额，以保证债权人的利益。

2. 除法律另有规定外，不允许免除有限责任公司的股东投资注册资本的义务，包括不得对公司提出抵销请求以免除此项义务。

3. 已废止。

4. 已废止。

5. 有限责任公司的注册资本允许在通知其所有债权人后缩减。在这种情况下，债权人有权要求提前终止或履行与公司有关的债务并赔偿他们的损失。

6. 已废止。

第九十条　有限责任公司的管理

1. 有限责任公司的最高权力机关是其股东大会。

在有限责任公司内设立委员制的和（或）独任的执行机关，该机关对公司的活动进行日常领导并向股东大会报告工作。公司的独任管理机关也可以不从其股东中选举产生。

有限责任公司的发起人（股东）可以根据章程决定，成立董事会（监事会）。

2. 公司管理机关的权限以及他们通过决议和代表公司的程序由有限责任公司法、公司的章程依照本法规定。

3. 以下事项属于有限责任公司股东大会的专属权限：

（1）修订公司的章程，变更其注册资本的数额；

（2）成立公司的执行机关和提前终止其权限；

（3）批准公司的年度决算和会计（财务）资产负债表（采用简化税制的组织和个体经营的收支簿），以及分配公司的利润和亏损；

（4）决定公司的改组或清算；

（5）选举公司的监事。

有限责任公司法还可以规定属于公司股东大会的专属权限等其他问题。

属于公司股东大会专属权限的问题，股东大会不得移交给公司的执行机关解决。

4. 为了检查和确认有限责任公司的年度财政报表是否正确，公司有权每年聘请与公司或公司股东均无财产利害关系的职业审计师进行审计（外部审计）。对公司年度财政报表的审计检查也可以根据任何一个股东的要求进行。对公司活动进行审计检查的程序由有限责任公司法和公司的章程规定。

对有限责任公司的会计（财务）报表进行检查，以及提供其他审计服务，包括与有限责任公司的分支机关和代表办事处有关的审计服务，有限责任公司应有权并在必要情况下，根据法律规定的程序聘请审计组织，审计师以个体经营的身份开展活动。公司的任何会计（财务）报表审计也可以应其任何股东的要求进行。

5. 在法律另有规定的情况下，由公司发布年度会计（财务）报表。

第九十一条　有限责任公司的改组和清算

1. 有限责任公司可以根据其股东的一致决定自愿进行改组或清算。

公司改组的其他根据以及公司改组和清算的程序由法律规定。

2. 有限责任公司有权改组成为股份公司、补充责任公司、生产合作社或单一制企业。

第九十二条　向他人的转让有限责任公司注册资本中的股份

1. 有限责任公司的股东有权将其在公司注册资本中的股份（部分股份）以出售或其他方式转让给该公司的一个或几个股东。

2. 允许公司股东将股份（部分股份）转让给第三人，但法律或者公司章程有不同规定的除外。

公司股东享有按照自己股份的比例购买其他股东股份（部分股份）的优先权，但公司章程或白俄罗斯总统令规定了行使这一权利的不同办法的除外。如果公司股东在自知悉之日起的 30 天内或者在公司章程及股东协议规定的其他期限内不行使这一权利，则股份（部分股份）可以转让给第三人。如果公司股东没有行使购买公司注册资本中股东的份额（部分股份）的优先权，或者公司本身没有使用购买公司注册资本中股东的份额（部分股份）的权利，则股东可以将占有的公司注册资本中的份额（部分股份）转让给第三人。

3. 如果根据有限责任公司的章程不能向第三人转让股东的股份（部分股份），而其他股东又拒绝购买，则公司有义务向该股东支付股份的实际价值或者以实物交付给他与其股份价值相当的财产。

4. 有限责任公司股东的股份在全额出资之前仅能转让已经实缴的部分。

5. 在有限责任公司自己购买公司股东的股份（部分股份）时，公司必须按照有限责任公司法和公司设立文件规定的程序和期限将其购买的股东的股份（部分股份）按份额的比例分配给其他股东，或者向公司的其他股东及第三人出售该股份，或者依照本法第 89 条第 5 款的规定减少其注册资本。

6. 有限责任公司注册资本中的股份可以移转给公司股东的公民继承人和法人的权利继受人，但如果设立文件规定这种移交必须取得公司其余股东同意的除外。拒绝同意股份进行上述转让的后果是公司必须依照有限责任公司法和公司设立文件规定的程序和条件向股东的继承人（权利继受人）支付其股份的实际价值或用实物向其交付相当于该价值的财产。

第九十三条　有限责任公司股东退出公司

有限责任公司的股东有权随时退出公司，而不论公司其他股东是否同意。

禁止有限责任公司的股东退出公司致使公司没有任何股东，包括有限责任公司唯一股东退出公司。

五、补充责任公司

第九十四条　补充责任公司的基本规定

1. 附加责任公司是指注册资本被划分为章程规定的一定规模的股份的公司。此类公司的股东在公司设立文件规定的范围内，以其财产共同承担公司债务的附属责任，但不得少于法案规定的数额。如果公司设立文件未规定其他分配责任的顺序，则其中一名股东破产时，其对公司债务的责任应在其他股东之间按出资比例进行分配。

2. 补充责任公司的商业名称应包括公司名称和"补充责任"字样。

3. 对补充责任公司适用本法关于有限责任公司的规则，但仅以法律未有不同规定为限。

第九十五条　补充责任份额的改变

补充责任公司在通知债权人后，有权减少不少于法律确定的份额，或者增加其股东的补充责任份额。

补充责任公司的债权人有权在该公司减小公司股东的补充责任的范围后，要求提前终止或要求履行公司债务并赔偿损失。

六、股份公司

第九十六条　股份公司的基本规定

1. 股份公司是把注册资本分成一定数量的股票，公司的股东（股东）不对公司的债务承担责任，但以属于其的股票的价值为限对与公司活动有关的亏损承担风险的公司。

未付清股款的股东，以尚未付清股款的那一部分股票价值为限对股份公司的债务承担连带责任。

2. 股份公司的商业名称应包括其名称，并指出该公司系股份公司。

3. 股份公司的法律地位及股东的权利和义务依照股份公司法规定。

第九十七条　开放式股份公司和封闭式股份公司

1. 股份可以在公众中流通的股份公司是开放式股份公司。此类股份公司有权对其发行的股票进行公开认购，或在证券法规定的条件下公开出售增发股票，如果增发股票的配售是以本公司的自有资金和（或）其股东的出资为基础以及法律规定的其他情况下，则在股东之间进行封闭式的配售增发股票。

开放式股份公司必须每年向公众公布年度决算、会计资产负债表、利润和亏损的账目。

2. 股份只在根据法律确定范围的人中分配的股份公司是股份有限公司。封闭型股份公司只能在确定范围内（限定的人群）发行补充发行的股份。

3. 封闭式股份公司的股东人数不得超过股份公司法规定的数量，否则该公司应在1年内改组成为开放式股份公司，而在该期限届满后，如其数量仍未减少到法定限额之下，则应通过司法程序进行清算。

在股份公司法规定的情况下，可以责成封闭式股份公司向公众公布本条第1款规定的文件。

4. 在法律另有规定的情况下，封闭式股份公司有义务公开有关股份公司的规模和程序的信息。

5. 封闭式股份公司的股东享有购买该公司其他股东出售的股份的优先权。如果股东行使优先购买权而导致无法按出价购买股份或没有股东表示愿意购买出售的股份，公司有权按与权利人商定的价格购买股东未要求购买的股份或出售的股份，并（或）向第三人提出以不低于向封闭式股份公司股东出价的价格购买这些股份。

如果根据本款第1项规定要约出售的股份不能被全部购买，则可与股东达成协议，将要约出售的股份部分出售给股东和（或）公司以及（或）根据本款第1项确定的第三人。在这种情况下，股东有权出售部分股份给所有股东，以及（或）公司和（或）根据本款第1项确定表示希望部分收购这些股份的第三人。部分出售后剩余的股票可以不低于出售给封闭式股份公司股东的价格出售给任何第三人。

如果尚未达成根据本款第 1 项确定的向股东和（或）公司和（或）第三人进行部分出售的协议，则可以不以低于封闭式股份公司向股东的报价将这些股份出售给任何第三人。

封闭式股份公司的股东出售、交换和赠与股份的程序由股份公司法决定。

封闭式股份公司的章程或股东大会以至少 3/4 的多数票通过的决议，可限制该公司股东出售或以非出售方式转让公司股份给第三人的数量。

6. 当封闭式股份公司的股份被质押并随后被质权人取消赎回权时，应适用本条第 5 款的规则。质权人有权保留股份，不将其转让给第三人。

7. 封闭式股份公司的股份在公司章程允许情况下可以转让给公民股东的继承人或法人股东的权利继受人。转让给法人股东的权利继受人的情况下，如果拒绝转让股份，则必须根据本条第 5 款的规定，由其他股东或公司收购。但继承人（权利继受人）有权保留这些股份，不将股份转让给第三人。

第九十八条 股份公司的成立

1. 股份公司的发起人应签订合同，规定其为建立公司而进行共同活动的程序、公司注册资本的数额、发行股票的种类和配股的程序以及股份公司法规定的其他条款。

股份公司的成立合同应以书面形式签订。

2. 股份公司的发起人对公司注册前发生的债务承担连带责任。

只有事后经股东大会对发起人行为的批准，公司才对其发起人与公司成立有关的债务承担责任。

3. 股份公司的设立文件是由其发起人批准的章程。

股份公司的章程，除包含本法第 48 条第 2 款规定的内容外，还应包括以下条款：公司所发行股票的种类，股票的票面价值及数量；公司注册资本的数额；股东的权利；公司管理机关的构成和权限以及他们通过决议的程序，包括对需要全票或法定多数票通过的问题作出决议的程序。股份公司的章程中也应包括股份公司法规定的其他内容。

4. 为成立股份公司而实施其他行为的程序，包括发起人大会的权限，由股份公司法规定。

5. 通过国有企业私有化而成立是股份公司的特点，由法律规定。

6. 股份公司可以通过一人购买公司全部股票而由一人成立或由一人组成。

第九十九条　股份公司的注册资本

1. 股份公司的注册资本由股东所购买的公司股票的票面价值构成。公司的注册资本决定保障公司债权人利益的公司财产的最低限额。

2. 不得免除股东缴纳公司股款的义务，包括不允许以抵销的方式免除此项义务，但法律另有规定的除外。

3. 在注册资本未全额缴纳之前不允许公开认购股份公司的股票。在股份公司成立时，公司的全部股票应该在其发起人中进行分配。

4. 已废止。

5. 法律或公司的章程可以对一个股东所拥有的普通股（一般股）和（或）优先股的数量或属于该股东的此类股份在股份公司注册资本总额中的份额设置限制。

第一百条　股份公司注册资本的增加

1. 股份公司有权根据股东大会的决定通过增加股票的票面价值或增发股票的方式增加注册资本。

2. 股份公司注册资本全额缴纳之后方允许增加注册资本。

3. 在股份公司法和公司章程规定的情况下，可以规定持有普通股（一般股）或其他表决权股的股东对增发的股票享有优先购买权。

第一百零一条　股份公司注册资本的减少

1. 股份公司有权根据股东大会的决定，通过减少股票票面价值或者通过收购部分股票以减少股票总量的办法减少公司的注册资本。

在通知公司的所有债权人之后允许股份公司依照股份公司法规定的程序减少注册资本。在这种情况下，公司的债权人有权要求提前终止合同或者提前履行与公司有关的债务并要求赔偿损失。

2. 如果公司的章程有相关的规定，则允许通过收购和注销部分股票的方式减少公司的注册资本。

第一百零二条　对股份公司发行有价证券和支付股息的限制

1. 在股份公司注册资本总量中，优先股的份额不得超过25%。

2. 对股份公司发行债券的限制可以通过法律来确定。

3. 有下列情况之一的，股份公司不得进行分红和支付股息：

（1）注册资本未全数到位；

（2）股份公司的净资产少于其注册资本和储备基金或者在支付股息后会少于上述资本和基金；

（3）法律规定的其他情况。

第一百零三条　股份公司的管理

1. 股份公司的最高权力机关是股东大会。

以下各项属于股东大会的专属权限：

（1）修订公司章程，包括变更其注册资本的数额；

（2）选举经理委员会（监事会）的成员和监事及提前终止其权限；

（3）已废止；

（4）批准公司的年度决算、会计资产负债表（采用简化税制的组织和个体经营的收支簿）、以及利润的分配和亏损的分摊；

（5）决定公司改组或清算。

法律和股份公司的章程还可以规定其他问题的解决属于股东大会的专属权限。

被法律和股份公司章程规定的属于股东大会专属权限的问题，股份大会不得移交给公司的执行机关解决。

2. 股东超过50人的股份公司，应成立经理委员会（监事会）。

在成立经理委员会（监事会）时，公司的章程应依照股份公司法规定该委员会的专属权限。章程规定的属于经理委员会（监事会）专属权限的问题，该委员会不得移交给公司的执行机关解决。

3. 股份公司的执行机关可以是合议制的（管理会、经理会）和（或）独任制的（经理、总经理）。执行机关对公司活动进行日常领导并向经理委员会（监事会）和股东大会报告工作。

公司执行机关的权限应包括解决法律或公司章程规定的不属于公司其他管理机关专属管理的所有事项。

根据股东大会的决定，执行机关的权限可以依照合同移交给其他商业组织或者个体工商户（管理人）。

4. 股份公司管理机关的权限、其通过决议和代表公司的程序应由股份公司法和公司章程依照本法规定。

5. 根据证券法规定应公开公司信息的股份制公司，必须每年审核年度会计（财务）报表，包括上述文件中非必须向公众公布的公司依法持有的有价证券的信息，根据在注册资本中拥有10%以上股票总额的股东的请求，可以任意时间发起审计。

第一百零四条　股份公司的改组和清算

1. 股份公司可以根据股东大会的决议自愿进行改组或清算。

股份公司改组和清算的其他根据和程序由法律规定。

2. 股份公司有权改组成为有限责任公司、补充责任公司、商业公司、生产合作社或单一制企业。

第一百零五条　子公司

1. 子公司是指如果一个商业组织或商业公司因控股，或根据它们之间缔结的协议，或以其他方式有能力决定该公司的决策，该公司被认为是子公司。

2. 子公司不对母公司的债务承担责任。

母公司如有权对子公司发出强制性指示，包括与子公司签订合同而对它发出强制性指示，应对子公司为执行上述指示而订立的法律行为所发生的债务，与子公司承担连带责任。

在子公司由于母公司的过错而发生破产的情况下，母公司对子公司的债务承担补充责任。

3. 子公司的股东（股东）有权要求母公司赔偿因母公司的过错而使子公司遭到的损失，但公司法另有规定的除外。

第一百零六条　附属公司

1. 如果股份公司超过20%的表决权股或者有限责任公司超过20%注册资本为另一占主导地位的、参股的公司所持有，则该公司为附属公司。

2. 一个公司如果获得了股份公司的超过20%的表决权股或有限责任公司的超过20%的注册资本，则必须立即依照公司法规定的程序公布有关资料。

公司相互参加对方注册资本的限度以及一个公司在另一个公司股东大会或股东大会上可以行使的表决权票数，由法律规定。

第三节　生产合作社

第一百零七条　生产合作社的概念

1. 生产合作社（劳动组合）是一种商业组织，其股东亲自参加劳动并缴纳财产股金进行联合，在章程所规定的范围内对生产合作社的义务承担均等的分担责任，除非章程中另有规定，但不少于生产合作社的年收入。生产合作社是指一个商业组织，其成员必须在章程规定的限度内缴纳财产份额，亲自参加生产合作社活动，除非章程另有规定，在章程规定的范围内对生产合作社的义务均等地承担补充责任，但不低于生产合作社年收入的数额。

2. 合作社的商业名称应包含其名称和"生产合作社"字样或"集体"字样。

3. 生产合作社的法律地位，其社员的权利和义务由生产合作社法规定。

第一百零八条　生产合作社的成立

1. 生产合作社的设立文件是由社员大会批准的合作社章程。

2. 生产合作社的章程包含除本法第 48 条第 2 款所规定的信息外，还必须包含基金数额，社员的股份数量的条件；合作社成员缴纳股金的组成和程序，以及他们违反缴纳股金义务的责任；社员参加合作社活动的性质和程序以及他们违反亲自参加劳动这一义务的责任；合作社利润和亏损分配的办法；社员对合作社债务补充责任的数额和条件；合作社管理机关的构成和权限以及其通过决议的程序，包括关于一致通过或多数票通过的问题作出决议的程序。

3. 生产合作社的社员人数不得少于 3 人。

第一百零九条　生产合作社的财产

1. 归合作社所有的财产，应依照合作社的章程划分为社员的股份。

合作社的章程可以规定合作社财产的一部分是用于章程所规定宗旨的公积金。

关于设立公积金的决议应由社员大会一致通过，但合作社章程有不同规定的除外。

2. 已废止。

3. 合作社的利润按社员的劳动进行分配，但合作社的章程有不同规定的除外。

合作社清算之后和清偿债务之后所余的财产也依照上述办法进行分配。

第一百一十条　生产合作社的管理

1. 合作社的最高管理机关是社员大会。

合作社的执行机关是管理委员会和（或）合作社主席。他们对合作社的活动实行日常领导。委员会和委员会主席向监事会和社员大会报告工作。

只有合作社社员方能担任合作社监事会和管理委员会的委员以及合作社主席。合作社社员不得既担任监事会成员又担任管理委员会委员或者合作社主席。

2. 合作社管理委员会的权限及其通过决议的程序由法律和合作社的章程规定。

3. 合作社社员大会的专属权限包括：

（1）修订合作社章程；

（2）设立监事会和终止监事会成员的权限，以及成立和终止合作社执行机关权限，但合作社章程规定由监事会行使这一权利的除外；

（3）吸收和开除社员；

（4）批准合作社的年度决算和会计资产负债表，分配合作社的利润和分摊亏损；

（5）决定合作社的改组和清算。

生产合作社法和合作社章程还可以规定其他问题的解决属于社员大会的专属权限。

属于社员大会和监事会专属权限的问题，不得移交给合作社的执行机关解决。

4. 在社员大会通过决议时，每个社员一票。

第一百一十一条　合作社社员资格的终止和退出

1. 合作社社员有权按照自己的意志退出合作社。在这种情况下应向其支付其股份的价值或交付与其股份相当的财产，以及向其给付合作社章程规定的其他款项。

向退社的社员支付股份或其他财产应在会计年度结束和合作社会计资产负债表被批准之后进行，但合作社章程有不同规定的除外。在不批准该合作社的年度会计（财务）报表的情况下，在会计年度结束时向使用简化税制但未进行会计处理的生产合作社成员支付其股份的价值或其他财产。

2. 在合作社社员不履行或不正确履行合作社章程规定的义务时，以及在合作社法和章程规定的其他情况下，可以根据社员大会的决定将社员开除。

监事会或者执行机关的成员，可以由社员大会决定开除出合作社，因为其是类似合作社成员。

被开除的合作社社员，有权依照本条第 1 款的规定取得股金和合作社章程规定的其他款项。

3. 合作社社员有权将自己的全部或部分股份转让给合作社的其他社员，但法律和合作社章程有不同规定的除外。

须经合作社同意方可将股份（部分股份）转让给非合作社社员的公民。在这种情况下，合作社的社员对该股份（部分股份）享有优先购买权。

4. 在生产合作社社员死亡的情况下，如果合作社的章程没有不同的规定，其继承人可以被吸收参加合作社，但合作社章程有不同规定的除外。否则，合作社应将死亡社员的股份的价值付给其继承人。

5. 只有在合作社社员的其他财产不足以偿还其私人债务时，才允许因合作社社员的私人债务而依照法律和合作社章程规定的程序对其股份进行追索。不得因合作社社员的债务而对合作社公积金进行追索。

第一百一十二条　生产合作社的改组和清算

1. 生产合作社可以根据社员大会的决定自愿进行改组和清算。

合作社进行改组和清算的其他根据及程序由法律规定。

2. 如果生产合作社的成员少于 3 人，则根据社员一致决定可以改组成为商业组织或商业公司。

如果成员只有一个，合作社也可以改组成为单一制企业。

第四节　单一制企业

第一百一十三条　单一制企业

1. 如商业组织对其财产所有权人划拨给其财产不享有所有权，即为单一制企业。单一制企业的财产是不可分财产，并且不得按照投资（股份、股金）进行分配，包括不得在企业的工作人员中进行分配。

单一制企业应当根据本法和其他法律的规定通过设立或法人重组而建立。

2. 单一制企业的设立文件为其章程。

单一制企业的章程除应包含本法第 48 条第 2 款规定的内容外，还应包括以下内容：企业活动的对象和宗旨，企业注册资本的数额，企业注册资本形成的程序和来源。

只有国有（共和制的或者公用的）企业才能以单一制企业的形式成立。

共和单一制企业的财产归白俄罗斯共和国所有，企业享有经营权或业务管理权。

公用单一制企业的财产属于行政区划单位，并由该企业享有经营权。

私营单一制企业的财产由个人（配偶的共同财产）或法人私有，并由该企业享有经营权。

单一制子公司的财产由企业的财产所有人所有，并由子公司拥有经营权。

3. 单一制企业的公司名称应指明所有权的形式，除非法律另有规定。子公司的公司名称还应包括"子公司"字样。

4. 单一制企业法人的负责人，由财产所有人任命并向其报告。单一制企业财产的所有者——公民有权直接行使负责人的职能。

由财产所有人决定，单一制的负责人的权力可以通过协议转移给另一个商业组织（管理组织）或个体工商户（经理）。

设立单一制企业的法人章程可以规定任命此类企业负责人的程序。

5. 除白俄罗斯共和国总统令另有规定外，国家单一制企业代表白俄罗斯共和国实施所有权的主体如下：

白俄罗斯共和国政府，以及在法律规定的范围内，共和国国家行政机关、其他国家机关和有权管理白俄罗斯共和国所有财产的组织——基于经济管理权的国有企业而言；

白俄罗斯共和国政府，以及在法律规定范围内的共和国国家行政机关和其他国家机关负责管理——基于国有企业而言；

基于经济管理权的市级单位企业财产所有权由地方行政和自治机关以及在法律规定范围内由其授权的国家行政代表机关行使；

私营单一制企业财产所有权直接和（或）通过授权人员行使。

6. 除非白俄罗斯共和国总统、本法或财产所有人就子公司作出的决定另有规定，否则单一制企业财产的所有人有权决定以下事项：

（1）决定创立一个单一制企业；

（2）确定单一制企业的经营宗旨，以书面形式同意企业参加商业和非商业组织，包括国家的非营利社团；

（3）批准单一制企业的章程及对其进行变更和（或）增加；

（4）组建单一制企业的特许基金，并决定对其进行修改；

（5）任命单一制企业的负责人，根据法律与其签订、修改和终止劳动协议（合同）或民事协议，本法另有规定的除外；

（6）根据法律或章程规定的程序和情况从单一制企业中收回财产；

（7）对企业的活动、预期目的和属于企业的财产的安全进行控制；

（8）书面同意子公司的设立、重组和清算以及代表处和分支机关的设立和清算；

（9）根据法律决定单一制企业的重组或清算；

（10）根据本法、其他法律法规和章程享有其他权利和承担其他义务。

7. 单一制企业在国家注册时，其注册资本必须全部由企业财产所有人出资，除非法律另有规定。

8. 单一制企业应以其拥有的所有财产承担义务。

除本法规定的情况外，单一制企业对其财产所有人的义务不承担责任。

9. 单一制企业财产所有权不可分割。

在分割夫妻共同财产时，以及通过继承或其他不违反法律的方式将单一制企业财产的所有权转让给两人或两人以上的人：

单一制企业可根据法律规定的程序和各方的协议，通过分割（分立）或转变为商业组织或商业公司以及生产合作社的方式进行改组；

整个企业可以作为财产综合体被出售给不参加单一制企业财产共有所有权的股东；

单一制企业的财产转变为一个法人或公民的所有权时，并根据其在共有财产中所允许的共有所有权的规则确定的份额，根据他人在共有财产中的份额向其他人支付赔偿；

如果重组或将财产转为个人所有权违反法律或者由于其他原因不能实现，则应按照法律规定的程序清算该单一制企业。

10. 重组国有单一制企业时，除非有关重组的法律另有规定，否则适用本法中有关法人重组的规定。

第一百一十四条　以经营权为基础的单一制企业

1. 以经营权为基础的单一制企业根据其财产所有人的决定建立，以经营权为基础的单一制企业也可以根据其他民事主体的决定成立。

2. 以经营权为基础的单一制企业的章程由单一制企业的发起人批准。

3. 以经营权为基础的单一制企业经财产所有人同意，可以按照规定的方式将其经营权的部分财产转让给另一单一制企业创立的法人（子公司）。子公司无权创立单一制企业。白俄罗斯共和国总统令可以决定设立子公司的其他程序。

由发起人批准子公司的章程，任命其负责人，并根据财产所有人的决定行使其他权利。

4. 除本法第 52 条第 3 款规定的情况外，以经营权为基础的企业的财产所有权人不对企业的债务承担责任。

第一百一十五条　以业务管理权为基础的单一制企业（国有企业）

1. 根据白俄罗斯共和国政府的决定，以白俄罗斯共和国拥有的财产为基础可以成立以业务管理权为基础的单一制企业（国有企业），除非白俄罗斯共和国总统令另有规定。

2. 国有企业章程由白俄罗斯共和国政府批准。

3. 以业务管理权为基础的单一制企业的商业名称应标明其是国有企业。

4. 国有企业对划拨给其的财产所享有的权利依照本法第277条①和第278条②的规定。

5. 白俄罗斯共和国对国有企业在财产不足以清偿债务时承担补充责任。

第四节之一　农户（农场）

第一百一十五条之一　农户（农场）

1. 农户（农场）是由一个公民（一个家庭的成员）创建的商业组织，该公民贡献（作出）财产以从事农产品生产以及基于农产品的加工、储藏、运输和销售的经营活动，并根据关于保护和使用土地的法律从事个人劳动和使用土地。

本段中的家庭成员是配偶，父母（收养父母）、子女（包括领养的子女），这些人的兄弟姐妹、配偶和子女，以及根据婚姻家庭法被确认为家庭成员的其他人。

2. 农户（农场）以其全部财产承担责任。

除非法律另有规定，否则农户（农场）的成员对农户（农场）不承担任何责任，而农户（农场）对农户（农场）的成员同样不承担任何责任。

3. 农户（农场）的法律地位由本法和有关农户（农场）的法律确定。

---

① 第277条　业务管理权

1. 拥有经营管理权的国有企业、机构或国家协会，在法律规定的范围内，根据其活动目标、所有者的任务和财产的分配，对其分配的财产行使所有权、使用权和处置权。

2. 根据业务管理权分配给国有企业、机构或国家协会的财产的所有人有权收回多余的、未使用的或被滥用的财产，并酌情处置这些财产。

3. 共和国国家公共协会的财产，以法人身份分配给其组织机构，属于其业务管理权，除非共和国国家公共协会章程另有规定。

共和国国家社会协会的组织结构，以法人的形式，其财产被授予业务管理权，应遵守本条、本法典第279条、第280条和第281条第2款规定的规则。

② 第278条　在财产被授予经营管理权后国有企业和国有协会财产的处分

1. 国有企业只有在财产所有人同意的情况下才有权转让或以其他方式处置其所拥有的财产。国有企业有权按照国家财产处分法规定的程序将国有财产抵押，白俄罗斯共和国总统另有规定的除外。

除法律另有规定外，国有企业自行销售货物（工程、服务）。

2. 国有企业的收入分配程序由其财产所有人决定。

3. 在财产被授予经营管理权后，本条第1款和第2款规定的规则适用于国家协会，白俄罗斯共和国总统法令另有规定的除外。

第一百一十五条之二 农户（农场）的财产

农户（农场）的财产归其自己所有。农户（农场）的财产包括其创建者（成员）投入作为农户（农场）的法定资本的财产以及农户（农场）在其活动过程中生产和获取的财产。

第五节 非商业组织

第一百一十六条 消费合作社

1. 消费合作社是公民和法人为满足物质需要和其他需要，通过其社员共同缴纳财产股金而成立的以社员制为基础的自愿联合组织。

2. 消费合作社的章程除应包含本法典第 48 条第 2 款规定的信息外，应包括合作社社员加入和终止其成员资格的条件和程序；合作社社员的权利和义务；合作社社员股金的数额；合作社社员股金的构成，合作社社员缴纳股金的程序，以及其违反缴纳股金义务的责任；合作社管理机关的组成和权限以及通过决议的程序，包括一致同意或以法定多数票通过的决定，社员弥补合作社所受亏损的程序。

3. 消费合作社的名称应指出其活动的基本宗旨以及"合作社"、"消费联社"或"消费合作社"字样。

4. 消费合作社社员必须在每年的资产负债表（财务报表）被批准之后的 3 个月内缴纳补充股金以弥补已形成的亏损（在采用简化税制的组织和个体经营的收支簿中保存记录时，应在会计年度结束后的 3 个月内）。如不履行这一义务，消费合作社经债权人请求应通过司法程序进行清算。

消费合作社社员对合作社的债务连带地承担补充责任，但以每个社员未缴纳的那部分额外股金为限。

5. 消费合作社获得的收入和利润不得在其社员中进行分配。

6. 消费合作社的法律地位由本法和其他有关消费合作社法规定。

其他消费合作社（住房和建筑合作社、车库合作社等）的法律地位也由本法和其他有关消费合作社法规定。

第一百一十七条 社会团体和宗教团体（联合组织）

1. 社会团体和宗教团体（联合组织）是公民在其利益一致的基础上为满足精神需要或其他非物质需要而按法定程序成立的自愿联合组织。

社会团体和宗教团体是非商业组织。其有权从事经营活动但仅以为了达到其成立宗旨并且符合这些宗旨为限。

2. 社会团体和宗教团体的股东（成员）对其移交给这些组织归其所有的财产，包括会费，不再保留权利。其不对他们参加的社会团体和宗教团体的债务承担责任，而上述团体也不对自己成员的债务承担责任。

3. 社会团体和宗教团体作为本法所调整的关系的股东，其法律地位的特点由法律规定。

第一百一十七条之一　共和国国家社会联合会

1. 共和国国家社会联合会应是以会员制为基础的非营利性组织，其活动目的是完成国家赋予的重要任务。

2. 共和国国家社会联合会的创建者及其成员可以是个人和法人，也可以是授权的国家机关和法人代表其活动的白俄罗斯共和国。

3. 共和国国家社会联合会的章程应由其创始人或该团体的最高机关通过，并由白俄罗斯共和国总统或根据白俄罗斯共和国总统的指示由白俄罗斯共和国政府批准。

4. 共和国国家社会联合会的创建是根据发起人的决定进行的，或者根据白俄罗斯共和国总统或其代表由白俄罗斯共和国政府确定的条款以公共协会的形式对现有非营利组织进行重组后进行的。

5. 共和国国家社会联合会可以按照规定的方式建立自己的组织结构，包括以法人的形式，也可以根据共和国国家社会联合会的章程和其他法律创建其他法人或参与其中。

6. 共和国国家社会联合会的法律地位由本法和其他有关共和国国家社会联合会的法律确定。

第一百一十八条　基金会

1. 本法所指的基金会是由公民和（或）法人在自愿缴纳财产的基础上，为达到社会的、慈善的、文化的、教育、体育教育和体育发展、科学的或者其他有益于社会的目的而成立的没有会员的非商业组织。

基金会名称应包含"基金"一词，并注明活动性质和基金会的类型。

基金会发起人转让给基金会的财产必须基于所有权（经济管理权、业务管理权）属于其本人，并且是基金会活动所必需和适合使用的。

基金会财产的来源是基金会创始人转让给基金会的财产、根据基金会章程开展经营活动的收益以及法律未禁止的其他收入。

基金会的发起人移交给基金会的财产是基金会的财产。发起人不对其所创立的基金会的债务负责，而基金会也不对自己发起人的债务负责。

本法规定的有关基金会的设立、经营、重组和清算等事项，白俄罗斯共和国总统令的决定、白俄罗斯共和国议会和白俄罗斯共和国部长会议设立的规则不适用于基金会，除非关于设立基金会的法律另有规定。

2. 基金会应将财产用于其章程规定的目的。

基金会有权为从事经营活动而建立商业公司或参加商业公司，补充责任公司除外。

基金会必须每年公布其财产使用情况的报表。报表的公布方式和内容的组成由法律规定。

3. 基金会的管理机关包括管理委员会（理事会）和董事会。

董事会是基金会的最高合议机关，由基金会的发起人组成。基金会董事会的主要职能是确保基金会达到设立的目的。

基金会董事会（理事会）的专属权限包括：

修改和（或）增加基金会的章程；

决定基金会执行机关的组成（任命），董事会（董事）及其职权的提前终止；

设立和撤销代办处、基金会分支机关，确定其职权范围；

批准基金会的年度会计（财务）报表（采用简化税制的组织和个体经营的收支簿中的数据）；

基金会的重组，如果其章程规定可进行重组。

基金会董事会（董事）是基金会的执行机关，负责管理基金会目前的活动。基金会管理部门的主管（董事）对基金会董事会（理事会）负责。

基金会董事会是对基金会活动进行控制的机关，基金会由发起人成立，再由基金会的董事会（理事会）组成。

基金会董事会的专属权限包括：

监督基金会的活动遵守法律和章程的要求；

监督基金会最高权力机关、基金会执行机关的决定的执行情况；

基金会年度报告的初步审查和批准。

4. 基金会根据发起人批准的章程运作。

基金会的章程除包含本法典第48条第2款规定的信息外，应包括：

基金会发起人信息；

基金会的目标和运作方法；

基金会各机关的组成和程序；

基金会董事会的组成、权力和任期；

任命和解散基金会权利人的程序；

更改和（或）增加基金会章程内容的程序；

组成基金会财产的来源和程序；

基金会的设立期限或无固定期限；

基金会设立的代表处和（或）分支机关的信息，包括代表处、分支机关的名称及其位置（代表处，分支机关的管理机关）；

基金会清算时有关财产去向的信息，财产应直接用于实现设立基金会的目标；

不违反本法的其他法律规定。

5. 本法第119条未作规定的其他与基金会的设立、运行、重组和清算有关的规定，均由法律规定。

第一百一十九条　基金会章程的修订和基金会的重整和清算

1. 基金会董事会（理事会）可按照基金会章程规定的方式修订基金会章程。

在下列情况下，必须在1个月内对基金会章程进行相关修改和（或）增补，并以规定的方式提交国家登记：

基金会宗旨的变化；

更改基金会名称；

基金会类型发生变化；

变更基金会所在地（基金会管理机关所在地）；

基金会代表处和（或）分支机关的设立或清算；

基金会机关信息的变更，包括董事会、基金会官员的任命和解聘程序、基金会资产的形成程序以及其他事实情况，根据法律规定，这些信息必须包含在基金会章程中；

对基金会章程进行修改和（或）补充的法律规定改变，但该法律规定其他期限的除外。

2. 如果基金会章程规定基金会可以进行重整，那么基金会的重整可采取以下形式：

与其他基金会合并；

加入其他基金会；

吸收合并其他基金会；

从任何组织法律形式的法人基金会中拆分；

拆分为两个或两个以上基金会。

基金会不得以改变组织形式的方式进行重整。

以拆分形式重整的基金会剩余财产的价值不得低于基金会设立和运作所需的最低限额。

3. 基金会可应利害关系人的请求，法院依据以下情况判决进行清算：

在基金会的财产不少于基金会成立和运作所需的最低金额时，未能在基金会进行国家注册后3个月内向注册机关提交发起人（创办人）以非货币捐助形式将财产全部或部分转入基金会所有的证明；

基金会在国家注册后未能在规定期限内履行设立代表处和（或）分支机关的义务，以及未能提交与基金会类型变更有关的章程修改和（或）增补文件进行国家登记；

如果在日历年年底，基金会财产的价值低于基金会成立和运作所需的最低金额，并且在注册机关书面警告规定的期限内，该价值没有达到基金会成立和运作所需的最低资金；

基金会的宗旨不可能达到，而基金会的宗旨又不可能进行必要的修订；

基金会在其活动中偏离其章程规定的宗旨；

基金会从事法律禁止的活动或多次或严重违反法律和基金会章程的活动；

法律规定的其他情况。

4. 基金会清算后的剩余财产，将用于实现基金会成立的目的。如果无法以这种方式分配财产，如果这类基金会已向决定基金会清算的法院提出书面申请，则应将剩余财产平均分配给为实现类似目标而成立的基金会。

如果没有此类申请，基金清算后的剩余财产将转为白俄罗斯共和国的收入，并用于基金设立的目的。

第一百二十条　机构

1. 财产所有人为行使管理职能、社会文化职能或其他非商业职能而成立的并由财产所有人完全或部分拨款的组织是机构。

机构对拨划给它的财产所享有的权利依照本法第 279 条的规定确定。

2. 机构以归其处分的资金对自己的债务承担责任。资金不足时，有关财产的所有权人对机构的债务承担补充责任。

3. 某些类型的国家机关和其他机构的法律地位由法律规定。

第一百二十一条　法人和（或）个体工商户的联合组织（协会和联合会）

1. 为协调其活动以及代表和保护共同利益而成立的商业组织和（或）个体工商户以及商业组织和（或）非商业组织可以成立协会或联合会，协会或联合会是非营利组织。

2. 如果根据参与者的决定，委托协会（联盟）进行商业活动，该协会（联盟）应按照法律规定的方式改组为商业公司或商合伙或者只能通过创建和/或参与商业组织来从事经营活动。

3. 协会（联合会）是法人。

协会（联合会）的成员保留各自的独立性和法人的权利。

4. 协会（联合会）不对自己成员的债务负责。协会（联合会）的成员依照协会设立文件规定的数额和程序对协会（联合会）的债务承担补充责任。

第一百二十二条　协会（联合会）的设立文件

1. 协会（联合会）的设立文件是由其成员批准的章程。

2. 协会（联合会）的章程除应包含本法第 48 条第 2 款规定的信息外，还应包括协会（联合会）财产的形成程序；协会（联合会）章程的修订和（或）增补；协会（联合会）管理机关的组成、权限和决策程序，包括关于一致通过决定或由协会会员（联合会）以法定多数票通过的问题以及协会（联合会）清算后剩余财产分配的程序。

第一百二十三条　协会和联合会成员的权利和义务

1. 协会（联合会）成员有权无偿享受协会（联合会）提供的服务。

2. 协会（联合会）的成员有权在会计年度结束后按照自己的意愿决定退出协会（联合会）。在这种情况下退出者应自退出之日起两年内，以其出资比例对协会（联合会）的债务承担补充责任。

在协会（联合会）章程确定的情况下，可以通过其余成员的决定将协会（联合会）的成员开除。对被协会（联合会）开除成员的财产和责任适用退出协会（联合会）的规则。

3. 经协会（联合会）成员同意，新成员可以加入协会（联合会）。新成员对协会（联合会）在其加入之前发生的债务承担补充责任。

第六节 国家联合会

第一百二十三条之一 国家联合会的一般规定

1. 国家联合会（垄断性联合企业、生产、研究或其他协会）是国家法人，国家法人、国家和其他法人以及国家和其他法人和个体经营者协会，根据白俄罗斯共和国总统、白俄罗斯共和国政府的决定以及按照共和国国家行政机关的委托指（许可）或地方政府和自治机关的决定建立。

2. 国家联合会建立通常是按照行业原则成立的，目的是提供一般指导和总体管理，协调和代表组成该企业的法人和个体企业的利益。

3. 国家联合会隶属于白俄罗斯共和国政府，共和党政府机关，地方政府和自治政府机关或履行共和党政府机关的某些职能的国家组织。

4. 国家联合会是非营利性组织，但依法作出判决确认其为商业组织的情况除外。

5. 国家联合会财产的所有人对国有企业的债务不承担任何责任，但法律另有规定的除外。

6. 国家联合会的法律地位、组成法人组织的法人和个体企业的权利和义务，由本法以及有关此类协会及其章程的其他法律规定。

第一百二十三条之二 国家联合会的参与者

1. 根据决定成立国家联合会的国家机关（官方机关）或其授权的机关的决定，国家联合会可包括国家单一制企业和（或）国家机关，以及自愿按照国有企业章程确定的条件和方式加入的其他组织、个体企业。法人可根据法律规定成为国家联合会的成员。

2. 关于个体企业和非国家法人加入国有企业的可能性的决定，由决定建立国家联合会的国家机关（官方机关）或其授权的机关决定。

3. 国家联合会的参与者保留法人和个体企业的权利，这些权利方式可能会受到限制或被依法进行更改。

4. 国家联合会会就国家联合会章程和关于此类协会法律规定的问题作出的决定对其成员具有约束力。

5. 国家联合会对其参与者的义务不承担任何责任，并且国家联合会的参与者不承担该国家联合会的义务，但法律另有规定的除外。

第一百二十三条之三　国家联合会的财产

国家联合会的财产属于国家所有，其经济管理权或经营权属于自己所有。作出成立国家联合会决定的国家机关（官方）或由其授权的机关以及国家联合会的章程必须确定该国家联合会的财产属于什么样权利。

国家联合会参与者的财产不是国家联合会财产的一部分。

第一百二十三条之四　国家联合会的章程

由作出创立该国家联合会决定的国家政府（官方）或经其授权的机关批准的国家联合会的章程是该联合会的设立文件。

国家联合会的章程应规定国家联合会财产的组成方式和来源。

作为商业组织的国家联合会的章程，除了包含本法典第48条第2款和本条第2款规定的信息外，还必须包含有关该国家联合会经营宗旨的信息。

第五章　白俄罗斯共和国和地方自治组织参与民法所调整的关系

第一百二十四条　作为民法主体的白俄罗斯共和国和地方自治组织

1. 白俄罗斯共和国、行政区划单位与这些关系的其他参与者——自然人和法人平等地参与民法调整的关系。

2. 对本条第1款所指出的民法主体，适用规定法人参加民事关系的规范，但从法律另有规定或上述主体的本质特点不同的除外。

第一百二十五条　白俄罗斯共和国和地方自治组织参加民事关系的程序

1. 国家权力机关在规定这些机关法律地位的文件所确定的权限范围内，能够以白俄罗斯共和国名义通过自己的行为取得和行使财产权利和人身权利，产生并履行财产义务和人身义务，在法院起诉和应诉。

2. 地方自治机关在规定这些机关法律地位的文件所确定的权限范围内，能够以地方自治组织的名义通过自己的行为取得和行使本条第1款所规定的权利、产生并承担本条第1款所规定的义务。

3. 在白俄罗斯共和国法律另有规定的情况下和依照上述文件规定的程序，本条未提及的其他国家机关以及法人和公民，可以根据专门委托，代表上述机关。

第一百二十六条　白俄罗斯共和国和地方自治组织对债务的责任

1. 白俄罗斯共和国和地方自治组织以归它们所有的财产对自己的债务承担责

任，但只能归国家或共有的财产除外。

2. 白俄罗斯共和国和地方自治组织不对其所建立法人的债务承担责任，但法律另有规定的除外。

3. 白俄罗斯共和国不对地方自治组织的债务承担责任。

4. 地方自治组织不对相互间的债务承担责任，也不对白俄罗斯共和国的债务承担责任。

5. 本条第2款至第4款的规则不适用于白俄罗斯共和国对白俄罗斯共和国各地方自治组织主体或法人的债务提供担保（保证）的情况或者上述主体对白俄罗斯共和国的债务提供担保（保证）的情况。

第一百二十七条　在外国法人、外国公民、外国政府参与的民事关系中，白俄罗斯共和国和地方自治组织的责任的特点

白俄罗斯共和国和地方自治组织与外国法人、外国公民和其他国家参与的民事关系的责任的特点由法律规定。

第三分编　民事权利的客体

第六章　一　般　规　定

第一百二十八条　民事权利客体的种类

民事权利的客体包括：

（1）物，包括金钱和有价证券；

（2）其他财产，包括财产权利；

（3）工作和服务；

（4）未公开信息；

（5）智力活动成果的专属权以及使民事流转、货物、工作及服务的参与人个性化的手段；

（6）非物质利益。

第一百二十九条　民事权利客体的可流通性

1. 民事权利的客体，如果未被禁止流通或被限制流通，可以依照概括权利继受程序（继承、法人改组）或其他方式自由转让或从一人移转给另一人。

2. 不允许流通的民事权利客体（不流通物）的种类，应在法律中明文规定。

民事权利客体只能属于流通的一定参与者所有或者需要专门许可方能流通（限制流通物）的，依照法律规定的程序确定。

3. 土地和其他自然资源可以转让或者以其他方式从一人移转给另一人，但以有关保护和使用土地的法律和其他有关环境保护和合理使用自然资源的法律规定的流通程度为限。

第一百三十条　不动产和动产

1. 不动产包括土地、矿床、独立水体和所有与土地牢固依附在一起的物，即一经移动便会使其用途受到损害的物，包括森林、多年生植物、基本建筑（建筑物、设施）、未完成的固定资产、独立住宅、车位。

不动产还包括应进行国家登记的航空器和海洋船舶、内河航运船舶、航天器。法律还可以规定其他财产属于不动产。

2. 不属于不动产的物，包括金钱和有价证券，是动产。除法律规定的情形外，动产权利不要求进行登记。

第一百三十一条　不动产的国家登记、不动产权利及与不动产的法律行为登记

1. 在法律另有规定的情况下，不动产、不动产的权利以及与不动产的法律行为都必须进行国家登记。

2. 在法律另有规定的情况下，某些种类的不动产除进行国家登记外，还可以进行专门的登记和统计。

3. 不动产、不动产权利和不动产交易的国家登记机构有义务通过向申请人颁发国家登记证书（证书）或在表示已登记交易内容的原始文件上加注登记标记以证明所进行登记。

4. 国家对不动产、不动产权利和法律行为的登记是公开的。对不动产权利和与不动产有关的法律行为进行国家登记的机关，有义务向任何人提供关于所进行的登记和所登记权利的信息。这些信息仅与发布该信息时对特定不动产对象的权利和权利限制（产权负担）有关。仅在法律法规规定的情况下，才提供有关个人或法人拥有的不动产权的综合信息。

5. 在有关机关对不动产和与不动产有关的法律行为不予进行国家登记或规避登记时，可以向法院提起诉讼。

6. 国家登记的程序和不予进行国家登记的根据由不动产权利与不动产法律行

为法依照本法规定。

第一百三十二条　企业

1. 作为权利客体的企业是从事经营活动的财产综合体。

作为财产综合体的企业包括所有各种用于其活动的财产，包括土地、基础建筑（建筑物、设施），完成的固定资产、独立住宅、车位、设备、器材、原料、产品、请求权、债务，以及对使企业、企业产品工程和服务个性化的标志（商业名称、商标、服务标志）的权利和其他专属权，但法律或合同有不同规定的除外。

2. 企业在整体上以及企业的一部分可以是买卖、抵押、租赁和与设立、变更和终止物权有关的其他法律行为的客体。

第一百三十三条　不可分物

从实物上进行分割即会改变其用途的物是不可分物。

对不可分物所有权份额进行分割的特点由本法第 255 条的规则规定。

第一百三十四条　复杂物

如果不同种类的物构成一个按共同用途进行使用的统一的整体，则它们被视为一个物（复杂物）。

就复杂物订立的契约的效力，适用于其所有组成部分，但合同有不同规定的除外。

第一百三十五条　主物与从物

服务于另一物，即主物，并与之有共同用途的物（从物），服从于对主物的处分，但合同有不同规定的除外。用于服务另一物（主物）并与之有共同用途（从属关系）的物，应遵循主物的安排，合同另有规定的除外。

第一百三十六条　天然孳息、产品和法定孳息

由于使用财产而获得的物（果实、产品、收益）属于依法使用该财产的人，但法律、关于该物使用的合同有不同规定的除外。

第一百三十七条　动物

除法律另有规定和无法根据该客体特性，财产规则适用于动物。

在行使权利时，不允许以违背人道原则虐待动物。

第一百三十八条　特定物和种类物

特定物是指根据其固有特征而区别于其他物的物。特定物是不可替代的。

种类物是指具有同一类所有事物的固有特征并以数量、重量和尺寸决定的物。

种类物是可替代的。

第一百三十九条　受保护的智力活动成果

在本法和其他法律另有规定的情况和依照本法和其他法律规定的程序下，承认公民和法人在受保护的智力活动成果上的专属权（智力成果）以及与之相同的法人的个性化产品、完成的工作和服务的保护（企业名称、商标、服务标志等）。

个人的知识产权成果和个性化手段的使用是专有权的客体，第三人只有在获得版权所有者同意的情况下才能使用。

第一百四十条　未公开信息

1. 如果信息（有关人、物、事实、事件、现象和过程的信息）是职务秘密或商业秘密，则作为未公开信息受到保护。

2. 关于信息，可以确立一种商业秘密制度，条件是信息的构成部分不为那些圈子内的第三人所知晓或容易获得，由于第三人不知情，通常与这类信息有关的信息对其持有人具有商业价值，知识产权不受智力成果专有权的限制，也不按规定归类为国家机密。在确定商业秘密制度中受保护信息的组成，并由合法拥有这种信息的人采用确保其机密性的全部措施之后，视为商业秘密已经建立。需要采取必要的措施来确保这些信息的保密性。

不能构成商业秘密的信息由法律规定。

3. 将信息分类为职务秘密的条件和程序由法律确定。

4. 构成职务机密或商业秘密的信息受法律规定的方法保护。

在非法知道或非法使用以及披露构成职务秘密或商业秘密的信息的情况下，个人和法人，国家机关及其官员有义务赔偿所造成的损失。对于披露了职务秘密或商业机密的雇员，也负有不泄露商业机密的义务，劳动合同（合同）以及与民法合同的相对方也负有相同的义务。

第一百四十一条　金钱（货币）

白俄罗斯卢布是白俄罗斯共和国全境内必须按票面价值接受的合法支付工具。

1. 在白俄罗斯共和国境内，用现金或非现金结算方式进行支付。

2. 在白俄罗斯共和国境内使用外国货币的场合、程序和条件由法律规定。

第一百四十二条　外汇

外汇的财产种类和使用外汇的法律行为的程序由法律规定。

在白俄罗斯共和国，外汇的所有权按一般规则受到保护。

第七章 有价证券

第一百四十三条 有价证券

有价证券是具备规定形式和必要要件的证明财产权利的书据，只有在持有有价证券的情况下才可能行使和移转其所证明的财产权利。随着有价证券的移转，其所证明的全部权利亦随之移转。

第一百四十四条 有价证券的种类和形式

证券包括国家债券、公债、汇票、支票、存款单和储蓄存单、不记名银行存折、提单、股票、股份、私有化证券以及证券法或根据证券法规定的程序归类为证券的其他证券。

证券可分为发行证券和非发行证券。

发行证券是指债券、股票和其他被法律归类为证券的证券。

证券可以文件形式或非文件形式发行（签发）。法律可以禁止以书面或非书面形式发行（签发）某种类型的证券。

本法适用于与期票和可转让期票有关的关系，即期票和可转让期票流通法未作规定的部分。

第一百四十五条 对有价证券的要求

1. 有价证券所证明的权利的种类、有价证券的必要要件、对有价证券形式的要求和其他必要要求，由有价证券法规定或依照有价证券法规定的程序规定。

2. 有价证券不具备必要要件或者不符合为之规定的形式的，一律无效。

第一百四十六条 有价证券所证明的权利的主体

1. 有价证券所证明的权利可以属于：

（1）有价证券的持有人（不记名有价证券）；

（2）有价证券的记名人（记名有价证券）；

（3）有价证券的记名人可以亲自行使这些权利，也可以用自己的处分（命令）指定其他授权人行使这些权利（授权证券）。

2. 法律可以规定禁止以记名有价证券、授权有价证券或不记名有价证券的形式发行一定种类的有价证券。

第一百四十六条之一 有价证券权利的确认

1. 凭证式证券权利的确认根据是证券本身。如果凭证式证券被转让给专业证券市场管理人进行保管，该管理人根据向其颁发的许可证（执照）或法律的规定获得从业资格，则该专业证券管理人为记录该证券而开立的账户信息可以对该证券进行确权。如果凭证式证券与账户情况说明之间存在差异，应以账户信息为准。

2. 为记录该证券而开立的账户是对非凭证式证券的权利的证明。

3. 法律规定了开立和维护有价证券会计项目的程序，以及对此类项目状态报表的内容和执行要求。

4. 确认有价证券担保权的特点由有关证券的法律决定。

第一百四十六条之二　有价证券权利的实现

在出示有价证券时，或在法律另有规定的情况下，在出示有价证券证明的账单时，可行使由有价证券证明的权利，可对有价证券进行公开登记，除非法律另有规定。

第一百四十七条　有价证券权利的转让

1. 不记名有价证券的转让，只要将不记名有价证券交付给他人，即可转让给该人。

2. 记名有价证券所证明的权利，依照为请求权转让（债权转让）所规定的程序进行转让。依照本法第 361 条的规定，转让有价证券权利的人，应对有关请求权的无效承担责任，但不对其不履行负责。

3. 授权证券所证明的权利通过在该证券上背书的方式进行转让。背书人不仅应对权利的存在承担责任，而且应对该权利的实现负责。

在有价证券上背书后，所证明的权利即转移给受让人或被授权人——被背书人。背书可以是空白背书（不指明执行对象）或授权书背书（指明执行对象或执行命令）。

背书可以仅限于委托行使有价证券所证明的权利，而不将这些权利转让给被背书人（委托背书）。在这种情况下被背书人成为证券的持有人。

4. 有价证券的权利转移的特征由有关证券的法律规定。

第一百四十八条　有价证券的履行

1. 有价证券的出票人和全部背书人，向合法占有人承担连带责任。如果有价证券的债务人中的一人或几人清偿了有价证券合法占有人关于履行有价证券所证明的债的请求，则取得对有价证券其余债务人的返还代偿权（追索权）。

2. 不允许以债没有根据或无效为由拒绝履行有价证券所证明的债,有价证券的占有人如发现有价证券是虚假或伪造,有权对向其交付证券的人提出正确履行有价证券所证明之债并赔偿损失的请求。

第一百四十九条 有价证券权利的恢复

遗失的不记名有价证券和授权证券权利的恢复,依照诉讼法规定的程序由法院解决。

第一百五十条 非凭证式有价证券

1. 非凭证式有价证券的权利自这些证券进入为记录证券而设的买受人账户之时起产生。

2. 在法律规定的情况下或根据法律规定的程序,非凭证式有价证券的权利发生、移转(转让)、变更和终止,以及这些权利的限制(负担)应反映在为非凭证式有价证券开设的会计账户中。

第八章 非物质利益及其保护

第一百五十一条 非物质利益

1. 公民与生俱来的或依法享有的生命权和健康权,个人尊严权,人身不受侵犯权,人格与名誉权,商业信誉,私人生活不受侵犯权,个人秘密和家庭秘密,自由往来、选择居所和住所的权利,姓名权,著作权,其他人身权利和其他非物质利益是不可转让的,并且不得以其他方式移转。在法律另有规定的情况下和依照法律规定的程序,属于死者的人身权利和其他非物质利益可以由他人行使和保护,包括由权利人的继承人实现和保护。

2. 在法律另有规定的情况下和依照本法规定的程序以及在受侵犯的非物质权利的实质和侵犯后果的性质说明应使用民事权利保护方式(第11条)的情况下和限度内,非物质利益依照民法典受到保护。

第一百五十二条 精神损害的赔偿

如果公民因侵犯其人身权利的行为或侵害属于公民的其他非物质利益的行为而受到精神损害(身体的或精神的痛苦),以及在法律规定的其他情况下,该公民有权要求侵权人用金钱赔偿损失。

在确定精神损害赔偿的数额时,法院应考虑侵权人过错的程度和其他值得注意的情节。法院还应考虑与被损害人个人特点有关的身体和精神痛苦的程度。

第一百五十三条　对名誉、尊严和商业信誉的保护

1. 公民有权通过法院要求对损害其名誉、尊严或商业信誉的信息进行澄清，如果传播这种信息的人不能证明信息属实。

根据利害关系人的要求，允许在公民死后保护其名誉和尊严。

2. 如果损害公民名誉、尊严或商业信誉的信息是通过大众信息媒体传播的，则应通过相同的大众信息媒体进行澄清。

如果该损害信息包含在某一组织的文件中，则应替换或撤销该文件。

在其他情况下进行澄清的程序由法院规定。

3. 在大众媒体公布损害公民权利或受法律保护的利益的信息时，所涉及的公民有权在相同的大众媒体上公布自己的辩解。

4. 已废止。

5. 名誉、尊严或商业声誉受到损害的公民，除对此种信息进行反驳外，还有权要求赔偿因其传播而造成的损失。

6. 如果不可能确定散布损害公民名誉、尊严或商业信誉信息的人，则上述信息所涉及的人有权向法院提出申请，要求法院认定上述信息不符合实际。

7. 本条关于保护公民商业信誉的规则相应地适用于对法人商业信誉的保护，但赔偿非金钱损失的除外。

第四分编　法律行为和代理

第九章　法　律　行　为

第一节　法律行为的概念、种类和形式

第一百五十四条　法律行为的概念

法律行为是公民和法人旨在确立、变更或终止民事权利和义务的行为。

第一百五十五条　合同与单方法律行为

1. 法律行为可以是双方法律行为或多方法律行为（合同）和单方法律行为。

2. 根据法律或当事人协议，一方当事人意思表示（行为）足以完成的法律行为被视为单方面法律行为。

3. 订立合同必须有双方一致的意思表示（双方法律行为）或三方以及更多方

一致的意思表示（多方法律行为）。

第一百五十六条　单方法律行为的义务

单方法律行为给实施法律行为的人确立义务。只有在法律或同他人的协议规定的情况下，单方法律行为才能给他人确立义务。

第一百五十七条　单方法律行为的法律调整

对单方法律行为相应地适用关于债和合同的一般规定，但以不与法律、法律行为的单方性质和法律行为的实质相抵触为限。

第一百五十八条　附条件的法律行为

1. 如果双方规定权利与义务的产生取决于尚不知悉是否会发生的情况，则法律行为视为附延缓条件的法律行为。

2. 如果双方规定权利与义务的终止取决于尚不知悉是否会发生的情况，则法律行为视为附解除条件的法律行为。

3. 如果一方恶意地阻止对其不利的条件发生，则该条件视为已经发生。

如果一方恶意地促使对其有利的条件发生，则该条件视为没有发生。

第一百五十九条　法律行为的形式

1. 法律行为可以口头形式或书面形式（普通形式或公证形式）实施。

2. 可以用口头形式实施的法律行为，如果从当事人的行为中显然可见其实施法律行为的意思，则法律行为亦视为已经实施。

3. 在法律或双方协议规定的情况下，默示可视为实施法律行为的意思表示。

第一百六十条　口头法律行为

1. 法律或双方约定未规定使用书面形式（普通形式或公证形式）的法律行为，可以用口头形式实施。

2. 如果双方约定未有不同规定，可以用口头形式实施一切即时履行的法律行为，但规定应使用公证形式的法律行为以及不使用普通书面形式即导致无效的法律行为除外。

3. 以书面形式签订的为履行合同的法律行为，如果不与法律和合同相抵触，可以依照双方的约定以口头形式实施。

第一百六十一条　法律行为的书面形式

1. 书面形式的法律行为应通过拟定表达法律行为内容的文件的方式实施，该文件应由实施法律行为的一人或多人签字或者由他们以应有方式授权的人签字。

双方（多方）法律行为可以用本法第 404 条第 2 款和第 3 款规定的方式实施。

法律、其他法律和双方当事人的协议可以对法律行为应遵守的形式作出补充规定（采用一定格式订立、盖章等），并规定违反这些要求的后果。如果未规定这种后果，则适用违反法律行为普通书面形式的后果（第 163 条第 1 款）。

2. 在法律规定的情况和方式下，或经双方同意，允许在法律行为中使用通过机械或其他方式复制的签名，例如传真、电子数字签名或代签的其他类似方式。

3. 如果公民由于身体缺陷、疾病或不识字而不能亲笔签字，则法律行为可以依照他的请求由其他公民代签。

后者的签字应经公证员证明或其他有权实施该公证行为的公职人员的公证证明，并注明实施法律行为的人不能亲笔签字的原因。

不需要公证证明的文件或者执行法律行为的授权书的签字，也可以由不能亲笔签字的公民工作或学习的机关予以签名认证或由其接受治疗的医疗机关的行政部门予以签名认证。这些组织不得拒绝无法亲笔签名的公民的签名认证请求，仅包括在无须公证的文件上签名证明或在执行法律行为的授权书上签名证明。

第一百六十二条 以普通书面形式实施的法律行为

下列法律行为应用普通书面形式实施（除要求公证的法律行为外）：

（1）法人之间的法律行为和法人与公民之间的法律行为；

（2）公民之间的数额不少于法定最低劳动报额 10 倍的法律行为，而在法律没其他有规定的情况下，不论法律行为数额的大小均应以书面形式实施。

依照本法第 160 条的规定可以口头实施的法律行为，不要求遵守普通书面形式。

第一百六十三条 违反普通书面形式的后果

1. 如违反法律行为的普通书面形式，则双方当事人在发生争议时便无权援引证人的陈述以证明法律行为及法律行为的条款，但其仍有权提出书面证明和其他证人证言。

2. 在法律或双方协议有明文规定的情况下，违反普通书面形式可导致法律行为无效。

3. 违反普通书面形式的涉外经济法律行为一律无效。

第一百六十四条 公证的法律行为

公证证明由公证员或其他有权实施这种公证行为的公职人员根据本法第 161 条的规定以签发证明书的方式进行。

在以下情况下，法律行为必须进行公证证明：

（1）在法律特别规定的情况下；

（2）即使法律并不要求该种法律行为采取公证形式，但在双方协议规定必须进行公证的情况除外。

第一百六十五条　法律行为的国家登记

1. 在本法有关国家登记法规定的情况下和依照上述法律规定的程序，与不动产所有权和不动产法律行为有关的法律行为应进行国家登记，除非法律另有规定。

2. 法律可以规定涉及某些种类动产的法律行为应进行国家登记。

第一百六十六条　法律行为违反公证形式和登记要求的后果

1. 如法律行为违反公证形式，而在法律另有规定的情况下违反国家登记的要求，则法律行为无效。

2. 如果一方已经全部或部分履行了要求公证的法律行为，而另一方逃避法律行为的公证，则法院有权根据履行方的要求认定法律行为有效。在这种情况下，不要求随后再进行公证证明。

3. 如果要求进行国家登记的法律行为已按应有形式实施，但一方逃避进行国家登记，则法院有权根据另一方的要求作出法律行为应进行国家登记的判决。在这种情况下，法律行为应依照法院的判决进行登记。

4. 在本条第 2 款和第 3 款规定的情况下，无正当理由逃避公证证明或国家登记的一方应赔偿因拖延法律行为的实施或注册而给另一方造成的损失。

第二节　法律行为的无效

第一百六十七条　可撤销法律行为与自始无效法律行为

依照本法规定，法律行为可由法院确认为无效（可撤销法律行为）或者依照本法规定，无论法院是否确认法律行为无效，法律行为均为无效（自始无效）。

任何利害关系人均可要求确定法律行为无效并适用无效的后果。法院有权主动查明导致法律行为无效的事实，在这种情况下，法院有权主动适用无效的法律后果。

本法或确定可撤销法律行为的其他法律中规定的人可提出撤销法律行为的请求。

第一百六十八条　无效法律行为后果的一般规定

1. 无效法律行为不产生法律后果，但与法律行为无效有关的后果除外，并且自其实施之时起无效。但是，从无效法律行为的内容中可以推断出，该法律行为只能对将来终止其效力，则法院在确认法律行为无效时，终止其对将来的效力。

2. 在法律行为无效时，每一方必须向另一方返还依照该法律行为所获的全部所得，而在不可能用实物返还其所得时（包括其所得表现为对财产的使用、已完成的工作或已提供的服务），如果法律没有规定法律行为无效的其他后果，则应该用金钱赔偿其价值。

第一百六十九条　不符合法律的法律行为无效

违反法律要求的法律行为是无效法律行为，但法律规定此种法律行为是可撤销法律行为或者规定了违法的其他后果的除外。

第一百七十条　实施法律禁止的行为无效

法律禁止实施的法律行为，自始无效。

在这种法律行为的双方均存在故意的情况下，如果双方均履行了法律行为，则双方依照该法律行为所获的全部所得均应予追缴，收归白俄罗斯共和国所有；而在一方已履行时，则向另一方追缴其全部所得和另一方作为补偿应付给履行方的全部对价，并收归白俄罗斯共和国所有。

在此种法律行为中仅有一方存在故意时，该方依照该法律行为所获的全部所得应返还另一方，而另一方已得到的或已履行部分应付给他的全部对价应追缴收归白俄罗斯共和国所有（作为补偿）。

第一百七十一条　虚构法律行为与伪装法律行为无效

1. 虚构法律行为，即仅为了具备形式而实施，并无意产生与之相应的法律后果的法律行为，无效。

2. 伪装法律行为，即旨在掩盖另一法律行为而实施的法律行为，对于双方实际欲为的法律行为应根据该法律行为的实质，适用与之相关的规则。

第一百七十二条　被确认为无民事行为能力的公民实施的法律行为无效

1. 由于精神病而被确认为无民事行为能力的公民所实施的法律行为，自始无效。

此种法律行为的每一方均应将全部所得以实物返还给另一方，而在不可能以实物返还所得时，应照价赔偿。

此外，如果具有行为能力的一方知道或者应该知道另一方不具有民事行为能力，则具有民事行为能力的一方还应向另一方赔偿其所遭受的实际损失。

2. 因患精神病而被确认为无民事行为能力的公民所实施的法律行为，如果法律行为的实施对该公民有利，则为了该公民的利益，可以根据其监护人的要求由法院确认为有效。

第一百七十三条　不满 14 周岁的未成年人实施的法律行为无效

1. 不满 14 周岁的未成年人实施的法律行为，无效。对这种法律行为适用本法第 172 条第 1 款第 2 项、第 3 项规定的规则。

2. 不满 14 周岁的未成年人所实施的法律行为，如果法律行为的实施对不满 14 周岁的未成年人有利，则为了不满 14 周岁的未成年人的利益，可以根据其父母、养父母或监护人的要求由法院确认为有效。

3. 本条的规则不适用于小额日常生活性法律行为和依照本法第 27 条规定的不满 14 周岁的未成年人有权独立实施的法律行为。

第一百七十四条　法人超越其权利能力的法律行为无效

法人违背设立文件对法人活动宗旨作出一定限制的规定而实施的法律行为，或者法人不具有从事有关活动的专门许可（执照）而实施的法律行为，如果已经证明该法律行为的另一方知道或根据法律应当知道法律行为非法，则可以依照该法人、法人的财产所有人（发起人、股东）或对法人活动实行监督的国家机关的请求由法院确认为无效。

第一百七十五条　限制法律行为实施权能的后果

如果当事人实施法律行为的权能受到合同的限制或法人机关的权限受到其设立文件的限制，从而使其权能少于其委托书或法律规定，或者从法律行为实施的情势中可以明显推知这种限制，而在实施法律行为时当事人或法人机关又超出了这种限制的界限，则只有在已经证明法律行为的另一方知道或应当知道上述限制的情况下，法律行为才可以根据为其利益而规定上述限制的人的请求由法院确认为无效。

第一百七十六条　已满 14 周岁未满 18 周岁的未成年人实施的法律行为无效

已满 14 周岁未满 18 周岁（已获得完全民事行为能力的人除外）的未成年人在未经其父母、养父母或托管人同意的情况下进行的法律行为，如果根据本法第 25 条规定需要获得父母的同意，则法院可能会根据父母、养父母或者监护人的诉讼请求确认该法律行为无效。如果这样的法律行为被宣布为无效，则应相应适用本法第 172 条第 1 款第 2 项和第 3 项的规定。

第一百七十七条　不能理解自己行为的意义或不能控制自己行为的公民实施的法律行为无效

1. 尽管具有行为能力，但在实施法律行为时处于不能理解自己行为的意义或不能控制自己行为的状态下的公民实施的法律行为，可以根据该公民的请求，或者根据法律行为的实施使其权利和受法律保护利益受到侵害的人的请求由法院确认为无效。

2. 实施法律行为之后才被确认为无行为能力的公民所实施的法律行为，如果证明在实施法律行为时其已不能理解自己行为的意义或不能控制自己的行为，则可以根据其监护人的请求由法院确认为无效。

3. 如果法律行为依照本条的规定被确认为无效，则相应地适用本法第 172 条第 1 款第 2 项和第 3 项的规定。

第一百七十八条　被法院限制其民事行为能力的公民实施的法律行为无效

1. 由于酗酒或吸毒而被法院限制民事行为能力的公民，不经托管人的同意实施的处分财产的法律行为，可以根据托管人的请求由法院确认为无效。如果上述法律行为被确认为无效，则相应地适用本法第 172 条第 1 款第 2 项和第 3 项规定的规则。

2. 本条的规则不适用于限制民事行为能力人依照本法第 30 条的规定有权独立实施的小额生活性法律行为。

第一百七十九条　因误解而实施的法律行为无效

1. 因重大误解而实施的法律行为，可以依照受误解影响一方的请求由法院确认为无效。

对于法律行为性质的误解，对标的物的混淆和对标的物可能大大降低其使用价值的品质的误解是重大的误解。对法律行为动机的误解不是重大误解。

2. 如果因误解而实施的法律行为被确认无效，则相应地适用本法第 168 条第 2 款规定的规则。

此外，请求确认法律行为无效的一方，如果能够证明误解系因相对方的过错而发生，有权要求相对方赔偿对其造成的实际损失。如果这一点不能得到证明，即使误解系由于误解方意志以外的原因而发生，则要求确认法律行为无效的一方应根据另一方的请求赔偿对其造成的实际损失。

第一百八十条　在欺诈、暴力、威胁、一方代理人与另一方恶意串通或迫不得已情况下实施的法律行为无效

1. 在欺诈、暴力、威胁、一方代理人与另一方恶意串通的影响下实施的法律行为，以及当事人的困难处境被对方所利用而被迫在条件对自己极端不利的情况下实施的法律行为（乘人之危的法律行为），可以根据受害人的请求由法院确认为无效。

2. 如果法律行为由于本条第1款规定的理由之一被确认为无效，则另一方应将依照法律行为所获的全部所得返还受害人，在不能以实物返还所得时，应该照价赔偿。受害人根据该法律行为从另一方所得的财产，以及作为补偿向另一方的交付而应付给受害人的财产，应追缴归白俄罗斯共和国所有。不能以实物将财产收归白俄罗斯共和国所有时，应照价赔偿。此外，另一方还应向受害人赔偿给其造成的实际损失。

第一百八十一条　法律行为部分无效的后果

如果能够断定，法律行为即使不包括其无效部分也可以实施，则法律行为的部分无效不引起法律行为其他部分的无效。

第一百八十二条　无效法律行为的诉讼时效期间

1. 关于适用自始无效的法律行为的后果的诉讼可以在法律行为开始履行之日起的10年内提起。

法律可以规定某些类型的法律行为无效以及对此类法律行为无效的后果规定不同的诉讼时间。

2. 因暴力或威胁而请求法院确认法律行为无效，应在暴力或威胁行为停止之日起3年内提出（第180条第1款），因其他事由而请求法院确认法律行为无效，应在权利人知道或应当知道构成宣告法律行为无效的事由之日起3年内向法院提出。

第十章　代理和委托书

第一百八十三条　代理

1. 根据委托书、法律规定或者被授权的国家机关或地方自治机关的文件规定而产生的权限，一人（代理人）以他人（被代理人）的名义所实施的法律行为直接设立、变更和终止被代理人的民事权利和义务。

代理人（零售商业售货员、售票员等）从事活动的环境也可以表明其被授权。

2. 虽然为他人的利益，但以自己的名义从事活动的人（破产时的清算管理人等），以及授权出席关于未来可能的法律行为的谈判的人，均不是代理人。

3. 代理人不得以被代理人的名义与本人实施法律行为，也不得以被代理人的名义与他同时所代理的其他人实施法律行为，但商业代理的情形除外。

4. 按其性质只有本人才能实施的法律行为，以及法律规定的其他法律行为，均不得通过代理人实施。

第一百八十四条　未被授权的人实施法律行为

1. 未被授权而以他人名义实施的法律行为或超越权限实施的法律行为，被认为是实施人以自己的名义和为自己的利益而实施的法律行为，但事后得到他人（被代理人）对该法律行为的明确赞同的情形除外。

2. 被代理人事后对法律行为的赞同，自法律行为实施之时起对该被代理人确立、变更和终止民事权利和义务。

第一百八十五条　商业代理

1. 在经营者签订经营活动方面的合同时经常和独立地代表经营者的人是商业代理人。

2. 经法律行为各方同意，以及在法律规定的其他情况下，允许同时代理法律行为中的不同当事人。双方当事人同意和在法律规定的其他情况下，交易中不同当事方允许同时进行商业代理。在这种情况下，商业代理人必须以普通企业家的关怀履行其委托。

商业代理人有权要求合同当事人按相同的份额付给其事先约定的报酬和补偿他在执行委托时的费用，但他们之间的协议有不同规定的除外。

3. 商业代理根据合同进行，合同应以书面形式签订并规定代理人权限，而在合同中未规定权限时，应依照委托书进行。

商业代理人即使在完成委托之后仍有义务对其知悉的关于商业法律行为的信息保守秘密。

4. 在某些经营活动领域中，商业代理的特点由法律规定。

第一百八十六条　委托书

1. 委托书是一人发给另一人使其在第三人面前代表他的书面授权。被代理人可以直接向有关的第三人提交由代理人实施法律行为的书面授权。

2. 实施要求公证的法律行为的委托书，应当经过公证证明，但法律另有规定的除外。

3. 下述委托书与经过公证证明的委托书具有同等效力：

（1）在军队医院、疗养院和其他军事医疗机关接受治疗的军人和其他人员的委托书，由该机关院长、医务副院长、主治医生或值班医生证明；

（2）军人的委托书，以及在不设国家公证处和办理公证业务的其他机关的白俄罗斯共和国部队、兵团、军事机关和军事院校驻地的职工及其家属和军人家属的委托书由这些部队、兵团、机关和院校指挥员（首长）证明；

（3）在执行处罚的机关中以逮捕、限制自由、监禁、无期徒刑或拘留场所形式执行处罚的人员的授权书，应由执行处罚的有关机关的负责人或拘留场所的行政主管予以证明；

（4）已废止；

（5）在医院、军医院和其他提供住院的医疗机关接受治疗的公民，经这些医院、军医院和其他提供住院的医疗机关的主任医师、副主任医师或值班医师以及医院院长、医院负责人（及其副职）证明。

4. 领取工资和其他与劳动关系有关的款项的委托书，领取著作人和发明人报酬、养老金、津贴和奖学金、公民银行存款的委托书，以及领取包括汇款和包裹在内的邮件的委托书，可以由委托人工作或学习的单位、其住所地的房管部门和其住院医疗机关的行政部门予以证明。

公民在银行或非银行金融机关中领取付款的授权书以及管理公民资金的授权书，银行或非银行金融机关也可核证其银行账户中的存款或存入其银行的存款。

如果公民申请对本款第1项和第2项规定的授权书进行认证，委托人工作或学习的组织、管理住房公积金的组织和（或）在委托人居住地提供住房和社区服务的组织，以及委托人在其中开立银行账户或委托人在其中有银行存款的银行或非银行金融机关，都有义务对授权书进行认证，前提是授权书的内容不违反本款的规定。

5. 以法人名义发出的委托书，应由其领导人或其设立文件授权的人签字并加盖该组织的印章。

以国有企业或自治地方所有企业的名义发出的领取或支付现金及其他财物的委托书，还应由该组织的主任（主办）会计签字。

代表法人的委托书应由法人的负责人或经其设立文件授权的其他人签名、盖章。法人领导人在其职权范围内代表法人活动的，无须授权。

以白俄罗斯共和国的财产或区域行政单位的财产为基础的法人接收或发放货币和其他贵重财产的授权书也必须由该法人的总会计师、组织负责人或提供会计和报告服务的个体企业签名认证。

6. 如果委托书没有规定新的生效日期，则委托书应自委托或认证之日起生效。

第一百八十七条　委托书的期限

1. 委托书的有效期不得超过 3 年。如果委托书上未注明期限，则委托书自作出之日起的 1 年内有效。未注明作出日期的委托书无效。

2. 经公证证明，旨在国外实施行为而并未注明有效期的委托书，在发委托书的人撤销该委托书之前，一直有效。

第一百八十八条　转委托

1. 受托人应亲自实施授权给其的行为。如果委托书有相关授权或为了维护委托人的利益而迫不得已时，可以转委托他人实施这些行为。

2. 依照转委托程序授予的委托书，应该进行公证证明，但本法第186条第4款规定的情形除外。

3. 依照转委托程序授予的委托书的有效期限，不得超过作为其依据的原委托书的有效期限。

4. 将代理权限转给他人时，应将此情况通知原委托人并向他说明转受托人的必要情况。不履行这项义务的，转委托人对转受托人的行为应作为其自己的行为负责。

第一百八十九条　委托书的终止

1. 委托书的效力因下列情形之一而终止：

（1）委托书期限届满；

（2）颁发委托书的人撤销委托书；

（3）受托人辞却委托；

（4）授予委托书的法人终止；

（5）作为受托人的法人终止；

（6）授予委托书的公民死亡，被宣告为无民事行为能力人、限制民事行为能力人或失踪人；

（7）作为受托人的公民死亡，被宣告为无民事行为能力人、限制民事行为能力人或失踪人。

2. 委托人可以随时撤销委托书或转委托书,而受托人可以随时辞却委托。关于放弃这一权利的协议一律无效。

3. 转委托随原委托的终止而失效。

第一百九十条　委托书终止的后果

1. 授予委托书之后又撤销委托书的人,应将撤销事宜通知受托人和委托人所知悉的委托书所及的第三人。在委托书依照本法第 189 条第 1 款第 4 项和第 6 项规定的理由而终止的情况下,委托人的权利继受人应担负此项通知义务。

2. 因受托人在获悉或应该获悉委托书终止之前的行为而产生的权利和义务,在同第三人的关系中,对委托人和其权利继受人仍然有效。如果第三人知悉或应该知悉委托书的效力已经终止,则不适用本法。

3. 在委托书终止后,受托人或其权利继受人应当立即交还委托书。

第五分编　期间和诉讼时效

第十一章　期间的计算

第一百九十一条　期间的确定

1. 法律、契约规定的或法院指定的期限按日历日期或者以年、月、星期、日或小时届满确定。

2. 期限也可以通过指明必然要发生的事件来确定。

第一百九十二条　以时间段确定的期间的开始

以时间段确定的期间的开始,从日历日期的次日或作为期间开始的事件发生的次日起计算。

第一百九十三条　以时间段确定的期间的终止

1. 按年计算的期间,到该期限最后一年的相应月和日截止。

对确定为半年的期间,适用按月计算期间的办法。半年等同于相应的 6 个月。

2. 按季度计算的期间,适用按月计算期间的规则。在这种情况下,一季度等于 3 个月,季度的计算应从年初开始。

3. 按月计算的期间,到期限最后一月的相应日截止。

如果按月计算的期间在没有相应日期的月份截止，则该期间到该月的最后一日届满。

按半月确定的期间，视为以日计算的期限，并一律算作 15 天。

4. 按星期计算的期间，到期间最后一星期的相应日期截止。

第一百九十四条　以非工作日到期的期间的终止

如果期间的最后一日适逢非工作日，则期间终止的日期为该非工作日之后的第一个工作日。

第一百九十五条　在期间最后一日实施行为的办法

1. 如果期间的规定是为了实施某一行为，则该行为可以在期间最后一日 24 点之前完成。

但是，如果这一行为应该在某一个组织中实施，则期间到该组织按规定终止相关业务的钟点截止。

2. 在期间最后一日 24 点之前交付邮电部门书面申请和通知，视为按期完成。

第十二章　诉　讼　时　效

第一百九十六条　诉讼时效的概念

诉讼时效是被侵权人为维护自己的权利而提起诉讼的期间。

第一百九十七条　诉讼时效的一般期间

诉讼时效的一般期限为 3 年。

第一百九十八条　诉讼时效的特殊期间

1. 对于某些种类的请求，法律可以规定特殊的诉讼时效期间，即较一般期限缩短的或更长的期间。

2. 本法第 199 条至第 208 条的规则也适用于特殊的时效期间，但法律另有规定的除外。

第一百九十九条　变更诉讼时效期间的协议无效

诉讼时效期间及其计算办法不得由双方当事人协议变更。

中止和中断计算诉讼时效期间的根据由本法和其他法律规定。

第二百条　诉讼时效的适用

1. 关于维护被侵犯权利的请求，不论诉讼时效是否届满，法院均应受理。

2. 法院仅根据争议一方当事人在法院作出判决之前提出的申请适用诉讼时效。

争议一方当事人申请适用诉讼时效期间届满，是法院作出驳回诉讼请求的判决的根据。

第二百零一条　诉讼时效期间计算的开始

1. 诉讼时效期间自当事人获悉或应该获悉自己的权利被侵犯之日起计算。本法的例外情况由其他法律规定。

2. 对于有一定履行期限的债务，诉讼时效期间自履行期限届满之时起计算。

对于履行期限未作规定或规定为请求之时的债务，诉讼时效自债权人有权提出履行债务的请求权之时起计算，而如果给债务人提供了履行该请求的宽限期限，则诉讼时效的计算自该宽限期届满之时开始。

3. 对于代为履行之债，诉讼时效自主债履行之时开始计算。

第二百零二条　债的当事人变更时的诉讼时效期间

债的当事人的变更并不引起诉讼时效期间及其计算办法的变更。

第二百零三条　诉讼时效期间计算的中止

1. 在下列情况下诉讼时效期间中止：

（1）在当时条件下发生的不可避免的非常事件阻挠了诉讼的提起（不可抗力）；

（2）原告或被告正在处于战争状态的白俄罗斯共和国武装力量中服役；

（3）根据白俄罗斯共和国政府法律规定债务延期履行（缓期履行）；

（4）调整有关关系的法律或其他法律的效力中止；

（5）权利人提出索赔请求；

（6）达成调解协议。

2. 如果本条所列情况在时效期间的最后 6 个月内发生或继续存在，则诉讼时效期的计算方可中止，而在该时效期等于或少于 6 个月，本条所列情况在时效期内发生或继续存在时，诉讼时效期间的计算中止。

3. 自作为时效期间中止根据的情况消除之日起，诉讼时效期间继续计算。剩余部分的期限延长到 6 个月，而如果诉讼时效期间等于或少于 6 个月，则延长为相应的诉讼时效期间。

在索赔的情况下，诉讼时效期间应从发出索赔要求之日起中止，直至收到对索赔要求的答复或法律或合同规定的答复期限届满。

如果调解协议达成，则诉讼时效期间将从调解协议订立之日起中止，直至调解终止之日。

第二百零四条　诉讼时效期间的中断

按规定程序提起诉讼以及义务人实施证明其承认债务的行为，则诉讼时效期限中断。

在诉讼时效期间中断结束之后，诉讼时效期间重新计算，在中断前的时间不计入新的诉讼时效期间。

第二百零五条　在诉讼不予审理的情况下诉讼时效期间的计算

如果法院对诉讼不予审理，则在提起诉讼前开始的诉讼时效期间按一般规则继续计算。

如果法院对于在刑事案件中提起的附带民事诉讼未予审理，则在提起诉讼前已开始的诉讼时效期间，中止至附带民事诉讼未予审理的刑事判决生效之时；诉讼时效中止期的时间，不计入诉讼时效期间。发生上述情况时，如果剩余的诉讼时效期间少于6个月，则该期间延长至6个月。

第二百零六条　诉讼时效期间的恢复

在法院认为与原告个人有关的正当理由（重病、无助、不识字等）致使时效期间经过的特殊情况下，公民的被侵犯的权利应该受到保护。如果诉讼时效期间经过的理由发生在时效期间的最后6个月，则上述理由被认为是正当的，而如果诉讼时效期间等于或少于6个月，则在整个时效期内发生的上述理由均被认为是正当理由。

第二百零七条　诉讼时效期间届满后义务的履行

债务人或其他义务人如在诉讼时效期间届满之后履行了义务，则无权请求返还，即使在履行时其并不知道诉讼时效已经届满。

第二百零八条　时效对附带请求的适用

附带请求（违约金、抵押金、保证金等）的诉讼时效期间随主要请求的诉讼时效期间的届满而届满。

第二百零九条　不适用诉讼时效的请求

诉讼时效不适用于下列请求：

（1）要求托管人身权利和其他非物质利益的请求，但法律另有规定的情况除外。

（2）存款人要求银行支付存款的请求。

（3）对公民的生命或健康造成损害的赔偿要求。但是，自损害赔偿权发生之日起届满 3 年后提出的索赔要求，赔偿范围不超过提出赔偿要求之日起前 3 年的损失。

（4）财产的所有权人或其他占有人关于排除对其权利的任何侵害的请求，即使这些侵害并不同时剥夺对财产的占有（第 285 条）。

（5）法律规定的其他请求。